마음의 혼란

Ontregelde Geesten

마음의 혼란
사람의 이름을 갖게 된 마음의 병들

초판 1쇄 인쇄일 2015년 4월 15일 **초판 1쇄 발행일** 2015년 4월 20일

지은이 다우어 드라이스마 | **옮긴이** 조미현
펴낸이 박재환 | **편집** 유은재 | **관리** 조영란
펴낸곳 에코리브르 | **주소** 서울시 마포구 동교로 15길 34 3층(121-842) | **전화** 702-2530 | **팩스** 702-2532
이메일 ecolivres@hanmail.net | **블로그** http://blog.naver.com/ecolivres
출판등록 2001년 5월 7일 제10-2147호
종이 세종페이퍼 | **인쇄 · 제본** 상지사 P&B

ISBN 978-89-6263-135-7 03180

책값은 뒤표지에 있습니다. 잘못된 책은 구입한 곳에서 바꿔드립니다.

마음의 혼란

사람의 이름을 갖게 된 마음의 병들

다우어 드라이스마 지음 | 조미현 옮김

에코리브르

차례

추천사: 신경정신의학의 아버지들에게 경배를

수학에서 종종 등장하는 오일러수는 원래 야코프 베르누이가 발견했으며, 뉴턴의 운동 법칙은 갈릴레오와 후크 그리고 하위헌스가 먼저 발견했다. 뉴턴은 그중 작용-반작용의 법칙만 발견했다. 핼리혜성도 에드먼드 핼리의 이름이 붙긴 했지만, 이미 기원전부터 천문학자들에 의해 여러 차례 관찰된 바 있다. 이렇듯 과학적 발견에 최초 발견자의 이름이 붙지 않는 경우들이 많은데, 이것을 일컬어 '스티글러의 법칙'이라 한다.

과학적 발견의 공로가 최초 발견자를 빗겨가는 걸 비꼬는 이 법칙은 역설적이게도 발견에 이름을 붙이기 위해서는 그저 최초의 목격자이기만 해서는 안 된다는 걸 보여준다. 자신의 관찰을 집요하게 물고 늘어져, 다른 발견과 구별되는 새로운 현상임을 증명하고 수많은 사례를 통해 원인을 밝혀야, 비로소 과학적 발견에 이름을 붙일 수 있다. 다시 말해, 과학의 발전은 재발견의 역사다.

이 책은 그것이 정신의학과 신경학에서도 그대로 벌어지고 있음을 보여준다. 3000개가 넘는 병명들에 그 발견자의 이름이 담겨 있지만, 그들이 대개 최초의 발견자는 아니었다. 하지만 병명 안에 이름을 남긴 연구자들은 상당수의 유사 사례를 수집하고, 세부 사항들을 상세히 기록하고,

질병의 원인도 제시하며, 기존의 신경정신질환들로는 설명할 수 없는 현상임을 입증했다. 하나의 질병을 제대로 발견하는 것은 하나의 별을 발견하는 것만큼이나 고통스런 과정이었다.

이 책은 신경질환과 정신질환을 처음 발견하고 그 원인과 증세를 세밀하게 밝힌 '학문적 아버지들의 치열한 지적 여정'을 그린다. 우리는 그 과정에서 정신의학과 신경학이 어떻게 탄생했는지 그 역사를 이해하고, 오늘날 우리가 일상에서 마주하는 질병들의 본질을 깨닫게 된다. 인간의 사고와 행동은 얼마나 복잡한가! 뇌는 그것을 정교하게 조절하며, 작은 부위라도 그 네트워크에 이상이 생기면 고통스런 증세가 우리를 덮친다. 이 책은 그것을 수많은 사례를 들어 생생하게 보여준다.

나는 알츠하이머 치매에 대한 컴퓨터 모델링으로 박사학위를 받았고, 그 후 의대 정신과에서 투렛 증후군 환자의 틱 장애를 연구했다. 지금 내 책상 위에는 알츠하이머 치매에 걸린 파킨슨 환자의 뇌는 어떻게 다른가에 대한 논문이 놓여 있다. 이 책을 읽으면서, 나는 내가 연구해온 환자를 처음 마주한 100년 혹은 200년 전의 의사들과 강한 유대감을 갖는 놀라운 체험을 하게 됐다. 그들의 학문적 열정이 고스란히 내게도 전해져왔다.

정신의학과 신경학을 가장 뜨거운 방식으로 만날 수 있는 이 책은 하나의 정신질환을 탐구하는 과정이 인간의 정체성을 찾아나서는 지적 여정임을 증명한다. 늘 우리 곁에 있지만 그것을 발견하는 건 결코 쉽지 않은 '인간의 본질'을 탐구해온, 세상의 모든 병명 속에 명예롭게 자신의 이름을 남긴 모든 '학문적 아버지들'을 위해 경배를!

–**정재승**(KAIST 바이오및뇌공학과 교수)

일러두기

저자의 동의하에 다음의 책으로 번역했다.

Douwe Draaisma, *Ontregelde geesten*, Historische Uitgeverij, 2006, Translated by Barbara Fasting, *Disturbances of the Mind*, Cambridge University Press, 2009.

서문: 드라이스마 증후군은 없다

가끔 기억들은 몇 년이 지나서야 의미를 갖는다. 학부생 시절, 나는 양로원에서 주말 근무를 하곤 했다. 내가 맡은 임무 중 하나는 오후가 끝나갈 무렵 돌봄이와 함께 빵 수레에 그날의 식은 요리를 싣고 운반하면서 노인들의 방을 도는 것이었다. 겉보기에 장애가 있거나 걷는 걸 힘들어하면 우리가 식탁을 차려주기도 했다. 어느 날 오후, 노인 중 한 분의 선반에서 접시와 식기류를 뒤적거리고 있는데 갑자기 그 숙녀분이 바깥 정원에 작은 남자가 있다고 말했다. 작은 남자? 우리는 그분의 시선을 좇았다. 정원에는 특이한 게 아무것도 없었다. 그러나 그분은 우겼다. "저기 작은 남자가 있다고요." 나는 그분이 사람으로 잘못 봤을 수도 있는 뭔가가 있는지 알아내려고 찬찬히 주변을 살폈다. 덤불 사이로 가로등 기둥이 보였는데, 1미터 높이에 흐릿하게 모자처럼 보이기도 하는 덮개가 달려 있었다. "저기 가로등을 말씀하시는 거예요?" "당연히 아니죠! 그게 가로등인 건 나도 알아요!" 우리는 둘 다 밖에서 아무도 못 봤다고 확실히 말해주었다. 잠시 후 돌봄이가 그분의 의자를 식탁 쪽으로 가까이 밀자, 그분은 눈을 위로 굴리더니 한 손가락으로 자신의 이마를 가볍게 두드렸다. 당시 나는 그것을 만족스럽다는 표현으로 간주했다. 우리는 쾌활하게 "맛있게 드세요!"를 외치고, 다음 장소로 이동했다.

주로 시력이 나빠진 노인들에게 영향을 미치는 상당히 드문 증후군에 관한 글을 읽은 것은 20년이 지나서였다. 그들에게 뭔가가 보이기 시작한다. 대개는 사람들의 형상이고, 흔히 실제보다 크기가 작다. 그것들은 황혼이 내리고 사방이 조용해질 무렵 나타난다. 절대적으로 무해한 이 현상을 보네 증후군이라고 부른다. 스위스의 박물학자이자 철학자인 샤를 보네의 이름을 딴 것으로, 그는 1760년 이런 현상을 최초로 기술한 장본인이었다. 보네 자신이 그것들을 본 적은 없고, 할아버지한테서 그런 얘기를 들었다. 할아버지는 몇 차례 백내장 수술에 실패한 뒤 거의 90세가 됐을 무렵 사람의 형상을 보기 시작했다.

나는 보네 증후군이 있는 사람을 만난 적이 있는데, 비정상적인 점은 하나도 찾아볼 수 없었다. 그때 나는 뭔가를 발견하지 **않는** 것이 얼마나 쉬운지 깨달았다. 그리고 설령 내가 발견했다 해도 그건 '재발견'이었을 것이다.

보네는 그걸 '봤고' 나는 그러지 못했던 이유는 무엇일까? 유일하지는 않을지라도 명백한 한 가지 차이는 그가 자기 할아버지의 말을 진지하게 받아들였다는 것이다. 그것 자체만으로도 상당한 성과였다. 그의 할아버지는 사람뿐 아니 라 분수噴水, 높이가 10미터나 되는 마차, 허공을 떠다니는 회전 바퀴도 봤다고 주장했기 때문이다. 할아버지의 정신건강이 나빠졌다고 결론짓는 대신 보네는 그 이미지들을 진짜로 받아들이고 가능성 있는 설명을 하기 위해 심사숙고했다. 그리고 마침내 자신의 저서에서 판단력에는 영향을 주지 않으면서 시각적인 파문을 불러일으키는 신경장애에 대해 기술했다. 다음 장에서 우리는 1936년 그러한 장애가 어떻게 보네 증후군이 되었으며, 그다음 세대의 정신의학자와 신경학자들이 그런 이미지를 설명하기 위해 어떤 시도를 해왔는지 살펴볼 것이다.

그러나 보네가 없었다면 그리고 보네가 할아버지를 대했던 것만큼 진지하게 내가 '정원의 작은 남자'를 봤다는 여성을 대했다면 어땠을까? 그랬다면 지금 '드라이스마 증후군'이라는 게 존재할까? 대답은 분명 '아니요'이다. 뇌과학 분야에서 왕성하게 활동했던 12명의 '이름 기증자name-giver'들에 관한 연구를 통해 내가 배운 게 한 가지 있다면, 그것은 발견 **이후에** 일어나는 일이 발견 자체보다 한층 더 중요하다는 점이다.

그러한 후속 전개 국면에서 한 가지 요소에 초점을 맞추자면, 그것은 바로 발견은 공식적으로 등록해야 한다는 점이다. 이와 관련해 각각의 시대에는 그 시대만의 관례가 있다. 보네가 자신이 관찰한 것을 책에서 기술했던 데 반해, 오늘날의 신경과 및 정신과 의사들은 전문지를 통해 소통하고 리서치와 연구 결과를 선보이는 데도 특정한 기준이 있다. 요즘은 단일 사례에 관한 단순한 기술로는 거의 설득력이 없다. 장차 '이름 기증자'가 되기를 꿈꾼다면 상당수의 유사 사례를 수집해야 하고(100건이 50건보다 낫다) 연령, 성별, 이미지의 내용, 복용약, 학력 같은 세부 사항을 제공해야 한다. 아울러 연구자는 그 현상에 대한 이유도 제시해야 하는데, 가급적이면 어떤 요인이 이러한 이미지 발생에 영향을 주는지 규명하는 실험들로 입증하는 것이 좋다. 그러고 나서 문제의 그 현상을 정말 기존의 정신의학이나 신경학 증후군으로 분류할 수 없는지에 관한 과학 공동체 내부의 합의를 이끌어내는 지점까지 도달해야 한다. 그런 다음 권위 있는 동료(또는 위원회)가 그 질병에 저자의 이름을 붙이자고 제안해야 한다. 그리고 과학계가 실제로 그 이름을 인용하기 시작할 때에야 비로소 우리는 한 새로운 '발견자'를 뇌과학 연보에 추가했다고 말할 수 있다. 분명 이 모든 것은 시간제 일을 하는 대학생에게는 가당치도 않은 저 너머 세계에 있는 일이다. 사실 보네조차도 오늘날이었다면 가망이 없었을 것이다. "자네 조부라고 했나? 그런데 정확히 뭘 보셨다고?" 기껏해야 이런 말만 들었을 테니 말이다.

언어학적으로 말하면 '보네 증후군'은 시조명eponym(장소, 발명품, 발견물에 붙은 명칭의 기원이 된 사람이나 사물—옮긴이)이다. 고유명사가 보통명사로 변한 것이다. '기증자'는 언제나 자신의 이름을 빼고 성을 제공하는데 알츠하이머, 파킨슨, 코르사코프, 아스페르거처럼 가장 유명한 시조명의 경우에는 함께 붙는 '병'이나 '증후군'이라는 명칭조차 불필요할 정도가 되었다. 게다가 그들의 이름만 실종되는 게 아니라 시간이 지날수록 나머지 것들도 서서히 사라진다. 그들의 삶에 대한 기억과 그들의 발견을 둘러싼 상황까지 포함해서 말이다. 이 12개의 시조명에 대해, 나는 일종의 (제임스 파킨슨이 살던 시대에 이 단어에 붙었던 음울한 의미로서가 아니라) '부활시키는 사람resurrectionist'으로서 그들의 생각과 야망, 그들의 투쟁과 소망을 되살리려고 분투하는 역사학자 역할을 하고자 했다. 요컨대 '이름들'을 다시 '사람들'로 바꿔놓고 싶었다. 각각의 인물을 한 장의 주제로 삼음으로써 시조명의 주인공들에게 그들이 마땅히 받아야 할 관심을 기울인 것은 개인적으로 영광이었다.

왜 시조명인가? 그리고 왜 이 시조명들인가? 이 시조명들을 선택한 데는 타당한 이유가 있지만, 그 타당한 이유가 항상 근본적인 동기였던 것은 아니다. 애초에 나를 움직인 것은 순수하고 단순한 호기심이었다. **그들은 어떤 사람들이었을까?** 무엇이 그들의 발견을 이끈 숨은 동인이었을까? 아주 오래된 그들의 삶을 탐구하기 시작하면서 나중에는 다른 의문이 고개를 쳐들었다. 누가 그들의 이름에 영원한 생명을 부여해주었을까? 우리가 투렛 증후군(뚜렛 증후군)이라고 부르는 증상은 조르주 질 드 라 투렛이 몇십 년 전에 기술했던 그 장애와 같은 것일까? 파킨슨 이전에 파킨슨병은 무엇이었을까? 신경병리학자 알츠하이머가 아우구스테 데터Auguste Deter의 뇌에서 발견한 것을 동료들에게 밝히기 전 알츠하이머병은 어떤 형태였을까? 오늘날 '아스페르거'라는 질병으로 묶을 수 있는 이상 행동을 하는 사람들이 언제나 있었을 텐데, 오스트리아 빈의 소아과 의사 아스페르거가 1944년 거론한 장애는 왜 더 일찍 발견되지 않았던 걸까? 어떻게 아스페르거라는 인물의 존재 자체가 사망 1년 후인 1981년까지 알려지지 않을 수 있었으며, 그의 오리지널 논문은 어떻게 아무런 주목도 받지 않았을까?

위에서 언급한 타당한 이유들은 과학이라는 산업 내에서 시조명이 갖는 핵심적 지위와 관련이 있다. 그것들은 과학적 권위와 승인을 규제하는 절차 안에 있다. 과학사회학자 로버트 머튼Robert Merton에 따르면 "과학자들이 역사에 지워지지 않는 서명을 남기는 것은" 바로 시조명을 통해서이다. "자신들의 이름이 세상의 모든 과학 언어 속으로 진입하는 것이다."[1] 그 세계의 최상위에 있는 것이 바로 우리가 알고 있는 뉴턴 물리학, 유클리드 기하학, 코페르니쿠스 학설 같은 시조명이다. 그다음 계급은 학문이나 과목 또는 전문 분야의 '아버지'라는 긴 명단으로 이루어져 있다. '수리물리학의 아버지' 야코프 베르누이Jakob Bernoulli, '실험심리학의 아버지' 빌헬름 분트Wilhelm Wundt, '영국 신경학의 아버지' 휴링스 잭슨. 이 많은 '아버지들'은(머튼은 최초의 '어머니들'보다 이전 사람이다) 베르누이 정리와 잭슨 간질 같은 '평범한' 시조명 속에 영원히 살아 있다. 문자 그대로 존재하는 모든 것은 어떤 형태로든 그 발견자의 이름을 따서 명명할 수 있다. 명제, 식물, 법칙, 가설, 분포 방식, 기구, 검사, 좁은 수로, 혜성, 멀리 떨어진 행성의 분화구, 축척, 효과, 분류, 증명 그리고 착시 현상 등등. 오류나 추측조차도 시조명의 왕관을 쓸 수 있다. '푸앵카레의 추측'은 최근에 증명되었다. (비록 그 문제를 푼 수학자는 자취를 감췄지만 말이다.) 다소 바람직하지 못한 종류의 불멸성은 '스키아파렐리의 운하'처럼 추가적인 고찰을 해보니 전혀 존재하지 않는 어떤 것을 가리켰던 시조명이다. 이 운하는 밀라노의 천문학자 지오반니 스키아파렐리Giovanni Schiaparelli가 1877년 화성에서 관찰한 것으로 알려졌었다. 과학 세계를 벗어나면 불멸성은 단연 수명이 짧다. 요컨대 전구를 갈 때마다 제임스 와트James Watt라는 이름이 떠오르지는 않으며, 고속도로에 접어들 때마다 존 루던 매캐덤John Loudon McAdam을 생각하지는 않는다.

몇 세대에 걸쳐 의사들은 말 그대로 수천 개의 시조명으로 서로에게 경의를 표해왔다. 여기엔 신체 부위, 수술, 증상, 반사 작용, 질병, 증후군, 의학 도구, 검사와 반응에 대한 시조명이 있다.[2] 그 방대한 목록은 www.whonamedit.com에서 찾아볼 수 있다. 이 책을 쓰고 있는 지금, 이 웹사이트에는 3225개의 목록이 등재되어 있다. 영어로 쓰여 있어 약간은 앵글로색슨 의학에 유리한 쪽으로 왜곡되어 있을 수도 있지만, 순전히 그 규모만으로도 우리로 하여금 수많은 흥미로운 결론을 내릴 수 있게끔 해준다. 19세기의 사사분기 또는 20세기의 일사분기에 활발히 활동했던 의사들은 그런 영예를 얻을 가능성이 가장 컸다. 그 이후 의학 연구는 갈수록 팀워크의 문제가 되었고, 개인이 시조명으로 길이 남을 가능성은 한층 적어졌다. 오늘날에도 지속적으로 시조명을 수여하고 있지만(임상유전학에서 상대적으로 더 빈번하다) 서술형 명칭이나 AIDS, ADHD 또는 (옛날에는 '샤르코병Charcot's disease'으로 알려졌던) ALS에서처럼 약어 명칭을 뚜렷이 선호하는 경향이 있다.

www.whonamedit.com에 등장하는 시조명 중에서 가장 많은 수를 차지한 나라는 미국(819개)이고 독일(636개), 프랑스(428개), 영국(340개), 오스트리아(155개)가 그 뒤를 잇는다. 네덜란드(46개)는 스웨덴(52개)과 덴마크(48개)에 밀려 아깝게 상위 10위권에 들지 못했다. 귀속 날짜로 보면, 국적에 따라 상당한 차이가 있다. 미국인 중에는 무려 39퍼센트가 1900년 이후 출생한 반면, 25명의 체코인 중에는 단 한 명만이 20세기에 태어났다. 이는 체코공화국이 과거에 의학 연구의 전성기를 누렸다는 사실을 반영한다. 오스트리아의 높은 순위 역시 주로 빛나는 과거 덕택이다. 요컨대 13퍼센트도 안 되는 시조명만이 20세기 태생이다. 독일, 프랑스, 영국은 전통적으로 의학 초강대국이었으며, 이는 오늘날까지도 유효하다. 요컨대 비교적 젊은 이름 기증자들의 비율 또한 높다.

340개의 영국 시조명은 의학사적으로 4세기에 걸쳐 있다. 17세기는 토머스 윌리스Thomas Willis와 토머스 시드넘Thomas Sydenham 같은 선각자들이 대표한다. 옥스퍼드의 해부학자이던 토머스 윌리스는 뇌의 기저에 있는 동맥륜에 대해 최초로 기술했으며, 당뇨병의 옛 명칭인 윌리스병Willis' disease이라는 이름 기증자이기도 하다. '영국 의학의 아버지' 토머스 시드넘은 일종의 덜컥거리는 춤처럼 보이는 몸통과 팔다리의 불수의 운동不隨意運動(운동 신경의 자극으로 인해 의지와 상관없이 자율적으로 일어나는 운동—옮긴이)을 유발하는 신경계 질병, 곧 시드넘 무도병Sydenham's chorea을 발견했다. 한때 유명했던 19세기의 몇몇 시조명은 사라지거나 이름이 바뀌었다. 스코틀랜드의 산과産科 전문의이던 윌리엄 스멜리William Smellie는 분만할 때 아이가 거꾸로 나올 경우의 대처법인 스멜리 법Smellie manoeuvre으로 유명했다. 이는 아기의 머리가 나올 때까지 의사의 팔뚝 위에 아기를 엎혀놓고 분만을 유도하는 절차인데, 지금은 각국마다 자기 나라의 창안자를 선호해 다양한 명칭을 따르고 있다. 다른 지역과 마찬가지로 영국에서도 대부분의 시조명은 19세기 태생이다. 당시는 제임스 파킨슨과 존 휴링스 잭슨의 시대였으며, 이들 시조명이 공헌한 것에 대해서는 별도의 장에서 다룰 예정이다. 그러나 여기에는 훨씬 많은 시조명이 있다. 찰스 벨 경Sir Charles Bell은 신경, 마비 그리고 경련의 한 유형에 자신의 이름이 붙었다. 그가 명성을 얻은 주된 이유는 척수신경의 전근은 운동섬유를, 후근은 감각섬유를 포함하고 있다는 벨-마장디의 법칙Bell-Magendie law 때문이다. 병리학자 토머스 호지킨Thomas Hodgkin은 림프 조직을 공격하는 특이한 종류의 암 명칭 속에 계속 살아 있다.

영국의 목록답게 적지 않은 별난 명칭도 등장한다. 1967년에 기술한 '앨버트로스 반응albatross reaction'은 콜리지Coleridge의 시 〈늙은 선원의 노래The Rime of the Ancient Mariner〉에서 배를 좇는 앨버트로스 새처럼 위절제술 후에 자기 의사를 쫓아다니기 시작하는 환자들을 이르는 용어다. 그보다 최근의 문학작품이 1955년 정신과 의사 존 토드John Todd가 최초로 기술한 '이상한 나라의 앨리스 증후군' 발견에 영감을 주었다. 이 증후군은 편두통 때문에 이따금 경험하는 시간, 공간, 체형의 왜곡을 가리킨다. 루이스 캐럴Lewis Carroll 자신도 편두통으로 고생했다고 알려졌다.

영국의 시조명 중에는 엡스타인 바 바이러스Epstein-Barr virus와 관련 있는 이본 바Yvonne Barr처럼 12명의 여성이 있다. 여기에는 많은 소아과 의사와 유전학자가 포함된다. www.whonamedit.com의 인물 명단에 등재된 3225명 중 117명만이 여성이다. 의학이라는 학문이 여성들에게 개방되고 그들이 공을 세우기 시작할 무렵에는 '이름 붙이기'라는 거대한 파도가 이미 휩쓸고 지나간 뒤라 많은 요인이 그들에게 불리했던 것 같다.

의학 관련 시조명의 절대 다수는 우선순위에 경의를 표하는 경향이 있다. 새로운 수술 창안자, 기계 발명가, 신체 부위에 대해 기술한 최초의 저자, 질병 발견자 등등. 이러한 우선순위가 도전을 받을 때, 격렬한 갈등이 일어나고 우선순위 자체보다 더 흥미 있는 쟁점이 생겨난다. 정확히 무엇이 '발견'인가? 과학계의 시각에서 볼 때 어떤 요인이 그게 '발견'인지 여부를 결정하는가? '브로카 영역'을 최초로 발견한 사람을 넘어선 것 같긴 하지만, 자신이 발견한 게 무엇인지 정확히 이해하지 못함에도 그를 '발견자'라고 부를 수 있는가? 위와 같은 질문은 과학 산업의 핵심을 건드린다. 시조명은 영예임과 동시에 결투의 장이다. 권력과 권위가 쟁점이 되고, 과학적 증거를 둘러싼 갈등을 조정하고, 분류와 범주화라는 사안에 따라 결정을 내리는 묘책과 조작의 현장이다. 일찍이 신경학 역사학자 앤 해링턴Anne Harrington이 말했듯 "인간의 정신과 뇌가 '진짜로' 어떻게 작동하는지에 무엇보다도 관심을 가진 현대의 과학자라면 어떻게 과학이 '진짜로' 돌아가는가라는 질문에 대해서도 좀 생각해봐야 할 것이다".[3] 시조명은 바로 이 두 가지 질문이 교차하는 지점을 표시한다.

그런데 왜 특별히 **이들** 시조명이어야 하는가? 대부분은 필자의 호기심에 따른 것이다. 물론 최종 선택이 완전히 임의적인 것은 아니지만 말이다. 선택 목록이 역사적, 지리적, 학제적 의미에서 대표성을 띠도록 애쓰기도 했다. 투렛, 카프그라, 클레랑보는 모두 환자 실증實證에 초점을 둔 프랑스 정신의학을 대표한다. 카프그라는 누군가가 환자 자신이 사랑하는 사람(아내, 자녀, 친구) 노릇을 하고 있다는 망상에 빠지는 증후군을 소개했다. 클레랑보 증후군에서는 (대체로 여성인) 환자가 누군가가 자신을 사랑한다고 확신한다. 투렛, 클레랑보 그리고 카프그라, 이 세 사람은 모두 자신이 몸담고 있던 정신과 시설에서 조사를 수행했다. 카프그라와 클레랑보는 당시 프랑스에서 호평받던 커뮤니케이션 방법인 임상 강의 형태로 자신들의 연구 결과를 발표했다. 알츠하이머와 (인간의 뇌 지도를 작성한) 브로드만은 모두 독일 신경병리학 연구의 전통이 낳은 인물이었다. 그들은 실험실에서 연구를 수행했고, 가장 중요한 도구는 현미경이었다. 알츠하이머는 매우 헌신적으로 회진을 돌았던 제도권 의사였지만, 환자들에 대한 최고의 서비스는 현미경 검사를 위해 그들의 뇌를 유용하게 관찰한 이후에야 가능하다고 믿었다.

분야에 관한 대표성은 한층 더 어려운 문제다. 역사를 통틀어 많은 질병, 증후군, 장애, 질환은 (19세기 후반까지만 해도 하나의 학문 분야로 간주했지만) 우리가 오늘날 '신경학'과 '정신의학'이라고 부르는 것과 관련해 자주 처지가 바뀌었다. 런던의 가장 가난한 동네에서 일반 개원의로 일하던 제임스 파킨슨은 환자들의 뇌에 뭔가 이상이 있다고 의심하긴 했지만, 자신이 1817년 기술한 '진전 마비shaking palsy'의 원인을 전혀 알아차리지 못했다. 하지만 1876년 파킨슨의 이름을 따서 그 질병을 명명한 파리의 신경학자 샤르코는 틀림없이 심한 충격이나 감정적 스트레스 같은 심리적 요인과 관련이 있을 것이라고 믿었다. 결과적으로 파킨슨병은 정신의학 쪽으로 진로를 전환했다. 오늘날에는 신경 전달 물질인 도파민을 생산하는 뇌 속 작은 부위의 퇴화가 파킨슨병의 원인으로 알려져 있고, 이는 이 병을 다시 신경학 분야로 돌려놓았다. 이러한 시각 변화는 예외라기보다 규칙이다. 투렛 증후군은 신경학과 정신의학 사이를 쉬지 않고 오갔다. 과거 카프그라 증후군(카그라스 증후군)은 정신분석학적 측면에서 정의한 반면, 지난 20년 동안 신경학 방향으로 넘어갔다. 자폐 스펙트럼에 속하는 장애, 곧 아스페르거 증후군(아스퍼거 증후군)의 경우 신경학적 요인이 담당하는 역할은 여전히 불확실하다.

위에서 언급했듯 시조명을 연구해보겠다는 결정은 거의 무의식적으로 선택의 무게중심을 19세기로 가져갔고, 이런 사실의 결과가 이 책의 내용에 반영되어 있다. 차이가 있음에도 불구하고 이들 시조명에 공통된 것은 모두가 사례 연구를 활용했다는 점이다. 동시에 이들 시조명은 반세기 전에 사라진 과학적 방식을 대표한다. 사례 연구에서 관리, 치료, 관찰, 리서치와 관련한 요소는 여전히 밀접하게 얽혀 있다. 파킨슨은 질질 끄는 느린 걸음이 곤두박질치는 돌진으로 바뀔 때 자기를 잡아줄 하인을 10미터 앞으로 뛰어가게끔 했던 한 환자에 대해 쓰면서 연민의 감정을 느낀다. 그와 같은 연민은 알츠하이머가 아우구스테의 황폐한 혼란 상태에 내해 묘사할 때도 그리고 코르사코프가 각인 능력을 완전히 상실한 환자들에 대해 설명할 때도 똑같이 나타난다. 아스페르거의 '어려운 아이들'에 관한 1944년 사례 연구에서는 환자의 경험이 매 이야기마다 울림을 갖는다. 이 12명의 인물을 묘사하면서 필자가 그들의 이름을 피와 살을 가진 사람으로 변신시키는 데 성공했다면, 그것은 그들의 사례 연구가 피와 살을 가진 인간들에 관한 것이기 때문이다.

01

해질녘이면 나타나는 이미지 : 보네 증후군

1759년 봄, 제네바. 은퇴한 치안판사 샤를 륄랭Charles Lullin은 장시간의 구술 작업을 위해 비서를 불렀다.[1] 그는 나이가 지긋하고(거의 90세였다) 시력은 나빠지기 시작했다. 1753년 10월에는 왼쪽 눈에 백내장 수술을 했다. 1756년 9월까지는 볼록렌즈의 도움으로 볼 수 있었지만 이젠 시력을 완전히 잃어버렸다. 오른쪽 눈도 백내장 수술을 받았다. 읽고 쓸 정도로 충분하지는 않았지만 그래도 약간의 시력이 남아 있긴 했다. 이때부터 그는 하인에게 신문을 읽어달라고 했다. 륄랭은 자신이 지금부터 기록하려는 특이한 경험은 시력 문제와 관련이 있다고 확신했다.

1758년 2월, 이상한 물체들이 시야에 떠다니기 시작했다. 시작은 파란 손수건을 닮은 어떤 것이었다. 모서리마다 작고 노란 동그라미가 있고, 크기는 파이브즈fives(손이나 배트로 공을 벽에 치며 하는 경기—옮긴이) 공만 했다. 손수건은 눈의 움직임을 따라다녀서 벽, 침대, 태피스트리 등 무엇을 쳐다보건 방 안에 있는 일상의 사물을 가렸다. 륄랭의 정신은 완벽하게 또렷했고, 단 한 번도 진짜로 파란 손수건이 떠다닌다고 믿은 적은 없었다. 그 이미지를 사라지게 만드는 것도 어렵지는 않았다. 그냥 눈을 오른쪽으로 움직이기만 하면 다시 방 안의 익숙한 사물들이 보였다. 손수건만 보인 게 아니었다. 8월 어느 날, 손녀 둘이 들렀다. 륄랭은 벽난로 선반 맞은편 안락의자에 앉고, 손녀들은 오른쪽에 있었다. 그런데 왼쪽에서 청년 2명이 나타났다. 청년들은 빨간색과 회색이 섞인 화려한 망토를 걸치고 은박 장식의 모자를 쓰고 있었다. "같이 온 청년들이 정말 잘생겼구나! 함께 온다고 말하지 그랬니?"[2] 그러나 손녀들은 맹세코 아무도 보이지 않는다고 말했다. 두 청년의 이미지는 손수건처럼 몇 분 만에 흩어졌다. 다음 몇 주 동안 그들 말고도 더 많은 가상의 방문객이 등장했는데 모두 여자였다. 여자들은 아름다운 두건을 쓰고, 몇몇은 머리 위에 작은 상자를 이고 있었다. 하루는 하인이 심부름을 마치고 방으로 들어왔다. 그때 거인 같은 두 숙녀가 뒤따라 들어왔다. 둘 다 너무나 키가 커서 천장에 머리가 닿을 정도였다.

"같이 온 숙녀분들은 누구신가?"
"죄송합니다, 어르신. 여긴 아무도 없는데요."
"자네, 눈이 멀었나? 저렇게 크고 뚱뚱한데 안 보인다는 게 말이 되나."[3]

그 숙녀들은 한마디 말도 없이 떠나버렸다. 얼마 후 창가에 서 있던 륄랭은 마차 한 대가 오는 것을 보았다. 마차는 이웃집 앞에서 멈췄다. 그가 놀란 눈으로 지켜보는 동안 마차는 점점 커지더니 땅에서 10미터 정도 떨어진 처마 높이까지 변했다. 모든 게 완벽한 비율이었다. 또 한 번은 열두 살 전후의 소녀 4명이 방으로 걸어 들어왔는데, 그중 한 명은 세 살쯤 된 아이의 손을 잡고 있었다. 모두 색색의 리본과 진주 목걸이와 조롱박 모양의 다이아몬드 귀걸이로 치장하고 화려하게 차려입었다. 그들은 서로 수다를 떠는 것 같았다. 그중 한 명이 륄랭 쪽을 쳐다보더니 완벽하리만큼 하얀 치아를 드러내며 아주 매혹적인 미소를 보냈다. 그 후 그들은 다시 사라졌다.

륄랭은 자신이 본 이미지의 다양함에 놀랐다. 어떤 때는 한 무리의 얼룩이 갑자기 비둘기 떼로 변하고, 어떤 때는 춤추는 나비 떼로 변하기도 했다. 부둣가 크레인에서 볼 수 있는 회전 바퀴rotating wheel가 공중에 떠 있기도 했다. 시내로 산책을 가는 길에 엄청나게 큰 가설물을 신기하게 쳐다보느라 걸음을 멈췄는데, 집에 도착해 보니 똑같은 게 거실에도 있었다. 이번에는 30센티미터 높이도 안 되는 미니어처였다. 처음에는 작은 구름 같던 것이 길을 한참 내려가면 나오는 어떤 집의 다락방 창문으로 변했다. 그는 또한 회화 작품처럼 프레임을 갖춘 풍경들도 보았다. 도시의 원경, 삼림 지대의 비경, 숲, 바람에 물줄기가 흩어지는 분수 등등이었다. 륄랭은 어느 날 이미지의 크기와 관련해 실험을 해보기로 결심했다. 집에서 100걸음쯤 떨어진 곳에 분수대를 갖춘 작은 광장이 있었다. 그는 분수대 옆에서 파란 손수건을 보면 큰 식탁보 크기라는 것을 알았다. 하지만 식사하는 동안 식탁을 배경으로 그걸 보면 엄지손톱만 했다. 다른 이미지의 크기도 얼마나 멀리 떨어져 있냐에 따라 달라지는 경향이 있었다.

끝으로 륄랭은 자신이 보았던 다른 많은 것을 받아쓰게 했다. 침대에 있을 때는 깨어 있건 잠을 자고 있건 이미지들이 보이지 않았다. 그것들은 (대화에 몰두하는 사람 이미지조차) 전혀 소리를 내지 않았고 미끄러지듯 움직였다. 손녀들과 동행했던 두 신사 이후, 남자들은 더 이상 방에 나타나지 않았다. 거리에서는 반대로 여자를 본 적이 없었다. 모든 사람은 왼쪽에서 등장했고, 사라지기 전에도 왼쪽 뒤로 지나갔다. 그러나 륄랭은 이것

그림 1.1 샤를 보네(1720~1793). 위엘(J. Huel)이 그린 후 판화 작업(1777).

이 자신의 왼쪽 눈과는 무관하다고 강조했다. 이미지는 번갈아 한쪽 눈을 감을 때도, 심지어 손수건으로 두 눈을 가릴 때도 나타났기 때문이다.

그러나 무엇보다도 륄랭은 개별적인 사람들에게서 깊은 인상을 받았다. 어느 날 아침, 창가에서 조용히 파이프 담배를 피우던 그는 자기 왼쪽에서 창문틀에 편하게 몸을 기대고 있는 한 남자를 보았다. 자신보다 머리 하나만큼 크다는 사실을 제외하면 그 남자는 정확히 륄랭과 똑같았다. 역시 파이프를 물고, 똑같은 모자를 쓰고, 똑같은 실내복을 입고 있었다. 그 남자는 다음 날 아침에도 거기에 있었고, 점차 친숙한 유령이 되었다. 사람들 이미지는 8월 10일부터 시작해 9월까지 계속 이어졌다. 그때 마지막으로 사람들 이미지를 보았다. 단, 파이프 담배를 피우는 그의 분신만은 10월까지 계속 나타났다. 이미지는 약간 희미해졌는데, 그건 틀림없이 그맘때 아침에 연무가 끼어 흐릿한 경향이 있었기 때문일 것이다.

'가장 놀라운 사례'

이러한 경험은 커다란 18쪽짜리 공책에 기록되어 있다. 5개나 되는 서명이 이 문건이 진짜라는 걸 증명한다. 첫 번째 서명은 륄랭 자신의 것으로, 거의 휘갈겨 쓰다시피 했다. 나머지 서명은 비서, 그걸 읽은 독자 한 명, 주치의 그리고 륄랭의 손자 샤를 보네Charles Bonnet의 것이다. 마지막으로 서명한 사람이 훗날 보네 증후군으로 알려질 현상의 이야기에서 핵심적인 역할을 한다. 륄랭은 "이 위대한 동물학자 겸 자연과학자"[4]인 보네가 시키는 대로 자신의 경험을 그토록 자세히 기록한 것이라고 썼다. 샤를 보네는 실제로 확고한 과학적 명성을 누리고 있었다.[5] 그 명성은 무엇보다도 곤충학자로서 그의 업적에 기초한 것이었다. 20세 때 개미귀신에 대해 관찰한 것을 기록함으로써 과학 아카데미Académie des Sciences의 통신 회원 자격을 얻었다. 할아버지가 이상한 유령들을 보고 있을 무렵, 보네는 다양한 주제의 심리학 관련 책을 집필 중이었다. 이 책은 1760년 《정신 기능에 관한 분석적 수필Essai analytique sur les facultés de l'âme》이라는 제목으로 출간됐다.[6] 이 책의 시각視覺에 관한 장에서, 보네는 "한 노인"[7]의 경험을 간단히 언급했다. 아울러 그것을 "완전히 신뢰할 만한 정보원이 아니었다면 말도 안 된다고 거부하고 싶었을 가장 놀라운 사례"[8]라고 표현했다. 보네는 나중에 이 사례를 훨씬 더 자세히 다룰 생각이었으므로 일부러 간단히 짚고 넘어갔다. 그러나 보네는 결코 그럴 시간을 갖지 못했다. 1769년 출판한 제2판에서 그는 주석을 달아 문제의 그 노인이 자신의 외할아버지라고 설명했다. 외할아버지는 1761년에 고인이 됐는데 끝까지 정신이 또렷했고, 축복을 받을 만큼 뛰어난 기억력을 갖고 있었다. 보네는 지금 그 공책을 자신이 갖고 있다고 덧붙이면서 그걸 "심리학 역사상 가장 흥미로운 작품"[9]이라고 불렀다. 보네는 1793년에 사망했고, 그 공책은 1900년경 제네바에 있는 한 안과 의사의 서류 사이에서 우연히 발견되었다. 륄랭의 공책이 활자로 옮겨진 것은 1902년이었다. 심리학자이자 철학자인 테오도르 플루르노이Theodore Flournoy가 신간 학술지 〈심리학 아카이브Archives de Psychologie〉의 권두 논설에서 그 내용을 집중적으로 다룬 것이다. 그때까지 륄랭의 경험은 보네의 간단한 설명으로만 과학계에 알려져 있었다.

보네 증후군에 초점을 맞춘 문헌의 수는 비교적 적다. 다양한 과학 분야, 언어권, 역사 시대를 통틀어 이리저리 손을 뻗어봤자 논문 수는 100건을 넘지 않는다.[10] 1760년부터 오늘날까지 철학자, 신경과학자, 정신의학자, 안과학자, 심리학자들이 이 현상에 대해 썼지만 과학적 관심의 변방에 머물러왔다. 1960년대 들어서는 기존 저술과 관계없는 사례 연구가 자주 등장했다. 요컨대 보네 증후군 발견자들이 많아진 것 같다. 1989년의 논평 기사에 따르면, 그때까지 무려 46건의 사례가 발표되었다.[11] 이런 사례 연구에서 두드러진 점은 얼굴이나 인물부터 동물, 탈것, 건물, 풍경에 이르기까지 이미지의 종류가 매우 각양각색이라는 것이다. 그리고 마찬가지로 사람의 형상 사이에도 엄청난 다양성이 존재했다. 처음 보는 사람 또는 지인, 아이나 어른 혹은 노인도 있었다. 어떤 사람은 산책하듯 지나쳐 가는 반면, 다른 사람은 망치질하는 대장장이와 쟁기질하는 농부처럼 이런저런 활동으로 바쁘다. 의사의 흰 가운이나 실내복 또는 어떤 전통 복장을 입는 경우도 있다. 대개는 상당히 평범한 반면, 어떤 사람은 가령 머리에서 자라는 꽃처럼 특이한 요소를 보여주기도 한다. 보통 키일 때도 있지만 작아지거나 거인이라 할 만큼 길게 늘어나는 경우도 있다. 그리고 어떤 사람은 자기상 환시自己像幻視, autoscopy(자기 자신의 모습이 외계에 보이는 환시—옮긴이)를 본다. 늙은 룰랭이 보았던 모든 게 끝도 없이 다양한 모습으로 다른 사람들에게도 보였던 것이다.

중간의 200년가량을 건너뛰고 지난 20~30년간 이뤄진 보네 증후군의 연구 결과만을 소개하고 싶은 유혹이 조금 든다. 하지만 그러면 우리 자신에게서 장거리 여행의 즐거움을 빼앗는 셈이 될 것이다. 보네 증후군을 닮은 질환에 이름을 붙이고 정의를 내린 것은 1936년 들어서였는데, 그와 관련한 설명조차도 아주 확실하지는 않다. 보네 증후군의 존재를 확립하려는 몇몇 시도가 있었지만, 여전히 포함과 제외 기준에 관한 의견 일치를 보지는 못했다. 지난 2세기 동안 륄랭이 1759년 비서로 하여금 받아쓰게 했던 경험은 인간의 정신에 관한 다양한 견해에서 중요한 부분을 차지해왔다. 그것들은 정신분석학자와 지각심리학자, 안과 의사, 노인병 전문의들을 위한 영사막 역할을 해왔다. 이 깔끔한 용어('보네 증후군') 뒤에는 호기심과 놀라움은 물론 묘책과 혼란과 갈등의 세계가 놓여 있다. 그러니 우선 긴 여행을 한 다음 목적지를 향해 가보기로 하자.

샤를 보네는 1572년 일어난 '생바르텔르미 축일 대학살' 이후 스위스로 도주한 프랑스 신교도 집안에서 1720년에 태어났다. 6세대가 지나는 동안 그의 가문은 상당한 부를 축적했다. 보네는 제네바 귀족 사회의 일원이었으며 자신의 《자서전적 회고Mémoires autobiographiques》에 썼듯 그가 영위한 생활은 "별들의 궤도처럼 규칙적이었다".[12] 보네는 제네바 호숫가에 있는 자신의 전원주택보다 멀리 여행한 적이 없었다. 그가 했던 유일한 여행은 친구이자 동료 자연과학자로 900통의 서신을 주고받았던 알브레히트 폰 할러Albrecht von Haller의 집을 찾아갔던 게 전부이다. 할러는 제네바 호수 동쪽에 면한 마을에 살았고, 보네 자신은 북쪽 호숫가에 살았다.[13]

7세 때 학교에 입학한 보네는 청력이 안 좋아 놀림을 당하자 자퇴서를 냈다. 그때부터 집에서 가정교사로부터 교육을 받았다. 15세 때 자연에 대한 경건한 연구를 기린 그 시대 최고의 걸작, 아베 플뤼슈Abbé Pluche의 《자연의 광경Spectacle de la Nature》 한 권을 입수했다. 특히 개미귀신에 마음을 빼앗긴 그는 그때부터 자신이 박물학에 일생을 바치리라는 것을 알았다. 그는 당대의 위대한 곤충학자들과 편지를 주고받았다. 교미 없이도 생식이 가능하다는 가설을 입증하기 위해 끊임없이 진딧물을 관찰하고(한 번은 34일간 계속 관찰하기도 했다), 애벌레의 호흡에 관한 실험을 하고, 식물의

그림 1.2 산책을 하고 있는 보네. 보시오(G. B. Bosio)의 판화(연도 미상).

광합성과 민물 폴립polyp의 재생 과정을 연구했다. 1743년에는 런던 왕립학회 회원으로 선출되었고, 몇 년 뒤에는 골똘히 사물을 쳐다보면 통증이 찾아오는 안과 질환에 걸렸다. 그러다 백내장까지 생겨서 결국 거의 읽거나 쓸 수 없는 지경이 되었다. 이는 보네가 진심으로 사랑했던 현미경 연구와 관련한 작업이 불가능함을 의미했다. 이때부터 그의 지적 호기심은 시각적인 제약의 지배를 받았다. 보네는 곤충에서 식물로, 그다음에는 심리학으로 그리고 최종적으로는 형이상학으로 옮겨갔다. 그 결과를 《우주에 관한 명상Meditations sur l'Univers》이란 제목의 900쪽짜리 원고로 집대성했으나 발간하지는 못했다.

1755년 보네는 잔 마리 드 라 리브Jeanne-Marie de la Rive에게 amitié, 즉 우정 또는 친밀감이라는 주제에 관한 원고를 받아쓰도록 했다. 27세 처녀는 두 볼이 붉어진 채 그의 생각을 기록했을 게 분명하다. amitié를 사랑이라는 말로 바꾸면 안 된다는 말은 한 줄도 없었기 때문이다. 보네는 이 글을 리브에게 바쳤고, 청혼을 한 다음 1756년 봄 그녀와 결혼했다. 커플은 두 가문의 시골 사유지에서 대부분의 시간을 보냈다. 그들의 행복은 1757년 마차를 타고 가던 중 바퀴 하나가 부서져 보네 부인이 유산을 하면서 얼룩졌다. 결혼 생활 내내 그들에게는 아이가 없었다.

60세가 되자 보네의 활발한 삶은 다양한 질병으로 인해 탄력을 잃었다. 시력이 좋지 않아 모든 것을 구술에 의존할 수밖에 없었다. 그의 편지에는 서로 다른 3명 혹은 심지어 4명이 쓴 필체도 있다. 중증 천식은 건강을

그림 1.3 비서에게 구술한 것을 받아쓰게 하는 보네.

그림 1.4 감각 자극을 통해 조각상에 생기를 불어넣는 사고실험을 시각화한 그림.

악화시켰다. 그는 자신의 모든 저서를 몸소 교정했지만 누군가가 큰 소리로 읽어줘야만 했고, 그것마저도 점점 나빠지는 청력 때문에 문제가 생겼다. 거의 앞을 보지 못한 말년에는 자신의 할아버지가 말해주었던 이상한 이미지들을 보기 시작했다. 보네는 1793년 봄 73세의 나이로 사망했다.

보네의 조각상

정원에 두 인물이 서 있다. 남자와 여자다. 그들의

복장은 고대 그리스를 연상케 한다. 남자의 자세는 소극적이고 경직되어 있다. 여자는 남자 쪽으로 돌아서 있고, 남자의 얼굴 높이에 뭔가를 들고 있는 것 같다. 둘은 함께 《정신 기능에 관한 분석 수필》 전체를 관통하는 실마리인 사고실험thought experiment을 실연하는 중이다. 보네는 독자들이 마음의 눈으로 조각상 이미지를 창조하도록 초대한다. 그것은 말도 못하고, 귀도 먹었고, 앞도 못 보고, 죽어 있다. 요컨대 무감각한 돌덩이다. 그런데 다음 순간, 당신은 그 조각상에 감각, 예를 들어 후각을 부여한다. 그 하나의 감각을 통해 조각상에 냄새를 맡는 감각이 스며들고, 이는 남자 조각상이 여자가 들고 있는 장미 냄새를 맡을 수 있음을 의미한다. 이어서 시각 같은 또 다른 감각을 열어준다. 이제 조각상은 볼 수 있을 뿐만 아니라 냄새를 시각과 연결시키는 어떤 연상도 할 수 있다. 보네에 따르면, 더 많은 감각이 열릴수록 조각상은 외부 세계에 대해 더욱 풍부한 인상을 형성한다. 이런 감각 관찰을 토대로 기억이 생겨나고, 궁극적으로는 하나의 인격이 형성될 것이다. 죽은 돌 조각에서 시작했던 것이 이제 감각, 심상, 의식적인 견해를 갖춘 존재가 된다.

보네는 어쩌면 자신의 여름 별장을 생각하고 있었던 것일까? 겨울에 셔터가 닫힌 방은 조용하다. 어두운 방에서 가구들은 꼼짝도 않는다. 그러다 봄이 되면 하인에게 별장을 쓸 수 있도록 준비하라고 지시한다. 셔터 하나를 열자 한 줄기 빛이 반대편 벽을 비추며 방 안을 흐릿하게 감싸고, 햇빛에 떠다니는 먼지 입자들이 모습을 드러낸다. 하인은 나머지 셔터들도 연다. 빛줄기가 교차하면서 방은 활기를 띤다. 보네와 손님들은 언제 도착해도 괜찮다. 식사 준비를 마쳤고, 향기로운 꽃다발로 테이블을 아름답게 장식했고, 난롯불이 추위를 막아주고, 사람들 목소리가 들리고, 집은 살아 있다.

조각상을 이용한 사고실험은 아베 콩디야크Abbé Condillac 버전으로 더 잘 알려져 있다. 그는 《감각 개론Traité des sensations》(1754)에서 똑같은 장치를 활용했다. 둘 중 어떤 저자도 물질주의적 관점을 갖지는 않았다. 요컨대 조각상은 단지 모든 지식의 감각적 근원을 보여주기 위해 의도된 것이다. 보네 자신을 꼼짝 못하게 했던 것과 너무나도 비극적인 대조를 이루는 감각의 점진적 활성화가 세계 그리고 그 세계에 관해 생각할 수 있는 우리의 능력을 열어놓았다. 그러나 조각상에는 심리 현상이 감각, 신경, 섬유질, 근육으로 구현된다는 것을 입증하려는 의도도 담겨 있었다. 정신에서 일어나는 모든 것에는 반드시 그에 상응하는 생물체의 작용이 있다. 이를테면 각각의 인지에 대해서는 감각적 자극이, 각각의 감정에 대해서는 신체의 동요가, 각각의 기억에 대해서는 뇌 속의 흔적이 있어야 한다. 심리적 및 생리적 과정 사이의 정확한 매칭은 보네의 할아버지가 이미지들을 봤을 때도 분명하게 드러났다. 보네는 그 원인은 분명 "시각기관과 연결된 뇌의 그 부위"[14]에 존재할 것이라고 말한다. 백내장 수술 이후 재발한 시력 감퇴가 기질적 변화의 방향을 가리킨다. 이러한 변화가 정상적인 상황에서 정신에 이미지를 전송하는 다양한 신경을 '안에서부터' 자극하고, 그럼으로써 시각에 변화를 일으키는 도화선이 될 수 있다고 상상하는 건 어렵지 않다고 보네는 말한다. 이와 동시에 만약 판단력을 지원하는 신경이 "여전히 자연스러운 상태에 있다면, 정신은 그 이미지를 실제와 혼동하지 않을 것이다".[15] 현대의 전문 용어로 말하자면, 외부 자극의 부재에도 불구하고 눈과 뇌 사이의 경로를 따라 있는 어딘가의 시신경을 활성화시키는 신경 조직에서 이런 과정이 발생한다.

보네는 심리적 현상의 원인을 "특정한 신경들의 일종의 흥분" 탓으로 돌린다. 당시의 신경학적 지식수준을 고려할 때, 보네는 그보다 앞서 나아갈 수는 없었다. 뒤이은 한 세기 반 동안, 그의 할아버지 사례는 유사한 일들에 관해 들어봤거나 그런 이미지를 직접 경험한 적 있는 저자들의 관심을 자주 끌었다.[16] 1814년 수학자 피에르 시몽 라플라스Pierre-Simon Laplace 후작은 자신의 《개연성에 관한 철학 수필Essai philosophique sur les probabilités》에서 보네를 언급했다. 상상의 혹은 기억된 이미지가 한 사람의 관찰에 미칠 수 있는 영향에 관한 구절에서 라플라스는 그런 영향이 가공의 결과물이 만들어질 정도로 강해질 수 있다고 확신했다. 보네의 할아버지가 본 이미지나 잔 다르크Jeanne d'Arc의 환영이 그 경우였다. 독일의 생리학자 요하네스 뮐러Johannes Müller는 자신이 본 이미지들을 언급했다. 그리고 당시 93세였던 제네바의 철학자 에르네스트 나빌Ernest Naville은 1909년 "심리학과 생리학 분야의 전문 지식을 가진 이상적인 학자는 뇌가 투명하다는 가정에 입각해, 한 개인이 나타내는 모든 심리학적 증상을 마치 책에 기록된 것인 양 '읽어낼' 수 있을 것이다"[17]라는 자신의 명제를 입증하기 위해 자기가 본 이미지들을 활용했다. 이런 견해는 보네도 공유했다. 즉 신체적 및 심리적 과정 사이의 완벽한 상응은 그중 한 영역에 관한 지식을 통해 나머지 영역으로 나아갈 수 있음을 의미한다. 그러나 1902년 륄랭의 공책을 공개했을 때 플루르노이가 내릴 수밖에 없었던 결론은 이랬다—안과 의사와 정신의학자는 그런 이미지들이 미확인된 뇌 부위의 특정 신경 활성화에서 비롯된다는 의심에서 더 나아가지 못했다. 다시 말해 그들은 1760년의 보네에서 그다지 많이 나아가지 못했다.

이름: 세례 문서

보네는 이미지를 보는 것과 이후에 겪을 수도 있는 병리학적 흔적을 연결시키지 않았다. '병'이라는 용어를 사용하지도 않았고, 이미지를 '증상'이라고 하지도 않았다. 륄랭은 '환자'가 아니며, 그 이미지를 통해 '고통 받지' 않는다. 사실 보네는 그것들을 환각hallucination이 아니라 '비전vision'이라고 불렀다. '보네 증후군'이라는 용어는 1936년까지 나타나지 않는다. 드 모르시에G. de Morsier라는 제네바의 신경학자는 〈주간 스위스연방 의학Schweizerische Medizinische Wochenschrift〉에 환시에 관한 짧은 기사를 게재했다.[18] 이 기사는 여섯 건의 사례를 바탕으로 환각의 유형을 분류하고 그것을 뇌 손상, 안과 질환, 뇌종양, 정신병 같은 다양한 조건과 연결시켰다. 그중 다섯 번째 사례는 R 부인(74세)의 것이었다. R 부인은 한쪽 눈엔 (안구 안쪽의 높은 안압 때문에 생기는) 녹내장을, 다른 쪽 눈엔 백내장을 앓았다. 약 1년간 R 부인은 색깔과 크기가 모두 정상인 사람의 형상을 비롯해 주로 줄지어 걸어가는 아이와 동물 무리를 '보아왔다'. 그 도시의 역사를 꿰고 있던 드 모르시에는 이렇게 썼다. "우리는 제네바에서 주로 연구해온 한 가지 증후군을 여기서 볼 수 있다."[19] 기사 끝부분에서 그는 이런 종류의 환각에 '보네 증후군'이라는 이름을 붙였다. 나중에 일어난 갈등을 고려할 때, 그가 사용한 정확한 표현을 기록하는 것이 중요하다. 요컨대 그 병은 '안과 질환을 동반한 노인병 증후군syndromes séniles avec lésions oculaires'의 한 가지 사례였다.[20] 그는 안과 질환 부분을 추가한 것을 후회할 때까지 오래 살았다.

30년이 넘게 지난 후, 드 모르시에는 환시라는 주제를 다시 꺼냈다.[21] 이 글의 첫 문장에서 그는 1936년 자신이 다른 뇌 기능은 여전히 훼손되지 않은 노인들의 환시를 '보네 증후군'이라 부를 것을 제안했다고 썼다. 이어서 드 모르시에는 그 후 이 증후군은 정신의학자들에게서 완전히 잊혔는데, 그 까닭은 문제의 노인들이 어떤 신경과적 또는 정신과적 증상을 보이지도 않았고 따라서 대개 정신요양원이나 병원에 입원하지 않으려 한 단순한 이유 때문이라고 썼다. 이로써 이 증후군이 왜 정신병원의 **담장 안에서** 만들어진 분류법에 등장하지 않는지 알 수 있다. 보네 증후군에 초점을 맞춘 논문의 수가 증가세를 보인 것은 고작 지난 10~15년 동안의 일인데, 드 모르시에에 따르면 이는 끔찍한 혼란을 가져왔다. 많은 저자들이 그 명칭을 너무나 상이한 질병에 갖다 붙이는 바람에 원래의 정의가 위협을 받게 된 것이다. 한 정신과 의사는 심지어 망령 난 정신병자에 '**반**半**부랑자**'인 한 남자가 보는 이미지를 이 증후군의 증거로 분류하기도 했는데, 그 환자에게는 시신경을 둘러싼 커다란 종양까지 있었다. 안과 질환을 결정적 증상으로 여겨 젊은이들까지 잠재적인 환자로 분류하기도 했다. 게다가 다른 의사들은 여전히 알츠하이머병을 앓는 사람이나 만성적인 정신병 환자를 여기에 포함시켰다. 심지어 알코올 중독성 정신착란 중에 경험한 환각을 보네 증후군과 연관 짓기까지 했다. 드 모르시에의 동료들은 완전히 흥분한 것 같았다.

물론 드 모르시에한테는 쟁점이 되는 몇 가지 요인이 있었다. 어떤 증후군의 기준에 관한 논쟁은 언제나 그 원인에 대한 논쟁이기도 하다. 고령과 나빠지는 시력은 일반적으로 결합해서 나타나는데, 그럼에도 불구하고 이미지가 나타남에 있어 이것들은 독립 요인일까? 아니면 이 결합이야말로 바로 필수조건일까? 이미지는 말초신경(눈)에서 비롯된 것일까, 혹은 중추(뇌)에서 비롯된 것일까? 드 모르시에는 후자의 경우라고 확신했지만, 그때까지도 많은 안과 의사들은 이미지가 눈 자체에서 발생하는 과정들로 인해 나타난다고 주장해왔다. 눈의 외상 때문에 생기는 환각 역시 보네 증후군에 집어넣어야 할까, 아니면 그것들은 별도의 범주일까? 포함 및 제외와 관련한 기준은 무엇이 우발적이고 무엇이 필연적인지, 무엇이 부수적이고 무엇이 필수적인지 확실히 해준다. 그것은 결과와 조건을, 영향과 원인을 구별해냄으로써 증상·부작용·근본적 요인의 모자이크에 일종의 질서를 가져온다. 어떤 질환의 원인에 대한 합의 없이 거기에 '보네 증후군'이라는 라벨을 붙이는 것은 존재하지도 않는 일관성을 암시할 뿐만 아니라 이름 기증자에 대한 풀리지 않는 의문을 남겨둔다. 보네 증후군과 관련해 결정권은 누구에게 있는가? 의학 공동체인가, 아니면 드 모르시에인가? 후자는 '보네 증후군'이란 이름은 다른 정신이상이 없는 노인들의 환시를 위해 별도로 붙여야 한다고 제안한 사람은 바로 자기였다고 주장함으로써 자신의 논문을 시작하고 끝맺음한다. 이는 전적으로 진실은 아니었다. (당초의 설명에서 그는 '**안과 질환**'이라는 단어도 언급했다.) 그러나 전반적인 목적은 뚜렷했다. 즉 그 병에 이름을 붙이고 세례 문서 baptismal text를 작성한 것은 드 모르시에였고, 그는 박식한 동료들에게 그 사실을 존중해달라고 열심히 호소했다. 이는 납득할 만한 욕망이었다. 의학사에서 드 모르시에의 위치는 그 증후군의 미래에 달려 있고, 일반적으로 인정받는 기준이 자신의 기준에서 멀어질수록 그가 잘못된 증후군에 맞는 이름을 붙인 사람으로 역사에 기록될 가능성은 더 커지기 때문이다.

좀더 최근의 문헌을 보면, 첫 단락에서 충실하게 드 모르시에와 1936년부터 1967년까지 그가 쓴 논문을 언급한다. 그는 증후군에 이름을 지어준 사람으로 추앙받는다. 그가 도입한 의학적·정신의학적 전문 용어도 사용되고 있다. 요컨대 이미지를 보는 사람은 이제 환자이다. 그러나 자신의 기준을 존중해달라는 그의 호소는 대체로 무시되고 있다. 눈병이 있는 젊은이들에게 보네 증후군을 앓는다고 하는 연구자들이 있는가 하면, 다른 의사들은 시각적 환영을 보는 노인 환자에게 그가 다른 정신병이나 신경증을 앓고 있을 때조차도 그 이름을 갖다 붙인다. 전문 용어와 관련해서도 통일성이 없다. 이미지는 '유령 이미지', '시각적 망상'

처럼 다양하게 표현된다. 소형화miniaturization는 '걸리버 환각'이나 '소인국 이미지'로, 연장화elongation는 '거인국 이미지'라고 부른다. 전문적으로는 소시증microspy과 대시증macrospy으로 알려진 이 용어들은 간질 발작 조기나 중증 편두통 중에도 일어날 수 있는 왜곡을 가리킨다. '거짓 환각pseudo-hallucination' 같은 일반적 용어 사용에 대해서는 다른 연구자들이 이의를 제기해왔다. 환각이란 그 사람이 자기가 보고 있는 것을 진짜라고 정말 믿는다는 것인데, 보네의 이미지와 관련해서는 그렇지 않다는 것이다. 게다가 환각은 말 그대로 가상인데, '거짓'이라는 접두사를 추가해 가뜩이나 베일 속에 가려진 용어를 더욱 알 수 없게 만든다. 이런 이유로 (보네 자신을 포함해) 어떤 저자들은 중립적인 용어인 '비전'을 선호한다. 가장 확실한 선택은 단순하게 '보네 이미지'일 것이다. 그럼에도 불구하고 이 용어는 전문적인 문헌에서 보이지 않는다.

지난 30년간의 문헌은 노인병 전문의와 안과 의사들이 지배해왔고, 이는 곧 보네 증후군에서 중요한 역할을 하는 두 가지 요인을 반영한다. 나이와 시력 감퇴가 그것이다. 대집단(안과에 다니는 환자들) 연구에 따르면, 보네 증후군은 오랫동안 추정해온 것만큼 드물지 않다. 어떤 이는 그 반대라고 말할지도 모른다. 안과 의사 크레인W. G. Crane이 1995년 진찰한 노인 환자 집단에서는 무려 38퍼센트가 유사 보네 증후군을 보였다.[22] 마치 증후군의 희귀성 자체가 소형화 사례인 것처럼 보네 이미지를 보는 사람들은 남들이 미쳤다고 여길까 두려워 보통 그 사실을 숨기고, 이것이 상당한 증상 은폐로 이어진다. 그러나 한 가지는 변하지 않았다. 요컨대 지난 몇 년간 그러한 경험은 다양한 방식으로 기술되어왔지만, 보네 이미지는 한 개인의 외부 세계에서 일어나는 것으로 경험된다는 것이다. 1759년 륄랭은 자신이 본 이미지를 "그림에서처럼"이라고 쓴 반면, 이후 세대들은 "영화관에서처럼"(1936년) 혹은 "텔레비전을 보는 것처럼"(1982) 같은 표현을 사용했다.

지금껏 이뤄진 가장 방대한 연구는 로베르트 퇴니서Robert Teunisse라는 네덜란드 노인정신과 의사가 수행한 것으로, 보네 증후군은 1998년 그의 박사 논문의 근간을 이뤘다.[23] 네이메헌Nijmegen에 있는 라드바우트Radboud 대학의료원의 안과 외래 병동에서 그는 많은 환자를 마음대로 연구할 수 있었다. 그는 논문에서 우선 보네 증후군 환자 14명의 신경과적, 정신과적, 안과적 특징을 묘사한다. 이어서 60명의 보네 증후군 환자와 '보네 이미지'를 보지는 않지만 똑같은 안과 질환을 앓는 동일한 연령 집단 사이의 상세한 비교 내용을 보고한다. 모든 환자는 64세 이상이었고, 좌우 중 더 나은 쪽의 시력은 0.3 이하였다.

인터뷰에 따르면 그들이 보는 이미지의 특징은 그 내용만큼이나 다양하다는 게 분명해진다. 대부분의 이미지는 총천연색으로 나타났지만 일부 환자는 흑백 이미지를 봤다고 보고했다. 이미지는 이따금 실제보다 선명하거나 희미하기도 했다. 어떤 것은 한 시간 동안 보였는가 하면, 다른 것은 몇 초 만에 사라졌다. 이따금 이미지 안에서 움직임이 있을 때도 있고, 이미지 전체가 움직일 때도 있었다. 어떤 것은 떠 있는 듯싶다가 이내 배경에서 돌출한 것처럼 보이기도 했다. 어떤 때는 이미지 속 사물이 터무니없이 크거나 작았다. 대부분의 사람은 1년 미만 동안 이미지를 본 반면, 어떤 경우는 5년씩이나 지속되었다.

그러나 공통점도 있었다. 요컨대 모든 사람이 보통은 처음 보자마자, 이따금 현실을 직시함으로써(한겨울 들판에 소가 있을 리 없지) 그런 이미지들이 진짜가 아님을 인식했다. 대부분은 간단히 눈을 깜빡이거나 감음으로써 이미지를 사라지게 할 수 있었다. 아무도 이미지를 마음대로 불러들이거나 어떤 식으로든 내용에 영향을 줄 수는 없었다. 거의 모든 경우 이미지는 당시 환자의 삶과 무관해 보였다는 의미에서 감정적으로 중립적이었다. 이미지의 재현이 자신의 정신 상태와 관련한 얼마간의 짜증이나 걱정을 유발하기는 했지만 전혀 위협적이지 않았다. 극소수만이 이미지를 없애기 위해 약을 먹을 생각이 있다고 말했다. (실제로 그런 약은 존재하지 않는다.) 인터뷰 대상 중 4분의 3이 그런 이미지에 대해 어느 누구에게도, 배우자한테까지도 얘기하지 않았다. 지역 보건의나 안과 의사를 찾아간 사람들도 나아진 건 없었다. 정확한 진단을 내리는 일이 극히 드물었기 때문이다. 한 여성은 정신과 의사로부터 신경안정제를 처방받았지만 이미지는 사라지지 않았다.

인터뷰는 아울러 도움이 되는 정황들에 관한 정보도 제공했다. 일반적으로 이미지는 해질녘에 자기 집의 익숙한 환경에서 환자가 특별한 활동에 활발하게 참여하고 있지 않을 때 나타났다. 피로 역시 증상을 촉발하는 것 같았다. 하나의 집단으로 봤을 때, 보네 증후군이 있는 사람들은 몇 가지 점에서 통제군 집단과 달랐다. 요컨대 그들은 베타 차단제beta blocker(주로 협심증·고혈압 등의 치료제—옮긴이)를 함유한 약을 복용하고 있을 가능성이 많았다. 그들은 가끔씩 적적하다는 걸 시인했고 외향성 지수가 낮게 나왔다. 이는 그들이 새로운 사회적 접촉에 대해 수동적 태도를 취한다는 것을 시사한다. 교육 수준, 성별, 생활 조건, 정신 질환과 신경증 같은 다른 요인은 아무런 역할도 하지 않았다.

퇴니서의 작업은 개인들이 보네 이미지를 경험하는 방식, 그것이 등장하기 쉬운 상황, 증후군과 연관이 있을 수 있는 혹은 연관이 없는 요인에 대해 상당한 실마리를 던져주었다. 모습을 드러낸 전형적인 보네 환자는 나이가 지긋하고 심하게 손상된 시력을 가진 사람이다. 독서는 거의 불가능하다. 주변은 조용한 편이다. 혼자 살고, 집 밖으로 나가거나 옛 친구를 찾아가겠다는 에너지나 의향 모두 부족하다. 찾아오는 이도 거의 없다. 하루하루가 조용히 지나가며, 오늘도 어제처럼 특별한 일이 없다. 약간 나른하게 느껴지고 외부 세계가 희미해지기 시작하는 해질녘에 이미지가 나타난다. 그것이 불안감을 주지는 않는다. 진짜가 아니라는 걸 아니까. 게다가 사라지게 할 수도 있다. 그저 눈을 깜빡이기만 하면 없어진다. 그러나 자기의 경험에 대해서는 얘기하지 않는다. 어쨌든 좀 이상하니까. 사람들이 자신의 신체적·정신적 기능이 떨어지고 있다고 생각하는 건 싫다.

눈과 뇌

보네 증후군에 대해 제기된 설명은 거의 이미지 자체만큼이나 다양하다. 특히 독창적인 가설 하나는 소인국 이미지를 회귀의 결과로 보는 견해다. 환자들이 보는 사람 이미지가 동화책 속 등장인물처럼 어린이 크기이고, 모든 사물이 장난감처럼 편리한 규격을 갖고 있기 때문이다. 그러나 대시증도 보네 이미지에서 소시증만큼이나 흔히 나타난다. 이 가설은 '자기상 환시' 같은 현상도 설명하지 못한다. 정신분석학에서 영감을 받은 저자 플린W. R. Flynn은 환자의 나빠진 시력이 인식 가능한 실재로부터 자신을 단절시킴으로써 자기가 상상해 만들어낸 것들에 자리를 내어준다고 썼다.[24] 노년기의 자아ego는 피부로 느껴지기 시작하는 심각한 손실을 보상하는 즐거운 장면으로 가득 찬 대체 세계를 창조함으로써 자신을 방어한다. 회귀와 방어 같은 설명은 그것들이 유래했던 이론과 같은 운명을 겪었고, 정신의학과 신경학 문헌에서 점차 사라졌다. 지난 30년 동안 나온 가설들의 공통점은 그 원인을 신경생리학 영역 어딘가에서 찾고 있다는 것이다. 이러한 가설은 어디서 이미지가 생겨나는지, 곧

눈인지 아니면 뇌인지에 대해서만 의견을 달리한다. 대부분의 경우 보네 증후군은 양쪽 눈의 손상을 동반한다. 그 손상의 원인이 어떤 역할을 하는 것 같지는 않다. 백내장, 녹내장, 감염, 망막 출혈, 망막 박리 같은 질환은 모두 왜곡된 지각을 초래할 수 있다. 사물이 흉측하게 변형될 수 있으며(빛 한 점이 여러 개로 증식하거나 윤곽선이 네다섯 개의 평행선으로 두드러진다), 형형색색의 오라aura가 밝은 지점을 둘러싸거나 무정형의 얼룩들이 무리를 이루다가 달아나는 것처럼 보일 때도 있다. 19세기로 거슬러 올라가 생리학자 헤르만 폰 헬름홀츠Hermann von Helmholtz와 요하네스 E. 푸르키네Johannes E. Purkyně는 눈에 전기나 기계적 자극을 주면 회전 원판, 별, 수평선과 수직선의 격자무늬를 포함한 특정한 주관적 이미지가 생긴다는 것을 밝혀냈다. 게다가 망막은 동그라미나 직선 같은 어떤 시각적 패턴에 특별히 민감한 것 같다. 심지어 눈에 아무런 압력을 주지 않을 때에도 흥미로운 광학 효과가 발생할 수 있다. 특정한 조명 조건 아래서 눈은 눈 자체의 부분을 볼 수도 있다. 수양액에 떠다니는 물체 혹은 조그만 나무처럼 풍성한 가지를 뻗은 눈의 혈관계 일부까지도. 내과 의사 호로비츠M. J. Horowitz는 환시가 눈과 뇌 사이의 '협상 과정' 때문에 생긴다고 주장했다. 그 과정을 통해 "눈은 뇌에 자기가 무엇을 보는지 말하고, 뇌는 눈에 무엇을 찾아봐야 할지, 눈이 봐온 것 중에서 계속 보고 있어야 할 것과 그렇지 않은 것을 말해준다"[25]는 것이다. 이 논문에서 보네 이미지에 관한 언급은 없지만, 이후 두고두고 반복적으로 그것과 연결된다. 요컨대 그는 보네 증후군은 과도하게 자유로운 뇌의 연상이 눈이 전달한 심각하게 왜곡된 정보와 만난 결과라고 말했다.

보네 이미지가 눈과 뇌 사이의 협상 결과라는 이 개념은 주어진 정보가 실제로 혼돈, 우연, 잡음으로 존재할 때조차 혼돈 속에서 질서를, 우연 속에서 패턴을, 잡음 속에서 신호를 인식하도록 설계된 기구로서 뇌를 바라보는 시각과 일치한다. 뇌에 관한 한 떠다니는 얼룩은 존재하지 않으므로 눈이 보는 것은 날아가는 비둘기 무리여야만 한다. 같은 방식으로, 눈이 움직일 때마다 따라다니는 노란색 점이 있는 푸르스름한 안개는 분명 손수건이다. 적어도 보네 이미지 중 몇몇은 뇌가 추측을 통해 자극에 접근한 후 그 추측을 지체 없이 '본다'는 가설에 들어맞는다. 어떤 이들은 보네 이미지가 '뇌는 스스로 거기에 있다고 추정하는 것을 본다'는 지각심리학의 법칙을 설득력 있게 입증하는 사례로 여긴다. 그러나 대다수 이미지는 우연의 변형이라고 하기엔 패턴이 너무나 화려하다. 노쇠한 안구에 떠다니는 입자, 은장식 모자를 쓴 청년, 상자를 머리에 인 아가씨, 색색의 리본과 진주 목걸이를 한 소녀 그리고 분출하는 분수대로 가득 찬 풍경화는 기본적인 광학적 자극을 뇌가 공들여 완성시켰다고 보기에는 지나치게 복잡하다. 게다가 그것들은 잠들기 직전 우리가 보는 이미지와 아주 흡사하지 않은가? 그것들이 전적으로 뇌에서 생성되는 것도 가능하지 않을까?

'감각 차단sensory deprivation' 가설에 따르면, 보네 이미지의 원인은 장기간 계속된 뇌의 자극 부족에 있다. 극히 단조로운 자극은 환각을 초래할 수 있다고 오래전부터 알려졌다. 이런 현상은 북극 탐험가와 단독 항해사는 물론이고 독방에 감금된 수감자를 통해 보고되었다. 감각 차단에 초점을 맞춘 연구에 따르면 그것은 실험실 환경 속에서도 재현된다.[26] 실험 결과, 감각을 봉쇄하거나 혹은 똑같은 자극에 몇 번이고 노출시켜 감각을 '마취시킨다' 해도 뇌의 처리 활동을 완전히 정지 상태로 만들지는 못한다는 사실이 드러났다. 얼마 후 뇌의 활동은 외부에서 오는 것 같은 소리나 이미지 또는 촉각 등의 감각을 생산하기 시작하며, 그런 이유 때문에 진짜 자극을 구별하기 어렵다. 인간의 뇌는 절대적 휴식에 대처하지 못한다. 네덜란드 작가 뤼디 카우스브루크Rudy Kousbroek는 뇌를 유난히 활발하고 편집증적인 직원을 다뤄야만 하는 대대적인 상업 프로젝트 또는 정부 부처에 비유했다.

> 그는 끊임없이 바쁘게 만들어야 하고, 일과의 매 시간을 채울 충분한 일거리를 던져줘야 한다. 왜냐하면 그는 한가한 순간이 생기면 곧바로 자료 보관소로 가서 수년 전 잘 마무리한 모든 종류의 복잡한 사례를 꺼낸 다음 아무도 눈치 못 채게 지금의 관리팀 자리에 갖다놓기 때문이다. 수년 전 발송한 편지들이 서명을 기다리는 문서에 추가되는 것은 물론, 옛날에 처리한 송장들이 회계 장부에 재등장한다. 상황을 한층 더 복잡하게 하는 것은 문제의 그 직원이 애초 문서 보관 담당이었고, 회사에서 방대한 자료를 어떻게 처리해야 하는지 아는 유일한 사람이라는 사실이다. 그는 문서를 보관한 지하 창고를 밤마다 몽유병 환자처럼 헤맨다. 혼자 중얼거리면서, 조직의 다른 모든 사람이 오래전 잊어버린 서류를 뒤적인다.[27]

편지와 송장을 이미지로, 자료 보관소를 시각적 기억으로, 회계 장부를 관찰로, 평화로운 밤 시간을 거의 어떤 자극의 통과도 허용하지 않는 광학계로 대체해보라. 그러면 감각 차단이라고 알려진 버전이 서술하는 보네 증후군을 생생하게 만날 것이다.

이 가설은 많은 관찰이 뒷받침한다. 보네 이미지는 보통 조용한 상황에서, 집에서, 친숙한 환경에서 나타난다. 륄랭은 이미지를 보고 싶을 때면 빈방에 들어가서 그것들이 나타날 때까지 그냥 기다렸다. 보네 이미지는 개인이 병원에 입원하거나 하루 일과가 다른 일로 멈출 때는 사라지는 경향이 있다. 그러나 감각 차단 가설과 화해하기 어려운 결론도 존재한다.

우선 이미지는 감각 차단에서 발생하는 '평범한' 환각과 같지 않다. 보네 이미지는 완성된 형태로 예고 없이 갑자기 나타난다. 반면 환각은 일반적으로 단순한 감각적 느낌으로 시작해 이미지로 발전하기까지 시간이 걸린다. 흔히 보네 이미지는 진짜 시지각보다 선명하지만 환각은 선명도가 떨어진다. 보네 이미지는 보통 상상으로 인정을 받지만 환각은 종종 그 사람의 지각력에 대한 의심을 초래한다. 그리고 대부분의 사람이 눈을 감음으로써 마음대로 보네 이미지를 사라지게 만들 수 있다는 사실은 전적으로 감각 차단의 논리와 모순된다. 즉 환각은 눈을 뜸으로써 사라진다. 게다가 이 가설에 따르면, 보네 증후군이 시작되고 다시 사라지는 순간은 둘 다 논리에 맞지 않는다. 이미지는 그 사람의 시력이 나빠지기 시작할 때 처음으로 발생하고, 일반적으로 완전히 시력을 잃을 때 사라지기 때문이다.

외부적 자극 상실은 개별 뇌 활동에서 원인을 찾는 두 번째 가설의 핵심이기도 하다.[28] 일반적 메커니즘은 해제release로 알려져 있는데, 1860년대로 거슬러 올라가 신경과학자 휴링스 잭슨에 의해 제기됐다. 잭슨은 인간의 신경계를 위계적 질서가 있는 단위의 집합체로 보았다. 진화론적 관점에서 나중에 나타난 상위 단위는 하위 단위의 활동을 보이지 않게 하거나 그것을 한꺼번에 억제할 수 있었다. 만약 그러한 통제가 부상으로 인해 사라지거나 일시적으로 '스위치가 꺼지면' 하위 단위의 활동이 해제된다. 안과 의사 코건D. G. Cogan이 그랬듯 이를 보네 증후군에 적용하면, 해제 이론은 평상시 환자의 의식에 가닿기엔 너무 약한 자연 발생적 활동을 시각 시스템의 일부가 보여주는 것이라고 주장한다.[29] '내부의' 이런 이미지는 외부 이미지의 끊임없는 공급 때문에 계속 보이지 않는다. 하지만 그러한 공급이 고갈되면 그것들은 알아보기 충분할 만큼 아주 강해진다. 녹내장, 출혈, 망막 박리 등은 모두 뇌가 자체적으로 만들어내는 그런 이미지를 투사할 수 있도록 방을 충분히 어둡게 해주는 커튼이라고 할 수 있다. 보네 이미지는 약간만 볼 수 있는 환자를 위한 무성영화의 장면이라고 할 수 있다.

그러나 애석하게도 감각 차단 가설에 이의를 제기하는 논거는 해제 이론에도 딱 들어맞는다. 대부분 사람들은 보네 이미지가 눈을 떴을 때 보이며 눈을 감자마자 사라진다고 말한다. 시력을 완전히 잃어 어둠이 가장 강해지면, 보네 이미지는 사라진다. 해제 이론에 따르면 그때 가장 선명해야 함에도 말이다.

'나와 함께 하소서; 금세 저녁이 되고'

촉감, 맛, 냄새 역시 노화 또는 병에 의해 둔해질 수 있다. 그러나 문헌들에는 보네 이미지의 시각에 상응하는 촉감이나 맛 또는 냄새를 포함한 환각은 언급되어 있지 않다. 하지만 청각에 관해서는 있다. 이러한 '청각적 보네 이미지'는 귀가 먹어가고 있는 사람들이 경험하는 음악적 환각이다. 아직까지 이름이 없는 이 증후군은 보네 증후군보다 흔치 않지만, 과거 100년간 신경학자와 정신의학자들은 거의 완전히 청력을 잃었을 때 음악을 듣기 시작한 청각 장애 병력이 있는 50~60명의 사례를 다뤄왔다. 이는 보통 귀에 끊임없는 씽씽 소리, 휘파람 소리, 삐걱거림, 허밍 소리, 바스락거림이 들리는 이명의 시기로 시작된다.[30] 보네 증후군에서처럼 이런 환자는 나이가 지긋해서 대체로 60세 이상이며, 대다수가 이미 보청기를 끼고 있다. 환각은 종종 너무나 선명해서 환자들은 처음엔 매우 시끄러운 라디오를 듣고 있다고 생각하거나 또는 초기 문헌에 나오는 것처럼 때마침 지나가는 거리 악사들의 연주를 듣고 있다고 생각한다. 지금까지 보고된 사례는 여자가 남자보다 4배나 많다. 이런 환각에는 거의 언제나 음악이 포함되어 있고, 음성 텍스트는 거의 없는 게 특징이다. 이런 점은 이러한 현상과 정신과적 원인으로 발생한 환각 사이에 또 하나의 차이점을 던진다. 요컨대 후자는 주로 '목소리'이며, 그 목소리는 위협적이거나 불쾌한 말을 한다.

그렇다면 이 사람들은 도대체 어떤 종류의 음악을 들을까? 2명의 정신과 의사가 사우스웨일스South Wales의 노인 요양소에서 의뢰한, 음악적 환각이 있는 환자 30명에 대해 기술했다.[31] 이 집단은 거의 여성으로 이루어졌고(87퍼센트), 고령이었으며(평균 78세), 혼자 살았다(77퍼센트). 3명 중 한 명이 청각에 문제가 있었다. 전체 사례 중 3분의 2에게 환각은 기도문, 찬송가, 크리스마스 캐럴이었다. 찬송가 〈나와 함께 하소서〉는 6회, 〈고요한 밤 거룩한 밤〉과 〈천사 찬송하기를〉은 각각 2회씩 언급되었다.[32] 이 음악적 환청의 재생 목록에는 특히 잉글랜드, 웨일스, 미국의 국가 또한 포함되었다. 세속적인 노래는 드물었고(《대니 보이》), 단 한 곡만이 대중적인 장르였다(《창가에 있는 강아지는 얼마인가요?》). 최신 음악이 없다는 점은 주목할 만했다. 거의 모든 경우, 환각은 항정신병약 투여 이후 사라졌다. 주로 환자들이 어렸을 때 인기 있었던 과거의 음악이 특징이라는 사실은 또 다른 연구에서도 확인되었다. 한 75세 남성은 성가대에서 자신이 부르곤 하던 시편을 듣기도 했다.[33] 환각은 너무도 쉬지 않고 반복되어서 가끔씩 유일한 해결책은 그 음악에 맞춰 노래하는 것이었다. 라디오 볼륨을 높이는 것조차 도움이 되지 않았다. 한 83세 여성은 아일랜드 지그jig 춤곡과 크리스마스 캐럴 메들리가 오른쪽 귀에서 가사 없이 멜로디로만 들려왔다. 이따금 너무나 시끄러워 잠을 잘 수도 없었다. 그 여성은 안약을 넣은 후 심장 고동이 잠시 빨라질 때 음악 또한 빨라진다는 것을 알았다.

이런 음악적 환각과 관련해 제기된 설명은 보네 증후군의 경우와 똑같아 유사한 논쟁을 불러일으켰다. 어떤 신경학자들은 환각의 근원을 귀에, 다른 이들은 뇌에 두었다. 후자의 가정은 그 사람의 청각이 예전에 손상을 입지도 않았는데 가끔 음악적 환각이 발생한다는 사실로 뒷받침할 수 있다. 한 66세 여성은 갑자기 미국 국가를, 80세 여성은 이탈리아 오페라를 들었다. 둘 다 청각 문제는 없었다. 두 사람의 환각은 라임병Lyme disease(진드기가 옮기는 세균성 감염증—옮긴이) 때문에 생긴 신경학적 손상에 의한 것 같았다.[34] 항생제 치료는 음악을 종료시켰다. 청력 손실 없는 음악적 환청 사례는 감염이나 매독 뒤에 나타나는 것으로도 보고되었다. 대체로 손상은 우뇌반구에 위치했는데, 대부분 사람에게서 이곳은 비언어적 자극의 청각적 연상이 비롯되는 곳이므로 논리적인 것처럼 보인다.

음악적 환각과 보네 이미지 사이의 유사성은 분명하다. 둘은 시력이나 청력 감퇴를 겪고 있는 노인에게서 발생하며, 그중 많은 사람이 혼자 산다. 또한 점진적으로 생기는 게 아니라 갑자기 나타나서 한동안, 일반적으로는 몇 개월간 이어진다. 이와 관련해 어떤 환자도 환각에 위협을 느끼지는 않는다. 그러나 여기에도 역시 차이가 있다. 보네 이미지와 달리 음악적 환각은 다른 음악으로도 떨쳐버릴 수 없다. (한편으로 생각해보면, 정상적인 상황에서 음악을 듣고 있는 사람이 다른 음악에 대해 생각하는 것 자체도 불가능하다.) 보네 이미지는 약에 반응하지 않는 데 비해 음악적 환각은 반대다. 음악적 환각은 개인이 과거 들었던 음악에 대한 기억과 연관이 있는 듯하지만, 흔히 보네 이미지는 상당히 공상적이라는 것도 역시 흥미롭다. 가끔씩 한 환자가 보네 증후군과 음악적 환각 모두를 겪기도 한다. 두 눈 모두 백내장을 앓던 한 86세 여성은 1985년 크리스마스 때 아이들을 보기 시작했다.[35] 아이들은 전형적인 보네 이미지였다. 해질녘에 나타났고, 말을 하지 않았으며, 불안감도 느껴지지 않았다. 나중에는 원형 무대, 밝은 조명, 공연을 완비한 서커스도 보았다. 어린 시절을 떠오르게 하는 장면이었다. 그러던 어느 순간부터 각 파트마다 달라지는 음악이 들렸다. 노인은 밤마다 벌어지는 쇼에서 큰 즐거움을 얻었다. 유일하게 싫은 것은 서커스 단장이었다. 노인은 그가 자기를 졸졸 따라다닌다고 확신했다. 서커스 공연이 계속되는 동안 노인은 옷을 내릴 때마다 그가 지켜본다는 것을 알고 화장실 가기가 두려웠다. 정밀 검사 결과 양쪽 청력의 뚜렷한 상실이 드러났다.

극장으로서 뇌

1902년 플루르노이는 이 증후군에 대한 원인을 찾는 것과 관련해 자신과 동료들은 1760년의 보네보다 한 발짝도 못 나아갔다고 썼다. 그로부터 100년이 흘러 퇴니서는 자신의 논문 말미에서 보네 증후군은 여전히 대부분 수수께끼라고 결론지었다. 보네 이미지가 발생하는 눈과 뇌 사이의 궤도상 정확한 지점과 관련해 합의된 것도 없으며, 어떤 요인이 혹은 요인의 조합이 그런 이미지를 발생시키는지 확신을 갖고 말할 수 있는 사람도 없다. 원인이나 매개 또는 촉진 요인을 풀어내는 것은 불가능하다는 게 분명해졌다. 이 증후군의 기준은 규정되지 않았다. 드 모르시에에게 고령은 증후군의 정의에서 극히 중요한 부분이었다. 퇴니서에게 환자들의 많은 나이는 상관관계가 있는 요인 중 하나였고, 이런 관점은 젊은이들 또한 보네 이미지를 경험할 수 있다는 가능성을 열어뒀다. 지금껏 제기된 모든 설명은 자체의 문제점을 안고 있다. 현재 보네 증후군에 관한 거대 이론은 없다. 정신의학이나 신경학에도, 안과학이나 지각심리학에도 없다.

그러나 이것이 우리를 완전히 빈손으로 남겨두는 것은 아니다. 미래 연구가 지향할 방향을 시사하는 아주 흥미로운 부수적 결론이 있다. 시각연합피질에 손상을 입은 한 환자가 유사 보네 이미지를 보는 것으로 보고되었다. 1931년 V_{19}(시각연합피질의 일부)로 알려진 부위에 전기 자극을 가하사 보네 이미지가 나타난 것이다.[36] 언제든 이런 이미지는 아주 순식간일지라도 기능성자기공명영상fMRI이나 양전자방사단층촬영PET scan 형태의 영상공학 손에 들어갈 수도 있으며, 그렇게 되면 원인 부위에 대한 위치 추적이 가능할 것이다. 대집단의 상관성 연구를 통해서는 새로운 요인을 향한 길을 터주는 연관 관계를 밝혀낼 수도 있다. 한 가지 예를 들면, 퇴니서가 기록한 외향적 행동에 대한 낮은 점수는 뇌의 활성화 수준과 개연성 있는 연결 고리를 암시한다. 외향적인 사람은 내향적인 사람보다 약간 낮은 활성화 수준을 갖고 있는 경향이 있다는 것은 오랫동안 알려졌다. 이러한 발견은 직관에는 약간 반대되지만 흔히 제시하는 설명에 따르면, 외향적인 사람은 별도의 신경 자극을 더 추구하기 때문에 매우 외부 지향적이라고 한다. 좀더 간단히 말해서, 내향적인 사람의 뇌는 본래 충분히 활발한 반면, 외향적인 사람의 뇌는 외부의 자극을 필요로 한다. 이 가설에 따르면, 보네 이미지는 상대적으로 높은 활성화 수준에 익숙해진 내향적인 뇌에서 형체를 갖춘다. 그리고 극단적인 상황에서(시각적 자극이 거의 사라졌을 때) 뇌는 자기 고유의 자원, 다시 말해 상상력과 기억력 그리고 이 둘의 결합에 의존해 이미지를 하나씩 소환하고 점검하는 타고난 장기를 발휘한다.

이는 샤를 보네를 기쁘게 할 만한 생각이다. "그의 정신은 이미지들과 함께 즐겁게 노닌다." 1760년 보네는 할아버지에 대해 이렇게 썼다. "그의 뇌는 극장이다. 예고 없이 찾아왔기에 더욱 경이로운 공연이 그 안에서 무대장치 위에 올려진다."[37]

02

한 차례의 고통스러운 떨림 : 파킨슨병

1824년 크리스마스 직전의 어느 일요일 오후, 제임스 파킨슨James Parkinson은 오른쪽 몸을 마비시키고 언어 능력을 앗아간 뇌졸중으로 쓰러졌다. 당시 70세였다. 아마 회복 가능성이 높지 않다는 것을 의사로서 알아차렸을 것이다. 런던에서 (파킨슨 자신이 자기 아버지와 그랬듯) 병원을 함께 운영하던 아들 존 윌리엄John William이 극진히 간호했지만 할 수 있는 일이 거의 없었다. 아들은 세인트레너드St. Leonard 교구 빈민이사회에 짧은 편지를 보내 아버지가 12월 21일 아침 작고했음을 알렸다. 의회는 회의록에서 고인이 교구민들에게 펼쳐온 의술에 감사를 표했다. 파킨슨이 속했던 의학 협회들은 그의 사망 날짜를 정식으로 기록에 추가했다. 긴 추도사는 없었다. 제임스 파킨슨의 생애가 끝났다는 사실만 기록했을 뿐 추념일로 지정하지도 않았다.[1]

길고 활발했던 경력 내내 파킨슨이 명성과 평판이란 관점에서 성취해온 모든 게 죽음과 함께 사라져버린 듯했다. 그는 의학과 (인생에서 두 번째로 사랑했던) 지질학 연구에 헌신한 몇몇 과학 협회의 공동 창립자였다. 여러 차례 중판을 찍은 화학과 화석에 관한 개론서를 집필하기도 했다. 폭넓은 독자를 위한 건강관리 도서들도 발간했다. 사회적·정치적 쟁점에 관한 소책자 작가로서도 가공할 필력을 발휘했다. 그리고 통풍痛風, 위험 스포츠, 정신병원을 위한 법 규정, 번개 맞은 사람을 소생시키는 법 등 다양한 주제에 관한 많은 책과 논문을 남겼다. 영국에서 가장 멋진 것으로 평가받던 파킨슨의 화석 수집품은 그가 죽은 뒤 경매로 흩어졌다. 화석 대부분은 미국의 한 지질학 박물관에서 소장했는데, 훗날 화재로 소실됐다. 파킨슨의 초상화는 알려진 게 없다. 그가 태어난 집은 철거되었고, 묘비석도 사라졌다. 파킨슨이라는 사람과 그 모습에 대해서는 단 하나의 짧은 설명이 있을 뿐인데, 그마저도 어쩌다 남겨진 것이다. 지질학자 기디언 맨텔Gideon Mantell이 소년 시절이던 1850년 화석 수집품을 보기 위해 파킨슨에게 허락을 구할 때의 일화를 기록한 것이다. "파킨슨 씨는 중키보다 작은 편이고, 활발한 지성과 기분 좋은 표정 그리고 온화하고 공손한 매너를 가진 분이셨다."[2] 맨텔은 파킨슨이 장식장 옆을 거닐면서 자신의 지식을 얼마나 친절하게 공유했는지 40년이 지나서도 흥분하며 떠올렸다.

파킨슨은 장차 '파킨슨병'이라는 게 있을 거라고는 생각하지 못했을 것이다. 그는 1817년《진전 마비에 관한 수필An Essay on the Shaking Palsy》을 발표했는데, 거기서 전형적인 증상 대부분을 소개했다.[3] 당시 파킨슨은 그 병을 'shaking palsy' 또는 'paralysis agitans'라고 불렀는데, 마비는 근육의 약화를, 진전은 이 병의 가장 눈에 띄는 특징인 떨림을 가리킨다. 그 병에 파킨슨의 이름이 붙은 것은 두 세대가 지난 1876년이었다. 살아생전 파킨슨의 이름이 붙은 유일한 시조명은 'Parkinsonia parkinsoni'라는 쥐라기 중기의 암모나이트 화석으로, 그가 죽기 1년 전 화석 편람에 등재되었다.

파킨슨과 아들

제임스 파킨슨은 전 생애를 몇십 제곱킬로미터의 테두리 안에서 보냈다. 바로 혹스턴Hoxton이라는 작은 마을에 있는 세인트레너드 교구였다. 그의 출생(1755)은 교구 문서에 기록되어 있다. 1781년 메리 데일Mary Dale과의 혼인 그리고 자녀 6명의 탄생도 마찬가지로 교구 문서에 기록되었다. (6명의 자녀 중 2명은 아동기를 넘기지 못하고 사망했다.) 그의 부친 존 파킨슨John Parkinson은 내과 의사 겸 조제사로 혹스턴 광장 1번지에 거주했다. 제임스 파킨슨은 17세 때 아버지의 의원에 들어가 실무를 배웠는데, 그곳은 '파킨슨과 아들, 외과의, 약사 그리고 남자 조산사Parkinson & Son, Surgeon, Apothecary, and Man-midwife'라는 간판을 걸고 80년간 4대째 파킨슨 가문이 운영하며 명맥을 유지했다.

제임스 파킨슨의 출생 연도와 사망 연도 사이의 기간은 영국 역사에서 산업혁명으로 알려진 시대와 일치한다. 산업혁명은 혹스턴의 공간적·사회적 구조도 완전히 바꾸었다. 그가 태어났을 때 마을은 런던 북쪽 성문 바로 바깥에 있었다. 쾌적하고 나무가 많은 지역으로 국유지, 과수원, 시판용 채소밭 따위가 있었다. 그런데 수십 개의 공장이 들어서면서 모든 걸 바꿔버렸다. 마차를 구입할 만한 여유가 있는 사람들은 마을을 떠났다. 그러나 걸어서 움직여야 하는 사람들은 공장 인근에서 숙소를 구하는 것 외에 선택의 여지가 없었다. 그로부터 몇십 년간 혹스턴에는 근로자 주택이 빽빽하게 들어서고 급속히 슬럼화되었다. 1대 파킨슨 박사가 중산층을 대상으로 진료했던 반면, 제임스 파킨슨과 그의 아들이 보살핀 환자들은 근로자 아니면 극빈자였다. '남자 조산사' 간판은 아마 그들을 꽤 바쁘게 했을 것이다. 1801~1811년 혹스턴의 인구는 3만 명에서 5만 명으로 증가했다. 결국 이곳은 수많은 구빈원과 인원을 초과한 3개의 정신병자 수용소가 있는 영국 최고의 인구 밀집 지역이 되었다. 파킨슨은 30년 남짓 정신병자 수용소 중 하나인 홀리 하우스Holly House와 인연을 맺었다. 홀리 하우스는 그의 집에서 조금만 걸어가면 닿는 거리에 있었다.

파킨슨은 협회 문화의 일부였다. 그는 런던 의사협회, 런던 내과·외과협회, 조제사협회를 비롯한 몇몇 단체의 회원이었다. 어떤 협회는 가령 '의사들의 미망인과 아빠 없는 자녀 구제를 위한 협회'처럼 회원의 이익을 증진하기 위해 설립했지만, 전문 단체 대부분의 기능은 전문 학술지와 학술회의가 주도한 지 오래였다. 모임에서는 낭독회를 개최하고, 과학적 연구 결과를 공유하고, 자매단체들이 보낸 소식을 논의했다. 파킨슨은 이런 모든 활동에 참가했고, 새로운 단체를 창립하기도 했다. 우리가 그의 삶에 대해 알고 있는 정보는 대개 이런 학회들의 회의록과 기록에서 얻은 것이다.

왕립인명구조협회의 1777년 연례 보고서에는 29세의 브라이언 맥시Brian Maxey를 소생시킨 공로로 제임스 파킨슨이 명예 은메달을 수상했다고 기록되어 있다.[4] 그의 아버지 존 파킨슨에 따르면 사건의 경위는 이러했다. 1777년 10월 28일 이른 저녁, 그들은 맥시네 집으로 불려갔다. 맥시가 목을 맨 것이다. 그들이 도착했을 때 맥시의 몸은 차갑고 생기가 없었다. 동공은 확대되어 빛에 반응하지 않았다. 맥박도 잡히지 않았고 턱도 움직이지 않았다. 맥시는 발견되기 전까지 적어도 30분 동안 목을 매단 채로 있었다. 이웃 사람 한 명이 벌써 방혈放血, blood-letting(치료 목적으로 혈액을 체외로 방출하는 것—옮긴이)을 시작한 터였다. 파킨슨 부자는 이런 경우에 대처하는 왕립인명구조협회의 설명서를 그대로 따랐다. 콧구멍 하나를 막고 한 쌍의 풀무를 사용해 또 다른 콧구멍을 통해 폐 속으로 공기를 불어넣었다. 그러는 사이 다른 사람들은 바삐 몸을 문질러 따뜻하게 했다. 15분 후 약하게 맥박이 돌아왔고, 1시간 30분 후 맥시는 의식을 회복했다. 존 파킨슨은 이렇게 썼다. "그는 자신의 진저리 나는 범죄에 극도의 슬픔을, 아내와 아이들에게 다시 돌아올 수 있도록 해준 이들에게 최대한 감사를 표현했다."[5] 죽은 것 같은 사람들을 소생시키는 일은 제임스 파킨슨을 계속해서 매료시켰다. 익사, 동사, 질식사는 드물지 않은 일이었고 소생술은 정말 반가운 수단이었다. 1787년 파킨슨은 거리에서 번개에 맞아 죽어 있는 한 남자에게 자신이 취했던 조치에 관해 런던 의사협회에 보고했다. 〈번개의 영향에 관한 어떤 설명〉이라는 그 보고서는 그의 전기에도 나온다.[6] 이번에는 젖은 플란넬 천과 뜨거운 브랜디가 피해자의 생명을 되살렸다. 같은 글에서 파킨슨은 일종의 소생술로서 전기 충격의 효험에 대해 약간의 의구심을 표현했다. 오늘날 '충격 치료'가 생체 기능을 재가동하는 가장 빠른 방법으로 여겨진다는 점을 생각하면, 이에 대한 파킨슨의 회의적 태도에는 모순점이 있다. (그는 항문에 담배 연기를 불어넣는 절차보다도 이 방식에 확신을 갖지 못했다.)

파킨슨이 받은 의학 교육은 좀 들쭉날쭉했는데, 대학 수준의 공식적인 의학 교육이 있기 이전 시대에는 놀랄 일도 아니었다. 그는 부친의 의원에서 상당한 지식과 기술을 습득했다고 추정할 수 있는데, 그러는 한편 1776년부터는 런던 병원의학교London Hospital Medical College에서 강의를 들었다. 파킨슨은 아버지의 임종 3개월 후인 1784년 외과의사회의 수료증을 받았다. 뒤이어 1787년에는 런던 의사협회 회원이 되었다. 주로 공공의 목적을 위해 펜을 들었지만 제임스 파킨슨은 다작 작가이자 열성적인 필자였다. 1793~1795년에는 '늙은 허버트Old Hubert'라는 가명으로 일련의 소책자를 썼다.[7] 파킨슨은 격동기를 살았다. 프랑스 혁명을 숭배했고, 그 뒤 백색 테러(정치적 목적을 달성하기 위해 암살, 파괴 등을 수단으로 삼는 우익 세력의 테러—옮긴이)가 일어났을 때는 수상쩍은 사람들과 어울리기도 했다. 의회는 선거구제 도입과 함께 대표성을 조금도 띠지 않았다. 인구가 밀집한 공업 도시에는 대표자가 없었고, 노동 계급 역시 그랬다. 파킨슨은 좀 더 공정한 의회 구성과 (남자들을 위한) 보통선거권을 위해 싸웠으며, 빈곤화와 미성년자 노동 방지를 위한 캠페인에도 가담했다. 되돌아보면 이는 모두 지극히 타당한 목표이지만, 당시의 영향력 균형을 놓고 볼 때는 위험한 급진파의 시각으로 여겨졌다. 의회 개혁론자들은 런던 통신협회로 모여들었는데, 그 일원이었던 파킨슨은 1796년 회원 5명에 대한 법적 소송에 연루되었다. 기소 사유는 조지 3세 시해 음모였다. 그들은 시해 목적을 위해 한 시계 제조공에게 독화살을 발사할 수 있는 일종의 장난감총을 만들게 했다는 혐의를 받았다. 혐의가 대역죄이고 유죄 판결은 곧 사형을 의미하는 만큼 이른바 장난감총 음모를 둘러싼 공판에서는 가장 미미한 연루만으로도 생명이 위태로웠다. 그런 상황에서 파킨슨이 했듯 재판 도중 한 걸음 앞으로 나아가 무죄를 입증하는 진술을 하고, 이로써 어찌 됐건 피고인들 무리에 속한다는 것을 인정하는 데는 용기가 필요했다.

1799년 파킨슨은 자신이 선택한 진로와 관련 있는 책을 발간했다. 일종의 비전문가를 위한 의학 백과인 《가정에 드리는 의학적 조언Medical Admonitions to Families》이 그것이다. 그 시절 의료 서비스는 대략적이고 대개는 접근하기 어려웠다. 일반인은 집에서 발생할 수도 있는 질병과 부상을 치료하거나 예방할 수 있는 방안이라면 모두 환영했다. 이 책의 핵심은 '증상 목록'이었다. 요컨대 '불안anxiety'과 '식욕 부진appetite (loss of)'에서 시작해 '각성wakefulness'과 '하품yawning'으로 끝나는 알파벳 순서의 목록이었다. 추천 방법은 간단하지만 실용적이었다. 접촉 전염성의 경우 집은 환기가 잘 되는지 살피고 옷을 꼭 잘 말려라, 아기들에게 보호용 모자를 씌우라고 썼다. 배꼽 파열의 경우는 배꼽을 단단히 눌러 도로 넣고 꽉 묶으라고 썼다. 또한 부모들에게 한 해 전 겨우 가능해진 천연두 예방 접종을 하라고 조언했다. 몇 년 뒤 파킨슨은 자신에게 익숙해진 질환에 관한 학술 논문을 발표했다. 급성에 고통스럽고 주로 발에서 발생하는, 관절염으로 인해 나타나는 통풍에 관한 논문이었다. 《통풍의 본질과 치료법에 관한 관찰Observations on the Nature and Cure of Gout》(1805) 서문에서 그는 이렇게 썼다. "거의 15년 전, 나는 나 역시 이 고통스러운 고질병의 영향을 받고 있다는 굴욕을 경험했다."[8] '역시'라는 단어는 그의 아버지 또한 통풍을 겪었다는 사실을 말하는 것일 수도 있다. 두 파킨슨은 이 책에서 'JP의 사례'로 등장하는데, 둘 모두 마흔 전후에 최초의 증상을 경험했다. 그는 직업상 거기엔 유전적 요인이 있다고 정확하게 추정했다. 아울러 다량의 채소 섭취와 금주를 추천했지만, 치료약을 제시하지는 못했다.

그보다 한 해 전에 파킨슨은 대표작《이전 세계 유기체의 흔적Organic Remains of a Former World》(1804~1811) 1권을 출간했다. 지금이라면 이 주제는 고생물학 범주에 들어갈 테지만, 1834년 이전에는 그런 용어가 존재하지 않았던 만큼 파킨슨은 자신을 '화석학자'라고 불렀다. 아들 존 윌리엄이 1802년 의원 업무에 합류함으로써 파킨슨은 확실히 화석의 수집과 기록 및 데생에 더 많은 시간을 할애할 수 있었다. 가끔씩 그 지역의 자갈밭과 점토 채취장에서 화석을 발굴했지만, 경매에서 구입하기도 했다. 1807년에는 지질학협회를 창설하는 데 일조했고, 협회지 〈트랜잭션즈Transactions〉에 정기적으로 기고했다. 1790~1820년은 '지질학의 영웅

시대'로 알려져 있는데, 파킨슨은 그의 저서를 통해 이러한 발전에 직접적으로 기여했다. 그 책에는 약 700개의 도해가 나온다. 주로 그가 수집한 화석들에 관한 것이고 대부분은 파킨슨 본인이 그렸다. 화석, 다시 말해 '창조의 훈장' 연구는 지구의 나이나 창조 행위의 실제 과정 같은 사안과 밀접하게 연관되어 있었다. 파킨슨은 종교인이었고, 그에게 산꼭대기나 먼 내륙 지방에서 발견한 석화된 해양 동물과 조개는 당연히 성경 속 대홍수의 결과였다. 하지만 특정 식물 및 동물의 화석 일부가 이후에 사라졌고 화석이 실제로 '이전 세계 유기체의 흔적'이었다는 사실은 엿새 동안 이어진 신의 창조 과정에 들어맞기에는 지구의 나이가 훨씬 오래되었다는 증거였다. 이는 "하루"라는 단어를 "어떤 무한대의 시간"에 대한 은유로 받아들여야 함을 의미했다.[9]

《이전 세계 유기체의 흔적》은 파킨슨의 명성을 공고히 했다. 1850년에는 그의 데생들이 지질학에 관한 '정평 있는 저술'에서 맨텔에 의해 복제되었다. 산꼭대기의 해양 생물은 대홍수로 설명할 수 있고 창조의 7일을 문자 그대로 받아들이지 말아야 한다는 파킨슨의 확신은 독실하고 오랜 전통(비록 그 전통의 마지막 지지자 중 한 명이었을지언정) 속에 그를 당당하게 위치시켰다. 파킨슨 이후 '현대' 지질학은 시작되었다. 1883년까지 계속 재판을 찍은 세 권의 《이전 세계 유기체의 흔적》은 한 시대에 마침표를 찍었다. 그와 대조적으로, 지질학 저서에 비해 대수롭지 않은 업적으로 보였던 《진전 마비에 관한 수필》(1817)은 하나의 시작을 의미했다.

《진전 마비에 관한 수필》

파킨슨은 그 글을 사과로 시작한다.[10]

자신이 기술하려고 하는 병은 실험 연구의 대상이 된 적도 없고, 보고할 만한 해부학적 결론도 없다면서 말이다. 그리고 사실상 그가 제공할 수 있는 건 추측에 지나지 않지만 그 병은 너무나 심각하고 환자에게 미치는 영향이 치명적이기 때문에 어떤 이유로도 출간을 미룰 수 없었다고 썼다. 아울러 "건강과 생명을 단축시킬 수도 있는 무시무시한 많은 과정의 베일을 우리에게서 걷어주었던 인류애와 의학의 친구들"[11]을 기리며, 어쩌면 그 책이 해부학자들로 하여금 새로운 연구를 수행하도록 격려할 것이라고 썼다. 그런 다음 이 병의 정의와 진행 과정, 증상, 혼동할 수 있는 다른 질병, 개연성 있는 원인, 치료제 발견의 전망 등에 할애한 5개의 짧은 장이 이어진다.

파킨슨은 진전 마비를 "근력 감소로 인한 불수의 떨림 운동. 활동하고 있지 않은 부위도 떨리고, 떨리지 않도록 잡아도 떨림. 몸통이 앞으로 굽고 이동할 때 걷는 속도에서 뛰는 속도로 바뀌는 경향. 감성과 지능은 그대로임"[12]이라고 정의했다. 그의 관심을 끈 첫 번째 사례는 수년 전의 것으로 그에게 증상 발달을 연구하는 계기를 제공했다. 그 환자는 "눈에 띄는 절제와 금주의 삶을 살아온, 원예업에 종사하는" 50대 초반의 남자였다. 떨림은 왼손에서 시작됐는데, 원예사는 자신이 무리해서 그리 된 것이라며 어떤 다른 이유도 찾을 수 없다고 했다. 두 번째 환자는 치안판사 사무실의 전직 안내원으로 62세였는데, 거의 10년간 같은 질환을 앓고 있었다. 팔다리 전체가 떨리고, 말은 거의 할 수 없으며, 걸을 때 툭하면 앞으로 넘어졌다. 그는 파킨슨에게 자신의 병은 "생활 습관이 상당히 불규칙해서 생긴 것"이라고 말했는데, 이는 분명 과음을 가리키는 것이었다.[13] 그 남자는 현재 구빈원에 있고, 파킨슨은 거리에서 우연히 그와 마주쳤다. 60대 중반의 전직 선원인 세 번째 환자도 비슷했다. 그는 팔다리 움직임이 너무나 격렬해서 떨림이라고 할 수도 없을 지경이었다. 몸은 지

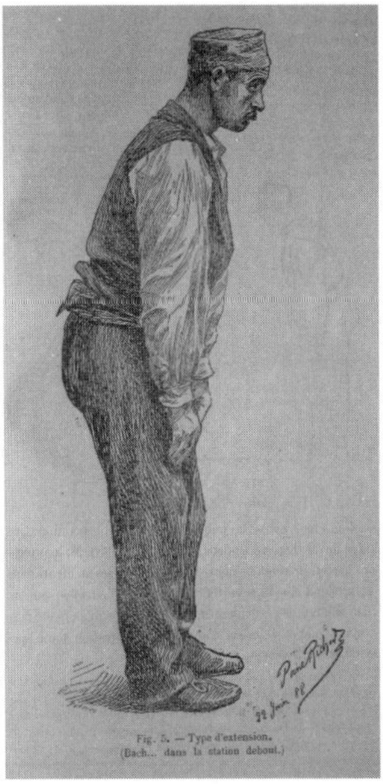

그림 2.1 의사이자 화가인 폴 리셰(Paul Richer)가 그린 파킨슨병 환자. 파킨슨병에 관한 외젠 베케트(Eugène Béchet)의 논문에 삽입된 그림이다.

나치게 구부정하고 머리는 지나치게 앞쪽으로 쏠려 어쩔 수 없이 계속 뛰는 자세를 취하고 대여섯 걸음마다 지팡이를 짚어야 했다. 게다가 지팡이 끝을 포장도로에 대고 있는 힘껏 찍어야만 그나마 꼿꼿한 자세를 유지할 수 있었다. 그 남자는 자신의 병이 에스파냐 감옥에서 수개월을 보낼 때 눅눅한 맨바닥에 누워 잤기 때문에 생긴 것이라고 생각했다. 다른 사례도 있었지만 대부분 잠깐씩만 관찰할 수 있는 경우였다. 파킨슨이 거리에서 스치듯 만난 한 환자는 이 병의 가장 특징적인 증상을 극단적인 형태로 보여줬다. 그는 자신의 몸을 움직이기 위해 무진장 안간힘을 써야 했는데, 일단 그러고 나면 보폭이 걷기에서 곤두박질치듯 종종걸음으로 바뀌었다. 그와 함께 있는 하인은 주인이 몇 미터 걸을 때마다 미리 앞서 가 있다가 주인의 몸을 부드럽게 앞뒤로 흔들어주었다. 그러다 다시 주인이 움직이기 시작하면, 하인은 곤두박질치듯 돌진하는 주인을 잡기 위해 앞으로 뛰어갔다.

이 병의 진행 과정에 관한 파킨슨의 가장 자세한 설명은 여섯 번째 환자인 72세 남자에 초점을 맞췄다. 그는 술을 전혀 입에 대지 않았으며, 병의 원인이 될 만한 과거의 어떤 조짐도 없었다. 그런데 약 12년 전 왼팔이 약해진 걸 느꼈고, 곧바로 떨림이 시작됐다. 다음 몇 년간 떨림은 다른 쪽 팔과 두 다리로 퍼졌다. 그리고 약 1년 후, 한밤중에 오른쪽 몸이 완전히 마비되고 왼쪽 얼굴이 축 처진 채 잠에서 깨어났다. 오른쪽 몸의 떨림은 얼마 뒤 진정됐지만, 오른쪽 팔다리의 힘이 다시 생기자 재발했다. 파킨슨이 걸을 때 앞으로 넘어질까봐 두렵냐고 묻자 그는 진짜 그렇다고 대답했다. 발을 들어 올리는 게 너무나 힘들어 길 위의 자갈 같은 가장 작은 물건조차도 그를 불안하게 만들었다. 노인의 아내는 남편이 방을 건너갈 때는 머리핀 하나만 밟아도 힘들어할 거라고 말했다.

침울한 내용의 대여섯 쪽 이후에 파킨슨은 병의 진행 과정을 개괄적으로 설명했다. 첫 번째 증상은 보통 환자가 정확히 언제 시작됐는지 얘기할 수 없을 정도로 슬며시 나타난다. 그러다 처음 알아채는 것은 한쪽 팔이나 다리, 가끔씩은 머리에 힘이 약간 빠지는 것과 떨리는 현상이다. 1년 정도 걸릴 수도 있지만 결국 이 증상은 반대쪽 팔다리까지 퍼진다. 환자는 걸을 때, 심지어 앉아 있을 때조차 몸을 곧추세우는 게 힘들다는 걸 깨닫는다. 손이 떨려서 "의지가 시키는 만큼 정확하게 대응하지 못한다".[14] 글씨 쓰기는 피곤한 활동이 되고, 먹는 일 또한 그렇다. 접시에서 입으로 포크를 가져가는 것조차 어렵기 때문이다. 진을 빼는 떨림은 이제 거의 계속 이어진다. 이따금 환자는 무딘 움직임 덕분에 떠는 걸 멈출 수 있지만 떨림은 이내 다른 쪽 팔이나 다리에서 재빨리 다시 시작된다. 환자는 이 "한 차례의 고통스러운 떨림"을 줄이기 위해 "이 고질병으로 괴로워하는 이들이 일반적으로 유난히 좋아하는 운동 유형인 걷기에 의존한다".[15] 그러나 병이 진척되면서 환자는 얼마 안 되는 위안마저 빼앗긴다. 몸이 앞으로 굽는 경향을 거의 억제할 수 없어 발끝을 들고 걷기 시작한다. 넘어지지 않으려면 더 짧고 빠른 보폭으로 걸어야 하고, 마침내는 어쩔 수 없이 종종거리는 자세가 된다. 이 단계에서 환자는 밤잠에도 방해를 받는다. 떨림이 너무 심해서 깜짝 놀라 잠을 깨기 일쑤다. 더 이상 혼자서는 밥을 먹을 수도 없다. 입과 혀 근육이 약해져 음식과 침을 입안에 넣고 있기가 어렵다. 이제는 누군가가 앞에서 어깨를 뒤로 밀어 반대

압력을 가해야만 걸을 수 있다. 말조차 거의 알아들을 수 없다. 떨림이 너무 격렬해서 침대 커튼뿐 아니라 바닥과 창문도 흔들린다. 마지막 단계에서 환자는 자신의 근육에 대한 모든 조절 능력을 상실하고, 턱 또한 가슴 위에서 움직이지 않는다. "그리고 마침내 약한 섬망 증세와 끊임없는 졸림 그리고 극도의 탈진을 보여주는 다른 특징들이 소원대로 그가 풀려났음을 알려준다."[16]

과거에는 의사들이 떨림과 걷다 말고 속보로 가는 경향을 여러 다른 질병의 증상으로 여겼다고 파킨슨은 설명했다. 파킨슨은 이런 점에서 그들이 틀렸다고 믿었다. '진짜 진전 마비'에 따라오는 떨림은 쉬고 있을 때 발생하는 반면, 피로나 과음 때문에 오는 떨림은 사지를 활발히 사용할 때 나타난다. 이와 비슷하게 걷는 동안의 불수의적인 보폭 가속화는 무도병舞蹈病, St. Vitus Dance에서 볼 수 있는 강박적 움직임과 다르다. 게다가 후자는 젊은이들을 강타하는 반면, 진전 마비는 만년이 될 때까지 발생하지 않는다. 이런 특징이 이 병의 장애를 규정하고 그것을 다른 질환과 구별해준다. 그러나 이 병의 원인과 발생 위치에 관해 파킨슨은 단지 추측만 할 수 있었다. 이 병이 머리는 물론이고 한쪽 또는 양쪽 팔다리에서 발생할 수 있다는 점과 떨림이 이따금 일시적으로 멈춘다는 사실은 그것이 해당 부위의 신경이 아니라 좀더 상위의 신경계에서 비롯된다는 것을 암시한다. 발생 장소가 뇌일 리는 없다. 그랬다면 감각과 지능이 영향을 받을 것이기 때문이다. 이렇게 해서 파킨슨은 이 장애가 뇌 바로 밑에 있는 척수의 상부, 곧 연수에서 생긴다는 결론에 도달했다. 척수의 움직임이 가장 자유로운 곳이 여기이고, 따라서 손상에 가장 민감한 부위이기도 하다. 환자 중 어느 누구도 갑작스럽게 부상을 당한 기억이 없으므로 파킨슨은 느린 감염이나 조여진 신경이 증상의 원인일 가능성이 있다고 생각했다. 원인이 무엇이건 뇌의 조종 능력이 영향을 받았다는 것은 분명했다. 바로 이 지점에서 보통 치료 수단을 보유한 전통적 무기고가 가세한다—목 윗부분에 대한 방혈, 거머리, 일부러 낸 상처와 물집에서 고름 짜내기. 파킨슨은 이 병이 일반적인 쇠약의 결과가 아니므로 회복제 투약에는 많은 기대를 하지 않았다. 어떤 종류의 의료적 개입 없이 몇 년을 지나칠 수도 있는, 대단히 완만하고 서서히 퍼지는 진행 과정 앞에서 우리는 이 병의 진척을 멈춰 세우는 것으로 만족해야 할지도 모른다. 완벽한 반전을 위해서는 원인에 대한 더 나은 통찰이 필요할 것이다. 파킨슨은 치료약을 찾는 것과 관련해 이 병이 50세가 되기 전에는 발생하지 않는 게 한편으로는 안타깝다고 설명했다. 의사나 환자 모두 증상을 노화와 쇠약의 자연스러운 결과로 간주하기 쉽기 때문이다.

이 책의 맺음말은 당시 해부병리학 분야에서 활발하게 활동하던 파킨슨의 동료들에게 보내는 것이었다. 아니, 사실은 그들에게 바치는 것이었다. 진전 마비의 원인이 언젠가 밝혀지고 치료약이 발견된다면, 그것은 그들의 연구 덕택일 것이다. 파킨슨은 대중이 그들의 작업에, 불쾌하고 혐오스럽기까지 한 조건 속에서도 헌신과 의무감을 갖고 수행하는 그 작업에 정말 얼마나 많은 빚을 지고 있는지 깨닫지 못한다고 생각했다.

해부학자들의 형편없는 평판을 고려할 때, 이는 대단히 용기 있는 결론이었다. 수백 년간 그 직종에서 활약한 이들은 재료 부족을 불평해왔다.[17] 헨리 8세 통치 기간 이후 당국은 가끔씩 사체를 구할 수 있도록 해주었다. 보통 처형당한 범법자들의 시신을 제공했는데(어쩌면 일종의 사후 형벌일 수도 있었다), 그러한 관습이 파킨슨의 시대에도 여전히 이뤄지고 있었다. 의과대학이 있는 도시에서는 수요·공급의 불균형이 결국 무덤 도굴 관행을 초래했다. 더러운 작업은 이른바 '시체 도굴꾼' 무리에 의해 이뤄졌다.

그림 2.2 찰스 디킨스의 《두 도시 이야기(A Tale of Two Cities)》 일부는 18세기 마지막 10년 동안의 런던이 배경이다. 파킨슨이 의료 행위를 하고, 의사들이 해부학 연구를 위해 시체 도굴꾼에게 의존해야 했던 시기다. 디킨스는 그런 일을 하는 2명의 신사, 바로 크런처(Cruncher) 부자(父子)라는 인물을 그렸다. 그들은 낮에는 은행 잡역부로 일하고 밤에는 각종 묘지를 누볐다. 1859년 디킨스가 이 소설을 쓸 무렵은 해부법이 오래전에 묘지 도굴 관행을 종식시킨 때였다.

그들은 뒤에 남은 빈 무덤을 제외하면 부활과 아무 관련이 없었지만 '부활시키는 사람'으로도 알려졌다. 시체 도굴꾼은 어느 정도 주의를 기울이며 자신들의 작업에 착수했다. 무덤 옆에 천을 깐 다음, 관의 머리 부분이 나타날 때까지 계속해서 땅을 팠다. 관을 연 다음에는 고리나 밧줄을 목 주위에 걸어 시체를 꺼냈다. 그리고 수의의 속을 채워 다시 관에 넣고 묻었다. 자루 속으로 흔적도 없이 사라진 시체는 그날 밤 곧바로 해부학자나 의학도에게 배달되었다. 다음 날 아침, 무덤 주변에는 시체가 사라졌음을 보여주는 증거가 하나도 없었다.

그런 위법 행위에 대한 당국의 반응은 다소 일관성 없는 관용이었다. 무덤을 파헤치다 걸린 사람은 벌금형이나 징역형을 받았지만, 시신을 사들인 의사는 절대 고발당하지 않았다. 이렇게 시체 시장은 지속적인 공급자와 고객이 존재함에도 불구하고 판사들은 수요가 아니라 공급에만 관심을 가졌다. 그렇긴 해도 많은 해부학자들은 자신의 암묵적인 범죄 행위 가담이 그렇지 않을 경우 명망 있게 여겨질 직업의 평판을 훼손하지 않을까 염려했다. 사법 당국 역시 걱정하고 있었다. 왜 존스 씨의 시체가 묻힐 때까지 기다리는가? 정말로 왜 존스 씨가 주검이 될 때까지 기다리는가? 해부학자들이 '신선한 상품'에 지불하는 보너스 때문에 목숨을 빼앗는 일이 생겨나기 시작했고, 이는 의학의 목표와도 전혀 맞지 않았다. 1832년 해부법이 통과되면서, 당국은 가까운 친인척이 가져가지 않는 시체를 해부용으로 사용할 수 있도록 했다. 실제로 이들은 떠돌이, 부랑자, 거지, 노숙자를 의미했다. 당시의 한정된 복지 시책 덕분에 공급 부족은 급속히 공급 과잉으로 바뀌어갔다.

프랑스의 파킨슨병

《진전 마비에 관한 수필》의 차분한 서술 기법은 19세기 의학 저술의 전형이다. 파킨슨의 산문은 절대 장황하거나 횡설수설하지 않으면서도 자기 얘기에 충실하다. 연민은 있으되 결코 감상에 빠지지 않는 이야기다. 요컨대 이미지로 가득 차 있지만 지나치게 문학적이지 않다. 병을 '안에서 바깥으로' 논의하며, 진전 마비에 시달리는 환자의 삶이 어땠을까에 대한 진찰은 기품 있고 신중하다. 이 책의 목적은 서술과 비교 둘 모두이며, 당시 의학 연구를 위해 쓸 수 있었던 자원의 범위를 알 수 있게끔 해준다. 파킨슨의 결론은 실험이 아니라 관찰과 가끔의 의료 개입에 바탕을 두었으며, 그 관찰조차도 멀리 떨어져서 수행했다. 현대의 어떤 의사도 길 건너편에서 관찰한 환자를 사례 연구로 소개하지는 않을 것이다.

그런 관찰을 할 때 파킨슨에게 유리하게 작용한 하나의 인구학적 요인이 있었다. 그의 의원이 위치했던 동네의 엄청난 인구밀도다. 수명이 오늘날보다 상당히 짧았고 노인병이 덜 흔했던 시대에 '실례가 되는 환자' 6명을 모을 가능성은 시골이나 부유한 환자들이 주고객을 이루는 작은 의원보다는 '대도시' 환경에서 한층 더 높았다. 그렇다 하더라도 득시글대는 메트로폴리스 한복판에서 발을 질질 끌며 걷는 이들을 골라내는 데는 예리하고 빈틈없는 의사의 눈이 있어야 한다.

《진전 마비에 관한 수필》은 아직 초보적인 단계이던 의학 언론으로부터 좋은 평가를 받았다. 진전 마비에 초점을 맞춘 이후의 저자들은 파킨슨의 관찰에 자신이 덧붙일 게 거의 없다는 것을 인정해야만 했다. 1830년의 임상 강의로부터 가져온 전형적인 구절에서 존 엘리엇슨John Elliotson은 이렇게 썼다. "내가 이제까지 봤던 이 병에 관한 최고의 설명은 지금은 고인이 된 파킨슨이란 이름의 일반의가 한 것이다. 그는 1817년 이 주제에 관한 책을 집필한 대단히 존경스러운 분으로, 내가 아는 거의 모든 것은 여기서 얻었다."[18] 이와 같은 인용은 영국의 의학 문헌에서 반세기 넘게 나타난다. 1863년의 노인병에 관한 저서에서 의사 데이비드 매클러클런David Maclachlan은 파킨슨이 그 병의 증상과 진행 과정에 대해 충실히 설명했으며, 그의 《진전 마비에 관한 수필》은 "아직도 이 분야의 최고작"[19]이라고 썼다. 1860년 빈 의과대학의 교수 요한 폰 오폴처Johann von Oppolzer는 특징적인 떨림을 보여준 72세 남자를 부검한 결과, 파킨슨이 혐의를 두었던 부위인 연수에서 신경을 계속 콕콕 쑤셔왔을 것 같은 결합조직 과잉을 발견했다. 이러한 발견은 파리에 사는 장 마르탱 샤르코Jean-Martin Charcot의 관심을 사로잡았고, 그는 1861년 동료 알프레드 빌피앙E. F. Alfred Vulpian과 함께 여러 편의 논문을 이 주제에 바쳤다.[20]

자신의 경력 내내 샤르코의 관심은 자꾸만 '떨림 마비paralysie agitante'라고 알려진 병으로 돌아오곤 했다.[21] 그는 살페트리에르Salpêtriére 병원의 의사였으므로 환자를 찾아다니거나 거리에서 관찰할 필요가 없었다. 환자들이 그냥 알아서 나타났기 때문이다. 사실상 떨림 마비는 다섯 번째로 흔한 입원 사유였다. 1868년 자신의 임상 강의(다섯 번째 강의) 중 하나를 여기에 쏟아 부었을 때, 샤르코는 그 시간을 위해 자기 병동에서 치료

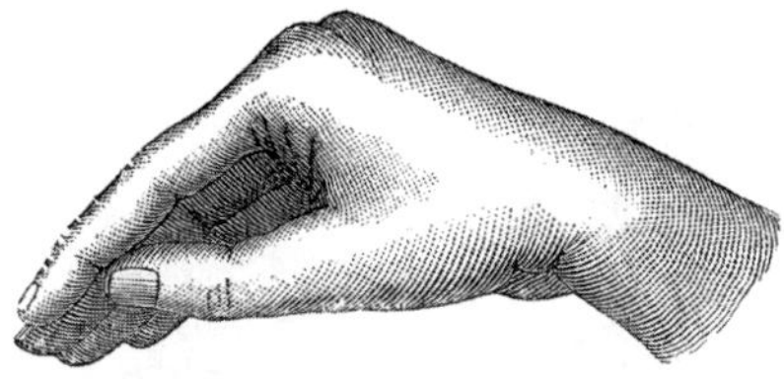

그림 2.3 파킨슨 환자에게서 볼 수 있는 특징적인 손 모양: 펜을 쥔 자세.

해온 엄청나게 많은 여성 떨림 환자를 객석의 신사들에게 보여줬다. "하나같이 똑같은 질병을 앓고 있는 환자들을 한데 모은 것은 특별한 이유가 있었기 때문입니다. 비교 연구를 통해, 단순한 개별 사례들로는 알아내기 쉽지 않은 어떤 미묘한 차이 혹은 뚜렷한 차이점까지 여러분이 구별해낼 수 있기를 바랍니다."[22] 이렇게 해서 파킨슨과 달리 샤르코는 병이 발전하면서 나타나는 모든 다양한 단계를 한꺼번에 보여줄 수 있었다. 파킨슨과 샤르코의 공통점은 세부 사항에 대한 날카로운 눈이었다. 예를 들어, 샤르코는 환자의 손이 특이한 모양을 띤다고 설명했다. 이를테면 엄지와 손가락들을 모은 상태에서 길게 뻗어 손가락들 사이에 펜 한 자루를 밀어 넣을 정도의 공간이 생기게 만든다. 떠는 동안 엄지는 마치 분필 한 자루나 종이 뭉치를 굴리는 것처럼 손가락들 위를 앞뒤로 왔다 갔다 한다.[23] 어떤 환자들의 경우는 손가락을 빵을 부수는 것처럼 움직였다. 샤르코는 또한 개개인의 손글씨가 점점 더 작아진다는 것에도 주목했다. 그는 이 '소자증micrographia'의 한 예로 '1864년 10월 13일 카트린 메츠거Catherine Metzger'라는 서명을 들었다. 이 서명은 흔들림이 많고, 자신감 없고, 알아보기 어려웠다.[24] 샤르코는 모든 운동의 점진적인 감속, 생각과 행동 사이에 소요되는 "상당한 시간", "끊임없이 잡히지 않는 몸의 균형을 되찾기 위해 속보가 될 때까지 속도를 높여야 하기 때문에" 일단 시작하면 멈출 때까지 환자들이 들여야 하는 엄청난 노력에 대해서도 기술했다.[25] 발을 질질 끄는 규칙적인 걸음걸이는 앞쪽으로 구부정한 자세에서 나온 게 아니었다. 샤르코는 자신이 '후방 돌진retropulsion'이라고 명명한, 눈에 띄는 증상을 발견했다. 후방 돌진은 몸이 앞쪽으로 굽었는데도 뒤로 걸을

그림 2.4 (a)와 (b) 샤르코의 '강의'를 편집한 부르느뷔(M. Bourneville)는 부록에서 62세 채소 장수 안 마리 G.(Anne-Marie G.)의 사례를 기술했다. 마리는 1872년 진전 마비 증상 때문에 살페트리에르 병원을 찾아왔다. 환자 자신은 눈에 넣어도 아프지 않을 아들 하나가 갑자기 군 입대를 자원하는 바람에 너무나도 낙담해서 병이 생긴 것이라고 했다. 오래지 않아 마리는 오른팔이 약해진 걸 알았고, 다른 팔다리로 그 증세가 퍼지더니 나중에는 떨림이 나타났다. 폴 리셰는 굽은 상체와 손의 만곡을 1874년과 1879년 두 차례에 걸쳐 스케치했다.

때 점점 더 빨라지는 걷잡을 수 없는 경향을 말한다. 강의록에는 샤르코가 어느 순간 이런 현상의 실례를 보여주기로 결심했다고 쓰여 있다.[26] 샤르코는 한 환자에게 일어나보라고 요청했다. 그러고는 여자의 스커트를 잡더니 갑자기 뒤쪽으로 홱 잡아당겼다. 그러자 여자는 뒤로 걷기 시작했다. 걸음은 점점 빨라져서 예방 조치를 취하지 않았다면 위험할 정도가 되었다. 떨림에 관해 샤르코는 감정 상태에 따라 심해지고 환자가 잘 때나 혼수상태일 때만 사라진다고 적었다. 안면 근육이 움직이지 않아 뻣뻣하고 무표정하게 쳐다보는 것처럼 된다. 말은 느리고, 발음하는 데는 더욱더 많은 힘이 든다. 또한 환자는 약간 머뭇거리며 말하는 경향이 있고 "말 다루는 기술을 터득하기도 전에 빨리 걷는 말 위에 올라탄 신세가 된 사람처럼"[27] 단어를 또박또박 발음하는 게 갈수록 어렵다는 것을 깨닫는다. 그다음 단계로 가면, 환자는 안절부절못한다. 앉아 있으면 일어서고 싶고, 서 있으면 앉아 있고 싶다. 샤르코는 간호사들도 이런 이야기 한두 가지는 들려줄 거라고 말했다. 침대에 누워 있는 환자는 15분마다 한 번씩 몸을 돌려주길 바란다. 일부 환자는 온도계로는 정상 체온인데도 과장된 열기를 느껴 겨울에도 옷을 따뜻하게 입지 않을 정도다. 하지만 샤르코 자신이 봤을 때, 그가 기여한 가장 중요한 임상적 개요는 환자의 경직이었다. 요컨대 사지와 목 근육의 긴장이 높아진다. 굴근屈筋(몸을 구부리는 데 사용하는 근육—옮긴이)이 가장 민감해서 목과 몸통을 앞쪽으로 당긴다. 그리고 마침내 환자는 앉으나 서나 영원히 굽은 자세가 된다.

병의 원인에 대해서는 샤르코조차도 추측 이상을 제공하지 못했다. 냉기와 습기에 장시간 노출되는 것이 어떤 역할을 했을 수도 있었다. 그러나 샤르코는 놀람, 두려움, 분노 같은 격한 감정의 역할을 좀더 확신했다. 그의 환자 중 한 명은 시청경비대의 군인과 결혼했다. 그런데 남편이 1832년 6월 폭동 진압을 위해 파견되었고, 막사에서 남편을 기다리던 아내는 남편의 말이 주인 없이 돌아오는 것을 보았다. 바로 그날 아내의 오른팔 떨림이 시작됐고, 곧 다른 부위로 퍼졌다. 샤르코는 그런 환자를 전에도 만난 적이 있었다. 한 여인은 독불 전쟁의 폭격 속에서 아슬아슬하게 도망쳤고, 또 다른 사람은 파리 코뮌을 둘러싼 적대적 가혹 행위로 아들을 잃었다. 샤르코는 폰 오폴처가 부검했던 한 환자에 대해서도 언급했다. 그 남자의 떨림은 1848년 빈 공습 때 극심한 공포를 느낀 뒤 나타났다.

샤르코는 자신이 이런 증상을 그렇게까지 자세히 묘사한 이유는 "오늘날까지도 대체적으로 이런 증상이 이 병의 역사 자체이기 때문"[28]이라고 설명했다. 그는 수차례 직접 해부를 해봤지만 아무것도 찾지 못했다. 신경계의 어떤 병변이나 이상도 없었다. "여러분, 이상의 고찰은 떨림 마비를 동반하는 진짜 병변이 아직 발견되지 않았다는 것을 입증합니다."[29] 그는 자신을 비롯한 연구자들이 시도해온 투약 목록으로 강의를 마무리했다—스트리크닌, 아편, 벨라도나, 질산은. 그중 어느 것도 진정한 완화를 가져오지 않았다. 어떤 연구자들은 전기 자극으로 실험을 했다. 정전기를 사용한 다양한 장치도, 전기 파동 시도도 그다지 성공적이지 않았지만 배

그림 2.5 파킨슨 환자 치료를 위해 살페트리에르 병원에서 사용한 진동 안락의자.

터리의 도움으로 정전류constant current를 적용한 것은 괜찮은 효과를 가져왔다. 샤르코가 일시적으로나마 실제로 완화를 가져오는 치료법을 찾아낸 것은 훨씬 나중인 1892년이 되어서였다. 그는 파킨슨 환자들이 장시간 기차 여행을 한 후나 마차를 타고 난 뒤에 증상이 멈추는 걸 경험한다는 사실에 주목했다. 투렛이 기록한 '진동 의학médecine vibratoire'에 관한 임상 수업에 따르면, 샤르코의 지시에 따라 제구 박사Dr. Jégu가 덜컹거리는 기차의 움직임을 모방한 전동기 장착 안락의자를 만들었다.[30] 그러나 불행히도 제구는 갑자기 사망했고, 1년이 채 지나지 않아 샤르코도 고고학 탐사 도중 심장마비에 걸려 그 뒤를 따랐다. 이는 다른 누군가가 이 치료 기구의 추가 개발을 맡아야 한다는 걸 의미했다. 투렛이 연구를 계속하기로 했다. 8명의 환자를 대상으로 실험해본 그는 5~6회 치료 후 차도를 보이기 시작했다고 보고했다. 이 진동 치료는 떨림에는 영향을 미치지 않았지만 경직이 사라지고 보행도 개선되었다. 그리고 '진동 안락의자'는 환자가 밤에 잠을 푹 자는 것까지 가능하게 만들었다. 권장 치료 시간은 하루 30분이었다.

샤르코가 이 병에 '파킨슨'이란 이름을 붙인 것은 1876년 11월 19일 강의 도중이었다.[31] 그는 더 이상 '떨림 마비'라는 명칭에 만족할 수 없었다. 그건 두 가지 이유 때문이었다. 환자들이 언제나 마비나 쇠약의 징후를 보이는 것은 아니며 동력계를 포함한 실험 결과, 팔이 격렬하게 떨리고 있을 때조차도 근육은 많은 힘을 보유하고 있음이 드러났다. 게다가 휘어진 등, 가면 같은 얼굴, 경직 따위의 징후를 나타내면서도 떨림은 없는 환자들이 있어 '떨림'이라는 단어 자체가 부적절했다. 샤르코는 상시적으로 나타나지 않는 특징을 따서 병명을 짓는 것은 매우 이상한 일이라고 결론짓고 이 질환을 '파킨슨병'이라 부르자고 제안했다.

뇌 흑질

오늘날 파리에서 수행된 파킨슨병 연구는 리서치 프로그램으로 불러도 좋을 것이다. 사실 샤르코의 제자 몇 명은 자신들의 박사 논문 주제를 이 질병에 맞췄다. 신경학자 케펠 헤셀링크Keppel Hesselink는 파킨슨병에 초점을 둔 연구 과정을 문서화했다.[32] 그 연대기의 한 측면은 특히 주목할 만하다. 그것은 바로 최종적으로 중요한 가설이라고 입증된 것들은 초기 단계에서 수립되었지만 그걸 증명한 것은 훨씬 나중의 일이었다는 사실이다. 1895년 샤르코의 제자 에두아르 브리소Edouard Brissaud는 이 병이 흑질substantia nigra이라고 부르는 뇌의 한 부위의 손상에서 기인하는 것은 아닌지 의혹을 품었다. 흑질은 세포의 어두운 색소 침착에서 비롯된 이름이다. 그러나 콘스탄틴 트레티아코프Constantin Trétiakoff가 일련의 사체 부검에서 이 흑질 가설을 뒷받침할 만한 증거를 찾은 것은 25년이 지난 1919년의 일이었다. 트레티아코프가 이 연구에 초점을 맞춘 논문을 쓴 것은 파리였지만, 그에 대한 연구의 무게중심은 결국 신경병리학에서 상당한 명성을 얻고 있던 독일로 옮겨갔다. 그리고 뮌헨에 있는 알츠하이머의 실험실에서 레비(미국으로 이민 간 후 알려진 대로라면)가 파킨슨 환자의 뇌에서 지금은 레비 소체Lewy bodies로 알려진 병리학적 단백질 침착물을 발견했다.

1953년 이래로 파킨슨병은 도파민 부족 때문에 생긴다고 여겨져왔는데, 도파민은 신경세포들 사이의 흥분 전달을 조절한다. 이 신경 전달 물질은 뇌 흑질에서 생산된다. 파킨슨 환자들에게는 이 부위의 세포가 점점 덜 활발해지며 자극의 부재 속에서 근육이 굳어지고 긴장해 마침내 자세와 운동에 눈에 띄는 영향을 미친다. 위치, 물질, 결과의 발견은 새로운 치료법 선택의 길을 열어준 것처럼 보였다. 그러나 반세기가 지난 지금 우리는 1950년대의 가능성을 실현하지 못했다고 결론 내릴 수밖에 없다. 도파민을 직접 관리하는 것은 불가능하다. 도파민이 뇌에 진입하기 전 피를 거르는 (촘촘한 가지가 뻗어 있는) 혈관과 세포의 그물망, 곧 혈뇌장벽blood-brain barrier에 차단당하기 때문이다. 1960년대에 레보도파levodopa, L-dopa라는 물질이 그 장벽에 틈을 낼 수 있다는 사실을 발견했다. 레보도파는 뇌 속에서 도파민으로 변형되는데, 비록 시간이 흐르면 치료 효과가 일부 사라지기는 하지만 오늘날 많은 항파킨슨 약의 주성분을 이루고 있다. 다른 종류의 약은 도파민을 분해하는 물질을 차단하거나 또는 도파민 수용체에 들러붙어 도파민 효과를 모방하는 물질을 관리하는 데 의존한다. 아만타딘amantadine이라고 알려진 물질은 파킨슨 환자의 불수의 운동을 완화하는 것으로 나타났다. 원래는 독감약으로 처방했기에 이는 우연한 발견이었다.

외과적 개입은 더욱 격렬해지는 떨림을 멈추기 위한 노력으로 운동을 관장하는 체계를 의도적으로 손상시키는 데 초점을 맞추는 경향을 띠어 왔다. 이 계통의 연구는 레보도파 발견 후 대부분 중단됐지만, 최근 시판하는 약에 반응하지 않는 환자들에게는 많은 실험을 수행해왔다. 더욱 전도유망한 치료 수단 중 하나로는 도파민 생성을 촉발할지도 모른다는 희망 속에서 이뤄진 생체 조직 이식을 들 수 있다. 이런 실험은 1980년대에 스웨덴과 중국에서 수행되었다. 조직을 유산된 태아에게서 얻는다는 사실이 당초 그런 실험을 멈추게 만들었지만, 1993년 이후에는 특정한 규제 아래 다시 허용되고 있다. 그러나 치료 효과는 제한적이고 일시적이라는 게 밝혀졌다. 가장 최근의 치료로는 뇌의 특정 부위에 전기 자극을 가하는 것을 들 수 있다. 담뱃갑 크기의 배터리를 환자의 쇄골 아래 주입하는데, 환자는 자석을 이용해 그것을 껐다 켰다 할 수 있다. 시상부thalamus 자극은 몇 초 만에 심한 떨림을 멈추게 할 수 있다. 이런 효과는 과잉 활동으로 떨림을 초래하는 세포들을 마비시킨 데서 기인한 것일 수도 있다. 이 치료는 '정전류 적용'을 고려하라는 샤르코의 조언을 상기시킨다. 1817년 제임스 파킨슨은 "적어도 병의 진행을 중단시킬"[33] 물질이 발견되길 바란다고 썼다. 그로부터 거의 2세기가 지난 지금, 우리가 제공할 수 있는 것은 더욱 적다. 증상을 완화하고 병의 진행을 더디게 하는 약과 개입은 있지만, 이는 사실상 병을 고치지 않고 병과 싸우는 것이다.

역사적으로 중요한 신경과학 연구를 집대성한 케펠 헤셀링크는 파킨슨병을 마비라는 분산된 그룹으로부터 구별해내는 데 이 증후군의 '원형archetype'이 핵심 역할을 했다고 말한다. "파킨슨, 기욤 뒤셴Guillaume Duchenne, 샤르코는 전에는 아무도 보지 못한 것을 보았다. 바로 독립적인 이미지이다. 막연한 개념에 가려 보이지 않던 이미지 말이다."[34] 그러나 점차 더욱 뚜렷하게 정의되고 있는 모호한 이미지라는 메타포는 파킨슨병의 역사에 적용할 만하지 않을뿐더러 케펠 헤셀링크식 신경과학사에도 적용하기 어렵다. 파킨슨은 움직이지 않을 때의 떨림을 진전 마비를 가려낼 수 있는 특징 중 하나로 간주했다. 그러나 샤르코에 따르면 떨림이 없는 환자 역시 파킨슨병을 앓을 수 있고, 이런 시각은 후속 연구로 확인되었다. 전체 파킨슨 환자의 4분의 1은 떨림이 생기지 않는다. 파킨슨은 경직을 언급하지 않은 반면, 샤르코는 그것을 필수 증상에 포함했다. 스트레스가 증상을 악화할 수 있긴 하지만 샤르코가 언급한, 발병에 아주 중요한 요인인 격한 감정은 현대의 이론에서 더 이상 아무런 역할도 하지 않는다. 서로 다른 신경학자 그리고 서로 다른 세대의 신경학자는 같은 이미지를 점점 더 명확하게 보는 게 아니라 서로 다른 이미지를 본다.

그러나 차이 자체는 주로 의학, 예를 들면 정의, 증상, 이론 그리고 일차적이냐 부차적이냐 또는 본질적이냐 우발적이냐 사이를 구별하는 데서 만들어진다. **환자**에게는 원형과의 비교를 적용하기 쉽다. 개인이 파킨슨병인가 싶어 전문가를 찾아갔을 때 한동안 환자 주변에서 보곤 했던 진단을 신경학 검사가 일반적으로 확인시켜주는 것도 바로 그런 원형 덕택이다. 똑같은 원형은 제임스 파킨슨이 살아 있다면 오늘날의 환자를 한눈에 알아볼 것이라는 걸 의미하기도 한다. 걸음걸이와 자세, 증상과 동작은 치료제에도 불구하고 그다지 많이 변하지 않았다. 오늘날의 환자들은 19세기 초 혹스턴 거리에서 발을 질질 끌며 걷던 파킨슨의 환자들과 똑같은 그림을 보여준다.

파킨슨이 혹스턴 자체를 알아볼 가능성은 훨씬 적어졌다. 지금은 런던 이스트엔드의 한 지역이 되었으니 말이다. 제2차 세계대전 이후 한 세기 반 동안의 잿더미를 딛고 마침내 발전의 기회가 찾아왔다. 주거지로는 거의 적합하지 않고 게다가 폭격까지 당해 초토화된 거의 모든 지역이 철거되었다. 그 자리에 들어선 새로운 건축물은 규모가 한층 크고, 공원과 테니스코트는 왠지 혹스턴의 초록빛 과거를 떠올리게 한다. 세인트레너드 교회 부지는 지상에 펼쳐진 공원에 자리를 내주었다. 지금의 페어차일드 가든이다. 제임스 파킨슨의 묘비가 사라진 것은 어쩌면 그 변화의 소용돌이 속에서였을지도 모른다.

03

피니어스 게이지의 죽은 뒤의 산책 : 게이지 행렬

1970년대 초반, 신경과 의사 안토니오 다마지오Antonio Damasio의 진료실로 매우 흥미로운 환자 한 명이 들어왔다.[1] 30대 초반의 그 남자(다마지오는 그를 '엘리엇(Elliot)'이라고 불렀다)는 비강 바로 위 대뇌 세포막에 악성 종양이 있었다. 종양이 그 위의 양쪽 전두엽을 누르고 있어 제거해야 했다. 종양은 양성으로 밝혀졌고, 의학적으로 볼 때 엘리엇의 수술 전망은 아주 좋았다. 그러나 수술 후, 그의 삶은 무너지기 시작했다. 엘리엇은 무역 회사에서 일했는데, 직장에 복귀하자 업무 조정이 어렵다는 걸 발견했다. 뭘 먼저 해야 할지 완전히 감을 잃은 것이다. 동료들의 반복되는 경고와 충고를 무시하던 그는 결국 해고당했다. 이후 다양한 사업에 뛰어들었고, 무모한 투자를 한 끝에 파산 선고를 받았다. 결혼 생활은 이혼으로 끝났고 곧이어 한 재혼 역시 그랬다. 몇 년 만에 빈털터리로 전락했고 사생활은 엉망진창이 되었다. 신체 건강하고 지능도 멀쩡해 보인다는 이유로 정부 보조금 신청마저 거부당한 그는 다마지오의 진료실을 찾았다. 자신의 질환이 신경 이상 때문에 생긴 것이라고 의사가 인정해주면 장애 수당을 받을 수 있을 거라는 희망을 갖고.

뇌 정밀 검사 결과, 수술 도중 양쪽 전두엽의 앞부분이 손상되었다는 사실이 드러났다. 오른쪽이 가장 심했다. 그러나 언어, 기억, 근육 조절에 관여하는 '전두 대뇌피질frontal cerebral cortex'을 포함해 많은 부분은 아직 무사했다. 다마지오가 환자들에게 실시하는 신경심리학 검사에서도 같은 양상을 보였다. 그 남자의 지능은 영향을 받지 않아 IQ 검사에서 보통을 훨씬 뛰어넘었다. 그러나 다마지오는 엘리엇이 자신의 인생이 거쳐온 변화를 표현할 때 마치 본인이 아니라 제3자에게 일어난 사건인 것처럼 이야기한다는 걸 알아챘다. 이혼, 파산, 일자리 상실 같은 일을 마치 우연히 마주친 지인과 의논하듯 무덤덤하게 말했다. 물에 빠진 사람이나 불에 타고 있는 집의 이미지처럼 감정이 솟구치는 자극을 대면하는 검사를 받고 난 엘리엇은 예전이라면 자신을 움직였을 사건이 더 이상 아무런 감정도 불러일으키지 않는다고 시인했다.

《데카르트의 오류: 감정, 이성 그리고 인간의 뇌Decartes' Error: Emotion, Reason, and the Human Brain》에서 다마지오는 지적 능력은 무사한 반면, 개인의 삶에서 내린 결정을 통해 자신의 감정 운영에 심각한 오류가 있음을 보여준 전두엽 손상 환자 다수를 다룬다. 그는 전두엽 손상, 멀쩡한 인지 능력, 위태로운 감정 반응으로 이뤄진 특정 패턴에 '게이지 행렬Gage Matrix'이라는 이름을 부여했다.[2] 의학사에 존재하는, 인명이 들어간 수천 개의 시조명 중에서 손가락으로 꼽을 정도만이 환자의 이름을 달고 있다. 게이지 행렬은 그중 하나다.

'이 구슬픈 사건'

이 이야기는 신경과학 연보에서는 고전이 되었

다. 25세의 피니어스 게이지Phineas Gage는 1848년 여름 내내 미국 버몬트주의 철도 공사 현장에서 일했다.[3] 그는 평평하고 일직선으로 쭉 뻗은 구역을 확보하기 위해 도로를 치우는 팀의 주임이었다. 캐번디시Cavendish 읍내로부터 멀지 않은 곳에서 그들은 길을 막고 있는 커다란 바위를 발견했다. 게이지는 그것을 폭파시킬 준비를 했다. 이는 표준 절차였다. 우선 바위에 드릴로 구멍을 뚫고 절반가량 화약을 채운다. 그리고 폭파 장치를 집어넣는다. 이어 폭발의 위력이 드릴 구멍을 타고 밖으로 빠져나오지 않도록 화약을 모래로 덮은 다음 모래를 쇠막대로 꾹꾹 눌러준다. 게이지의 막대는 대장장이에게 맞춤 주문한 것이었다. 1미터 길이에 지름 3센티미터로 끝이 뾰족했다. 무게는 6킬로그램이 넘었다.

그런데 9월 13일 늦은 오후, 일이 꼬였다. 게이지가 구멍에 화약을 막 부었을 때 누군가가 뒤에서 불렀다. 게이지는 무심코 오른쪽 어깨 너머를 쳐다보았다. 그러고 나서 아직 모래를 덮지 않았음에도 불구하고 구멍의 화약을 꾹꾹 누르기 시작했다. 순간, 화약이 터졌다. 쇠막대가 왼쪽 뺨과 두개저골base of skull을 뚫고 들어가 왼쪽 눈알을 날릴 뻔했다. 쇠막대는 뇌의 전면부를 통과해 두개골을 뚫고 밖으로 나온 후 30미터를 날아가 "길 위에 박혔다".[4] 그런데 게이지는 즉사하지 않고 잠깐 동안만 의식을 잃었다. 현장 직원들이 놀랄 만했다. 몇 분 후 게이지는 말도 할 수 있었다. 팀원들이 그를 일으켜 마차에 실은 다음 캐번디시로 데려갔다. 마차 앞판에 기대 꼿꼿이 앉은 게이지는 운행 일지에 몇 자 적기까지 했다. 팀원 중 한 명은 지역 의사인 존 M. 할로John M. Harlow 박사에게 알리기 위해 말을 타고 앞서 달려갔다. 캐번디시로 가는 도중 게이지는 조지프 프리먼Joseph Freeman 목사를 만났다. 곧 예배가 필요할 거라고 짐작한 그는 '장례 행렬'에 합세했다. 그들은 5시에 게이지가 묵고 있던 호텔에 도착했다. 게이지는 아무런 도움 없이 마차에서 내려 의사가 도착하길 기다리며 현관에 자리를 잡고 앉았다.

가장 먼저 도착한 사람은 인근 마을 프록터스빌Proctorsville에서 온 윌리엄스E. H. Williams 박사였다. 그는 마차 위에서도 게이지의 머리에 난 상처를 볼 수 있었다. 정수리에 지름 4센티미터 정도의 구멍이 있고, 고동치는 뇌의 모습이 또렷하게 보였다. 게이지는 이런 말로 그를 반겼다. "선생님, 이곳엔 일감이 많습니다."[5] 게이지는 어떻게 사고가 났는지 계속해서 설명했다. 윌리엄스는 그런 부상을 당한 사람이 살아 있다는 걸 믿을 수 없었다. V자 모양의 물건이 피부를 뚫고 위로 솟구친 것처럼 상처 가장자리가 들려 있었다. 할로 박사는 6시경 도착했고, 그들은 함께 계단을 이용해 게이지를 그의 방으로 옮겼다. 할로는 자신의 양쪽 검지를 하나는 위쪽에 다른 하나는 아래쪽에 넣어 뭔가가 진짜로 환자의 두개골을 관통해 다른 쪽으로 나왔다는 걸 확인했다. 두 손가락이 닿았던 것이다. 그는 뼛조각 몇 개를 빼냈다. 그리고 좀더 큰 뼛조각들은 두개골의 제자리에 놓은 다음 상처를 치료했다. 게이지는 며칠 후면 작업 현장에 복귀할 것이므로 동료들이 괜히 들르는 수고 따위는 할 필요 없다고 말했다.

그런 낙관주의를 2명의 의사나 목사 그리고 마을의 관 제작자가 공유한 것은 아니었다. 맨 마지막 남자는 관을 "사용할 채비를 갖출 수"[6] 있도록 게이지의 치수를 재기 위해 들렀다. 그러나 환자는 그날 밤을 무사히 넘겼다. 그다음 날에는 비록 고통을 호소하고 말을 할 때 힘들어했지만 사람들을 알아봤다. 작업팀에서 누가 자기 대신 일을 하고 있는지도 물었다. 진짜 문제는 며칠 뒤에야 나타났다. 어쩔 수 없는 감염과 고름이 그를 죽음의 문턱까지 데려갔다. 정신이 혼미해지더니 얼마 후에는 혼수상태에 빠졌다. 그러나 게이지는 이런 합병증까지 이겨내고 점차 힘을 되찾았다. 2개월 뒤 그는 완치 판정을 받았다. 유일하게 눈에 보이는 사고의 흔적은 누구나 알아볼 수 있는 정수리의 상처와 왼쪽 눈의 실명이었다. 11월 말에 그는 자신이 태어난 레바논으로 돌아갔다.

당시 게이지는 자신의 쇠막대와 재회했다. 프리먼 목사는 그 물건이 진짜로 사람의 머리를 뚫고 나갔다는 걸 인정하고 싶지 않았다. 하지만 의사들이 게이지를 호텔 현관에서 살펴볼 때 사고 현장으로 마차를 달렸다. 그곳에서 프리먼 목사는 대장간 문에 세워져 있는 쇠막대를 발견했다. 게이지의 팀원들이 찾아서 인근 시냇물로 씻어놓은 것이었다. 나중에 다른 증인들에게도 요구된 서면 진술에서, 목사는 막대가 겉보기에 여전히 기름칠이 잘 배어 있었으며 "만져봤을 때도 그랬다"[7]고 말했다. 쇠막대는 그의 다른 연장들과 함께 게이지의 품으로 돌아갔다.

사고 다음 날, 버몬트 지역 신문에는 모든 독자들이 분명 느꼈을 이중적인 놀람을 반영하는 기사가 등장했다. "끔찍한 사고"라는 헤드라인 아래, 기자는 쇠막대가 게이지의 머리를 뚫고 날아간 정황을 1센티미터의 오차도 없는 공구의 치수와 함께 상세히 설명했다.[8] 하지만 이 "구슬픈 사건" 전체에서 가장 놀라운 측면은 다음 날 오후 2시에도 게이지가 여전히 살아 있었다는 사실이다. 그다음 며칠과 몇 주 동안 신문의 헤드라인은 커져만 가는 당혹감을 반영했다—"믿기 힘든 사실", "죽었다가 다시 살아난 것이나 다름없는", "믿기 어렵지만 사실." 〈크리스천 리플렉터 앤드 크리스천 워치먼〉(보스턴)의 한 기자는 이렇게 썼다. "우리는 다사다난한 시대에 살고 있다. 그러나 뾰족한 막대 형태의 6킬로그램짜리 쇳덩이가 어떤 사람의 머리를 뚫고 지나가 뇌의 일부를 앗아갔음에도 그가 살아남아 그 이야기를 들려준 게 사실이라면, 우리는 아마 당연히 이렇게 외칠 것이다. '그래서 어떻게 됐는데?'"[9] 의학계도 마찬가지로 그 사건에 흥미를

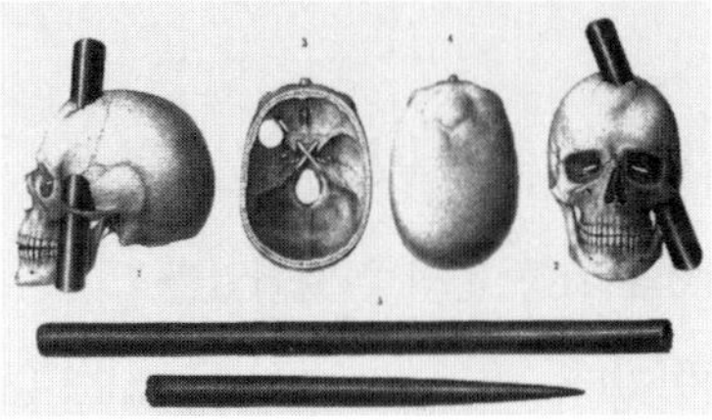

그림 3.1 비글로가 1890년 제작한 목판화. 게이지의 머리를 관통한 막대의 경로를 보여주기 위해 비글로가 직접 구멍을 뚫은 두개골.

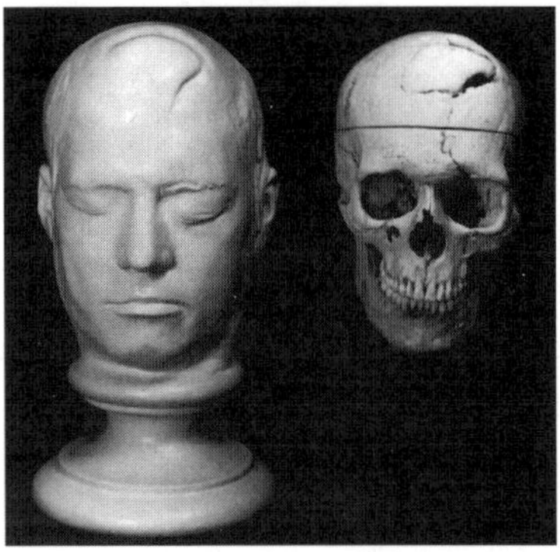

그림 3.2 피니어스 게이지의 두상 석고본. 사고 1년 후 제작.

가졌다. 3개월 후 할로는 〈보스턴 내외과 저널〉에 "머리를 통과한 쇠막대의 경로"[10]라는 제목의 논문을 발표했다. 논문에서 그는 뇌를 관통한 쇠막대의 개연성 있는 궤도, 상처와 관련한 합병증, 회복 과정 등을 설명했다. 동료 의사들 사이에 회의론(이 시골 의사는 쇠막대가 머리를 뚫고 지나갔다고 절대적으로 확신하는가?)이 퍼졌지만 하버드 의과대학의 외과 교수로 곧 임명될 예정이던 헨리 J. 비글로Henry J. Bigelow가 개입했다. 비글로는 할로에게 목사, 환자를 처음 목격한 첫 번째 의사(윌리엄스), 호텔 소유주 애덤스 등 가능한 한 많은 사람의 양심적인 진술서를 모아달라고 요청했다.[11] 또한 쇠막대를 자신에게 보내달라고 부탁하는 한편 나중에는 게이지를 보스턴으로 초청했다. 1849년 11월 10일, 게이지는 보스턴 의료개선협회의 프레젠테이션에 참가했다. 비글로는 쇠막대가 시신경을 건드리지 않고 뇌를 통과하는 게 어떻게 가능한지 입증하기 위해 두개골 모형에 드릴로 구멍을 뚫었다. 게이지가 방문했을 때 두상 석고본을 떴는데, 이것은 정수리에 움푹한 부분이 존재한다는 것을 뚜렷이 보여준다. 게이지는 비글로의 요청에 따라 쇠막대를 매사추세츠 의학박물관에 기증했다. 그러나 얼마 후 그것을 돌려달라고 요구했다. 게이지에게는 다른 계획이 있었다.

게이지의 그다음 행적에 관한 정보는 1868년 매사추세츠 의학협회에서 행한 할로의 "머리를 관통한 쇠막대를 이겨낸 회복"[12]이란 제목의 강연을 통해 알려졌다. 게이지는 사고 이후 겨울을 레바논의 집에서 보냈다. 봄이 되자 그는 다시 옛 직장으로 복귀하기 위해 캐번디시로 갔다. 그러나 문제가 발생했다. 동료들은 그의 성격이 변했음을 눈치챘다. 전에는 인내심 많고 책임감 있던 주임이 성미 급한 사람으로 변해 있었다. 외설스러운 말을 사용하고 사소한 일에도 욕설과 저주를 퍼붓곤 했다. 계획을 세웠다가도 즉시 집어치웠다. 할로는 게이지에게서 "지능과 동물적인 성향 사이의 이른바 평형 또는 균형이 파괴된 것처럼 보인다"[13]고 썼다. 게이지의 관심은 말과 개 그리고 무엇보다도 자신의 쇠막대에 국한되어 있었다. 특히 쇠막대는 절대 자신의 시야를 벗어나게 놔두지 않았다. 뉴욕으로 떠난 게이지는 '바넘 미국 박물관'의 명물이 되었다. 입장료에 10센트를 더 내면 관람객들은 게이지의 머리카락 한 움큼을 들어 올릴 수 있었다. 그때마다 얇은 피부층 아래서 고동치는 뇌가 모습을 드러냈다. 1851년 게이지는 말 대여소livery stable에서 일했다. 그리고 1852년에는 칠레로 떠나 역마차 회사에서 마부 겸 사육사로 취직했다. 1850년대 후반에는 건강이 악화하기 시작했다. 게이지는 기후에 변화를 주면 도움이 되길 바라면서 캘리포니아로 이주했고, 그곳에서 임시직을 전전했다. 그리고 오래지 않아 간질 발작을 일으켰다. 발작은 점점 더 빨리 연달아 찾아왔다. 1860년 5월 20일 샌프란시스코에서 사망한 게이지는 론힐마운틴Lone Hill Mountain 공동묘지에 묻혔다. 쇠막대와 함께.

피니어스 게이지의 부활

그러나 게이지의 시체는 그곳에 오래 있을 운명이 아니었다. 할로는 게이지와 연락이 끊겼다가 1866년 7월 그의 어머니 주소를 입수했다. 그리고 이때부터 줄곧 과학을 위해 게이지의 두개골을 보존하려고 있는 힘을 다했다. 게이지의 뇌에 어떤 부검도 실시하지 않았음을 몹시 애석해했지만, 할로는 그 뇌의 어떤 부위가 손상을 입었는지 두개골의 구멍이 정확히 규명해줄 것이라는 약간의 희망을 여전히 간직하고 있었다. 1867년 유골을 파낸 게이지의 처남은 반드시 두개골과 쇠막대를 할로에게 보내주겠다고 약속했다. 할로는 프레젠테이션을 하면서 개인적인 애착을 제쳐두고 "내가 요청하자 과학을 위해서 쾌히 (지금 여러분에게 보여드리는) 이 두개골을 내 손에 건네준"[14] 그 감탄할 만한 아량에 대해 게이지의 모친과 친구들에게 감사를 표했다. 현대의 독자들은 '쾌히'라는 말에 틀림없이 주춤할 것이다. 하지만 할로가 생각하기에 그들은 단지 사랑하는 사람의 유골을 양도하기만 해도 과학에 공헌할 수 있다는 걸 영광으로 여겼다. 두개골과 쇠막대는 할로의 손에서 하버드의 워런 해부학박물관으로 갔고, 오늘날까지 그곳에서 신경과학의 유물로서 지위를 누리고 있다.

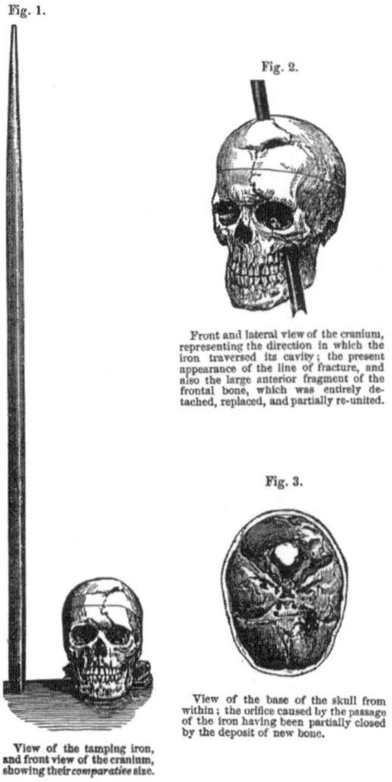

그림 3.3 할로의 논문 "머리를 관통한 쇠막대를 이겨낸 회복"에 나오는 목판화(1868).

사망과 매장 후 다시 세상에 모습을 드러낸 피니어스 게이지는 팔 아래 쇠막대를 끼고 신경학 문헌을 관통하는 긴 행군에 돌입했다. 그가 아직 살아 있던 1851년 익명의 저자는 〈미국 골상학 저널The American Phrenological Journal〉에 회복 후 "동물적 성향"이 게이지의 성격을 제압했다고 썼다.[15] 어휘 선택이 할로를 떠올리게 하는데, 어쩌면 그에게서 정보를 얻은 것일 수도 있다. 하지만 할로가 게이지의 성격 역전에 관한 자신의 평가를 게재한 것은 한참 뒤인 1868년이었다. 게이지가 입은 부상은 골상학자들이 손에 쥔 무기였지만, 그건 그 반대자들에게도 마찬가지였다. 골상학자들은 두개골 모형에 '뇌 기관'에 해당하는 단면을 보여주는 지도를 그렸다. 그들의 뇌 지형도에 따르면, 게이지의 쇠막대는 'Benevolence'와 'Veneration'이라는 기관을 뚫고 지나갔다. 'Benevolence'는 연민, 감성, 양심을 의미하고 'Veneration'은 신념, 헌신, 순종을 나타낸다. 이는 게이지가 사고 후 잃어버린 바로 그 특성이 아니던가? 골상학자 사이저N. Sizer에 따르면, 게이지의 말은 너무나 저속해서 "여린 사람들, 특히 여성들"[16]은 그와 함께 있는 걸 참을 수 없었다. 많은 의사들을 포함해 골상학을 비판하는 사람들은 게이지가 입은 부상의 범위야말로 뇌가 개별적인 기관으로 나뉘어져 있다는 견해를 반증하는 최고의 논거라고 주장했다. 쇠막대가 그렇게 넓은 뇌 영역에 걸쳐 그처럼 큰 손상을 입혔음에도 환자는 그 후로 말도 하고, 뭔가를 기억하고, 움직이고, 생각하는 데 아무런 어려움이 없었다. 그렇다면 그러한 기능들은 틀림없이 뇌의 다양한 영역에 걸쳐 분포해 있다는 뜻 아니겠는가? 적극적인 골상학 반대자인 비글로는 게이지의 회복은 무엇보다도 쇠막대가 지나간 뇌의 부위가 부상에도 살아남을 공산이 가장 큰 영역이기 때문이라고 썼다. 어쩌면 전두엽은 과거에 생각했던 것만큼 활동적이지 않은 것일까?

게이지가 잠깐 무덤 속 휴식을 즐기고 있는 동안, 대서양 반대편에서는 전두엽의 작은 영역이 어떤 중요한 역할을 한다는 발견이 있었다. 1861년 파리의 신경과학자 폴 브로카Paul Broca가 최근 사망한, 실어증을 앓던 제화공의 뇌를 사람들에게 제시했다. 그 뇌의 좌측 전두엽에는 구멍이 하나 있었는데, 이는 브로카가 언급한 대로 '단어 기억' 부위라는 게 가장 명백한 결론이었다. 1860년대와 1870년대의 절반이 넘는 기간 동안 지속된 언어 부위에 관한 뜨거운 논쟁에서 때마침 부활한 피니어스 게이지는 반대파를 대표했다. 쇠막대가 왼쪽 전두엽을 관통했다는 사실은 반박할 수 없었고, 잠깐의 시간이 흐른 후 게이지가 말을 할 수 있었다는 것 역시 이론의 여지가 없었다.

그러나 여기서도 게이지의 사례는 논쟁을 종식시킬 수 없었다. 어쩌면 쇠막대가 브로카 영역을 피해간 걸까? 어쩌면 게이지의 언어 중추는 오른쪽에 위치해 있었던 걸까? 또는 양쪽 중 한쪽에만 손상을 입으면 말을 하는 데 지장이 없는 걸까? 언어 중추라는 개념 자체가 실은 논쟁거리 아니었나? 19세기의 모든 신경지형학적neurotopographical 논쟁 속에서 게이지 사례는 하나의 논거였다. 하지만 결코 결정적 논거는 아니었다. 1878년 영국의 신경학자 데이비드 페리어David Ferrier는 전두엽이 '집중'이라는 심리적 기능에 필수적인 역할을 한다는 자신의 학설을 뒷받침하는 것으로 게이지 사례를 인용했다.[17] 그의 견해에 따르면, 행동을 유보하고 집중력을 증진시키는 억제inhibition 메커니즘 부위가 바로 전두엽이었다. 휴링스 잭슨의 친구이던 페리어는 뇌가 '하위' 부위들이 '상위' 부위들에 의해 억제되어야 하는 위계적 시스템을 갖고 있다는 잭슨의 이론을 실험적으로 검증하고 싶었다. 그런 통제가 사라지면, 한층 원시적인 진화론적 뇌 구조가 활성화한다. 페리어가 보기에 전두엽이 손상을 입어 생명 유지에 필수적인 억제 메커니즘이 사라지고 혼란스럽고 충동적인 행동이 나타난 게이지의 사례는 이 '해제 이론'을 확인시켜주는 것이었다. 그러나 다른 사람들은 게이지가 무질서하게 행동했다는 사실에 이의를 제기했다. 칠레에 있는 동안 그가 했던 것처럼 말 열두 마리를 한꺼번에 모는 것은 다툴 여지가 없을 만큼 상당한 집중력이 필요한 일이었다. 그리고 검사에게 소환될지 변호인단에게 불려갈지 도무지 예측할 수 없었음에도 불구하고, 게이지는 과학이라는 법정 안에서 언제나 인상적인 증인이었다는 점 또한 그랬다.

피니어스 게이지: 다마지오 버전

위에서 언급한 것처럼 피니어스 게이지는 오스트레일리아의 심리학자 맬컴 맥밀런Malcolm Macmillan에 의해 모범적인 방식으로 부활했다. 진정한 지역 역사가들의 도움으로, 맥밀런은 게이지가 어떤 흔적을 남겼을지도 모를 장소를 하나도 빠짐없이 직접 찾아다녔다. 외항 증기선의 탑승객 명단, 서커스 자료보관실, 박물관 카탈로그, 말 대여소 기록, 일기, 게이지가 돌아다녔던 도시의 거주자들 사이에 오간 서신, 지역 신문 보관함 그리고 의학 협회 기록보존소 등등. 《이상한 종류의 명성: 피니어스 게이지 이야기An Odd Kind of Fame: Stories of Phineas Gage》에서 맥밀런은 게이지의 삶을 옮겨놓았을 뿐 아니라 생전과 사후에 일어난 그의 모험을 당시 유행하던 신경학 이론을 배경으로 펼쳐놓는다. 이 전기는 우리가 게이지에 대해 알고 싶어 하는 모든 걸 담고 있지는 않지만 아마도 구할 수 있는 모든 정보는 포함하고 있을 것이다.

피니어스 게이지의 사후死後 긴 여정이 가장 최근 무대에 등장한 것은 《데카르트의 오류: 감정, 이성 그리고 인간의 뇌》이다. 이 책의 저자는 안토니오 다마지오라는 포르투갈 출신 미국 신경과학자로 현재 서던캘리포니아 대학의 '뇌와 창조성 협회Brain and Creativity Institute'를 이끌고 있다. 수십 개의 언어로 번역된 《데카르트의 오류》는 신경학계를 훨씬 넘어선 독자층을 얻었다. 도입부는 게이지에게 할애했다. 다마지오는 그의 정신

그림 3.4 안토니오 다마지오.

활동에 필요한 모든 요소가 주의력, 인지, 기억, 언어 능력의 형태로 여전히 존재했다고 주장한다. 추론과 반영 과정에 필요한 모든 게 있었다는 뜻이다. 그럼에도 불구하고 그가 사고 후 내렸던 결정들은 항상 신중하지만은 않았다. 마치 더 이상 실수로부터 교훈을 얻지 못한 것 같았다. 그의 사회적 추락은 자신이 내린 결정의 개인적·사회적 여파를 제대로 예측하지 못한 결과였다. 한 사람의 감정 운영이 혼란에 빠졌을 때 참다운 이성이란 불가능하다. 다마지오가 데카르트 탓으로 돌린 오류란 지성은 감정 없이도 자기 직무를 수행할 수 있다는 관념이다. 게이지는 사고 이후 한 세기 반이 지난 후, 데카르트를 향해 겨눈 신경철학적neurophilosophical 논쟁에서 일종의 조연 배우를 맡았다.

그의 전기에서 맥밀런은 많은 저자들이 자기주장의 기저를 이루는 이론에 맞게 피니어스 게이지의 개인사를 재단해왔음을 실례를 들어 보여준다. 다마지오도 예외는 아니다. 그러나 가장 두드러진 것은 다마지오가 게이지의 사고와 이후 모험을 한층 "흥미진진하게 각색"했다는 점이다. 다른 표현은 여기서 적절하지 않을 것이다. 그의 버전에는 원래 문서들엔 등장하지 않는 온갖 종류의 세부 사항이 포함되어 있다. 다마지오는 사고가 "더운 오후"가 끝나갈 무렵 일어났다고 썼다. 맥밀런이 거론한 그 지역의 일기를 토대로 하면 1848년 9월 13일은 "꽤 쌀쌀하고", "시원한 바람에 날씨가 맑고", "쾌적하지만 서늘"했음에도 말이다. 이어 그의 외모를 묘사한다. 1849년 제작한 석고본을 제외하고 게이지의 사진이나 초상화는 없다. 그럼에도 불구하고 다마지오는 그가 "힘차면서도 우아하게 움직이며, 넥

타이를 매고 〈양키 두들 댄디〉에 맞춰 탭댄스를 추는 젊은 시절의 지미 캐그니Jimmy Cagney(거친 역할을 주로 맡은 미국 영화배우—옮긴이) 같다"[18]고 썼다. 그리고 인생의 마지막 무렵인 1860년에는 그가 샌프란시스코의 그다지 부유하지 않은 동네로 흘러 들어갔다고 썼다. "아마도 우리는 거물 무역업자와 대화를 나누는 게 아니라 심상치 않은 구역에서 술을 마시거나 소동을 벌이고 있는 그를 발견할지도 모른다."[19] 훨씬 더 심한 것은 다마지오가 게이지를 팔방미인이지만 특별히 잘하는 건 하나도 없는 인물로 묘사하는 한편 사고 이후 현명한 판단을 내린 적이 없고, 어디에 취직하건 결국에는 그만두거나 해고당했다는 걸 은근히 내비쳤다는 점이다. 실제로 이는 그의 건강이 악화하기 시작한 인생의 마지막 1년에만 해당하는 일이다. 이전에는 한 직장에서 1년 반 그리고 또 다른 직장에서는 7년을 근무했다. 이보다 몇 쪽 앞에서 다마지오가 1868년 쓴 할로의 글을 칭찬했다는 걸 밝혀두는 건 흥미로울 듯싶다. "그것은 풍부한 사실과 최소한의 해석이 있는 신뢰할 만한 텍스트다."[20]

'현대판 피니어스 게이지'

게이지와 관련한 이 버전은 어떤 이론에 맞추도록 고안된 것이었을까? 다마지오는 전전두엽 손상 연구 분야에서 상당한 명성을 얻고 있으며, 신경학 문헌과 자신의 진료 실무를 통해 확보한 일련의 환자들을 펼쳐놓는 그의 설명 또한 상당한 평판을 얻고 있다. 그가 제시하는 문헌과 환자들 하나하나는 정서적 상실이 비이성적 행동을 초래할 수 있다고 결론짓는 추론 과정의 연결 고리를 대신한다. 다마지오는 이번 장 첫 단락에서 언급한 엘리엇이란 이름의 환자에게 자신의 가장 상세한 사례 연구 중 하나를 바친다.[21] 그리고 게이지의 경우처럼 문제는 그의 몸이 회복하고 나서 시작되었다.

첫눈에 엘리엇은 다소 억제되긴 했지만 매력적인 인상을 풍겼다. 논의 중인 주제가 자신에게 고통스러울 때조차 언제나 예의 바르고 수줍어했다. 다마지오는 '위스콘신 카드 분류 검사Wisconsin Card Sorting Test'로 알려진 이른바 '전두엽 검사'를 시작하기로 했다. 카드는 기호의 색깔, 모양, 숫자 같은 다양한 기준에 따라 나뉘어져 있다. 검사자는 기준을 바꿀 수 있고, 그러면 피검자는 새로운 기준을 가능한 한 빨리 식별해야 한다. 전전두엽에 손상을 입은 환자들은 자신이 방금 발견한 기준에 너무 오래 매달리는 경향이 있다. 그러나 엘리엇의 검사 결과는 건강한 피검자에 결코 뒤지지 않았다. 다마지오는 피검자가 행동에 변화를 일으키는 근원은 전통적인 신경심리학 도구를 사용해서는 알아낼 수 없다고 결론지을 수밖에 없었다.

그 후 다마지오는 특이한 뭔가에 주목하기 시작했다. 엘리엇은 자신의 인생이 겪어온 부침을 상황의 비극적 사실들과 거의 어울리지 않는 무심한 태도로 들려주었다. 다마지오는 그 이야기를 들으면서 자신이 엘리엇 본인보다 더 괴로웠다고 말한다. 가족들 얘기로는, 일상생활에서도 엘리엇이 하는 모든 감정적 표현은 일관되게 중립적이고 중도적이었다. 다마지오는 이렇게 썼다. "그는 분노를 표출하지 않는 경향이 있었다. 그리고 드물게 표출할 경우에도 감정 폭발은 잠시뿐이었다. 그는 곧 차분하고 악감정 없는 평상시의 새로운 자아를 되찾곤 했다."[22]

연구 후기 단계에서, 다마지오는 엘리엇의 판단력에서 감지하기 힘든 이상성에 초점을 맞췄다. 피니어스 게이지의 충동적이고 불안정한 행동과 검증 가능한 공통점을 찾겠다는 희망을 갖고 말이다. 일련의 '도박 실험' 결과, 엘리엇과 전두엽에 손상을 입은 다른 환자들은 건강한 대조군보다 단기적인 이익은 있지만 장기적으로는 불리한 카드를 더 많이 선택했다. 엘리엇의 행동에서 가장 모순적인 요소는 실험이 끝나갈 즈음 최고의 선택이 무엇인지 **알면서도** 더 높은 단기적 보상을 지속적으로 선택했다는 사실이다. 다마지오에 따르면 "이것은 피니어스 게이지를 괴롭히던 현실 생활의 선택과 관련해 하나의 대응물을 평가한 최초의 실험실 과제다".[23]

우리가 엘리엇을 소개하는 이번 꼭지의 제목은 '현대판 피니어스 게이지'다. 우리가 할로 버전을 선택하든 다마지오 자신의 버전을 선택하든 (독자들로서는 많이 놀라겠지만) 게이지는 엘리엇과 거의 정반대다. 게이지는 충동적이고 거칠고 쉽게 불만을 갖는 데 반해, 엘리엇은 조용하고 차분하며 내성적이다. 사고 이후 게이지는 약간 대범해진 것 같은 반면, 수술 뒤에 엘리엇은 한층 더 온건해졌다. 그러나 다마지오가 말하는 두 사람의 공통점은 둘 다 인지 능력은 보유했지만 자신에게 가장 유리한 행동 방침을 정리할 수 없었다는 사실이다. 분명 둘 모두 사회적 또는 개인적 영역에서 합리적 결정을 내리는 능력을 상실했다. 엘리엇과 다른 10명 전후의 전전두엽 손상 환자 사례에서 발견한 것을 토대로 다마지오는 자신이 '게이지 행렬'이라고 부른 증상의 패턴을 알아냈다. 이 범주의 환자들은 다른 기능은 멀쩡한 반면 '평면적 감정flattened emotions'을 드러낸다.

하지만 이 단일한 행렬은 대단히 다양한 범주의 환자들을 수용할 수 있다는 것이 곧 명확해졌다. 이야기는 몇몇 역사적 사례로 시작된다. 1932년: 뇌종양을 앓던 증권 중개인. 수술 후 수동적으로 변했고, 감정적 깊이가 사라졌다. 1940년: 16세 소년. 사고로 인해 전두엽에 심각한 손상을 입었으며, 이후 사회성 발달이 뒤떨어졌다. 1948년: 출생 당시 전전두엽 손상을 입은 환자. 이후 감정적으로 무미건조한 생활을 하고 결단력이 부족해졌다. 다마지오는 이러한 개별 사례에 1930년대 전두엽 백질절제술pre-frontal leucotomy을 받은 다수의 정신과 환자를 추가했다. 이 수술은 포르투갈의 신경학자 에가스 모니즈Egas Moniz가 개발한 것으로 전두엽의 신경 다발을 잘라내는 것을 말한다. 수술 결과, (다른 모든 감정과 더불어) 환자들의 불안과 흥분이 사라졌다. 〔뇌엽절리술(lobotomy)은 나중에 도입된 이 수술법의 악명 높은 변종이다.〕

그런 다음 다마지오는 "피니어스 게이지 행렬을 공유하는 또 다른 신경과 질환", 곧 자기 자신의 병을 인식하지 못하는 질병인식불능증anosognosia에 대한 설명을 이어간다.[24] 이 범주에 속하는 환자들은 몸 왼쪽이 마비되었음에도 불구하고 그 사실을 인식하지 못한다. 실명이나 실어증의 경우에도 같은 일이 발생할 수 있다. 환자가 종종 자신이 앓고 있는 심각한 질환이나 예후에 무관심으로 반응하는 것은 주목할 만하다. 질병인식불능증은 다마지오가 처음 게이지 행렬에 대한 논의를 시작했던 전전두엽 손상보다 훨씬 뒤쪽의 뇌가 손상을 입었을 때 나타나며, 오직 우반구에서만 발생하는 특정한 뇌 손상의 결과이다. 얼마 후에는 뇌 안쪽 깊은 곳에 위치한 좌우 편도체 손상 같은 질환도 게이지 행렬에 들어맞는 것으로 나타났다. 이를 개괄하면 게이지 환자는 오늘날 좌측 전두엽 손상(게이지), 대부분 우측 전두엽 손상(증권 중개인, 1932), 양쪽 전두엽 손상(16세 소년, 1940년), 전두엽 하부 손상(백질절제술), 우측 전두엽 뒤쪽 손상(질병인식불능증) 그리고 전두엽에 전혀 손상이 없는 경우(편도체)와도 관련이 있다. 이는 단일 행렬치고는 꽤 많은 조합이다. 〈랜싯The Lancet〉의 평론가인 신경학자 블라우J. N. Blau가 "지적으로 불편함"[25]을 느끼기 시작한 것은 바로 이 지점이었다. 이러한 표현은 영국적이면서도 동료학자들이 똑같이 느끼는 것이었다. 사실 게이지 행렬에서 한 덩어리로 취급한 신경과 질환의 목록은 조금 우스꽝스럽다.

신체 표지

데카르트에 반기를 든 논쟁의 다음 단계는 "신체 표지 somatic marker"[26] 가설이다. 우리가 마주치는 각각의 딜레마는 우리로 하여금 새로운 딜레마로 가지치기를 한 결정과 직면하게끔 만든다. 모든 선택에는 의도한 결과와 의도하지 않은 결과 모두가 따라오게 마련이다. 만일 우리가 모든 딜레마의 곁가지를 그리고 그 곁가지의 모든 곁가지를 추정하고 재검토해야 한다면, 그 결과는 일종의 폭발적인 조합, 곧 헤치고 들어갈 수 없는 가능성과 출력물의 덤불일 것이다. 이럴 때 신체 표지는 전지용 칼로서 기능한다. 결혼이나 커리어 변화처럼 개인 혹은 사회적 성격을 띤 대부분의 딜레마 속에서 어떤 선택을 저울질하는 것은 자동적으로 신체 감각, 곧 거기에 수반되는 기분 좋거나 아니면 불쾌한 감정을 불러일으킨다. 이러한 신체 표지는 우리의 개별 선택에 일종의 감정적 가치를 부여하고, 그 가치는 자연스럽게 몇몇 곁가지를 잘라낸다. 사실상 신체 표지는 선택 가능한 것의 수를 감당할 만한 규모로 줄여준다. 손익 분석은 신체 표지가 이미 분류하고 등급 매긴 나머지 옵션을 처리한다.

다마지오는 게이지 행렬 환자들이 겪고 있는 장애는 고려 중인 다양한 옵션에 신체 표지를 배치할 책임을 지고 있는 메커니즘이 고장 나버린 질환이라고 말한다. 환자들은 유쾌한 기분이 함축하는 격려 혹은 불쾌한 기분이 내포한 경고 없이 옵션을 저울질하는 게 틀림없다. 그들은 가슴속에서 철렁하는 느낌이 하지 말라고 경고함에도 태평스럽게 위험한 모험에 뛰어든다.

그리고 다마지오는 게이지 행렬로 추정되는 꽤 광범위한 환자 집단의 테두리 바깥에서도 신체 표지 부족 때문으로 여겨지는 증상을 발견한다. 가령 반사회적 인격장애자(소시오패스)와 사이코패스의 냉혹한 무관심은 어쩌면 신체 표지 메커니즘의 장애에 기인한 것인지도 모른다. 이로 인해 그들은 '무참하게' 가장 섬뜩한, 게다가 자기 자신까지 해치는 범죄를 저지를 수 있다. 마지막 고려 사항은 다마지오의 논증에서 중요한 역할을 한다. 신체 표지가 작동하지 않는 사람들의 순도 높은 자기중심주의는 그들로 하여금 장기적으로 끔찍한 개인적 결과를 초래할 결정을 내리게 한다. 그들의 결정을 너무나 흥미로울 정도로 비이성적이게끔 만드는 것은 바로 감정의 결핍이다. 다마지오에 따르면 "병적인 문화"가 표지 메커니즘을 해체시켜 전체 인구 집단에까지 치명적 결과를 초래하는 것조차 가능하다.[27] 그러면서 문화혁명기의 중국과 폴 포트Pol Pot 치하의 캄보디아를 예로 든다. 이는 한쪽으로 치워뒀던 휴링스 잭슨의 정치 관련 발언을 떠올리게 하는 신경정치학적 분석이며 (다시 한 번) 어떤 지적인 불안을 초래한다. 어쨌든 그게 왼쪽이건 오른쪽이건, 앞이건 뒤건, 아니면 상위이건 하위이건 다마지오는 전전두엽피질로부터 너무 멀리 나아갔다.

데카르트의 꿈

그렇지만 **데카르트의 오류**는 정확히 무엇인가? 다마지오는 책이 끝날 때쯤에야 이 질문을 제기한다. 실제로 두 가지 오류가 있는 것 같다. 첫 번째는 그의 "cogito ergo sum"에 내포되어 있다. "나는 생각한다. 고로 존재한다"는 이 명제는 다마지오 관점의 정반대를 표현한다. 데카르트는 존재being 또는 현존existence이 생각을 따라간다고 주장하는 반면, 생물학적 현실은 존재가 사고에 우선한다. 유기체가 이성적 존재로 발전한 것은 진화 과정에서도 한참 나중의 일이었다. "그렇다면 우리에겐 처음에 존재가 있었고, 그러고 난 후에야 생각이 있었다."[28] 데카르트의 오류 중 두 번째는 다마지오가 "육체와 정신 사이의 심연과도

그림 3.5 르네 데카르트. 에들랭크의 판화 작품.

같은 분리"라고 표현한 것인데, 그에 따른 결론은 "추론, 도덕적 판단 그리고 신체적 고통이나 감정적 격변에서 비롯된 괴로움이 육체로부터 분리되어 존재할 수도 있다는 주장이다".[29] 그 밖에 데카르트의 혈액 순환 모형 같은 몇 가지 작은 오류를 비롯해 서구 의학의 기계론적 경향 그리고 정신과 뇌는 소프트웨어와 하드웨어의 관계처럼 상호 연관되어 있다는 시각처럼 그가 나중에 널리 알리고자 했던 더 작은 오류도 있다. 그러나 다마지오에게 그것들은 모두 "cogito ergo sum"이라는 극적인 오류 옆에서 빛이 바랜다.

데카르트가 다마지오의 비난을 들었더라면 놀라서 (혹은 경멸하면서?) 제라르 에들랭크Gérard Edelinck가 그린 초상화에서처럼 눈썹을 치켜 올릴지도 모른다. 그에게는 당연히 그럴 권리가 있을 것이다. 그러나 이 점을 명확히 하기 위해 우리는 먼저 데카르트의 주장을 (그의 오류가 아니라 그의 비전에 초점을 맞춰) 검토해야 한다.[30]

르네 데카르트는 1619년 11월 11일 생마르탱St Martin 축제 전야에 철학사에서 가장 유명한 꿈을 꿨다. 당시 스물세 살이던 그는 모리스 드 나소Maurice de Nassau 왕자의 군대에서 잠시 군복무를 했고, 지금은 바이에른 공작Duke of Bayern 부대의 용병으로 있었다. 부대는 도나우 강 기슭에 있는 울름Ulm이란 마을에 천막을 쳤다. 그해에는 겨울이 일찍 시작됐고 군사 작전이 교착 상태에 빠진 터라 데카르트는 몇 주 동안 아무런 방해도 받지 않고 공부에 전념할 수 있었다.

11월 10일 이른 저녁, 또 하루를 온종일 깊은 생각에 몰두하며 보낸 그는 자신의 '방법론', 곧 수학적 논증을 통해 철학적·과학적 쟁점을 다루기에 가장 적합한 원리의 핵심 체계를 세웠음을 감지했다. 데카르트가 그 방법론을 자신의 책《방법서설Discours de la méthode》에서 기술하는 것은 훨씬 나중인 1637년의 일이지만, 이러한 통찰의 돌파구는 열렬한 흥분 상태를 유발했다. 그 열기 속에서 그는 눈부시게 번쩍이는 섬광과 함께 나타난 신의 개입을 통해 자신의 질문에 대한 해답을 얻었다고 믿었다. 그런 환각을 본 뒤 데카르트는 불면의 밤을 보냈다. 그리고 훗날 그날 밤의 사건을 기록했는데, 이는 그의 개인적 기록물 사이에서 사후에 발견되었다.[31]

처음에 데카르트는 유령들에 둘러싸인 꿈을 꾸었다. 곧이어 회오리바람이 불어와 그를 제자리에서 빙글빙글 돌리더니 교회 벽으로 밀어붙인다. 놀랍게도 그는 자신이 계속 서 있으려고 안간힘을 쓰는 동안 거리에 있는 다른 사람들은 그 회오리바람에 개의치 않는 것을 본다. 한 남자가 그에게 머나먼 이국異國에서 온 멜론을 건넨다. 곧이어 잠에서 깨어난 데카르트는 악마로부터 자신을 보호해달라고 하느님께 기도한 다음 누운 몸을 오른쪽으로 돌렸다. 그리고 다시 꿈을 꾸기 시작했다. 이번엔 커다란 천둥소리에 깜짝 놀라 잠에서 깼다. 방은 쏟아지는 불꽃으로 가득 찼다. 처음에는 왼쪽, 이어서 오른쪽 눈을 뜨는 순간 그는 그것들이 불꽃이 아니라 자신의 망막을 때리는 섬광이라는 것을 깨달았다. 안심한 그는 다시 잠이 들었다.

세 번째이자 마지막 꿈은 상세하고 평화로웠다. 책상 위에 책이 한 권 놓여 있다. 그는 그게 사전이라는 사실에 만족스러워한다. 그 순간 두 번째 책인 시집이 보인다. 그 책의 아무 데나 펼치니, 아우소니우스Ausonius

의 〈인생에서 나는 어떤 길을 따를 것인가?Quod vitae sectabor iter?〉라는 제목의 시 한 편이 나온다. 그때 낯선 사람이 홀연히 나타나더니 그 앞에 '예와 아니요Est & Non'라는 시구로 시작하는 연을 제시한다. 데카르트는 그 연을 기억해내고 시집을 뒤진다. 하지만 찾지 못하고 〈인생에서 나는 어떤 길을 따를 것인가?〉라는 시를 찾아보려고 애쓴다. 그때 남자가 나타날 때처럼 갑자기 꿈에서 사라진다. 책들 역시 어디에도 보이지 않는다.

데카르트는 이번에는 깨지 않았다. 그는 자신이 꿈을 꾸고 있다는 것을 알고, 아직 자고 있는 동안 자신이 꾼 꿈을 하나하나 짚어보기 시작한다. 유령들과 회오리바람이 등장하는 처음 두 꿈에서 그는 이제까지 해온 것보다 더욱 가치 있는 삶의 목표를 모색해야겠다는 충동을 느낀다. 말할 것도 없이 사전은 과학 전반을, 시집은 철학과 지혜의 결합을 의미한다. 시에서 아우소니우스는 도덕적 삶을 살라고 조언했으며, '예와 아니요'라는 시구는 인간의 지식에서 옳은 것과 그른 것을 가리키는 게 분명했다. 그를 잠에서 깨운 번개의 섬광과 그 뒤의 천둥소리는 진실의 정령이 그를 사로잡은 징후였다. 요약하면, 데카르트는 그날 밤 꿈에서 본 사건을 자기가 모든 과학의 통합을 이루어낼 운명이라는 신성한 신호로 해석했다.

그 거대한 프로젝트는 네덜란드에서 시작되었다. 1629년 데카르트는 당시 네덜란드에서 두 번째로 큰 대학 도시인 프라네커르Franeker의 대학에 '레나투스 데스 카르테스Renatus Des Cartes, 갈리아인Gallus, 철학자Philosophus'라는 신분으로 등록했다. 몇 번의 짧은 여행을 제외하고 데카르트는 평생 동안 네덜란드를 떠나지 않았다. 자신의 철학을 평온한 환경에서 체계화하기 위해 그는 "교외에 있는 이곳으로 물러나 있기를" 택했다. "이곳은 오래 계속된 전쟁으로 규율이 확고히 자리 잡아 그곳을 지키는 부대들이 평화의 결실은 오직 최고로 안전할 때 누릴 수 있다는 것을 확실히 보여주기 위해 복무하는 곳이었다. 인구가 가장 많은 도시들이 제공하는 편리함이 어느 것 하나 부족하지 않으면서도, 다른 사람의 일에 호기심을 갖기보다 자기들의 일에 더 관심 있는 바쁜 사람들, 그 엄청난 사람들 가운데서 나는 가장 멀리 떨어진 사막에서처럼 홀로 틀어박혀 살아갈 수 있었다."[32] 1630년부터 1640년까지 10년 동안 데카르트는 정말로 스물세 살 때 스스로에게 맡겼던 과제를 아무런 방해도 받지 않고 수행할 수 있었다. 과거 유산에 대한 흥미가 그로 하여금 연구와 학업에 전념케 했다. 그는 빛의 굴절에 관한 실험을 하고, 동물을 해부하고, 수학과 기상학에 몰두했다. 아울러 이 모든 것을 자신의 다소 허약한 체질을 존중하면서 느긋한 속도로 일궈냈다. 방문객도 거의 받지 않고, (한 지인의 회상에 따르면) 갑자기 번쩍 떠오르는 영감을 기록하기 위해 침대 위에 똑바로 앉아 있을 때를 제외하면 대부분 오전 11시경까지 잠을 잤다.

나는 생각한다. 고로 존재한다

1637년 데카르트는 레이던Leiden의 얀 마이러Jean Maire 출판사에서 《방법서설》이라는 제목의 소책자를 출간했다. 익명으로 발표했으나 문단에서 한자리 하는 사람들이라면 누구나 데카르트가 저자라는 걸 알 수 있었다. 《방법서설》은 과학과 철학 분야에서 진정한 지식을 습득하는 데카르트 자신의 방법에 관해 상술하며 빛의 굴절, 기하학, 안구 해부 같은 주제에 이 방법론을 적용한 다수의 실험도 포함했다. 책의 인세 대신 데카르트는 증정본 200권을 받았다. 그리고 이것들을 루이 13세, 리슐리외 추기경을 비롯한 '상류층 인물' 및 자신의 이전 스승 몇몇에게 선물했다.[33]

문학 텍스트로서 《방법서설》은 3세기 반이 흐른 지금도 그 신선함을 전혀 잃지 않았다. 데카르트는 교묘하게 자신의 '학설doctrine'을 일부는 철학 논문이고 일부는 자서전이라 할 수 있는 자기 삶의 이야기와 뒤섞어놓았다. 가끔은 현학적이고 또 가끔은 겸손하게, 이 책은 프랑스 문학의 연보 속에 그의 자리를 확고히 만든 믿을 수 없을 만큼 명료한 문체로 쓰여 있다. 《방법서설》은 하나의 금언으로 문을 연다. "양식good sense은 세상에서 가장 공평하게 분배되어 있는 것이다. 왜냐하면 우리 모두는 그것을 충분히 갖고 태어났기에 다른 방면에서는 만족할 줄 모르는 이들조차 양식만큼은 자신이 갖고 있는 그 이상을 바라지 않으려 하기 때문이다."[34] 데카르트는 이어서 모두가 이 점에 관해서는 오류가 없을 것이라고 말한다. 진실과 거짓을 구별하는 능력은 어쩌면 우리 모두에게 같은 정도로 주어져 있다. 우리가 때때로 이 의견에 동의하지 않는다는 사실은 우리가 사용하는 도구, 곧 이성 때문이 아니라 그것을 사용하는 우리의 방식 때문이라고 할 수 있다. 이성은 인도를 받아야만 한다. 아울러 원칙, 계율, 출발점, 간단히 말해 **방법**을 필요로 하며, 그 방법을 여러분의 충성스러운 종인 데카르트는 독자를 위해 기꺼이 제공한다.

자신의 방법을 발전시키는 것과 관련해 데카르트는 선배들이 지식과 과학에 대해 썼던 것을 기초로 삼지 않았다. 그가 만약 어쩔 수 없이 앞서 간 사람들이 배운 책에 의지해야 했다면, 그 자신의 작업은 집 몇 채로 시작했으되 구불구불하고 불규칙적인 도로를 덧붙이면서 천천히 확장해간 옛 도시와 닮았을 것이다. 모리스 왕자의 부대에 근무했던 이 전직 군인은 자기 자신의 방법을 "한 엔지니어가 어떤 평원에 마음대로 설계하는"[35] 조화롭게 시공한 신축 요새 중 하나에 비유했다. 실제로 17세기 요새의 소박하고 수학적인 설계와의 연계는 대단히 적절했다. 자신의 설계에서 데카르트는 기하학자들이 사용하는 긴 연역적 연쇄 그리고 엄격한 정의와 증명을 통해 복잡한 명제로 나아가는 자명한 이치로부터 영감을 받았다. 그 과정은 다양한 단계로 구성되어 있으며, 본질적으로 연역적이다. 데카르트는 "명증적으로 참이라 인식한 것 외에는 그 어떤 것도 참으로 받아들이지 말라. 즉 속단과 편견을 신중히 피하고, 너무나 확실하고 명백하게 머리에 떠올라서 거기에 의심을 품을 일이 절대 없을 그런 것만을 판단 속에 포함시켜라"[36]를 자신의 첫 번째 원칙으로 삼았다. 이런 식으로 데카르트는 개인의 지성이 명백하고 확실하다고 인식하는 데에서 인간이 판단을 내릴 때의 지식과 진실에 대한 기준을 찾았다. 전통의 권위보다는 이성이 뭐가 지식으로서 중요한지를 결정한다는 것이다.

그 방법의 첫 번째 원칙에는 한 가지 질문이 포함되어 있다—지식은 어떤 때에 진정 반론의 여지가 없게 되는가? 너무나 확실하기 때문에 연역의 출발점이 될 만한, 즉 수학 공식에 상응하는 철학적인 어떤 것이 존재할까? 이 질문에 대한 데카르트의 논의는 철학 저술 역사상 가장 유명한 구절을 우리에게 안겨준다. 데카르트는 그 확실성을 감각적 지식 안에서 찾을 수 있는지 스스로 묻는 것으로 시작한다. 물론 그럴 수 없다. 곧은 막대를 물속에 집어넣으면 굴절 현상을 볼 수 있다. 이렇게 촉각과 시각은 서로 모순된다. 감각이 때때로 우리를 기만한다면, 그것은 절대적인 확실성을 제공할 수 없다. 추론은 결정적이지 않다. 왜냐하면 사람들은 간단한 기하학 문제에서도 쉽사리 오도될 수 있기 때문이다. 우리의 인식이나 사고에 의지할 수도 없다. 왜냐하면 우리는 가끔 꿈속에서도 그 같은 인식과 사고를 경험하지만 어느 것도 결코 참일 수 없기 때문이다. 엄격하게 적용해볼 때, 철학적인 의심은 모든 확실성을 제거하는 것 같다. 여기서 '**~인 것 같다**'는 말이 중요하다. 왜냐하면 데카르트는 자신의 논거에 다음과 같이 짜릿한 전환을 더하기 때문이다. "그러나 바로 다음 순간,

모든 건 허위라고 생각하기로 결정했을 때, 이렇게 생각하는 나 자신이야말로 중요하다는 확신이 반드시 따라온다는 것을 깨달았다. 그리고 '나는 생각한다. 고로 존재한다'는 이 진실이 너무나 확실하고 분명한 나머지 회의론자들의 어떤 과도한 추정으로도 흔들리지 않으리라는 것을 알고 나서는 주저하지 않고 그것을 내가 찾고 있던 첫 번째 철학 원칙으로 받아들일 수 있겠다고 판단했다."[37] 이 '나는 생각한다. 고로 존재한다'로 데카르트 이원론의 절반이 확립되었다.

이성적 사유의 주체로서 나는 외부 세계에 대한 개념을 갖는다. 보고, 냄새 맡고, 듣고, 느끼고, 맛보는 동안 감각은 내게 물질적 세계에 관한 정보를 제공한다. 사고가 내 정신의 핵심이라면, 물질세계의 본질은 무엇인가? 데카르트는《성찰Méditation》2부에서 아주 평범한 것으로 시작해 보자고 제안한다. 가령 벌집에서 방금 채취한 밀랍 한 조각이 있다고 치자.[38] 그 밀랍은 내 앞 테이블에 놓여 있다. 그것은 부드럽고, 채취하기 이전의 꽃향기를 아직도 풍긴다. 어느 정도의 굳기와 크기와 모양뿐 아니라 색깔과 맛도 갖고 있다. 그런데 누군가가 그것을 불꽃 옆에 놓는다. 그리고 갑자기 위에서 언급한 모든 특성이 변하기 시작한다. 밀랍은 녹고, 맛과 냄새는 변하고, 다른 모양과 크기가 된다. 지금 테이블 위에 있는 그것은 몇 분 전 거기 있던 것과 같은 그것인가? 아니라고는 할 수 없다. 그럼에도 불구하고 감각을 토대로 우리가 밀랍에 대해 알고 있는 모든 게 변했다. 분명 밀랍이라는 표상을 결정한 것은 향기, 농도, 색이나 모양이 아니었다. 변하지 **않은** 단 하나의 특성은 밀랍이 아직도 공간을 점유하고 있다는 사실이다. 따라서 이것이 물질적인 사물의 본질인 것 같다. 즉 물질은 공간을 점유한다. 물질인 모든 것은 '연장 실체extended thing'로서 존재한다. 이제 우리는 (데카르트에 따르면) 두 가지 물질이 존재한다는 것을 분명하고도 확실하게 깨닫는다. 주체One, 곧 '사유하는 실체res cogitans'는 공간을 점유하지 않으며 더 이상 쪼개지지 않고, 그 본성은 사유이다. 반면 타자the Other, 곧 '연장 실체'는 나뉠 수 있고, 그 본성은 연장이다.

이렇게 데카르트는 귀속으로서 늘 차고 다니던 칼을 한 차례 휘둘러 현실을 2개로 갈랐다. 존재하는 모든 것은 사유 아니면 연장, 둘 중 하나다. 어떤 것도 둘 다일 수 없고, 둘 다 아닐 수도 없다. 데카르트의 이원론은 나머지가 없는 나눗셈이다.

정념론

이 우아한 결론은 수많은 난관의 시작을 드러냈다. 2개의 실체 이론을 가지고 데카르트는 합리적인 지성인들에게 육체와 정신은 분리된 것임을 피력하려 했다. 이것이 인식론적 이분법이다. 곧 철학적 의미에서 육체와 정신 사이의 상호 작용은 이해 불가능하다는 것이다. 그럼에도 불구하고 데카르트는 그 상호 작용의 존재를 부인하지 않았다. 누구나 개인적 경험을 통해서 육체와 정신이 서로 영향을 준다는 것을 안다. 《방법서설》에서 데카르트는 의학에 전념하고 싶다고 말한다. "정신도 기질과 신체 기관의 배치에 너무나 많이 의존하므로 지금까지보다 인간을 총체적으로 더 지혜롭고 더 능숙하게 만들 수 있는 어떤 수단을 찾는 게 가능하다면, 그것은 틀림없이 의학을 통해 추구할 수 있다고 믿기 때문이다."[39] 기질과 기관에 의존하는 정신? 이는 이원론자의 관점이 아니다.

육체와 정신 간의 상호 작용을 부정했다는 비난에 대해 데카르트가 자신을 변호한 경우는 또 있었다. 1648년 4월 16일, 데카르트는 레이던에 거주하는 전도사의 스무 살 난 아들 프란스 뷔르만Frans Burman에게 질문을 받았다. 뷔르만은 깨우침이 필요한 70군데가 넘는 단락을 표시한 터였다. 데카르트는 그를 에흐몬트비넌Egmond-Binnen에 있는 자신의 집에서 접견했으며, 토론은 하루 종일 지속됐다.[40] 대화 도중 뷔르만은 육체와 정신 사이의 관계에 대한 화제를 꺼냈다. 뷔르만은《성찰》에 등장하는 "자연은 고통, 배고픔, 갈증 등의 감각을 통해서 배에 선원이 타고 있듯 내가 내 몸에 있기만 한 것이 아니라, 그것에 밀접하게 결합되어 있다는 것, 말하자면 육체와 섞여 있다는 사실을 가르쳐준다"[41]는 단락을 데카르트에게 보여주었다.

뷔르만: "그렇지만 그 본질이 완전히 다를 때 이것이 어떻게 가능한지요? 어떻게 정신이 육체의 영향을 받고, 그 반대도 가능한지요?"

데카르트: "이것은 설명하기 매우 어렵습니다. 그러나 우리의 경험으로 충분합니다. 이 점에 관해서는 그냥 반박할 수 없다는 게 너무도 분명하기 때문입니다. 감정 등의 경우에도 이건 명백합니다."[42]

조타수와 배의 비유에서 데카르트는 조타수가 배의 손상을 알아채는 것과 똑같은 방식으로, 즉 외면적으로 우리가 우리 몸의 상해를 알아채는 것은 아니라고 주장한다. 우리의 정신은 육체와 연결되어 있기 때문에 고통은 내적으로 경험된다.

이는 데카르트가 예전에 엘리자베트Elizabeth와 주고받은 서신에서 취한 입장이었다. 팔츠Pfalz 지방의 추방당한 선제후選帝侯, elector의 딸 엘리자베트의 궁정은 당시 헤이그에 있었다. 데카르트는 그의《철학 원리Principia philosophiae》를 엘리자베트에게 헌정했으며(데카르트는 은둔자로서 명성과 네트워킹 재능을 결합시켰다), 1644년 책을 발간함과 동시에 그녀에게 증정본을 보냈다. 둘 사이의 서신 교환이 집중되는 동안 공주는 육체와 정신 사이의 상관관계라는 주제를 반복적으로 거론했다. 그녀의 질문은 한 가지 사안에 집중되어 있었다. 어떻게 서로 공통점이 하나도 없는 두 실체 간에 상호 작용이 일어날 수 있는가? 데카르트의 평상시 답변은 상관관계는 틀림없이 이해할 수 없을 것이다, 신이 육체와 정신의 통합체로서 우리를 창조하셨다, 그 통합을 이해하는 것이 우리에게는 허락되지 않았지만 그것들 간의 연관성을 부정할 수는 없다는 식이었다.[43] 그러나 데카르트는 여기서 더 나아갔다. 공주를 위해 정념에 관한 아주 훌륭한 소책자, 곧《정념론Passions de l'âme》을 집필한 것이다. 이 책은 그런 상호 작용의 수십 가지 사례를 담고 있다.[44] 그는 사랑은 맥박을 달리게 하고 심장을 벅차게 만든다고 말한다. 그리고 정열은 다른 감정들보다 심장을 더욱 격렬하게 움직이고 감각을 더욱 또렷하게 한다고 말한다. 아울러 증오에 대해서는 맥박수를 높이고 가슴을 열로 들쑤시는 것으로, 비애에 대해서는 맥박을 느리게 하고 마치 심장이 조여들어 "그 냉기를 몸 전체로 전달하는 고드름으로 얼어붙은"[45] 것처럼 느끼게 만든다고 말한다. 또한 창백해지고, 발그레해지고, 떨리고, 졸도하고, 눈물 맺히는 얼굴 표정 그리고 고통의 눈물과 슬픔의 눈물 사이의 차이점, 왜 어떤 아이들은 우는 대신 창백해지는지, 왜 우리는 한숨을 쉬거나 신음하는지, 왜 아이와 노인은 그렇게 쉽게 우는지에 대해서도 다룬다. 인간 존재의 내적 삶은 물질적이고 신체적이다. 다마지오의 그것을 포함해 감정의 생물학에 관한 현대에서 과거에 이르는 학설의 자취를 따라가는 사람이라면 누구라도 암스테르담의 엘제비르Elsevier 출판사에서 1649년 11월 발간한《정념론》을 손에 쥐게 될 것이다.

다마지오의 파노라마

《데카르트의 오류》는 적지 않은 철학자들에 의해 비평의 법정에 올랐다.[46] 그들 각각이 내린 최종 평결과 무관하게 (대부분 속마음을 드러내지 않았지만, 철학자들이 이제까지 감정과 사유라는 주제에 관해 제기해온 모든 것을 차분하게 무시하는 저자의 태도에 약간 억울해했다) 거의 보편적인 반응은 간절한 외침이었다. "그럼 《정념론》은 뭐야?" 그 한 권의 짧은 책이 데카르트가 육체와 정신은 분리된 독립체라고 선언하는 우스꽝스러운 글의 출간을 막았다면 얼마나 좋았을까. 그리하여 다마지오는 육체를 결함 있는 기계로 보고 특정 신체 질환의 심리적 근원 혹은 역으로 질병의 심리적 결과를 외면하는 의학에 대한 책임을 데카르트에게 지웠다. 가련한 데카르트–다마지오의 관심 대상으로 데카르트는 피니어스 게이지보다 나을 게 없었다. 철학자 드 수사R. de Sousa에 따르면, 육체와 정신은 전혀 분리된 게 아니며 이러한 사실을 방금 실험실에서 입증했다는 '발견'에 길을 열어준 것은 바로 데카르트의 프레젠테이션이다. **긴급 속보 아닌가!** 드 수사의 관점에서 보건대 신경과학 이야기는 우리 시대의 이솝 우화가 되어왔다. "뇌 연구의 대사제들에게 드러난 거의 믿기지 않는 불가사의를 통해 우리는 인간의 본성과 그 운명에 관한 가장 심오한 진실을 가늠하고 싶어 한다."[47]

그러나 비록 모두 뇌과학과 관련이 있는 건 아니더라도 그런 대사제는 많다. 패턴은 언제나 똑같다. 저자는 특정 분야에서 충분히 누려야 마땅할 명성을 갖고 있다. 이를테면 DNA, 언어, 유전학, 전전두엽피질 등의 분야다. 이는 지렛대의 받침을 세워둔 지점이자, 한 남자 혹은 여자가 세상을 들어 올리는 기적의 현장이다. 그들의 책은 《놀라운 가설: 영혼에 대한 과학 연구The Astonishing Hypothesis: the Scientific Search for the Soul》〔프랜시스 크릭(Francis Crick), DNA 구조의 공동 발견자〕 또는 《정신은 어떻게 작동하는가How the Mind Works》〔스티븐 핀커(Steven Pinker), 언어학자〕 같은 제목을 달고 있다. 이런 저술의 특징은 거창한 주제, 대략적 설명, 방대한 분야이다. 전두엽에서 몇 발짝만 나아가면 감정의 철학이 나오고, 마오쩌둥이나 폴 포트 정권에 관한 여담 그리고 육체와 정신, 자연과 문명, 정신과 이성 간의 상관관계가 이어진다. 19세기에 풍경 화가들이 창조한 작품의 문학 버전인 셈이다. 당신은 화가를 따라 좁고 구불구불한 계단을 거쳐 평평한 곳에 오른다. 주변을 둘러보니 얼핏 7~8미터 공간에 발밑에는 모래가 쌓여 있다. 한 바퀴 돌아본다. 어디서부터가 모래고 어디서부터가 그림인지 알 수 없다. 당신이 서 있는 조그만 단壇, podium에서 수킬로미터 멀리 떨어진 곳을 응시한다. 두 눈이 수평선 위의 해변과 바다를, 사구와 해안 간척지를, 어촌과 도시를 정신없이 두리번거린다. 모래에서 90도 각도로 펼쳐진 그림의 세계가 창조한 환영은 충격적이다.

분명 데카르트는 다마지오가 자신을 향해 던진 철학적 비난에 어깨를 으쓱였을 것이다. 엘리자베트 공주도, 어린 프란스 뷔르만도 육체와 정신이 분리된 독립체라는 관념을 갖지는 않았다. 그들은 상호 작용의 '어떻게'를 물었지 그 존재를 물은 게 아니다. 그럼으로써 다마지오의 실수를 신중하게 피한 셈이다. 그러나 분명 데카르트는 다마지오와 그의 동료들이 진료실과 실험실에서 수집한 자료를 매우 좋아할 것이다. 데카르트는 넘치는 호기심의 소유자였다. 일찍이 동공과 망막 사이의 시각적 자극의 경로를 추적하기 위해 정육점 주인에게 소의 눈을 주문했고, 망막의 상이 어떻게 뇌에 의해 처리되는지에 관한 이론을 발전시켰다. 데카르트 시대의 뇌 연구는 그 무게를 달고, 계측하고, 절개하는 것 이상은 할 수 없었다. 반면 신경심리학 검사, 병변 연구, 뇌전도, 외과적·신경약물학적 개입부터 피질 전기 자극과 화상 처리 기법에 이르기까지 오늘날 신경학자들이 쓸 수 있는 도구는 데카르트로서는 접근 불가능했던 세계를 열어주었다. 실제로 위와 같은 많은 기술은 다마지오가 데카르트를 비판했던 그 기계론적 성향 덕분에 발전했다.

《성찰》에서 데카르트는 시선을 내부로 돌렸을 때 발견한 것에 관해 썼다. 이 자기 성찰의 결론을 다마지오는 신체 표지에 관한 장에서 하나의 모토로 썼어도 좋았을 것이다. "그러나 그렇다면 나는 누구인가? 사유하는 실체다. 사유하는 실체는 무엇인가? 다시 말하면 의심하고, 인지하고, 확신하고, 부정하고, 바라고, 바라지 않고, 상상도 하고, 느끼는 것이다."[48] 다마지오의 실수는 데카르트를 협력자로 보지 못했다는 데 있다.

데카르트에 대한 다마지오의 대우가 초래한 철학적 불편함이 게이지 행렬이라는 명칭을 수락하는 데 영향을 주지는 않을 것이다. 신경과학자 대다수는 철학책을 읽지 않고, 다마지오의 책을 읽은 철학자들은 아마도 그 제목 때문에 정신이 번쩍 들었을 것이다. 시조명이 과학적 어휘의 일부가 되느냐 마느냐는 다른 요인들에 달려 있다. 이름을 제안하는 것도 그중 하나이지만 과학 공동체가 그걸 받아들이는 데는 설득력, 협력자, 그 이름을 제안한 사람이 끼친 영향력 등이 필요하다. 성공 가능성을 높이는 다양한 상황은 다마지오라는 인물 자신과도 관련이 있다. 그는 전전두엽 장애 분야에서 상당한 평판을 얻었고, 그의 저작은 수많은 언어로 번역되었다. 그러한 요소들이 그의 출발 포지션을 돋보이게 한다. 지명nomination에 이어 그 시조명이 명확하게 정의된 신경과적 행동 이상 패턴을 가리키는지 여부에 관한 치열한 논쟁이 뒤따른다는 사실이 반드시 문제점인 것만은 아니다. 실제로 이는 꽤 흔한 일이다. 파킨슨, 투렛, 알츠하이머의 경우 그 병의 정확한 경계를 둘러싼 유사한 논쟁이 있었다. 반대로 토론이 전혀 없는 게 치명적일 것이다. 게이지 행렬은 그 단계를 오래전에 통과했다. 사실 다양한 비평가들은 이 명칭의 경계가 신경정신의학 이론 형성에 진정한 도움을 주기에는 지나치게 신축적이지 않은 건 아년지 자문해왔다.[49] 역설적이게도 이러한 대중적 회의주의가 게이지 행렬의 도입을 저해하기보다 용이하게 만들었다. 모든 신생 용어는 우선 어느 정도 보급되어야 하고, 이런 전파를 하는 데는 비판이 찬성만큼이나 효과적이다. 신경과학자와 정신의학자들의 안내서를 검토한 후, 20~30년이 지날 때까지는 게이지 행렬을 받아들였는지 여부를 알 수 없을 것이다.

한편 피니어스 게이지의 전기 작가는 그 '끔찍한 사고'가 일어난 지 150번째 되는 해를 제대로 기념했다. 1998년 맥밀런이 '존 마틴 할로 전두엽 심포지엄John Martyn Harlow Frontal Lobe Symposium'의 개최지로 캐번디시를 선택한 것이다. 이 행사에서는 현장에 최초로 도착한 윌리엄스 박사의 3대손 에드워드 윌리엄스 4세 목사가 참석한 가운데 게이지의 초상화, 그의 생애 연보, 두개골 손상 도해를 선보이고 기념 명판 제막식이 이뤄졌다.[50]

04

셀레스틴 묘지의 예언 : 브로카 영역

자신보다 앞선 콜럼버스처럼 '브로카 영역' 발견자는 스스로 무엇을 발견했는지 정확히 몰랐다. 해부학적 사실은 충분히 확실해 보였다. 1861년 4월, 브로카가 외과의로 일하던 파리의 비세트르 병원Bicêtre Hospital에서 언어 능력을 상실한 한 남자의 사망 사실을 기록했다. 고인의 뇌를 부검한 브로카는 왼쪽 전두엽 아래쪽에서 심각한 손상을 발견했다. 뇌 조직의 일부는 사라졌고, 남은 것들의 구조는 과육처럼 걸쭉했다. 결론은 명백한 듯싶었다. 요컨대 그곳은 틀림없이 언어 생성에 관여하는 뇌 부위였다. 많은 신경학 편람들은 이 사실을 다음과 같이 재구성하곤 했다. 브로카는 좌뇌반구 특정 부위의 손상과 언어 장애의 관계를 발견했고, 그렇게 함으로써 '브로카 영역' 그리고 이와 관련한 '브로카 실어증'에 자신의 이름을 올렸다고 말이다.

그림 4.1 피에르 폴 브로카(1824~1880).

하지만 이런 식으로 사실을 재조합하는 것은 오해의 소지가 있다. 브로카는 자신이 매우 다른 어떤 것을 발견했다고 믿었다. 그가 일본이 아니라 신세계에 발을 디뎠다는 걸 깨달은 것은 2년이 지난 뒤였다. 그 발견을 환호할 이유는 결코 없었다.

탕 씨

1841년 17세의 피에르 폴 브로카Pierre Paul Broca는 의학 공부를 하기 위해 파리로 떠났다. 비교 시험과 수련의가 될 수 있는 경연 점수를 아주 잘 받은 그는 아버지의 의원을 물려받기 위해 학업을 마치면 고향에 돌아가겠다는 생각을 버렸다.[1] 1848년 파리 대학 의학부의 해부학 교수가 된 그는 해부학협회의 사상 최연소 서기로 임명되었다. 23세의 나이에〔내반족(內反足, club foot) 해부에 관한〕첫 과학 논문의 저자가 되었고 이때부터 병리학, 해부학 그리고 수술에서 인류학, 생물학, 신경학, 고고학에 이르기까지 매우 폭넓은 주제를 다룬 보고서, 관찰, 연구 논문 및 기록을 줄기차게 생산했다. 그의 첫 번째와 마지막 발표〔사망하기 2개월 전인 1880년 5월 15일 동료 페리에(Périer)의 묘지에서 한 연설〕사이에서 우리는 실어증, 종양, 수혈, 최면, 성욕 이상, 병원 위생은 물론 메그르 산Mont Maigre 동굴에서 발견한 뼈, 독일 시인 쉴러의 두개골, 출생 시 흑인의 피부색, 살인자 르메르Lemaire의 두개골과 뇌 문제, 불을 피우는 기술, 바스크어 보급, 켈트족의 기원 등을 다룬 500편 상당의 논문을 발견할 수 있다.[2] 수년간 그의 관심사는 자연인류학과 문화인류학 쪽으로 옮겨갔지만, 1860년대 초반 그의 명성은 여전히 대부분 의학적 작업을 토대로 한 것이었다.

1861년 4월 18일, 인류학협회 모임에서 브로카는 언어 능력을 상실한 남자의 뇌를 소개했다.[3] 몇 시간 전 르보르뉴Leborgne라는 제화공(51세)의 두개골에서 떼어낸 것이었다. 브로카는 그해 말 발표한 상세한 부검 보고서를 통해 르보르뉴가 비세트르 병원에서 오래도록 '탕 씨'로 알려져왔다고 기록했다.[4] 무슨 질문을 해도 그는 "탕 탕"이라 대답했고, 화가 나면 "빌어먹을!"이라고 외쳤다. 이로써 그가 아는 단어는 다 써먹은 셈이었다. 어떤 과제를 말로 설명하면 제대로 수행할 수 있었던 것으로 보아 다른 사람이 하는 말은 아주 잘 알아들었던 것 같다. 그리고 뭔가를 확실히 해두고 싶을 때는 왼손을 흔들었다. 브로카도 언급한 것처럼 탕에게는 불행한 병력이 있었다. 어릴 때 간질 발작을 일으켰고, 30세 때 언어 능력을 잃었다. 10년 전 처음에는 오른팔, 그다음에는 오른 다리가 마비되었다. 그러다 병상에 눕고 말았다. 비세트르 병원에서 그가 받은 치료에 아쉬운 점이 많다는 것은 브로카도 인정했다. 침대보는 일주일에 한 번만 갈아줬고, 전혀 감각이 없던 다리의 감염도 썩어 문드러진 후에야 발견했다. 실은 이것이 그를 브로카의 외과 병동으로 옮긴 이유였다. 그러나 남자는 죽어가고 있었고, 브로카가 그를 위해 할 수 있는 일은 아무것도 없었다.

브로카는 탕이 살아 있던 며칠간 그에게 장시간의 문진으로 부담을 주기 싫었다. 그러나 피상적인 검사만으로도 탕의 정신이 아직 멀쩡하다는 것은 분명했다. 병원에 얼마나 오래 있었냐는 질문에 그는 왼손을 네 번 폈다 오므리고 나서 손가락 하나를 폈다. 실제로 그는 비세트르 병원에서 21년을 보냈다. 브로카는 다음 날 똑같은 질문을 반복했고, 탕은 손가락을 네 번 폈다 오므리고 손가락 하나를 폈다. 세 번째 날에도 브로카가 같은 질문을 하자 그의 대답은 짜증 섞인 "빌어먹을!"이었다. 통증이 나타난 순서에 대해 묻자 탕은 처음에는 혀를, 다음에는 오른팔을, 마지막으로 오른 다리를 가리켰다. 브로카는 그의 혀에 아무 이상도 없다는 것을 확인했다. 마비도 되지 않았고, 음색도 정상이었다. 그가 할 수 있는 극소수의 몇 마디도 소리는 제대로 났다. 발화發話에 필요한 혀, 입술, 성대의 모든 운동이 가능한 것 같았다. 그런데도 탕은 말을 할 수 없었다.

탕은 4월 17일 사망했고, 부검은 그다음 날 치러졌다. 브로카는 두개골을 조심스럽게 톱으로 잘라 열고, 뇌의 전반적인 상태를 파악하는 것부터 시작했다. 대뇌 세포막 사이에 있는 다량의 고름으로 판단하건대 원래 뇌의 크기에서 많은 부분이 사라지고 없었다. 뇌척수액을 모두 빼내자 987그램 무게의 뇌만 남았는데, 50세 전후의 남성치고는 평균보다 400그램이 더 가벼웠다. 전두엽 좌측면에는 대뇌 세포막이 안쪽으로 축 늘어져 "약 달걀 하나만 한 크기의"[5] 빈 공간을 감싸고 있었다. 뇌의 어떤 부분도 완전히 멀쩡하지 않았지만, 병변은 세 번째 뇌이랑convolution에서 특히 심했다. 브로카는 건강한 뇌에서 같은 크기의 구멍을 잘라 추출한 조각의 무게를 쟀다. 그 결과 탕의 뇌 조직에서 50그램 정도가 없어진 것 같았다. 나머지 무게 손실분은 일반적인 위축으로 설명할 수 있었다. 이처럼 심각한 뇌 손상을 입은 상태에서 그토록 오래 생존했다는 것은 브로카가 볼 때 기적이었다. 부검 결과를 재구성해보면 21년 전 언어 장애를 유발한 상처는 빈 공간(세 번째 앞쪽 뇌이랑)에 있던 가상의 중심 지점에서 시작됐고, 반면 우측 사지 마비는 뇌 연화가 진행된 결과라는 게 확실해졌다. 브로카는 조직을 더는 잘라내지 않기로 결정했다. 이 뇌가 있을 곳은 박물관이었다. 부검 후 브로카는 알코올이 든 유리병에 탕의 뇌를 넣었다. 탕의 뇌는 그 뒤 뒤피트랑 박물관Musée Dupuytren으로 옮겨졌고, '55a, 신경계'라는 카탈로그 번호와 함께 소장 목록에 추가되었다.

신경정치학이라는 지뢰밭

브로카의 공적인 생활은 협회 모

임의 리듬에 좌우되었다. 금요일은 해부학협회, 화요일 오후는 외과학협회, 토요일 오후는 생물학협회를 위해 비워놓았다. 이 모든 회합은 휴가를 고려하지 않은 스케줄에 따라 잡혔고, 결석한 사람은 벌금을 물어야 했다. 1859년에는 명단에 목요일 오후를 추가했는데, 브로카가 인류학협회를 공동 창립했기 때문이다. 브로카는 죽기 전까지 이 협회의 서기 일을 맡을 생각이었다. 2년 전에는 열한 살 연하의 아델 오귀스틴 뤼골Adèle Augustine Lugol과 결혼해 세 자녀를 낳았다.

인류학협회는 정치적 원칙에 기초해 설립한 것은 아니지만, 토론에 상정한 거의 모든 화제는 암묵적인 정치성을 띠고 있었다. 단골처럼 의제에 올랐던 주제 중 하나는 '인종들' 간의 차이가 노예 제도를 보는 관점에 영향을 미칠 수도 있다는 것이었다. 아울러 남성과 여성의 차이가 여성의 고등교육 기관 입학 허가를 결정짓는 문제와 관련이 있다는 것도 자주 의제에 올랐다. 협회의 활동은 당국으로부터 면밀한 감시를 받았고, 매 모임마다 사복 경찰이 참관했다. 인간의 뇌라는 주제에 대해 발언하는 사람은 누구든지 그 화제가 언어 재현처럼 표면상으로 이론적일 때조차도 신경정치학이라는 지뢰밭 가장자리로 자신을 몰아세우는 셈이었다.

기억, 발화, 지각 같은 심리적 기능이 뇌의 특정 부위와 상응하는지에 대한 문제를 둘러싼 논란은 오스트리아 빈의 의사 프란츠 요제프 갈Franz Joseph Gall이 수립한 골상학 이론에 뿌리를 두었다. 신경학이라는 연대기에서 골상학은 보통 호기심으로 치부된다. 골상학은 뇌가 그 크기로 발달 수준을 알 수 있는 기관들의 집합체라고 주장한다. 언어나 수학적 재능 그리고 용기와 허영심 같은 특성은 두개골의 돌출부에 반영되어 있다고 생각한다. 갈은 언어 능력을 상실한 환자를 만난 적이 있었다. 군인이던 그는 칼이 좌측 안와를 뚫고 들어가 전두엽을 찌르는 바람에 말을 못하게 되었다. 골상학자들은 눈 바로 뒤의 지점이 기억의 자리일 거라 믿었고, 갈은 환자의 어휘 기억이 찔린 상처로 인해 비활성화한 것이라고 결론 내렸다. 그러나 프랑스의 주류 의학계는 골상학과 무관했다. 1820년대에 파리의 의사 피에르 플루랑스Pierre Flourens는 적출술extirpation로 알려진 새로운 신경과학 기술을 도입했다. 이는 동물 뇌의 일부를 제거한 다음 행동을 관찰하는 것이었다. 그 결과 지각, 기억, 운동은 갈이 발견한 것보다 훨씬 더 광범위하게 뇌 전역에 분포해 있음을 밝혀냈다. 어떤 개별 '재능'의 위치도 전혀 찾을 수 없었다. 플루랑스 내부에 자리 잡은 신경학자와 독실한 가톨릭교도는 인간의 정신은 분리할 수 없는 조화로운 실체로서 통합된 뇌에 자리한다는 편안한 신념 속에서 서로를 발견했다. 플루랑스는 《골상학 비평 연구Examen de la phrénologie》를 데카르트에게 헌정했다.[6]

1828년 갈이 사망한 후 30년이나 지나 골상학은 프랑스 의학계에서 단 한 명의 중요한 지지자를 확보할 수 있었다. 그는 바로 골상학협회의 창시자 장 바티스트 부이요Jean-Baptiste Bouillaud였다. 의학협회 회원이자 의과대학 학과장이던 부이요는 무시할 수 없는 실력자였다. 그는 일찍이 1825년에 언어 능력 상실이 전두엽 손상의 결과인 것 같다는 관찰 기록을 발표했다.[7] 그는 개의 두개골에 구멍을 뚫어 전두엽 측면을 손상시키는 등 다소 소름끼치는 실험으로 이 학설에 대한 검증을 시도했다. 부이요에 따르면 개는 현저하게 이전보다 덜 영리해졌고, 더 이상 짖지도 않았다.[8] 1839년에는 한 가지 실증적인 실험에 관해 보고했다—한 환자가 자기 머리를 총으로 쏴서 두개골의 일부가 사라졌다. 부이요는 이렇게 썼다. "뇌를 누르면 언어 능력에 어떤 영향을 미치는지 알고 싶은 호기심에 우리는 커다란 주걱으로 노출된 부위를 위에서 아래로 그리고 앞에서 뒤로 부드럽게 눌렀다. 중간 정도 압력으로 누르면 입까지 나오던 말이 사라지는 것 같았다. 더 세고 빠르게 누르자 발화가 되지 않았을 뿐만 아니라 몇몇 단어들이 갑자기 중단되었다."[9] 부이요가 가려낸 구분을 브로카는 훗날 다시 반복했다. 요컨대 사고의 도구인 '내언어internal speech'와 사고의 발화인 '외언어external speech'를 구분한 것이다. 1825년 부이요는 두 종류의 언어 능력이 전두엽에 위치해 있다고 썼으며, 1860년에도 여전히 그게 옳다고 믿었다.

탕의 뇌에 관한 기념비적 프레젠테이션이 있기 몇 개월 전인 1861년 2월, 부이요의 사위이자 의사인 에르네스트 오뷔르탱Ernest Auburtin이 인류학협회 모임에서 언어 장애는 전두엽 손상을 반영하는 것이라고 주장하는 발표를 했다. 당시 브로카는 플루랑스와 마찬가지로 고차원적 기능의 재현은 뇌 전역에 걸쳐 분포해 있다고 확신했다. 전두엽이 그런 기능에서 상당히 중요한 역할을 할 가능성은 인정했지만 그렇다고 해서 이것이 골상학의 '기관들'에서 기인할 리는 없었다. 아울러 브로카는 갈의 뇌학설과 엮이고 싶지 않았다. 그해 4월, 탕이라는 환자가 진료실에 나타났을 때 브로카는 기회가 왔다 싶었다. 탕에 대한 첫 번째 임상 검사와 뇌 부검까지는 여러 날이 걸렸다. 그가 오뷔르탱을 비세트르 병원으로 초청한 것은 바로 이때였다. 존경하는 동료가 이것이 언어 상실의 명백한 사례라는 데 동의하지 않을까? 그리고 부검을 통해 환자의 전두엽 손상이 없다는 게 밝혀지면, 그(오뷔르탱)는 앞으로 영원히 부이요나 갈의 견해를 배척할 준비를 할까? 환자를 잠시 살펴본 뒤, 오뷔르탱은 브로카의 의견에 동의했다. 긴장한 두 사람은 제화공이 죽기를 기다렸다.

오뷔르탱과 그의 장인인 부이요 입장에서는 실험 결과를 인정하는 데 더 큰 용기가 필요했다. 마침내 그들은 동료들 사이에서 이미 놀림거리가 된 학설에 대해 명백히 터져 나올 반박을 감수하기로 했다. 탕의 전두엽

속에서 텅 빈 공간을 발견한 것은 가장 환영할 만한 일임에 틀림없었다. 그런데 브로카는 자기의 패배를 깨끗이 인정했다. 비록 전두엽 전역이 음성 언어에 관여하는지, 아니면 특정 뇌이랑 무리만 그런지는 아직 확인하지 못했다고 덧붙이긴 했지만, 그는 청중들에게 관찰 결과는 부이요의 견해를 입증한다고 설명했다. 아울러 언어 능력 상실을 '운동성 실어증aphemia'이라고 부를 것을 제안했지만 많은 지지를 받지는 못했다. 몇 해가 흐른 뒤, 의학계는 글자 그대로 '말이 없다'는 뜻의 'aphasia'라는 용어를 선택했다.

브로카의 발견은 호평을 얻지 못했다. 이성 및 판단과 관련 있는 언어가 상대적으로 한정된 뇌 영역에서 재현된다는 개념에 대한 반응은 회의주의를 동반했다. 다행히 이 영역(그것이 존재한다는 전제 아래)이 전두엽에 위치해 있다는 사실은 지배적 시각, 곧 어쨌든 우리를 동물과 구별 짓는 것은 우리의 언어 구사 능력뿐만 아니라 훨씬 더 큰 전두엽이라는 시각과 깔끔하게 들어맞았다. 1861년 당시 브로카가 발견했다고 믿은 것은 언어의 자리는 전두엽에 있다는 사실이었다. 브로카가 발견한 것은 그 위치가 세 번째 뇌이랑이라는 것도, 또는 항상 **좌측**에 있다는 사실은 고사하고 한쪽 전두엽에만 있다는 것도 아니었다. 이 지점에서 부이요와 브로카는 언어가 뇌의 한쪽에서만 재현되는 것은 가능하지 않다는 데 완벽하게 동의했다.

그해 말 브로카는 언어 능력을 잃어버린 를롱Lelong이라는 이름의 84세 노인의 뇌를 검사하던 중 놀랍게도 탕의 사례에서와 정확히 똑같은 자리에서 손상을 발견했다. 영향을 받은 부위는 한층 작아서 1프랑짜리 동전 크기 정도였지만 똑같은 전두엽 뇌이랑에 있었다. 게다가 역시 좌측이었다. 그는 이것을 순전한 우연의 일치로 보고 싶다고 보고했지만, 만일을 대비해 이 뇌도 마찬가지로 박물관으로 보냈다. 그다음 몇 년간 브로카는 여덟 건의 다른 언어 능력 상실 환자를 부검했다. 그런데 모든 손상이 왼쪽에 있었다. 브로카에게 이는 가장 참기 힘든 전개 국면이었다. 그것을 프랑스 의사 그자비에 비샤Xavier Bichat가 수립한 해부학 '대칭 법칙'의 위배로 여겼기 때문이다. "조화가 기관들의 기능에 해당한다면, 대칭은 형태에 해당한다. 대칭은 외적인 형태와 내부적 구조에서 정밀한 유사성을 암시하는 것과 동시에 작용과 기능에서도 완벽한 동일성을 가정한다."[10] 똑같은 구조를 가진 기관은 동일한 기능을 수행한다는 사실은 너무나 자명해서 절대 의문시되지 않았다. 요컨대 신장, 폐, 눈, 귀를 비롯한 다른 한 쌍의 기관은 모두 같은 기능을 한다. 서로의 정확한 거울 이미지인 뇌의 양반구가 그 법칙에서 예외라는 것은 상상도 할 수 없었다. 좌측 뇌에서 병변을 보였던 언어 능력 상실 환자들에 대한 서류가 점차 늘어나자 브로카는 불안해졌다. 그는 이렇게 썼다. "대칭 위반은 뇌생리학에 대한 우리의 지식을 진정 전복시키는 일일 것이다."[11] 그리고 이렇게 덧붙였다. "나보다 더 운 좋은 다른 사람들이 우반구 병변에서 비롯된 실어증 사례를 발견하길 바란다. 지금까지 손상된 쪽은 언제나 좌측 전두엽 세 번째 뇌이랑이었다."[12] 그러나 1863년 7월, 브로카가 바라던 것과 정반대 상황이 벌어졌다. 동료 의사가 우측 전두엽의 세 번째 뇌이랑이 심하게 손상된 환자의 세부 사항을 보고한 것이다. 그의 언어 능력은 전혀 영향을 받지 않았다.

사실상 비샤의 대칭 법칙은 연구 결과라기보다는 출발점이었다. 대칭은 아름다움과 균형 그리고 질서라는, 과학 자체가 표방하는 가치와도 관련이 있었다. 치우친 성장, 불안정, 편향성 등 대칭에서 벗어난 모든 것은 혼란과 병리로 향한 길을 열어주는 것 같았다. 대칭의 호소력은 음성 언어의 상실이 오로지 좌측 뇌의 병변 때문이라는 의견을 비웃던 반응에서 도 분명히 드러난다. 이는 의사 폴 브리케Paul Briquet가 의학협회에서 개최한 학회 기간 중 동료들에게 말했듯 도무지 진지하게 받아들일 수 없는 개념이었다. 우리가 오른쪽 귀로 '도레미파'를 듣고, 다른 귀로 '솔라시'를 듣는다고? 오른쪽 콧구멍으로는 쾌적한 향기를 맡고, 왼쪽 콧구멍으로는 불쾌한 것만 들이마신다고? 분명 아무도 그렇게 주장하지 않을 터였다. 그러나 좌측 뇌의 손상과 결합된 실어증 사례의 증가는 천천히 그리고 원치 않았지만 억지로 브로카가 훗날 자신의 '발견'이라고 부른 어떤 방향으로 그를 몰아가고 있었다.

닥스의 영역

1863년 3월, 과학 아카데미와 의학 아카데미는 몽펠리에Montpellier 근처의 작은 마을 소미에르Sommieres에 사는 귀스타브 닥스Gustave Dax라는 일반 개원의로부터 한 통의 편지를 받았다. 닥스는 이 편지에 마찬가지로 일반 개원의였던 자기 아버지 마르크 닥스Marc Dax가 1836년에 발표한 보고서도 동봉했다.[13] 닥스는 자신의 아버지가 브로카보다 훨씬 앞서 언어 능력 상실은 좌뇌 손상과 관련 있다는 걸 발견했다는 사실이 알려지길 소망했다. 이는 우선순위 문제는 물론 과학적 '발견'으로서 무엇이 진정 중요한가라는 쟁점을 중심으로 급속도로 벌어진 논쟁의 시작을 의미했다.[14]

1800년 마르크 닥스는 머리에 칼로 상처를 입은 후 심각한 기억 장애를 겪어온 전직 기병대 장교를 만났다. 그 남자가 죽은 후, 닥스는 가족들에게 정확히 어느 곳을 찔렸냐고 물었다. 칼은 왼쪽 관자놀이 한가운데로 들어간 것 같았다. 그 뒤 몇 년간 닥스는 진료실과 문헌에서 다수의 유사한 사례를 보았다. 저명한 식물학자 피에르 마리 오귀스트 브루소네Pierre Marie Auguste Broussonet는 1806년 언어 능력을 잃었는데, 닥스는 그의 사후 부검 결과 좌뇌반구에서 커다란 농양이 나왔다는 글을 우연히 읽었다. 1836년까지 닥스는 이러한 언어 상실 사례를 80건 이상 수집했으며, 손상은 예외 없이 좌반구에 위치해 있었다. 이는 어떤 기본 법칙의 증거임에 틀림없었다. 왜 좌측 손상이 환자의 어휘 기억에 영향을 주는 데 반해 다른 종류의 기억은 그대로인지 수수께끼였지만 그 연결 고리는 확실했다. 닥스는 이러한 통찰을 의료 실무에 잘 활용했다. 한 여성 환자가 기절하는 바람에 의자에서 떨어졌다. 여자는 정신을 차린 후 잠시 동안 한마디도 할 수 없었다고 했다. 이틀 후 여자가 다시 의식을 잃었다. 현장으로 달려간 닥스는 여자가 이번에는 언어 능력을 완전히 잃었다는 걸 확인했다. 그의 표현을 빌리면 이랬다. "이 병의 성격, 위치 혹은 치료법을 알아내기 위해 깊이 생각할 필요가 없었다. 나는 즉시 왼쪽 관자놀이에 거머리를 잔뜩 올려놓았다. 몇 분 뒤 피가 흐르자 여자는 차츰 말을 하기 시작했다."[15] 닥스는 1836년 몽펠리에에서 열리는 학회 때 발표할 작정이었던 짧은 보고서에 자신의 임상 결과를 기록했다. 그러나 분명 아무것도 계획대로 되지 않았다. 닥스가 실제로 그 문서를 발표했다는 증거는 없다. 또한 그 문서는 문헌 속 참고자료의 형식으로도 전혀 흔적이 남아 있지 않다. 닥스는 그걸 책으로 발간할 수도 없었다. 1837년에 사망했기 때문이다.

그의 아들 귀스타브 역시 학업을 마치고 소미에르에서 의원을 개업했다. 닥스 2세는 언어 상실의 좌측 뇌 기원을 가업으로 삼았고, 문헌과 자신의 의료 실무를 통해 얻은 140건의 사례를 추가로 모았다. (87건은 좌반구 병변에 이은 언어 상실, 53건은 우반구에 병변이 있으나 언어 상실은 없는 사례였다.) 그리고 아버지가 편집한 자료에 그것들을 덧붙였다. 1858년까지 귀스타브는 이렇게 합친 결과물을 토대로 방대한 원고를 작성했다. 불행히도 자신의 아버지처럼 그도 발표에 대해서는 약간 느슨했다. 동료들에게 원고를 몇 부 돌렸지만 학술지에 결과물을 제출하지는 않았다.

닥스가 마침내 행동을 취한 것은 제화공 탕의 뇌 프레센테이션을 둘러싸고 언론의 관심이 생긴 1861년 들어서였다. 두 학회에 대한 그의 믿음은 상당했고, 어쩌면 다소 순진했다. 초기의 유일한 결과라면 두 위원회의 소집이었다. 플루랑스가 회원으로 있던 과학 아카데미 소속 위원회에서는 아무런 연락도 오지 않았다. 의사 렐뤼L. F. Lélut는 의학 아카데미 위원회에 속해 있었는데, 1년 반이나 지난 뒤 닥스 부자의 작업에서는 골상학에 새 생명을 불어넣으려는 시도 외에는 아무것도 찾을 수 없다고 선언하는 가차 없는 보고서를 내놓았다.[16] "친애하는 보고서 저자"의 140건에 달하는 사례가 옳다면 "그건 각각의 양 뇌반구가 그리고 그 반구의 모든 부위까지 서로 다른 기능의 자리가 된다는 얘기고, 이 똑같은 원칙이 한 쌍으로 된 다른 신체 기관에도 유효할 것이란 얘기다".[17] 여기까지는 렐뤼가 준비한 말이었다. 그러나 그는 머지않아 누군가가 벌떡 일어나 이렇게 선언할 것이라고 경고했다. "그렇게 되면 예를 들어, 볼 수 있는 눈은 하나, 이를테면 왼쪽만 있고 오른쪽 눈은 다른 목적으로 쓰인다고 생각할 수도 있을 것이다."[18] 아울러 닥스 부자가 하나씩 차근차근 사례를 모았음에도 불구하고 렐뤼는 자신이 30년 전쯤에 확실한 반증을 본 적이 있다고 주장했다. 그 사람은 간질 환자였는데 부검에서 좌뇌반구에 걸쭉한 덩어리만 있을 뿐이었다는 사실에도 불구하고 언어는 정상이었다. 또 다른 환자는 소뇌에 종양이 있었는데 좌반구에 전혀 이상이 없음에도 불구하고 언어 장애가 함께 나타났다고 했다. 렐뤼는 맺음말로 이 특별한 주제에 다시는 절대 눈길을 주지 않겠다는 강렬한 소망을 아카데미에 피력했다.

보고서가 어떤 형태의 보상도 받지 못할 거라고 판단한 닥스는 훨씬 전 단계에서 했어야 할 일을 하기로 결심했다. 전문지에 게재하는 것이었다. 1865년 4월 28일, 마르크 닥스의 논문은 마침내 〈주간 의학과 외과학 Gazette Hebdomadaire de Médecine et de Chirurgie〉에 실렸다. 같은 호에는 똑같은 주제에 관한 귀스타브 닥스의 글도 실렸다.[19]

한편 브로카는 마르크 닥스가 1836년 언어 상실에 미치는 좌뇌반구의 역할에 대해 기술했음을 확인하는 보고서를 그 아들인 귀스타브 닥스가 의학 아카데미에 제출했다는 사실을 알았다. 브로카 자신의 통찰을 담은 결정판은 〈주간 의학과 외과학〉에 닥스 부자의 논문이 실린 지 6주 **후에** 등장했다.[20] 브로카는 선택의 여지없이 발견의 연표를 제시하는 것으로 시작했다. "나는 우선순위에 대한 토론을 좋아하지 않는다. 내가 결국 언어 기능에 대한 좌뇌반구의 특별한 영향을 지적했을 때 몇몇 사람이 닥스 씨(부친)의 의견을 인용했어야 한다고 나를 이해시키지 않았다면, 사정상 발표하지 못했던 닥스 씨의 발견이 기대한 것과 달리 역사의 관점에서는 실망스러웠다는 걸 내비치는 일은 피했을 것이다."[21] 브로카가 그럴 의도는 아니었음은 아주 분명했다. 브로카는 파리에 있는 어느 누구도 닥스가 제출한 보고서의 존재를 알지 못했다고 썼다. 사실상 1836년에 보고서를 전달했다는 몽펠리에에서도 정작 알려지지 않았다. 브로카는 지역 신문을 수소문하고 의과대학 사서인 고르동Gordon이라는 사람에게 편지까지 썼다. 하지만 고르동 역시 강의 도중 언급된 것조차 찾을 수 없었다. 브로카는 학회에 참가했던 20명에 달하는 의사를 개인적으로 접촉했지만 아무도 마르크 닥스라는 사람의 보고서를 기억하지 못했다. 브로카는 보고서의 진위를 문제 삼지 않고 이렇게 썼을 뿐이다. "그러나 실어증이라는 주제에 관한 내 첫 발간물 이후 2년 뒤에야 수면 위로 올라온 그 문서의 존재를 내가 짐작하기란 불가능했다는 걸 확실해 해두고 싶다."[22]

결과적으로 이는 연표를 산뜻하게 복원시켰다. 브로카는 그의 "실어증이라는 주제에 관한 첫 발간물"에서 자신이 언어 능력은 양쪽 뇌에서 재현된다고 여전히 주장했다는 사실을 언급하지 않았다. 뇌와 언어에 관한 이후의 저술에서도 그는 닥스의 작업을 언급하지 않았다. 저명한 신경과학자가 언어의 좌뇌 지배 발견 시기를 1863년에서 은근슬쩍 1861년으로 앞당겼다는 사실(그리고 프랑스와 그 밖의 지역 의사들이 빠른 속도로 그의 주장을 따랐다는 사실)은 닥스를 대단히 격앙시켰다. 이러한 분노는 1893년 그가 죽을 때까지 지속됐으며, 잊을 만하면 편집자에게 부질없는 편지를 쓰게 만들었다.

사실 브로카 영역은 부이요 영역 또는 닥스 영역으로 명명했어야 했던 것일까? 아니면 닥스-브로카 영역처럼 합치는 게 더 적절했을까? 답은 그 시조명이 정확히 무엇에 경의를 표하려 했는가에 달려 있다. 부이요는 1825년 제법 체계적인 사례를 바탕으로 음성 언어가 상대적으로 국한된 영역, 즉 전두엽 내의 어떤 부위와 관련 있음을 타당해 보이게끔 만든 최초의 인물이었다. 그러나 언어는 양측에서 재현된다고 믿었으므로 언어에 대한 좌측면 지배의 발견을 그의 공으로 돌리는 것은 불가능하다. 마르크 닥스는 1836년 손상을 입었을 때 언어 장애를 유발할 수 있는 뇌의 절반으로 좌뇌반구를 가리킨 최초의 연구자였다. 그러나 그의 자료 대부분은 신문 기사나 추도 기사에서 발췌한 간접 정보였다. 본인은 한 번도 부검을 실시한다거나 좌반구의 특정 부위를 명시한 적이 없었다. 자신의 발견을 학계에 발표하지도 않았다. 그의 결과물은 흔적 없이 주저앉았고, 닥스를 아직도 후보로 여길 수 있는 것은 단지 1863년에 행한 그 아들의 노력 그리고 1865년에 이뤄진 원본 원고의 뒤늦은 발표 덕분이다. 마르크 닥스에게 닥친 상황은 지리적인 위도(남북의 위치)는 확실히 알 수 있지만 경도 확인은 불가능했던 시절에 시작된 수많은 발견의 운명을 상기시킨다. 어떤 작은 섬의 경우 발견자들이 떠나고 나서 그 위치를 가늠하려면 대양의 어마어마하게 넓은 구간을 동쪽부터 서쪽까지 탐험해야만 한다는 걸 의미했다. 콜럼버스는 발견 직후 '위치를 엉뚱하게 표시하면' 새로운 나라들을 발견한다 해도 얻을 게 거의 없다고 절망적으로 말했다고 한다. 마르크 닥스는 당대의 관행에 따라 발견한 섬의 좌표를 기록하지 않은 채 배를 타고 떠나버린 셈이다.

이와 대조적으로 브로카는 관례에 따라 매 단계를 밟아나가는 데 주의를 기울였다. 협회 학술지에 발표함으로써 자신의 결과물을 과학 공동체에 계속 알렸고, 그러한 자료의 편집에서도 부검이라는 설득력 있는 방법을 활용했다. 많을수록 좋은 법이다. 브로카는 또한 명성을 쌓는 데도 운이 좋았다. 마치 그가 제기하는 모든 새로운 생각이 자신의 전작前作들에 공명하는 것 같고, 닥스 부자에게는 주어지지 않은 권위를 그에게 부여했다. 그럼에도 불구하고 언어 지배가 좌반구에 있다는 것을 발견한 공로를 좀처럼 그에게 돌릴 수는 없다. 특히 1861년 발견했다는 것에 대해서는 더욱 그렇다. 어떤 면에서 그가 지금 브로카 영역으로 알려진 정확한 지점에서 손상을 발견했다는 사실은 기묘한 우연이다. 브로카에게 그 빈 구멍은 단순히 반대쪽에서 발견했을 수도 있다. 게다가 정확히 똑같은 지점에 손상을 입었던 두 번째 사례(를롱)에 대해서도 브로카는 "순전히 우연한" 일로 기술했다. 그가 손상은 좌측에 있다는 게 '발견'의 진짜 핵심이라고 깨닫기 시작한 것은 2년하고도 8건의 부검을 하고 난 후였다.

얼마 전 신경학 역사학자 핑거S. Finger와 로D. Roe는 또 한 명의 후보를 들고 나왔다.[23] 언제나 가까이 있었지만 쉽사리 지나쳤던 사람, 바로 귀스타브 닥스다. 핑거와 로는 브로카의 1861년 프레젠테이션 뒤를 이어 어쩌면 귀스타브야말로 (문제의 핵심이 언어의 신경학적 재현이라면) 비샤의 대칭 논지가 솔직히 틀렸다는 것을 깨달은 유일한 의사라고 썼다. 그러나 더욱 중요한 것은 귀스타브 닥스가 언어 장애의 중심 부위를 브로카가 그랬듯 전두엽이 아닌 훨씬 뒤쪽의 측두엽으로 정확하게 집어냈다는 사실이다. 그 특별한 발견이 신경과학 역사에서 카를 베르니케Carl Wernicke란 이름의 젊은 독일인 신경학자와 관련 있다는 것은 운명의 잔인한 장난이다. 비록 귀스타브 닥스는 1865년에, 베르니케는 1874년이 되어서야 발표했지만 말이다. 그때도 앞섰다는 사실이 도움이 되지는 않았다.

브로카의 법칙

브로카의 1865년 논문은 대뇌의 비대칭에 관한 최초의 설득력 있는 공식화로 역사에 기록되었다. 그러나 그 비대칭에는 대칭의 관점에서 사고하는 습관을 깨는 것이 얼마나 어려운지 무심코 드러내는 몇 가지 다른 가설이 포함되어 있었다. 브로카는 태어날 때부터 좌우 뇌반구는 완전히 동등하고 언어 기능을 수행하기에도 똑같이 적합하다고 주장했다. 따라서 그 기초적인 형태로 봤을 때 뇌는 대칭적인 기관이다. 그러나 좌측 전두엽이 처음 몇 년간 약간의 급성장을 겪기 때문에 대부분의 인간은 오른손잡이가 되고, 그들의 언어 재현 기능은 좌측 전두엽에 있게 된다. 브로카는 이어서 극소수의 경우는 그 반대라고 말한다. 그들은 왼손잡이에 우뇌가 발달한다. 당시 브로카에게는 주로 사용하는 손과 언어 중추가 위치한 정확한 지점 사이의 관계에 대한 이 '거울 이미지 학설'을 뒷받침할 만한 증거가 거의, 아니 아예 없었으며 구할 수 있는 통계적 증거도 없었다. 그때까지 아무도 거기에 연관성이 있을 거라고 의심할 이유가 없었으므로 환자들의 손 선호도를 기록하지 않았던 것이다.

논문 후반부에서 브로카는 언어 중추와 손 선호도 사이의 연관성을 얼마간 깎아내리려 했지만, 그것으로 신경학자들의 '브로카의 법칙Broca's Rule' 채택을 막을 수는 없었다. 언어 중추는 주로 사용하는 손 반대편에 위치해 있다. 즉 왼손잡이에게는 오른쪽 뇌에 있다.[24] 대칭의 매력이 얼마나 지대했던지 많은 왼손잡이들의 언어 중추가 좌측에 있을지도 모른다는 가능성은 그들의 머릿속에 떠오르지 않았다. 브로카의 법칙은 거의 1세기 동안 영향력을 유지했다. 이런 오해를 수정하기 위해서는 엄청난 연구 인력이 필요했지만, 평시가 아니었던 당대에는 단순히 사람을 구하는 것조차 힘들었다.

하지만 제2차 세계대전에 참전했던 병력들이 동원 해제되면서 새로운 집단이 신경학 문헌에 진입하기 시작했다. 부상을 딛고 살아남은 그들이 치른 대가는 거동 불가와 장애였다. 이 집단은 더 이상 행진하지 못했다. 침대에 누워 있거나 목발을 짚고 절뚝거리며 돌아다녔다. 실어증에 걸리거나 앞을 못 봤고, 몸뚱이나 뇌가 마비되었다. 간질 발작을 일으키거나 귀머거리가 되었다. 우리가 뇌 기능의 신경학적 지형도와 관련해 오늘날 알고 있는 많은 지식은 수많은 총탄과 포탄의 파편이 머리를 뚫고 지나간 결과 쌓인 것이다. 비교적 짧은 기간 동안 학설은 반박과 수정을 거듭했고, 그중 일부는 1세기 동안이나 오래 보편적으로 인정받는 신경학 지식의 일부가 되었다. 1943년부터 1945년 동안 독일의 신경학자 클라우스 콘라트Klaus Conrad는 육군종합병원의 800명 넘는 뇌 손상 환자를 검사했다.[25] 거의 모든 경우 부상은 총탄과 포탄 파편으로 인해 생긴 것이었으므로 엑스레이를 이용해 신경학적 손상의 위치를 알아내는 게 가능했다. 이 환자들 중 200명 이상은 부상으로 실어증에 걸렸다. 일부는 일시적이었던 반면 다른 이들은 그런 상태가 지속됐다. 불확실한 몇몇 경우를 제외하면, 실어증에 걸린 대부분의 오른손잡이는 좌측에 뇌 손상을 입었다. 그런데 콘라트를 놀라게 한 것은 실어증에 걸린 왼손잡이 중 절반 이상이 마찬가지로 좌측 뇌에 손상을 입었다는 사실이다. 이는 브로카의 법칙과 모순됐다.

콘라트는 뇌 손상에 의한 실어증은 전체 사례 중 4분의 1뿐인 것으로 기록했다. 왼손잡이는 상당히 드물었다(6퍼센트 미만). 실어증과 왼손잡이의 결합은 지극히 드물었기 때문에 흥미로운 신경학적 패턴을 감지하기 위해서는 매우 많은 부상 환자가 필요했다. 전쟁 기간 동안 그런 사례를 구하는 게 가능했다. 콘라트는 1949년 임상 결과를 발표했고, 거울 이미지 학설에 종지부를 찍었다. 오늘날 실제 경험에 근거한 학설에 따르면 언어 중추는 왼손잡이의 70퍼센트 정도에서 왼쪽에 위치하며, 15퍼센트는 오른쪽, 나머지 15퍼센트는 왼쪽과 오른쪽에 나뉘어 있다.

화려한 1870년대

브로카의 작업은 새로운 신경학 원정대를 양산했다. 1870년 독일 의학자 구스타프 프리치Gustav Fritsch와 에두아르트 히치히Eduard Hitzig는 개의 노출된 대뇌피질을 자극하기 위해 약한 직류를 사용한 결과 우리가 오늘날 '운동 영역'이라고 알고 있는, 근육 운동에 관여하는 중심구 바로 앞의 전두엽 부위를 발견했다. 1873년 영국인 데이비드 페리어는 이와 똑같은 방법을 써서 원숭이 뇌를 자극한 결과 '감각 영역'과 감각 정보를 처리하는 데 관여하는 부위를 발견했다. 1876년 '브로카 영역'이란 명칭으로 브로카에게 경의를 표하자고 제안한 사람이 바로 페리어였다.[26] 그러나 브로카 이후의 실어증 연구에서 가장 중요한 발전을 이룬 사람은 독일인 카를 베르니케였다. 브레슬라우Breslau에 있는 알

러하일리겐Allerheiligen 병원에서 근무하던 이 스물여섯 살 인턴은 프리치와 히치히의 발견에서 영감을 얻어 언어 장애 학설을 창안했다. 1874년 발표한 짧은 전공 논문에서였다.[27] 베르니케는 자기 이론의 기반을 애초부터 브로카식의 손상 연구에 의존하지 않았다. 그보다는 그때까지 뇌 기능의 신경학적 재현에 관해 알려진 지식을 기반으로 삼았다. 베르니케에 따르면 발화된 단어는 연상을 통해서 그 단어의 의미와 연결되는 '청각적 이미지'를 환기시킨다. 단어의 의미 재현은 그다음 '운동 이미지'를 환기시킨다. 중심구 전방에 있는 뇌의 일부가 운동이라는 과업에 책임이 있으며 그 뒷부분은 감각 정보를 처리한다는 사실을 알고 있으므로 두 종류의 실어증이 존재하는 게 틀림없었다. 브로카가 발견한 운동성 또는 표현성 실어증 그리고 감각성 또는 수용성 실어증이 그것이다. 이 두 번째 유형의 실어증을 연구하는 동안, 베르니케는 자신의 이름이 붙게 될 좌측 측두엽의 한 영역을 정확히 찾아냈다. 오늘날까지도 그것은 실어증의 주요 유형 중 하나로 인정받고 있다. 브로카 실어증이 있는 환자는 자신이 들은 말의 뜻을 이해하고 머릿속에서 답을 만들어낼 수는 있지만 그것을 표현하는 능력이 결핍되어 있다. 베르니케 실어증을 앓는 환자는 언어를 만들어낼 수는 있지만 더 이상 그것을 이해하지 못한다. 청각 장애인이 사용하는 수화도 마찬가지로 이러한 분류를 반영한다. 요컨대 브로카 영역의 손상은 수화에 관여하는 운동계가 아니라 수화 동작이 갖는 의미에 영향을 준다. 임상 실험에 따르면 '순수한' 브로카 또는 베르니케는 드물다. 혼합 유형이 일반적이다.

신경학 분야에서 1870년대는 '화려한 1870년대'로 알려졌다. 두 언어 중추의 발견은 읽기, 쓰기, 계산 같은 기능도 각각의 '중추'를 갖느냐는 쟁점을 불러일으켰다. 다양한 장애를 신경 기질과 연결시키려는 노력에 따라 도식과 도표가 고안되었다. 1871년에는 어떤 행동을 수행하기 위해 신체 부위를 움직이는 능력이 손실된 것을 '실행증apraxia'이라 명명했고, 곧이어 '실독증alexia', '실서증agraphia', '음치증amusia', '계산불능증acalculia'이라는 명칭이 생겨났다. 실어증처럼 여기서도 역시 결합된 형태로 나타나기는 하지만, 이런 장애에는 표현성과 수용성의 변형이 있다. '음치증'의 유명한 사례로는 작곡가 모리스 라벨Maurice Ravel이 있다. 1932년 자동차 사고를 당한 그는 점차 악화하는 뇌 손상을 입었고, 그 결과 실어증과 음치증의 결합 상태에 빠지고 말았다.[28] 음악을 알아듣고 평가하는 능력은 그대로 살아 있었지만, 음악적 표현력은 심각하게 훼손되었다. 작곡을 할 수도, 더 이상 악보를 보고 피아노를 연주할 수도 없었다. 그의 사례는 신경학적 관점에서 특히 흥미롭다. 음악을 듣거나 연주하는 것은 대부분 우뇌반구가 관장한다고 오랫동안 알려졌지만 오른손잡이인 라벨의 경우 그 손상은 좌뇌 쪽이었던 것이다. 그의 사례에서 영향을 받았거나 피해를 입지 않은 영역의 특정 패턴은 음악 표현이 언어와 같은 공정으로 이뤄진다는 것을 어느 정도 시사한다. 음악과 언어는 정밀한 타이밍 조정을 필요로 하며, 이는 좌뇌반구의 통제를 받는 능력이다.

문명화한 비대칭

앙리 4세 대로大路는 한때 생베네딕트회 소속 셀레스틴 수도회가 있던 자리였다. 18세기에 이 공동체는 쇠퇴일로에 들어서다 결국 붕괴했다. 수도회 건물은 1785년에 텅 비었고, 4년 뒤 일어난 프랑스 혁명 이후 철거됐다. 1847년 대로를 건설하던 중 오래된 교회 터에서 12세기 것으로 보이는 많은 석관을 발견했다. 당시 오텔 디외Hôtel-Dieu 병원의 인턴이던 스물세 살의 브로카는 7세기 넘게 그곳에 있던 유골들에 흥미를 가졌다. 그는 발굴 현장의 감독관 자리를 얻는 데 성공했고, 이는 그에게 해골을 측정할 기회를 주었다. 강박관념에 가까울 만큼 평생을 지배했던 두개골 측정 작전의 서막이었다. 브로카에게 해골과 뇌를 측정하는 힘든 작업은 언젠가는 이 우주에서, 사회에서, 개개인의 삶에서 그리고 역사 속에서 인간이 차지하는 자리와 관련한 어떤 이론을 수립할 수 있을 거라는 희망을 지탱해줬다. 브로카는 수세기 동안 인간의 뇌는 유럽 문명의 발흥과 함께 그리고 그 덕분에 크기가 커졌다고 확신했다. 1862년 그는 셀레스틴 묘지에서 발견한 116구의 해골을 18세기와 19세기 묘지에서 발굴한 해골과 비교하는 광범위한 연구 결과를 보고했다.[29] 1981년 고생물학자 스티븐 제이 굴드Steven Jay Gould는 자기 차례가 되자 브로카가 지속적으로 커지는 유럽인들의 뇌라는 자신의 학설을 강화할 수 있는 방식으로만 일관되게 두개골 측정 결과를 해석했음을 증명하기 위해 이 프랑스 학자의 연구를 철저히 파고들었다. 굴드는 이것을 '대권 항로great circle route(지구 표면 위에 있는 두 지점 사이의 최단 항로를 가리키는 말—옮긴이)'라고 불렀다. 먼저 결론을 세우고 사실 해석의 방향을 결정한 다음, 결론을 그러한 사실로 뒷받침하는 것이다.[30]

브로카는 힘들여 해골의 용량을 측정해 다음과 같은 평균치에 도달했다—12세기 1426cc, 18세기 1409cc, 19세기 1462cc. 문제는 분명했다. 가장 작은 것은 가장 오래된 해골이 아니라 18세기의 것들이었다. 이것을 어떻게 설명할 것인가? 브로카의 대답은 19세기 그룹을 양분하는 데서 다시 시작한다. 그중 일부(정확히는 90구)는 개인 묘지에서 나왔고, 나머지 35구는 공동묘지에서 나왔다는 것이다. 두 그룹의 크기 차이는 주목할 만했다. 공동묘지의 1403cc와 대조적으로, 개인 묘지에 묻혔던 평균적으로 더욱 부유하고 따라서 더욱 지적이었을 것으로 추측되는 두개골은

1484cc가 나왔다. 이것으로 20세기의 해골과 18세기로 거슬러 올라가 가장 작은 쪽 표본 사이의 흥미로운 간극이 해명되었다. 엘리트만이 석관에 고인을 묻을 형편이 되었을 것이라는 얘기다. 그러나 이는 새로운 문제를 초래했다. 18세기 공동묘지의 해골들(1409cc)이 19세기 공동묘지의 해골들(1403cc)보다 큰 것은 어떻게 가능했을까? 다시 한 번 대답은 사회 계급과 밀접한 관계가 있다. 프랑스 혁명 이전인 18세기에는 공동묘지에 묻히려면 부유해야 했다. 다시 말해, 해골 크기와 관련해 19세기의 가난한 사람들은 한 세기 이전의 부자들 수준이었다. 이렇게 한층 폭넓은 작업을 통해 다다른 결론은 (면밀히 들여다보고 외견상의 모순 때문에 포기하지 않는다면) 1426-1409-1462cc라는 수열은 사실상 두개골이 계속 커지는 수치적 증거라는 것이었다. 브로카에게 파리 시민들이 점점 더 큰 뇌를 획득해왔다는 것은 객관적이고 반박의 여지가 없는 사실이었다.

브로카는 '수정'의 달인이었다. 인류학협회의 동료 회원인 그라티올레L. P. Gratiolet는 측정을 통해 독일인의 뇌가 평균적으로 프랑스인보다 100그램 정도 무겁다는 것을 확인한 다음, 이 사실을 뇌 크기와 지능 사이에는 긍정적 연관이 있다는 학설에 대한 결정적 반증으로 제시했다. 이에 브로카는 마지막 1그램까지 정확한 측정에 바탕을 둔 상세한 비교 연구를 시작했고, 중량에서의 연령차와 국가별 차이에 대한 수정 사항을 보충했다. 그 결론은 독일인보다 가볍긴 하지만 프랑스인의 뇌는—최종 분석에서—그럼에도 불구하고 더 무겁다는 것이었다.

전성기에 브로카는 형질인류학을 크기와 숫자의 과학으로 바꿔놓은 인물로 칭송받았다. 1888년 등장한 인류학적 방법론과 기법에 관한 기본서에서는 40가지 도구와 측정 방법을 다뤘는데, 그중 19가지는 브로카의 덕분인 것으로 알려졌다.[31] '브로카 영역'과 '브로카 실어증'이라는 시조명은 한때 훨씬 더 길었던 수상 명단의 일부이다. '브로카의 시각angle', '브로카의 입체도stereograph', '브로카의 평면plane' 같은 표창 대부분은 형질인류학 분야의 선구적 연구자였던 그의 입지를 반영한다. 측정에는 어떤 종류의 주관적 판단도 없어야 한다. 등록 과정을 도구 자체에 더 많이 맡길수록 좋다. 브로카의 입체도는 그런 추구의 구체적 표현이다. 두개골은 귓구멍 2개에 나사를 조여 고정한다. 그런 다음 인류학자는 철필이 든 집게를 두개골 위에서 움직인다. 그러면 그 모양이 뒤쪽에 고정한 종이를 따라 그려진다. 이런 식으로 다양한 치수를 반반한 평면에서 측정했다. 꺾쇠에서의 두개골 배치에 따라 머리 앞뒤 사이의 거리, 이마의 높이와 기울기, 이마와 비교했을 때 턱의 크기를 알아낼 수도 있었다. 이를 비롯한 다양한 측정 결과는 개인 간, 세대 간, 인종 간 차이를 중심으로 한 논란에서 양적인 논거로 동원되었다. 가장 중요한 요구 사항은 등록에는 가능한 한 연구자가 사적 개입을 하지 말아야 한다는 것이었다. 일단 두개골을 입체도에 고정하면 입체도는 기본적으로 스스로 종이에 표시를 한다. 이런 무개입 측정의 개념은 널리 도구 제작자들의 카탈로그에서까지 충실히 지켜졌다.

그림 4.2 '브로카의 입체도'는 반반한 평면에서 두개골 둘레 확인이 가능하도록 만들었다.

이 모든 측정을 비롯해 그것들을 기록하는 데 사용한 통계 기술에서, 브로카가 객관성을 담보하기 위해 노력했다는 것과 더욱이 그가 그것에 성공했다고 확고하게 믿었다는 데는 의심의 여지가 없다. 거의 모든 논문에서 그는 관찰이 이론보다 중요하다고 강조했으며, 여성의 지능과 '원시적' 민족의 뇌 크기 같은 사안을 다룰 때도 바로 이런 태도를 취했다. 브로카가 머리측정계cephalometer, 두개골기울기측정계cranioplagiometer, 두개골관찰경cranioscope, 내부측정계endometer, 내부도endograph, 급속두개골도tachycraniograph, 측각계goniometer, 회전측정계tropometer에 기대했던 것은 선입견을 배제하는 것이었다. 실제로 모든 측성은 정확도와 허용 오차가 벌이는 까다로운 게임이 되었으며 기존의 시각을 객관적이고 과학적으로 뒷받침하는 결과가 나타났을 때 절정을 이뤘다.

이와 같은 패턴은 좌뇌반구와 우뇌반구 사이의 차이에 관한 브로카의 연구에서도 극명하게 드러난다. 생후 1~2년 뒤 언어가 좌뇌반구로 이동한다는 사실은 좌뇌반구의 작은 급성장의 결과이다. 그러나 이후 우리는 교육을 통해 뇌의 반쪽에 점점 더 혜택을 준다. 이런 의미에서 비대칭은 발전, 훈련, 문명의 특징이다. 이런 구분은 야생동물과 길들인 동물 사이에서도 이뤄졌다. 브로카는 여우의 뇌가 거의 완벽하게 대칭이라고 썼다. 수세기 동안 인간의 보호 감독 아래 있던 개의 뇌는 비대칭이다. (라마르크 학설을 지지한 브로카는 후천적 형질의 유전에 대한 확고한 믿음을 갖고 있었다.) 그러나 모든 인간의 뇌가 동일하게 비대칭 방향으로 이뤄지는 이런 발달의 영향을 받기 쉬운 것은 아니었다. 1869년 인류학협회는 유럽의 백인 남성이 가장 높은 비대칭을 보이고 여성은 그보다 적게, '원시적인' 민족과 하등동물은 가장 적게 보인다는 보고를 받았다. 신경학 역사학자 앤 해링턴은 어떻게 19세기 말의 인류학자들이 브로카가 가리킨 방향으로 확고부동하게 나아가면서 좌뇌반구가 우성의 뇌반구라고, 절제와 이성부터 논리와 의지력에 이르기까지 모든 인간적·사회적· 과학적 장점이 거기서 합쳐진다고 공표했는지 상세히 기록했다.[32] 우뇌반구는 종속적이고 역시 좋은 것이었다. 동물성, 직관, 본능, 범죄 성향, 충동성, 정신 장애에 민감한 자리로 여겨졌기 때문이다. 이후 좌뇌반구는 '남성적인' 뇌의 반절이고 우뇌반구는 '여성적인' 나머지 반절로 여겨졌다는 것을 굳이 언급할 필요는 없을 것이다. 이런 역할 배분을 뒷받침하는 데 사용한 결과물 대다수는 브로카가 제공한 것이었다.

브로카가 그 시대 편견의 희생양이었다고 결론짓는 것은 그 자신이 그런 편견의 설계자 중 한 명이었음을 고려하면 지나친 단순화이다. 수년간 그는 말 그대로 수천 개의 두개골과 뇌를 쥐락펴락하면서 측정하고 무게를 쟀다. 양과 무게와 둘레에 관한 데이터 속에서 남성과 여성의, '고등' 인종과 '하등' 인종 사이의 지능에 관한 현재의 견해를 확립한 바로 그 관련성을 몇 번이나 발견했다. 30그램도 채 안 되는 뇌 조직 속에서 브로카는 여성의 고등교육 기관 입학 가능성을 제한하고 '원시적인' 민족의 자치권을 막는 신경학적 논거를 찾아냈다. 그의 결과물은 한 바퀴를 돌아 다시 원점으로 돌아왔다. 지배적인 좌뇌반구와 온순한 우뇌반구라는 개념으로 그는 기존의 남녀 간 사회관계를 뇌의 차원에서 재생산했다.

상호부검협회

한 세기 반이 지난 오늘날 브로카의 정치적·사회적 시각을 평가하기란 어려우며 '좌파'나 '우파' 같은 현대적 좌표를 사용해서 평가하려는 시도는 실패할 수밖에 없다. 우선 그의 연구 결과의 성격과 브로카 자신의 자유주의적 시각 사이의 불일치를 볼 수 있다. 1848년 여성과 '원시적' 민족을 발달 사다리 맨 밑에 위치시켰던 그는 자유사상가협회를 창립했다. 같은 해에는 공화제를 환영했으며, 이 체제는 글자 그대로 하루하루 어떻게 변할지 모르는 격변의 시대 상황 속에서 형체를 갖춰갔다. 1870년부터는 자신의 병원 접수과에 여성 직원을 채용하도록 했고, 1880년 상원의원에 임명되었을 때는 스스로 개혁론자가 되어 빈자들을 위한 개선된 의료 서비스, 여성과 소녀들을 위한 종교와 무관한 교육 제도를 요구했다. 눈에 거슬릴 정도로 교권 개입 반대론자였던 브로카는 인간의 근원에 관한 자신의 견해 때문에 격렬한 증오 캠페인의 희생자가 되었다. 자신의 세속적인 방식으로 그는 생물학적 요인에 의한 진보를 믿었다. 여성과 비문명적인 민족의 뇌가 더 작다는 사실은 반박의 여지없이 논증되었지만, 그들이 진화 과정에서 성장할 수 없다는 걸 의미하지는 않았다. 문명—적어도 유럽 문명—은 그 과정을 촉진할 수 있었다. 교육과 훈련에 의해 우리 뇌에 새겨진 요구가 높으면 높을수록 뇌는 더 빨리 발달한다. 셀레스틴 수도회의 12세기와 현재 사이의 인간 뇌에 약 20~30cc가 늘어났다면, 더욱이 우리가 이제 어떤 요인이 그 성장을 자극하는지 알고 있다면, 진정한 문명으로 향하는 길을 가리키는 것은 분명 바로 신경학과 형질인류학 같은 과학일 것이다. 부검에서 유토피아로 이어지는 직항로는 어쩌면 존재하지 않을지 모르지만, 브로카는 "다양한 시대에 파리 시민들의 두개골 내용"이라는 자신의 연구에서 단순한 부피 증가 이상의 훨씬 많은 것을 발견했다. 그러한 증가는 예술, 문학, 법학, 과학, 무역 그리고 그 시절의 파리지앵을 더 미개했던 시대의 같은 시민들과 구별 짓는 그 밖의 모든 것의 부흥을 반영했다. 그의 서명이 또 하나의 단체, 그것도 자신이 죽어서야 어떤 중요한 역할을 할 한 협회의 헌장에 등장하는 것은 브로카가 그 문명에 몸소 참여했다는 흔적이다. 이름 하여 상호부검협회Société d'Autopsie Mutuelle 회원들은 자신의 시신을 과학에, 만일을 대비해 그의 동료 의사들에게 기증하기로 서약했다.[33]

형질인류학이라는 학문 내에서 파리학파가 자신을 중심으로 형성됐다는 것은 말할 것도 없이 브로카에게 자랑거리였다. 그러나 브로카가 이 성공의 비결로 보았던 것(가능한 한 기계적으로 실시하는 정확한 측정과 그 뒤에 이어지

그림 4.3 브로카의 뇌 석고본. 'P.BROCA'라는 글씨가 그의 이름을 딴 영역에 새겨져 있다.

는 사심 없고 공정한 해석)은 이제 굴드와 그 밖의 비평가들에 의해 그의 실패 뒤에 숨은 주요 인자로 여겨진다. 그와 같은 중립성이란 없었다. 입체도 혹은 두개골도에 해골을 고정하기 전에 이미 연구자의 편견에 의해 질문의 단어 선택은 흐려진다. 여성의 전두엽은 남성의 것만큼 클까? 하등한 문명은 더 작은 전두엽의 결과로 나타나는 걸까? 이런 질문에 대한 답은 신비로운 만유인력의 과정을 거치면서 교양 있고 과학적으로 계몽된 시민들이 이미 그럴 거라고 믿었던 것과 예외 없이 일치했다.

굴드는 자신이 보기에 브로카가 범한 방법론적 오류를 재차 지적한다. 바로 '눈을 가린' 측정도 없고, 통제 조건도 없다는 점이다. 이는 측정할 때 가능한 한 인간의 영향을 반드시 배제하려 했던 브로카의 노력을 전적으로 공정하게 다루지 않은 비난이다. 그가 모든 종류의 편견을 배제하길 바라면서 택했던 방식은 바로 등록 기능을 도구에 위임하는 것이었다. 그런 편견이 다른 곳에서 생기기 시작했다는 것은 그의 평생에 걸친 업적에 달라붙은 비극적인 각주다. 계몽주의의 후손이었던 굴드는 연구자가 방법론적 오류를 피하는 데 성공하면 곧바로 그의 결론이 더 이상 편견을 확인시켜주는 게 아니라 그것을 반박할 것이라고 주장했다. 역설적이게도, 그것이야말로 브로카가 자신의 학문에서 기대했던 바이다.

폴 브로카는 1880년 7월 7일, 56세의 생일을 맞이하자마자 심부전으로 사망했다. 지난 몇 년간 그는 상호부검협회 동료들을 해부대 위에서 대면했었다. 이제 그가 인류학에 마지막 남은 서비스를 제공할 차례였다. 브로카의 실험실 조수 추드진스키Chudzinski가 두개골에서 자기 상사의 뇌를 떼어내 본을 떴다. 뇌는 포르말린 용액에 넣어졌다. 'P.BROCA'라는 글자를 좌측 전두엽의 세 번째 뇌이랑을 가로질러 새긴 석고본은 파리 대학 해부학과 소장품의 일부가 되었다. 사후 7년이 지나 '의과대학 광장Place de l'École de Médecine'에는 브로카의 동상이 세워졌다. 한 손에는 두개골을 받치고 다른 한 손에는 캘리퍼스 한 자루를 든 모습으로. 1941년 독일 점령군은 "진정한 예술적 또는 역사적 흥미를 끌지 않는"[34] 129개의 다른 동상과 함께 그의 동상을 녹여버렸다.

05

라이덴 병에서 나온 불꽃 : 잭슨 간질

존 휴링스 잭슨John Hughlings Jackson이 헌법을 신경학의 한 분과로 여겼다고 한다면 아마도 과장일 테지만, 전혀 동떨어진 이야기는 아니다. 인간의 뇌를 보는 잭슨의 관점에서, 상위와 하위 부위 간의 권력 분립은 강력한 중앙집권 국가를 다스리는 공공질서를 반영했다. 정부는 전두엽의 뇌이랑들에 위치하는데, 이곳은 생각하고 결정을 내리고 뇌의 하위 부위들의 활동을 감시하는 신경 체계다. 상위 부위들이 방해받지 않고 권력을 행사하는 동안, 우리는 하위 부위들의 활동을 여전히 알지 못한다. 그러나 그 질서가 허물어질 때, 결과는 참담하다. 예를 들어 간질 발작에서 통제력 상실은 하위 뇌 부위들의 탈억제disinhibition를 유발하고, 연축spasm과 경련을 가져온다. 잭슨은 간질을 신경학적 폭동이나 무정부 상태에 상응한다고 보았다.

잭슨은 빅토리아 시대 사람으로서 지극히 빅토리아적이었다. 1884년으로 거슬러 올라가는 논문에서, 그는 뇌의 상위 부위를 대영제국의 통치 유지를 돕는 함대를 관장하고 해군위원회를 구성하고 있던 24명의 제독

그림 5.1 존 휴링스 잭슨(1835~1911).

에 비유했다.[1] 그의 설명에 따르면, 간질 발작은 갑자기 실성한 한 제독이 내린 명령과 같다. 부하들 사이에서는 혼란이 발생한다. 위계 관점에 입각한 사고는 잭슨의 제2 천성이었고, 우리 뇌 안의 계급 분화가 진화론적 기원을 갖고 있다는 것은 그에게 자명했다. 잭슨이 영구히 런던으로 옮겨온 해인 1859년 다윈의 《종의 기원》이 등장했고, 철학자 허버트 스펜서Herbert Spencer는 상위에 있는 한층 복잡한 뇌 구조는 하위 구조로부터 진화해 그것을 감독한다는 학설을 발표했다. 건강한 뇌에서는 권력과 명령이 통치한다.

여섯 마리의 말이 나란히

존 잭슨은 1835년 새뮤얼 잭슨Samuel Jackson과 세라 휴링스Sarah Hughlings의 아들로 태어났다.[2] 요크셔의 그린 해머튼Green Hammerton에서 성장한 그는 15세 때 요크York에서 개업한 윌리엄 앤더슨William Anderson의 문하생으로 들어갔다. 그는 알약 손에서 굴리기, 으깨서 가루로 만들기, 섞어서 연고 만들기, 붕대로 상처 감기, 부러진 뼈에 부목 대기, 분만 시 보조 같은 일반 진료의 다양한 실무를 익혔다. 2년 뒤에는 요크 의학교에 입학했다. 19세기 중반에는 대학에 입학함으로써 의사 커리어를 준비하는 게 가능했다. 하지만 의사가 되겠다는 포부를 확고하게 가진 청년들은 병원과 제휴한 '의학교medical school'에 다녔다. 잭슨은 요크에서 많은 날을 해부대를 쳐다보며 보냈다. 그는 식물학, 법의학을 비롯해 화학, 산파술, 해부학, 생리학 강좌를 수강했다. 그가 받은 교육의 많은 부분은 사실상 비공식적이었다. 가령 그는 요크의 검시 클럽 토론에 참석하면서 상당히 많은 것을 배웠고, 자신도 그 클럽의 회원이 되었다. 자격시험은 의료 단체가 주관했는데, 잭슨의 경우는 '왕립외과학교Royal College of Surgeons'와 '고명한 약제상협회Worshipful Society of Apothecaries'의 시험을 보았다. 회원 수락은 증명서 교부로 갈음했다. 잭슨은 대학에서 공부한 적이 없지만 그 사실을 절대 후회하지 않았다.

수련을 계속하기 위해 런던으로 옮겨갔을 무렵, 잭슨은 문학과 철학 공부에 전념할까 고민할 정도로 관심 분야가 넓어졌다. 일생의 벗이었던 조너선 허친슨Jonathan Hutchinson은 그의 이런 생각에 반하는 조언을 했다. 철학하는 의사가 된다면 세상에 더욱 큰 도움을 줄 것이라고 조언한 것이다. 잭슨은 그 충고를 따랐다. 그는 자신의 폭넓은 관심사를 오랜 의학 저널리즘 활동으로 충족했다. 1861년에는 〈메디컬 타임스 앤드 가제트Medical Times and Gazette〉의 직원으로 합류해 중요한 수술, 의학적 발견, 법의학의 발달 그리고 동료 의사들이 흥미를 가질 만하다고 여겨지는 여러 주제에 관한 글을 썼다. 잭슨은 반세기 가까이 이 학술지에 기고했다. 그는 한 번도 안내서를 쓴 적이 없고, 대신 짧은 글을 다작하는 쪽을 택했다.[3] 그의 문헌 목록은 300편 이상의 논문을 아우르는데, 그 목록도 확실히 완성된 것은 아니다. 주로 오늘날에는 찾아내기 어려운 작은 학술지들에 기고를 했기 때문이다. 그의 집필 스타일이 만연체라는 것은 친구들과 적 모두 동의했다. 잭슨은 한 문장을 시작하고 나면, 거의 즉시 새로운 연상에 사로잡혀 신속히 대시 부호(—)를 사용하는 저자였다. 그리고 삽입한 구절을 막 시작하고 나면, 바로 또 다른 연상이 생겨나 적당한 삽입구를 집어넣었다. 그러다 보니 끼워 넣은 구절들을 위해 고안한 관례적인 문장부호를 모조리 써버리곤 했다. 삽입한 구절 안에 다른 구절을 쓰는 동안 또 다른 연상이 떠오르면(예외 없이 그런 일이 일어났다) 각주의 형태로 집어 넣었다. 그러나 각주를 시작하자마자 곧바로 '기타 등등'이 이어졌다. 잭슨은 언젠가 자신이 글을 쓰고 있을 때면 마치 "여섯 마리의 말을 나란히 몰고 있는데, 모든 말이 끊임없는 관심을 필요로 하는 것"처럼 느낀다고 털어놓았다. 마차에 앉아 있는 기구한 독자는 그가 무사히 목적지에 도달하길 기도할 수밖에 없다.[4]

잭슨의 첫 근무지는 런던에 있는 무어필즈 안과 병원Moorfields Eye Hospital이었는데, 거기서 그는 안과학에 관한 평생에 걸친 열정을 키웠다. 1851년에는 헬름홀츠가 최근 발명한 검안경檢眼鏡을 도입하기도 했다. 수년간 잭슨은 많은 신경과 질환이 안과적 결함으로 인해 나타난다는 것을 알았다. 1863년에는 국립마비간질병원National Hospital for the Paralysed and Epileptic에 특별 임용되고 국립신경질환병원National Hospital of Nervous Diseases에 수련의로 합류했다. 이즈음 그는 주변에 존 잭슨이라는 이름이 엄청 많다는 것을 깨닫고 모친의 결혼 전 성을 중간 이름에 넣기로 결정했다. 처음에는 가정 방문도 업무에 포함되어 있었지만 곧 중단했다. 환자들은 잭슨과 함께 있는 걸 편안해하지 않았고, 이런 느낌은 그 역시 마찬가지였다. 잭슨은 수줍음이 많고 내성적이었으며, 환자를 대하는 태도는 절대 나아지지 않았다. 예를 들어, 이름을 외우려는 노력을 하지 않았다. 환자들을 항상 '문 뒤의 남자' 또는 '갈고리 모양의 발가락을 가진 여자'라는 식으로 불렀다. 회진을 돌 때면 자신이 해줄 수 있는 게 아무것도 없는 환자는 피했고, 동료들에 따르면 정신이상 환자는 약간 무서워하는 것 같았다.[5]

잭슨은 1865년 사촌인 엘리자베스 데이드 잭슨Elizabeth Dade Jackson과 결혼했다. 그들은 내내 서로를 알고 지냈고, 어렸을 때는 옆집에 살기도 했다. 슬하에 자식은 없었다. 엘리자베스는 결혼하고 11년 후에 죽었다. 재혼을 거부한 잭슨은 식탁에서 아무도 '그녀의' 의자에 앉도록 허락하지 않았다. 형과 그 가족이 잭슨의 집에서 식사를 할 때면, 형수와 자녀들은 식탁 한쪽에 긴 줄로 앉곤 했다. 엘리자베스의 자리는 비워둔 채로. 엘리자베스가 오늘날 '잭슨의 간질'이라고 알려진 종류의 간질을 앓았다는 것은 역설적이다.

배터리로서 뇌

1860년대에는 〔대중적으로는 '기절 병(falling sickness)'으로 알려진〕 간질의 근원이 뇌간 장애에 있다고 추정했다.[6] 뇌간 장애는 운동계를 방해하고, 의식 상실과 불수의 근수축으로 이어졌다. 잭슨 이전 세대의 신경학자 로버트 벤틀리 토드Robert Bentley Todd는 뇌를 배터리에 비유했다.[7] 간질은 전류 발생 에너지로 충전한 라이덴 병Leyden jar(일종의 축전기—옮긴이)에서 가끔씩 갑자기 불꽃이 튀어 오르는 것과 같은, 갑작스러운 방전의 결과로 볼 수 있었다. 토드는 살아 있는 토끼로 그 학설을 시험했다. 그는 뇌에 전선을 삽입하고 충전함으로써 간질 발작의 특징인 경련과 눈알이 뒤집히는 증상을 정확히 불러낼 수 있었다. 잭슨은 토드의 업적에 대해서는 잘 알고 있었지만, 아마 이 특정 실험에 대해서는 몰랐던 것 같다. 토드의 토끼들에 관해서는 들어보지도 못한 채 뇌의 전기 방전과 다양한 유형의 간질 사이의 관계에 대한 자신만의 이론을 발전시켰을 개연성이 높다.

하지만 특정 신체 부위의 연축으로 시작해 다소 고정된 수순을 따라 몸의 좌우 중 한쪽 전체로 퍼져나가는 간질 발작 유형에 관한 잭슨의 설명 역시 최초는 아니었다. 한참 오래전인 1827년, 프랑스인 루이 프랑수아 브라베Louis-Francois Bravais가 '편측 간질'에 관한 논문을 발표한 것이다.[8] 잭슨은 언제나 브라베의 우선권을 인정했고, 국소 발병 발작을 가리켜 '브라베 발작'이라고 불렀다. 잭슨의 진정한 업적은 그가 간질 발작의 전기적 근원과 그 발작의 광범위한 증상을 결합해 신경계의 기능적 구조를 망라하는 이론으로 통합했다는 것이다. 신경계의 기능 구조는 3중이었다. 척수, 수질, 뇌교가 하위 부위를 구성하고, 이것들이 단순 반사 운동을 담당했다. 뇌의 중간에 위치한 운동피질은 더욱 복잡한 운동을 이끌었다. 전전두엽피질은 복잡한 수의 운동voluntary movement과 사고 및 의식 같은 상위 기능을 책임졌다. 위계적으로 상부에 위치한 부위는 하위 부위를 '지휘했다'. 잭슨에 따르면, 간질은 뇌 표면 회백질의 갑작스럽고, 과도하고, 신속한 방전의 결과였다. 이러한 방전이 전전두엽피질에서 일어날 때, 이 부분의 뇌가 관장하는 의식 유지 같은 기능이 멈춘다. 게다가 더 이상 방해받지 않는 하위 부위가 활발해진다. 따라서 모든 간질 발작은 기능 상실 같은 음성 증상과 불수의 근수축 같은 양성 증상의 결합으로 나타난다.

잭슨 간질은 상부와 하부의 중간 수준에서 일어난 방전을 동반한다. 발작은 보통 자동 경련이나 한쪽 손, 흔히 엄지나 검지 근처의 따끔따끔한 느낌으로 시작한다. 방전이 피질의 '운동 신경대motor strip'를 따라 지속되는 동안('잭슨식 발작(Jacksonian march)') 경련은 몸의 다른 부위에서도 발생한다. 그것들은 몸의 한쪽 절반에 국한된다. 잭슨은 부검 결과 이런 종류의 간질은 뇌의 반대쪽 절반의 피질 손상을 동반한다는 사실이 드러났다고 썼다. 훗날 잭슨의 이름이 붙은 이 유형의 간질에 대한 그의 첫 저술은 1863년에 등장했다.

7년 후, 운동 신경대를 발견한 프리치와 히치히는 개의 뇌 표면을 아주

세게 자극하면 간질을 연상케 하는 증상이 발생한다는 걸 알았다. 영국인 데이비드 페리어는 유인원 실험을 통해, 다른 종류의 전류를 유도 와이어 induction wire로 전달하자 깨물기나 쥐기 또는 할퀴기 같은 간질과 유사한 특정 동작을 유발한다는 것을 발견했다. 광범위하고 다양한 운동 반응이 피질 표면에 투사되는 것 같았다. 페리어는 자신의 결론을 잭슨이 임상 관찰 후 내렸던 결론을 확증하는 것으로 여겼고, 1876년 자신의 책《뇌의 기능The Functions of the Brain》을 그에게 헌정했다.[9] 이후 뇌전도 연구 결과는 잭슨 간질이 실제로 피질의 운동 신경대에 있는 신경세포 다발의 갑작스럽고도 즉흥적인 '발화firing'로 시작되며, 이런 활동이 이웃 영역으로 퍼져나간다는 것을 입증했다.

Z 박사의 몽환 상태

잭슨은 한 환자로부터 '몽환 상태dreamy state'라고 들었던 것을 동반하는 변종 간질에 관해 상세히 썼다.[10] 그 환자는 발작이 일어나기 직전 변화된 의식 상태로 진입하는 느낌을 가졌는데, 발작이 지속되는 동안에도 그 상태에서 벗어날 수 없었다. 잭슨은 그 근원을 측두엽에서 찾았다. 임상적 설명을 서술하면서 그는 1877년부터 자신이 간질 치료를 맡아온 한 동료의 말을 활용했는데, 잭슨은 그를 'Z 박사'라고 불렀다.[11] 이 환자는 훗날 런던의 벨그레이브Belgrave 병원에서 근무했던 아서 토머스 마이어스Arthur Thomas Myers 박사와 동일 인물임이 밝혀졌다.[12] 마이어스는 영국의 유명 가문 출신이었다. 그의 형 프레더릭Frederic은 초자연 현상 연구에 심취한 연구자들 모임인 심령연구협회Society for Psychical Research의 창시자 중 한 명이었다. 아서 마이어스 자신도 이곳 협회지에 정기적으로 기고했다.

Z 박사는 1870년 케렌스Quaerens라는 가명으로 그와 같은 '몽환 상태'가 어떤 것인지 간단히 설명했다.[13] 그는 알프레드 테니슨 경Alfred Lord Tennyson의 시 〈두 목소리The Two Voices〉의 다음 구절을 포함해 현대의 작가와 시인들의 작품 속에서 영감을 구했다.

게다가, 저기 있는 건, 아니 보이는 건
어렴풋이 신비스러운 빛으로 나를 어루만지는
잊었던 꿈들을 힐끔 쳐다보는 듯
여기 있는 것 같은, 느껴본 듯한
어딘지 나 모르지만, 해봤던 듯한
말로는 표현하지 못할 그것.

《데이비드 코퍼필드David Copperfield》(1850)에서 우리는 1890년대에 '데자뷔'로 알려진 것에 대한 찰스 디킨스의 유명한 묘사를 발견한다. "우리는 모두 가끔 우리를 덮치는 이런 느낌을 경험한다. 우리가 오래전에 지금과 똑같은 말과 행동을 한 적이 있다는 느낌. 아주 오래전에 똑같은 사람, 똑같은 물건, 똑같은 상황에 둘러싸인 적이 있다는 느낌. 마치 갑자기 기억난 것처럼 다음에 무슨 말이 나올지 확실히 알고 있다는 느낌."[14] Z는 어렸을 때 그런 느낌을 경험했지만, 장기간 과로에 시달릴 때 더 강하고 더 빈번해졌다고 썼다. 그런 느낌이 온 뒤 두 번 간질 발작이 이어졌고, 그때부터는 그런 느낌이 들면 일을 쉬엄쉬엄 할 때가 왔다는 경고로 해석했다. 디킨스는 누구나 그런 경험을 한 적이 있다고 생각했던 것 같지만, Z에 따르면 이는 뇌에 문제가 있다는 징후이며 다가올 발작의 전조였다.

데자뷔 이후, Z는 오랫동안 떠올리려고 애써온 뭔가가 자신에게 일어났다는 느낌이 드는 수동적인 정신 상태에 빠져들었다. 그런 경험은 일반적으로 불러일으키는 안도감을 동반했다. 그와 동시에 갑자기 떠올린 것이 진짜가 아니라 기억처럼 느껴지는 어떤 것이라는 어렴풋한 깨달음도 있었다. 얼마 지나지 않아 끌어왔던 '기억'에 대한 기억은 희미해졌다. Z는 집중해서 뭔가를 생각하는 게 거의 불가능해졌다는 것 또한 깨달았다. 익숙한 이름과 얼굴에 대한 기억이 몇 분만 지속되는 기억상실증도 생겼다. 친구들 말에 따르면, 그는 이런 상태가 되면 아무리 터무니없는 질문을 해도 항상 무조건 "알겠습니다!"라고 대답했다. 한 번은 발작 중에도 작업하던 글을 계속 썼다. 나중에 그 부분을 읽어보니, 자기가 적었는지도 기억나지 않는 온갖 종류의 이상한 단어들이 쓰여 있었다. 또 다른 사람들에 따르면, 한 번은 발작이 도지자 오른발을 몇 번 쾅쾅 구르고 마치 뭔가를 맛보는 것처럼 입맛을 쩝쩝 다셨다. 스위스에서 휴가를 보낼 때는 빙하를 건너 도보 하이킹을 하던 중 발작이 일어났다. 나중에 그는 도대체 어떻게 된 건지 전혀 떠오르지 않았지만, 상당히 먼 거리를 여행했다는 걸 깨달았다. 또 한 번은 테니스 경기 도중 상대 선수가 눈치채지 못하게 발작이 찾아왔는데(그의 서브는 "평소보다 나쁘지 않았다"), 이번에도 역시 기억이 몇 분간 사라졌다.[15] 1887년 Z는 친구의 집을 방문하기 위해 길을 나섰다. 지하철을 타고 네 번째 정류장에서 내려 약 1킬로미터를 걸어갈 계획이었다. 그런데 두 번째 정류장에서 2명의 승객과 대화를 나누던 중 데자뷔를 일으켰다. 다음으로 그가 기억하는 것은 어떤 집 문 앞에 서서 주머니에 든 열쇠를 꺼내는 자신의 모습이었다. 1시 15분 전이니 목적지에 도착해야 할 정확한 시각이었다. '몽환 상태'에 있는 동안 그는 분명 자기가 계획했던 그대로 네 번째 정류장에서 내려 남은 거리를 걸었던 것이다. 하지만 그렇게 한 기억이 전혀 없었다. 한 번은 폐질환을 앓는 소년을 진찰하려고 할 때 발작이 일어났다. 소년에게 셔츠 단추를 풀라고 말했는데, 그 순간 발작이 올 거라는 느낌이 들었다. 나중에 정신을 차리니, 그는 자신의 책상에 앉아 다른 사람과 대화를 나누고 있었다. 잠시 후 그 소년이 생각난 Z는 어떻게 됐냐고 물었다. 그랬더니 자신이 소년의 폐 소리를 듣고, 진단을 내리고(왼쪽 허파의 폐렴), 즉시 입원 조치를 취했다는 대답이 돌아왔다. 조금 있다가 Z는 소년의 병실을 방문해 다시 진찰했다. 그가 '몽환 상태'에서 내린 진단은 옳았다.

1894년 1월 10일, Z는 신경안정제 클로랄 수화물水化物을 과다 복용하고 죽었다.[16] 그는 발작이 점점 더 심해져 1893년 가을에는 진료 일을 포기할 수밖에 없었다. Z는 42세의 나이에 한때 촉망받던 의사로서 자신의 경력이 끝나가는 것을 목도했다. 그의 관심은 신경증과 최면으로 옮아갔는데, 〈더 타임스〉의 추도 기사에 따르면 그러한 주제는 아마도 자기 자신의 정신건강을 향상시키려는 계산에서 나온 것 같지 않았다. 그 기사의 결론은 "파멸과 혼란에 빠진 뛰어난 지식인"[17]이었다. 잭슨은 가까이에서 그러한 추락을 목격했다. 잭슨과 Z는 맨체스터 광장에 사는 이웃이었다.

잭슨의 요청에 따라 동료인 월터 콜먼Walter Colman이 부검을 맡았다. 콜먼은 뇌이랑 중 하나에서 뇌 조직이 물러진 지점을 발견했다. 그들은 함께 보고서를 작성했고, 여기서 잭슨은 '몽환 상태'의 특이성을 다시 한 번 거론했다.[18] 잭슨은 그의 발작 상태를 관찰할 기회가 한 번 있었다. 마침 Z가 잭슨의 진료실에 앉아 있을 때였다. Z는 갑자기 말이 없어지더니 잠시 후 바닥으로 미끄러졌다. 그런 다음 압정을 쥐고 자리에서 일어나 그걸로 잭슨을 찌를 것처럼 굴다 얼마 후 제정신으로 돌아온 것 같았다. Z의 안전을 위해 잭슨은 그를 집까지 바래다주었다. 가는 길에 둘은 집에 방을 하나 더 내려는 잭슨의 계획에 대해 얘기를 나눴다. 다음 날, Z

는 잭슨의 진료실에 들어간 이후의 일이 하나도 기억나지 않는다고 했다. 이후 곧바로 자기 집에 있었다는 사실로 보건대 기억의 일부가 사라진 게 분명했다. 잭슨은 Z가 진찰 중 '몽환 상태'에 사로잡혔을 때 남긴 기록도 인용했다. 그것은 잠꼬대하는 사람의 앞뒤 안 맞는 중얼거림과 비슷했다. "지난 18 개 연도 동안 특별석 R석에 약간 결정적인 무기한 있었다."[19]

이러한 증상은 뇌 안의 위계 구조에 관한 잭슨의 이론과 맞아떨어진다.[20] Z 박사는 의식적이고 집중적인 사고의 상실 같은 음성 증상을 보였고, 결과적으로 그것은 그의 기억에 저장되지 않았다. 그러나 분명 아무런 방해도 받지 않았던 빙하 트레킹 재개 또는 해오던 일과대로 처리한 환자 진료처럼 똑같은 상실이 자동적으로 실행된 양성 증상의 행동을 해방시키기도 했다. 어떤 경우 환자는 억제 상실이 너무 지나쳐 건강한 사람이었다면 완전히 범법 행위라고 할 만한 행동을 보이기도 한다. 이는 Z의 발병 중에도 일어났던 것으로 알려졌다. 잭슨은 Z의 행동이 정확히 어땠는지 기록하는 걸 교묘히 피해갔지만, 다른 환자들에게서는 일반적으로 발작과 함께 광적인 공격이 뒤따랐다. 이것이 시사하는 바는 확실하다. 예컨대 상위 중추가 행사하는 지휘와 통제 없이는 하위 중추로부터 좋은 것을 거의 기대할 수 없다. 한 세기가 지난 후 그런 공격성과 광란, '분노 발작furor epilepticus'은 방관자들이 선의의 뜻으로 환자를 가라앉히려고 노력할 때 흔히 나타나는 결과이며, 환자는 그런 노력을 자신의 혼란으로 인해 위협적으로 받아들인다는 것이 밝혀졌다.[21]

"돼지, 짐승, 바보 멍청이!" B부인이 앉으시랍니다

언어의 신경학적 기질에 대한 연구를 하면서 잭슨은 몇 번이고 불가피한 결론

같은 것에 도달했다. 상부에서 모든 통제가 사라지면, 뇌의 방사는 비도덕적이고 위험해진다. 1860년대에 브로카가 실어증에 관한 연구서를 출판하고 있을 때, 잭슨은 언어 장애가 있는 신경과 환자들의 병력을 수집하기 시작했다. 브로카의 경우에서처럼 이런 사례는 결국 우월한 뇌반구 논쟁의 논거로서 기여했다. 잭슨은 향후 30년간 이 주제에 관해 지속적으로 쓸 터였다.[22] 그는 언어 장애는 왼쪽 뇌의 손상에 따른 것이라는 브로카의 확신을 공유하면서도, 브로카의 이론에서 근본적으로 벗어나는 언어의 신경학적 재현에 관한 학설 또한 수년간 발전시켰다. 우리는 1868년 두 사람이 노리치Norwich에서 열린 심포지엄에 참석했다는 것을 알고 있지만, 당대에 가장 선구적이었던 두 신경학자 사이에 오간 논쟁 또는 개인적 만남에 대해 기록한 보존 문서는 전혀 없다.[23] 당시 브로카는 실어증을 유발하는 손상의 정확한 위치를 지적할 수 있도록 도표와 석고 모형의 뇌를 들고 나왔다. 잭슨은 30건 이상의 우측 마비에 동반되는 실어증 사례에 기초한 결론을 발표했다. 대다수 환자들의 손상이 좌측에 있었다는 사실이 꼭 이곳이 언어 부위임을 의미하는 것은 아니었다. 잭슨의 견해로는, 그 특정 지점은 단지 언어 표현에 도달하는 일종의 관문일 뿐이었다. 그것이 차단의 장소일 수도 있지만, 그 관문을 통해 빠져나가야 하는 정보는 뇌의 다른 부위에 준비되어 있다. 그 부위 중에는 우측 반구도 있다. 언어 상실을 유발하는 손상의 정확한 위치를 찾는 것은 언어의 부위를 찾는 것과는 전혀 별개의 문제라는 것이었다.

잭슨은 자신의 학설을 실어증 환자들에게 남아 있는 언어에 초점을 맞췄다. 그는 특정한 조건 아래서 실어증이 쳐놓은 장벽을 뚫고 나온 발언에 흥미를 가졌다. 한 중증 실어증 환자가 갑자기 아들 쪽을 쳐다보더니 "앨리스는 어떻게 지내니?"라고 물었다. 할 수 있는 말이라고는 "안 돼!"

가 전부였던 또 다른 환자는 죽기 직전 아내에게 "다섯 밤, 여섯 밤, 일곱 밤 그리고 일곱 중 다섯 밤"이라고 말했다.[24] 잭슨은 그런 말들은 손상으로 **인해** 튀어나온 게 아니라, 드러나도록 **허용됐기 때문**은 아닐까 의심했다. 그것들은 우뇌반구에서 나왔을 개연성이 높았는데, 잭슨에게 그곳은 자동적이고 감정적인 언어의 부위였다. 집중적 사고는 좌반구에서 일어나지만 감정적 임무는 우반구에 의해 덧붙여진다. 그의 환자 중 한 명은 "안 돼"라는 단어만 말할 수 있었다. 그것도 흥분했을 때만. 잭슨이 '안 돼'라고 말해보라고 해도 환자는 그럴 수 없었다. 하지만 아이들이 버릇없이 굴기 시작하면 갑자기 "안 돼!"라고 외치곤 했다. 딱 한 번 잭슨은 그가 '안 돼'라는 말을 하게끔 만든 적이 있었다. "당신은 백 살입니까?"라는 어처구니없는 질문에 대답했을 때였다. 그 이후 환자의 어휘에서 유일한 그 한마디를 다시는 내뱉게 할 수 없었다.[25] 런던 병원의 맞은편 거리에서 난 불을 보고 놀란 한 실어증 여성 환자의 사례도 똑같았다. 그 병원에 입원해 있던 여자는 당황해서 "불이야!"라고 소리쳤다. 이는 그녀에게 초조한 순간에만 나올 수 있는 말이었다.

그러나 좀더 흔하게 보존된 단어는 악담이나 욕설이며, 이는 프랑스 정신의학자들에게는 친숙한 현상이었다. 잭슨은 신경학자 쥘 베이야르제Julcs Baillarger를 떠올렸다. 그는 1865년 실어증 사례를 보면 "의식적" 반응은 파괴됐지만 "자연 발생적" 반응은 가끔씩 보존된다고 쓴 적이 있다. 또 다른 프랑스 정신의학자 아르망 트루소Armand Trousseau는 B 부인의 사례를 기술했다. "손님들이 들어오면 그녀는 일어나서 다정한 미소로 그들을 맞은 다음 의자를 가리키며 '돼지, 짐승, 바보 멍청이!'라고 말한다. 그러면 친척 한 명이 'B 부인이 앉으시랍니다'라고 덧붙인다. 이렇게 입이 딱 벌어지는 방식으로 표현한 환자의 의도를 해석해주는 것이다."[26] 어휘 중 일부는 브로카 영역의 손상에도 훼손되지 않은 뇌의 어떤 지점에 위치하는 것처럼 보인다. 잭슨은 건강한 사람이 욕하거나 악담을 퍼붓기 시작할 때는 언어를 실제로 사용하고 있다기보다는 발화 행위를 강화하는 것이라고 주장했다. 욕설은 목소리 톤을 높인다든가, 손을 흔들어 인사하는 것에 해당한다. 지적인 산물로서 언어는 주로 잭슨이 "쌍둥이 중 맏이"로 간주했던 반쪽, 곧 책임을 담당한 반쪽인 좌뇌반구의 결과물이었다. 장애가 있을 때 우뇌반구가 자력으로 생산할 수 있다는 관점에서 보면, 좌뇌반구가 실권을 굳건히 자기 손아귀에 쥐고 있다는 것은 다행이었다.

해체

같은 방식으로 두 뇌반구 사이에는 건전한 위계가 존재했다. 왼쪽에는 질서, 지적 사고, 통제 그리고 오른쪽에는 감정, 단순 반사와 조심해서 억눌러야 할 다른 재앙이 있었다. 잭슨은 뇌의 손상, 행동에 미치는 영향 그리고 환자가 그것들을 경험하는 방식을 신경계의 진화론적 역사를 들여다보는 창으로 여겼다. 실어증이건 간질이건 신경증 환자들로부터 배울 수 있는 것은 건강한 뇌는 서로를 번갈아가며 차단하고 억제하는 요소들의 정교한 체계라는 점이었다. 잭슨은 병이나 손상의 사례에서 '해체dissolution'의 과정이 보인다고 썼다. 즉 진화의 반대이다. 요컨대 상위 기능이 훼손되었을 때, 뇌는 더 원시적인 수준의 기능으로 퇴보한다. 잭슨은 철학자 허버트 스펜서에게서 해체라는 용어를 빌려왔다.[27] 스펜서의 표현은 흉내 낼 수 없는 방식으로 신경학과 정치학 사이를 두서없이 오간다.

하부로부터 진화한 상부의 신경 처리 방식은 그 하부를 억압한다. 마치 국가로부터 진화한 정부가 그 국가를 지휘할 뿐 아니라 통제하는 것처럼. 이것이 진화의 과정이라고 한다면, 해체라는 역방향 과정은 상부의 '작업 중단'일 뿐만 아니라 동시에 하부의 '석방'이다. 이 나라의 권력 핵심부가 갑자기 무너진다면, 우리는 두 가지 이유로 통탄해야 할 것이다. 첫째, 걸출한 인물들의 서비스 상실. 그리고 둘째, 통제를 벗어난 국민들의 무정부 상태. 권력 핵심부의 상실은 우리의 환자에게 해체에 대응한다(환자의 최상위 중추 중 2개 최상위 층 탈진). 무정부 상태는 진화의 그다음 하위 단계에 있는 더 이상 통제받지 않는 활동에 해당한다(세 번째 층).[28]

통제와 명령에 관한 이런 강박은 어디서부터 오는 것일까? '억제' 개념에 관한 자신의 대가다운 연구에서 과학사학자 로저 스미스Roger Smith는 잭슨의 추론 방식이 전형적으로 빅토리아적이라고 설명한다.[29] 진화는 하위로부터 상위 생명체가 발달하는 것으로 여겨지므로 '새로운' 것은 자동적으로 '상위'의 것을 의미했다. 이러한 생물학적 위계는 그것과 똑같은 사회정치학적 용어와 비유법을 통해 이끌고 지도하고 통제하는 상위 중추가 있는 것으로 설명되었다. 게다가 인간의 신경계 역시 진화론적 의미에서 오래됐거나 새로운 부분이 있다는 것을 고려해 그 위계는 생물체 **내부의** 서열 구조로 여겨졌다. 이는 가장 최근에 진화한 요소인 전전두엽피질을 최상위 정신 기능의 자리로 만들었다. 그것은 '마음의 기관'이요, 쉽게 방해를 받는 섬세한 도구요, 한 개인의 정신적 평형 상태에 없어서는 안 될 도구였다. 높건 낮건, 지배적이건 종속적이건 위계는 신경학 분야에서 현대 과학의 권위를 대표했다. 위계 서열의 침해는 필연적으로 병리, 혼란, 분노, 공격, 욕설, 또는 Z 박사의 사례에서처럼 범죄적 행동을 초래한다는 점을 하나같이 내비친 것 같았던 평생에 걸친 모든 임상 연구

끝에 잭슨은 이미 빅토리아 시대의 이상으로 깊게 뿌리내린 규율로 말미암아 뇌와 사회 둘 다 혜택을 볼 것이라고 결론 내리지 않을 수 없었다.

언어로 짠 직물

개나 유인원의 뇌 표면에 대한 전기 자극 같은 신경과학 실험에 관해 읽는 걸 좋아했던 반면, 잭슨은 언제나 몸소 실험하고픈 충동을 억누르려 했다. 마찬가지로 현미경 연구를 기꺼이 다른 이들의 몫으로 남겨두었다. 그의 강점은 임상적 관찰, 사례 연구 그리고 가끔씩 임종의 순간이 허락한다면 뇌의 사후 부검을 참관하는 데 있었다. 이런 것이 그의 작업에 대한 보편적 존경심을 깎아내린 적은 없었다. 그는 1878년에 영국학술원 회원이 되었고, 같은 해에 오늘날에도 가장 중요한 신경학 학술지로 남아 있는 〈뇌Brain〉를 공동 창간했다. 1886년 창립한 신경학협회는 잭슨을 회장으로 선출했다.

잭슨의 수많은 관찰, 진단적 징후, 설명 원칙은 현대 신경학에서 핵심적인 부분이다. 상부의 통제나 구속이 위축될 때 진행이 활성화한다는 개념인 '해제 현상release phenomenon'은 여전히 널리 적용되고 있으며, 간질 연구 이외의 분야에서도 쓰인다. 보네 증후군이 수반하는 시각적 이미지와 그 질환의 청각적 변종은 투렛 증후군의 특징인 틱tic과 악담이 그렇듯 해제 현상으로 설명되었다. 꿈 역시 뇌간 같은 뇌의 원시적 부위가 수면 중 탈억제되면서 만들어낸 산물로 설명했다. 무시무시한 해제 현상은 재앙이 임박한 희생자들의 발기erection인 셈이다. 요컨대 팽창을 조절하는 신경 구조의 활동은 정상적인 상황에서는 위계적으로 상위에 있는 구조에 의해 차단당한다. 잭슨 스스로는 Z 박사의 그것과 같은 자동증automatism(의식이나 의지의 통제를 벗어난 정신 기능을 일컬음—옮긴이)을 통제 상실로 벗어진 행동의 좋은 예로 여겼다. 그렇지만 뇌전도와 영상 기법이 출현한 이후에도, 그것들이 정말 다른 때라면 활발하지 않았을 메커니즘의 해제 때문인지 혹은 신경 회로의 직접적인 활성화 때문인지는 여전히 불확실하다.[30] 동일한 연구를 통해 확실해진 것은 '몽환 상태' 같은 증상이 실은 통상 측두엽 간질과 관련이 있다는 사실이다.

실어증에 관한 현대의 연구는 많은 측면에서 브로카보다 잭슨의 작업에 더 가까워 보일 것이다. 신경학 역사학자 이즈리얼 로젠필드Israel Rosenfield에 따르면, 브로카와 베르니케 시대의 뇌와 정신에 관한 이론화에는 꽤 잘못된 점이 있었다.[31] 모든 기능의 위치를 발견하면서, 뇌는 각각 단어 또는 운동 같은 특정 기능이나 기억과 연결되는 '중추들'의 모자이크라는 신화가 구체화되었다. 그 신화는 한 세기 뒤에도 컴퓨터 비유 속에서 살아남은 뇌의 기계적 표상을 촉진시켰다. 바로 고정 회로와 프로그램을 가진 장치로서 뇌이다. 우리가 생각하고 경험하는 모든 것은 신경 레지스터의 비트 모음처럼 우리 뇌의 데이터베이스에 저장된다. 로젠필드는 브로카의 '탕 씨' 같은 유명한 사례 연구를 재분석함으로써 이러한 신화를 깨뜨리려 시도했다. 그는 가령 방금 자기가 썼던 것을 읽지 못하는 사람의 장애는 고립된 한 기능이 사라져서가 아니라 환자에게 기능을 조화시키는 능력이 없기 때문이라는 것을 실제로 주장하는 세부 사항을 인용했다. 이 모든 재분석 사례 연구에서 도출한 결론은 예외 없이 똑같다. 요컨대 상실된 것은 특정 '중추'가 아니며, 대화로 예를 들면 단어와 이미지와 소리를 감정적인 문맥 속에서 의미를 갖는 하나의 전체로 통합하는 능력을 잃어버렸다는 것이다. 로젠필드는 이러한 관점을 뒷받침할 만한 사례를 잭슨과 욕설을 내뱉는 그의 실어증 환자들에게서 찾아보려 애썼고, 마침내 찾아냈다. 실어증이 정말 말의 기억을 지운 결과라면,

왜 정확히 이 같은 단어들이 살아남았는지는 수수께끼다. 잭슨처럼 로젠필드는 욕설의 의미는 전체 맥락과 무관하다는 사실로 설명할 수 있다고 믿는다. 우리는 특별한 생각을 표현하기 위해서가 아니라 욕하기 위해서 욕을 한다. 입 밖에 내뱉기 전 그 단어들을 의미와 결합시킬 필요가 없다는 뜻이다. 잭슨이 기술한 "불이야!"라고 외친 여성의 경우, 그녀의 모든 어휘 중에서 정확히 그 한 단어가 뇌 손상이라는 재앙 속에서도 살아남았을 것 같지는 않다. 감정과 흥분이 일시적으로 그녀가 단어와 의미를 통합할 수 있는 맥락을 제공했다는 게 훨씬 그럴 법하다. 평온을 되찾고 나면, '불'이라는 단어는 그녀에게 이전처럼 다시 접근 불가능한 말이 된다. 로젠필드에게 언어를 생각, 감정, 소리, 움직임으로 짠 직물로 해석하는 잭슨의 견해는 인간의 뇌를 지나치게 기계적으로 접근하는 모든 해석에 대항하는 반가운 논거이다.

잭슨의 작업에서 가져온 이와 같은 사례는 또한 신경학자들이 전임자의 학설과 결과물을 활용했던 자의적 방식을 부지불식간에 반영한다. 오늘날 해제 현상을 적용한 문헌은 예외 없이 잭슨의 이름을 언급하지만, 그가 억제와 탈억제 과정에 첨부했던 사회적·정치학적 연관 관계와는 작별을 고한다. 같은 식으로 비이성적이고 감정적으로 분출하기 쉬운 다른 반쪽에 대한 좌뇌반구의 침착하고 이성적인 통제는 물론, 잭슨이 '상위' 뇌 구조의 활동과 연관 지었던 엄격한 도덕적 자질은 일반적으로 무시한다. 신경학자들은 여전히 그들의 직업으로 정치 게임을 하지만(이는 마지막 장에서 좀더 탐구할 주제이다), 지금 시대의 입맛과 선호도에 들어맞는 것만을 잭슨의 업적에서 빌려온다. 이는 과거의 모든 위대한 작품의 숙명이다. 조만간 그것들은 이것저것 따져보고 고르는 뷔페로 바뀐다.

런던의 잭슨 씨

프랑스에서는 19세기 중반부터 간질과 히스테리 사이의 관계를 둘러싼 논쟁이 급속히 번졌다. 두 장애는 모두 갑작스러운 발작으로 시작되고 의식 상실, 경련, 광란처럼 많은 증상이 같았다. 언젠가 잭슨 본인도 환자들이 발작 이후 하는 행동은 쉽사리 히스테리로 오인할 수 있다고 주장했다. 두 증후군을 서로 분간할 수 없는 결합 형태인 '히스테리 간질hystero-epilepsy'이란 것도 있었던 듯싶다. 샤르코의 제자였던 파리의 신경학자 폴 리셰는 이 '히스테리 간질'에 몸소 도해를 그려 넣은 뛰어난 논문을 바쳤다.[32]

샤르코 자신은 히스테리로부터 간질을 분리하려 했다. 그는 자신의 병동에 있는 히스테리 환자들이 간질 환자의 발작을 어떻게 흉내 내는지 자세히 언급했다. 아울러 그는 잭슨이 순전히 신경과적 장애를 알아냈으며, 그에 걸맞은 포상을 받을 만하다고 확신했다. 그러한 포상은 1887년 그에게 주어졌다. 난공불락의 권좌를 즐기는 많은 사람처럼 샤르코는 그 권력이 가장 뚜렷한 순간마다 무사태평한 태도를 취하곤 했다. '잭슨 간질'이라는 명칭을 수여할 때가 바로 그런 경우였다. '화요 강의'가 있던 어느 날, 그는 한 간질 환자에 관해 설명하던 중 이렇게 말했다.

그림 5.2 장 마르탱 샤르코. 배경에는 간질 발작을 흉내 내는 히스테리 환자의 몇 가지 자세가 그려져 있다.

> 최근 영국 학자인 런던의 잭슨 씨가 이 주제를 제기하며 너무나 철두철미하게 다뤘기 때문에

내가 이 장애를 잭슨형 간질이라고 자주 언급하면서 그 명칭이 굳어졌습니다. 그것은 적절했어요. 후회하지 않습니다. 브라베에게는 약간 부당하겠지만, 사실 잭슨 씨의 업적이 너무나 중요하기 때문에 그의 이름이 그 발견에 붙을 만합니다. 브라베와 잭슨, 프랑스인과 영국인을 연결해서 브라베-잭슨형 간질이라고 말한다면 좀더 정확하겠지요. 그런데 사실 이건 좀 길죠.[33]

마치 혼잣말을 하며 다양한 가능성을 따져보는, 격식 없이 하는 말 같다. 그렇다 해도 강의실에 있던 모든 사람은 그 순간 잭슨이란 이름이 그가 기술한 장애에 영구적으로 붙게 되었음을 확실히 알 수 있었다.

잭슨은 이 영예로운 명칭을 단 한 차례, 1908년의 사적인 서신에서 사용했다.[34] 그리고 3년 뒤인 76세에 사망했다. 유언 집행자로 지정된 조카는 "직접 그대의 손으로 내 모든 편지와 일기 그리고 모든 사례집과 거기에 관계된 서신을 파기해달라"[35]는 지시를 받았다. 조카는 그 신경학자에 대한 최고의 존경심으로 그리고 신경학에 대해서는 아무런 고려도 없이 자신이 부여받은 임무를 수행했다. 사적인 성격을 갖는 것은 거의 남지 않았다. 잭슨이 자신의 관찰을 기록했던 사례집조차 사라졌다.

06

시베리아 브랜디 : 코르사코프 증후군

서방 세계에서는 코르사코프의 삶에 대해 알려진 게 거의 없다. 그는 자서전을 쓸 만한 시간이 없었고(46세의 나이에 심장병으로 죽었다), 러시아 바깥에 알려진 간단한 전기들은 짧고 칭찬 일변도에 가깝다.[1] 이런 전기들이 불러일으키는 이미지는 미어터지는 강의실과 자정이 가깝도록 환자들로 가득 찬 진료 대기실을 배경으로 펼쳐지는 한 인기 만점의 의사이자, 뛰어난 스승이자, 아버지 같은 카운슬러의 모습이다. 구할 수 있는 정보라고는 주로 업무상 공개된 사항과 관련 교육, 실습, 진료 예약 날짜 및 장소가 전부다. 대체로 현대판 이력서 내용과 별반 다르지 않다. 서구의 과학사라는 집단 기억collective memory 속에서 코르사코프에 관해 남아 있는 것은 한 줌의 파편과 깊은 공허감이다. 역사가들은 마치 코르사코프 환자의 기억을 복원하라는 명을 받은 것 같다.

세르게이 세르게이비치 코르사코프Sergei Sergeivich Korsakoff는 1854년 모스크바에서 동쪽으로 250킬로미터 떨어진 작은 마을 구스치루스탈니Guss-Chrustallny에서 태어났다. 구스치루스탈니는 코르사코프의 아버지를 포함해 많은 주민에게 일자리를 제공한 유리 공장의 이름을 딴 지명이다. 열 살 때 세르게이는 집을 떠나 모스크바의 중등학교에서 공부했다. 코르사코프 증후군으로 알려진 주제에 관한 몇몇 논문을 흠 잡을 데 없는 독일어와 영어로 쓴 걸로 보건대 뛰어난 외국어 교사들로부터 가르침을 받았던 것 같다. 의학 공부를 마친 코르사코프는 자신의 직업적 삶 전체를 병원의 신경과와 정신과에서 보냈다. 그가 1887년 '알코올성 마비'와 그 밖에 알코올 중독의 신체적·정신적 영향에 관한 논문으로 박사 학위를 받은 것은 바로 종합병원 내과의로 일하고 있을 때였다. 다음 해 모스크바 대학교에서 정신병원이 문을 열었을 때, 당시 신경학과 교수이던 코르사코프는 원장 직책을 맡아달라는 제의를 수락했다.

그의 정신의학적·신경학적 업적 사이에는 이상한 긴장이 있다. 러시아에서 코르사코프의 명성은 그의 이름이 붙은 증후군뿐만 아니라 정신질환자에 대한 치료를 인간답게 하려는 선구적인 시도에 근거한다. 그는 창문의 창살이나 구속복 또는 여타 어떤 신체적 속박도 포함하지 않는 환자 관리를 주창했다. 수면 요법sleep therapy이나 안정 치료rest cure는 지지하지 않았다. 환자들은 전원의 작은 공동체에서 정신과 전문의들의 관리 아래 마음 편하게 지냈다. 진정제는 환자들을 영원히 졸린 상태로 두기 위해서가 아니라 진정시키기 위해 써야 했다. 이런 시각은 의사와 간호사의 저항에 부딪혔다. 신체적 속박이 없다는 건 환자를 돌보는 이들이 훨씬 큰 부담을 져야 한다는 걸 의미했기 때문이다.

한편 코르사코프는 모든 종류의 정신병은 결국 신경계 장애로 추적할 수 있으며, 환자들은 신경학적 경로를 따름으로써만 치유될 수 있다고 믿었다. 그가 알코올 중독자뿐만 아니라 술을 한 방울도 마셔보지 않은 많은 환자들에게서 관찰한 특정 기억 장애는 심리적 장애는 언제나 신경 손상 때문이라는 학설을 다시금 확인시켜주었다.

이 장애에 초점을 맞춘 첫 번째 출판물은 1887년 러시아 학술지에 "단일 집중 장애와 가짜 추억을 가진 다발성 신경염 정신이상"이라는 제목으로 등장했다. 코르사코프에 따르면, 환자가 자신이 꾸며낸 허위를 실제 기억으로 혼동하는 경향으로 인해 다발성 신경염은 급성 착란과 거짓 기억 둘 모두를 초래했다. 이 질환에 대한 최초의 기술에 이어 1889년에는 〈레뷔 필로소피크Revue philosophique〉에 장편의 논문을 게재했다.[2] 1890년과 1891년에는 독일 정신의학 학술지에 세 편의 글을 더 실었다.[3] 당시 정신의학과 신경학 분야의 대세는 영국이 아니라 프랑스와 독일이었으므로, 이러한 플랫폼은 모두 적절한 선택이었다. 게다가 〈레뷔 필로소피크〉의 편집장은 테오뒬 리보Théodule Ribot라는 신경학자였고, 이는 코르사코프가 호의적인 평가를 받을 자신감이 있었음을 의미했다. 1881년 리보는 기억 장애에 관한 기념비적 논문집 《기억에 관한 질병들Les maladies de la mémoire》을 발표했었다.[4] 코르사코프는 "어떤 기억 장애에 관한 의학심리학 연구"라는 제목을 붙인 자신의 논문이 당연히 따뜻한 환대를 받을 거라고 느꼈을 것이다. 아울러 더욱 중요한 것은 리보가 내린 결론에 관한 임상적 증거가 그의 글 속에 포함되어 있었다는 점이다. 논문은 한 환자의 병력으로 시작한다.

그림 6.1 세르게이 세르게이비치 코르사코프(1854~1900).

정말로 아무런 이상도 없는 척

37세의 한 러시아 작가는 시베리아로 가는 여행길에 다량의 브랜디를 마시는 습관이 붙었다. 코르사코프는 이 사례를 언급하면서 재빨리 알코올 남용은 다발성 신경염의 주요 원인 중 하나라고 덧붙였다. 친구들은 그의 기억력이 나빠지고, 매일 아침 그날 계획을 재차 상기시켜줘야 한다는 것을 알아챘다. 걸음걸이가 휘청거리는 것도 봤다. 1884년 6월 25일, 이 사내는 알코올 섭취량을 내폭 줄였다. 그는 이런 결심의 배경을 밝히지 않았고, 친구들은 이제 그의 기억이 너무 나빠져서 술 마시는 것조차 잊어버린 거라고 짐작했다. 그날 밤 그는 제대로 잠을 이루지 못했다. 불안에 떨고, 똑같은 질문을 되풀이하고, 홀로 남겨지고 싶지 않았다. 이후 며칠 동안 초조감은 더욱 커졌고, 그가 더 이상 아무것도 기억하지 못한다는 게 주위 사람들에게도 명확해졌다. 그는 거의 잠을 못 잤다.

코르사코프는 6월 30일 그 환자를 만났다. 처음 메모한 특징은 환자가 방금 일어난 일들에 대해 아무런 기억이 없다는 것이었다. 자기가 먹었는지 아닌지 혹은 그날 누가 찾아왔는지 알지 못했다. 5분 이전에 발생한 모든 일이 바로 지워졌다. 좀 전에 일어난 뭔가를 떠올릴 때마다 그는 과거에도 항상 기억력이 나빴다고 했다. 그러나 병에 걸리기 전의 기억은 여전히 살아 있었다. 예를 들어 그해 6월에 단편소설을 쓰기 시작했던 것을 떠올렸다. 그런데 소설을 반쯤 썼지만 스토리를 어떻게 끝내기로 했는지는 더 이상 기억하지 못했다.

이후 위기감이 사라지자 그는 정말 아무런 이상도 없는 척하는 데 능숙해졌다. 그의 추론은 완벽하게 논리적이었고, "수년간 습득한 지적 자산"[5]에 의존하면서 친구들과 다양한 주제에 관해 이야기를 나눴다. 사실상 그의 사고 반경은 꽤 좁아졌다고 코르사코프는 적었다. 누군가가 중간에 끼어들면 자기가 무슨 말을 하려 했는지 그 즉시 잊어버렸고, 방금 했던 말을 토씨 하나 안 틀리고 똑같은 억양으로 자주 반복했다. 코르사코프는 그의 문장이 지극히 틀에 박혀 있다는 느낌이 들었다. 어떤 특정한 인상을 받으면, 이제 막 그 표현이 떠올랐다는 듯한 어조로 항상 으레 정확히 똑같은 문구를 사용했기 때문이다.

그런데 코르사코프는 뭔가 다른 걸 발견했다. 기억 상실에도 불구하고 그 남자는 자신이 경험한 것들의 흔적을 "틀림없이 정신생활의 무의식적 영역에"[6] 저장해온 것 같았다. 환자는 발병 전에 코르사코프를 만나본 적이 없고 방문할 때마다 이름이건 얼굴이건 그를 모른다고 주장했지만, 처음부터 자신이 의사에게 얘기를 하고 있다는 건 알고 있었다. 그 못지않게 두드러졌던 것은 환자가 전혀 발생하지 않은 일에 대해 상세하게 설명한다는 사실이었다. 그는 하루 전날 자신이 어디 있었는지 정확히 묘사했다. 그러다 누군가가 그런 세부 사항은 상상의 산물이라고 지적하면 그 말을 믿지 않았다. 사지와 호흡근의 마비가 시작된 것은 그로부터 오래 지나지 않아서였고, 마침내 환자의 사망으로 이어졌다.

코르사코프는 다른 많은 환자에 대해서도 그와 똑같은 증상 패턴을 기록했다. 보존된 것은 바로 예외 없이 '옛날' 기억이었다. 이는 이따금 어처구니없는 상황을 초래했다. 어떤 환자는 체커 게임을 기막히게 잘했는데, 판을 치우고 불과 몇 분이 지나면 자기가 좀 전에 체커를 했다는 걸 부인했다. 심지어 마지막 게임을 한 지 몇 세기는 지났다고 우겼다. 전직 해부학자인 또 다른 환자는 지나치리만큼 세세하게 특정 신체 부위에 있는 혈관계의 정확한 구조를 묘사했는데, 그럼에도 불구하고 15분 전 일어난 사건에 대해서는 아무것도 기억하지 못했다. 이런 환자들은 자신의 정신 작용에 관해서도 마찬가지로 기억력이 형편없었다. 방금 한 말을 까먹고, 두서없는 같은 이야기를 한 시간에 열 번은 다시 했다. 그중 한 명은 신문의 똑같은 페이지를 펼친 채 몇 시간이고 앉아 있곤 했는데, 몇 분마다 한 번씩 똑같은 흥미로운 기사에 끌려서는 지체 없이 소리를 내 읽으며 말했다. "그러니까 들어보세요, 엄마."[7] 코르사코프는 다른 일화도 썼다. "또 다른 환자는 10분도 안 되는 전기 치료 중 적어도 다섯 번은 자기가 중등학교 때 전기를 무서워해 물리실험실에서 언제나 도망쳤다고 말했다. 이런 정보를 똑같이 틀에 박힌 단어의 나열로 반복할 때마다 본인은 마치 뭔가 새로운 것을 내게 말하는 듯했다. 전극을 그의 피부에 올려놓는 순간, 나는 그가 '아, 전기! 저는 항상 전기를 무서워했거든요' 하고 말하리라는 것을 미리 알았다."[8]

또 다른 특징적 증상은 특히 병의 초기 단계에 나타나는 것으로, 작화confabulation 습관이다. 환자들은 자신의 기억 속 공백을 지어낸 이야기로 메우곤 한다. 수개월 동안 병상 신세를 졌음에도 불구하고, 그들은 그 전날 산책을 하다 어디까지 갔었는지 쾌활하게 이야기했다. 환자들은 시간감 장애disorientation in time와 최근 기억의 부재로 인해 병원에 얼마나 오래 있었는지 전혀 알지 못했고, 보통 자신들의 나이를 한참 어리게 계산했다. 최근의 기억을 추억담과 혼동하기 때문에 주위 사람을 옛 친구나 오래전에 죽은 가족의 이름으로 부르며 과거 속에서 살았다.

환자 본인들은 대부분 개의치 않았다. 그들은 자신의 기억력 문제를 묵살했고, 자신이 아프다고 여기지 않았으며, 그토록 많은 기억을 잃었음에도 안타까워하지 않았다. 뭔가 불쾌하거나 부적절한 말을 했을까봐 걱정하는 사람도 있긴 했지만, 대부분은 자신의 문제를 무관심으로 대했다.

일단 초기 단계의 끔찍한 불안이 지나고 나면 환자는 점차 차분하고 논리적으로 생각할 수 있는 능력을 되찾았다. 그러나 기억은 거의, 아니 전혀 복구되지 않았다. 일부 환자는 처음부터 자기가 전에 읽었다는 걸 깨닫지 못한 채 같은 단락을 읽고 또 읽었다. 이 경우 보통 '회복'이란 그들이 마침내 그 단락을 알아보지만 내용은 기억하지 못하는 것을 의미했다. 코르사코프의 환자 중 한 명인 변호사는 신문사 교정 직원으로 일할 만큼 충분히 회복했다. 그는 틀린 글자를 찾아내는 데는 문제가 없었으나 줄이 바뀔 때마다 주의를 기울여 연필로 표시해야 했다. 그렇지 않으면 같은 줄을 반복해서 읽었기 때문이다. 그는 나중에 법조계로 복귀했는데, 일상적인 일과 과거에 반복했던 업무에 의존하면서 가까스로 대처해나갔다.

최근 경험의 실종과 '옛날' 기억의 생존이라는 기억 장애 특유의 선택성에 대한 코르사코프의 설명은 《기억에 관한 질병들》에서 리보가 썼던 것과 일맥상통했다. 세포가 어떤 자극에 의해 활성화하면, 같은 세포의 다음 활성화는 더 빨라질 뿐만 아니라 반드시 처음 경험을 환기시키게끔 하는 변화를 겪는다. 기억은 '연합로association path'를 통해 연결되는데, 특정한 기억으로 이어지는 경로가 많이 존재할수록 그 기억이 복원될 가능성도 커진다. 코르사코프에 따르면 신경 중독poisoning of the nerves은 신경세포의 고정력을 약화하지만, 그가 보건대 문제의 뿌리는 연합로 손상에 있었다. 많은 경우 기억은 계속 기록되지만 거기에 접근하는 능력은 사라지는 것이다. 기억은 환자의 의식 세계로 들어가지 않지만 행동에는 영향을 줄 수 있는, 다치기 쉽고 잠재적인 흔적으로서 여전히 존재한다. '옛날' 기억들은 이런 숙명을 비껴간다. 수많은 연합로를 통해 기록되고, 더 자주 반복되고, 더 자발적이라는 점이 더 쉽게 회상하도록 만들기 때문이다. 그러나 이런 기억 역시 환자의 연상력 부전 때문에 해석하기는 어렵다. 그는 자신의 현재 경험 내에서 어느 자리에 그 기억을 앉혀야 할지 모른다. 그것이 어떤 시기 혹은 어떤 상황과 관계가 있는지, 그 일이나 상황을 직접 경험한 것인지, 꿈을 꾼 것인지, 만들어낸 무엇인지 알지 못한다. 기억은 그의 의식 안팎을 떠다니는 사건의 유령 같은 단편이 된다.

코르사코프는 러시아어로 쓴 한 논문에서 발병 전 떠났던 핀란드 여행에 대해 얘기하길 좋아했지만, 그 얘기를 크림 반도 여행의 추억과 뒤죽박죽 섞었던 한 여성을 언급했다. 결과적으로 그 여성은 타타르족이 살고 양고기를 주로 먹는 핀란드를 묘사했다.

코르사코프는 〈레뷔 필로소피크〉에 글을 실은 데 이어 자신이 찾은 심리적 장애의 의학적 측면에 관한 독일어 논문 몇 편을 발표했다. 그가 모든 논문을 정신의학 관련 학술지에 실은 것은 우연이 아니다. 이 질환은 정신과 의사들 사이에서 거의 알려지지 않았다. 그에 반해 일반의와 부인과 전문의는 중독이나 산욕열 같은 다른 병의 합병증으로 자주 발생했기에 그 병에 대해 잘 알고 있었다. 이는 또한 이 장애가 왜 자세히 거론되지 않았는지도 설명해준다. 요컨대 내과의들은 일차적인 질병에 초점을 맞추고 이차적인 것에는 주목하지 않았던 것이다. 심리적 증상은 다발성 신경염으로 인한 신체적 통증, 즉 마비, 근육 경련, 부종, 근위축, 불안정한 걸음, 복시double vision, 반사부전 마비reflex paresis 등과 함께 나타난다. 병은 위기감과 함께 시작된다.

> 환자는 강박적이고 불안한 생각을 떨쳐버릴 수 없다. 그는 뭔가 끔찍한 일이 일어날 거라고 생각한다. 죽음이거나 발작의 일종이거나, 아니면 그가 이름을 붙일 수 없는 어떤 재앙 말이다. 그는 혼자 있는 게 무서워 끊임없이 사람들에게 자기 곁을 떠나지 말아달라고 애원하고, 한편으로는 신음하면서 운명을 탓하기도 한다. 가끔씩 변덕을 부리고, 주변 사람들을 꾸짖고, 가족에게 물건을 던지고, 자기 가슴을 치며 통곡하는 격렬한 고성과 발작에 가까운 일이 벌어진다. 초조함은 특히 밤에 심해진다. 환자는 통상 잠을 못 이루고, 남들의 수면도 방해한다. 그들은 누군가에게 자기와 함께 있어달라는 둥, 자세를 바꾸게 도와

달라는 둥, 즐겁게 해달라는 둥 끊임없이 도움을 청한다.[9]

코르사코프는 다른 의사들이 종종 이 기억 장애에 관심을 가졌었다면서, 그 최초의 인물로 망누스 후스Magnus Huss를 거론했다.[10] 이 스웨덴 의사는 일찍이 '알코올 중독'이라는 용어를 1849년에 도입했고, 기억 장애를 그 합병증 중 하나라고 했다. 코르사코프가 처음 의사들의 관심을 불러일으킨 것은 이 장애가 알코올 중독 때문이 아니라 다발성 신경염의 부작용으로 혹은 다발성 신경염과 함께 나타나는 부작용으로도 발생한다는 사실을 지적했기 때문이다. 그는 이미 발진티푸스, 결핵, 산욕열 같은 다른 질병과 비소, 납, 썩은 곡물, 일산화탄소 등 다양한 형태의 중독으로 신경 손상을 입은 14건의 사례를 기술한 적이 있었다. 심지어 죽은 상태의 태아가 젊은 여성에게 이런 종류의 기억 상실을 유발하기도 했다. 코르사코프는 이 모든 사례를 보면서 중독된 피가 주로 뇌에서 신경염을 유발하는 것은 아닐까 의혹을 품었다. 그리고 이 심리적 장애에 인과관계를 깔끔하게 요약하는 명칭을 붙였다—'cerebropathia psychica toxaemica', 즉 혈액 중독의 결과로 인해 생긴 뇌 질병. 그즈음 자신의 모스크바 병원에서 이 병을 앓던 여성 환자가 숨을 거두었다. 그리고 부검 결과 환자의 거의 모든 신경에 염증이 있다는 게 밝혀졌다.

언젠가 진동했던 모든 현

염증으로 파괴된 신경계도 여전히 과거의 기억을 보유할 수 있었다. 할 수 없었던 것은 새 경험의 저장이었다. 코르사코프의 환자들은 걸을 때마다 발자국이 바로 지워져버리는 허허벌판의 맨 끝에 홀로 서 있었다. 그리고 환자들의 과거에서 수면으로 올라온 기억들은 더 이상 믿을 만하지 않았다. 기억인 것**처럼 보였던**, 그들이 기억했다고 생각한 것들은 대부분 허구였다. 누가 봐도 환자들은 자기 생각의 출처를 찾아내는 능력을 상실했다. 그들이 한때 꿈꿨거나 읽었거나 들었거나 상상했던 것들이 개인적 기억인 척 위장하고 그들의 의식으로 들어왔다. 코르사코프가 명명한 이 '가짜 추억'은 환자마다 제각각 다르긴 했지만, 거의 언제나 불길하고 소름끼치는 성격을 띠었다. 코르사코프는 그것들이 대개 죽음과 관련 있음을 주시했다. 환자들은 누가 방금 돌아가셨다거나, 최근 장례식에 다녀왔다고 했다. 환자들은 고인의 이름과 장례 예배를 치른 교회를 언급했다. 이런 종류의 가짜 추억은 흔히 죽음의 문턱까지 갔다 왔거나, 여전히 죽음을 목전에 둔 환자들 입에서 나왔다. 이런 추억은 망상으로 발전해 극심한 초조함을 낳았다. 1889년 가을, 코르사코프는 바로 그런 사례에 관한 상담 신청을 받았다.

P는 53세의 사업가였다.[11] 강건한 체질에 술은 적당히 마셨고, 1889년 8월 21일 발진티푸스에 걸릴 때까지는 건강도 좋았다. 그는 3주 동안 고열에 시달렸다. 9월 15일 마침내 열이 가라앉았을 때 그는 갈피를 잡을 수 없었다. 말의 앞뒤가 맞지 않고, 전에는 좋았던 기억력이 심각하게 나빠졌다. 자기가 들은 말을 거의 곧바로 잊어버렸다. 9월 하순까지 그는 착 가라앉은 채 조용히 침대에 누워 있었다. 어느 정도 기력을 회복하고 나자 가족들은 그의 기억이 호전되기 시작했다는 것과 함께 그가 상상에서 비롯됐을 뿐인 사건과 현실을 결부시키기 시작했다는 것 역시 눈치챘다. P는 어떤 사람이 죽었는데, 그 남자의 시체를 묻어줘야 한다고 말했다. 몇 번이고 이 화제를 반복했다. 가족은 그가 너무 약해져 침대에서 일어나지도 못하는 동안에는 그 얘기를 들어주면서 마음을 편하게 해주려 애썼다. 그러나 회복하기 시작하자 이야기는 점점 더 격정적이고 끝도 없

이 계속되었다. 언젠가 자신에게 호의를 베풀어준 청년이 있는데, 그가 죽었으니 제대로 묻혔는지 봐야 할 의무가 있다고 했다. 원래는 고인이 자신의 집 어딘가에 있다고 생각했다. 그러다 이야기가 변질되었다. P는 포크로포스키Pokrovski 대로에 있는 메딘제프Medynzeff의 집에 시체가 있는 게 확실하니 장례식 준비를 해야 한다고 말했다. 가족은 딜레마에 직면했다. P의 기억은 대부분 돌아왔고, 의식은 멀쩡했다. 요컨대 상태가 많이 좋아졌다. 하지만 단 하나, 망상이 남아 있었다. 그를 설득해 거기에서 벗어나게 할 방법이 없었다. 뾰족한 수가 없자 가족은 문제의 그 집으로 가서 P가 직접 거기에 아무도 없다는 걸 확인하는 게 유일한 해결책이라고 결정했다. P는 그 집에 도착하자마자 관리인을 마차 쪽으로 부르더니 고인에 대해 물었다. 코르사코프는 이렇게 썼다. "당연한 일이지만, 관리인은 무척 놀라 그 집의 어느 누구도 죽지 않았다고 말했다. 집으로 돌아온 환자는 오래도록 생각에 잠겼다. 그러더니 자신의 망상을 조정하는 쪽으로 생각을 고쳤다. 이제는 죽은 사람이 땅에 묻혔으니 무덤과 장례 비용을 처리하는 게 그의 의무라고 주장했다. 이 생각 역시 그를 사로잡아 매일, 특히 저녁 무렵이면 가족에게 자기와 함께 약정된 액수를 지불하러 가야 한다고 우겼다."[12]

이 모든 일은 10월 중순경 일어났다. 10월 21일, 코르사코프는 환자를 직접 검사할 기회가 생겼다. 첫인상은 P가 완벽하게 회복했다는 것이었다. 그는 자기가 어디에 있는지 그리고 의사가 자기를 보러 왔다는 것도 알았다. 어떤 의사가 자기를 치료했는지 그리고 자신이 많이 아팠다는 사실도 알았다. 그의 기억에 아직도 상당한 결함이 있다는 게 명백해진 건 인터뷰를 어느 정도 진행한 후였다. 대화 도중 그는 가끔씩 같은 말을 되풀이하고, 조금 전 자기가 뭘 했는지 몰랐다. 그리고 코르사코프에게도

미지급한 돈 이야기를 꺼냈다. P는 자신이 그 집에 세를 들어 사는데, 그 청년과 자신의 자식들이 어떤 관계에 있고, 그래서 자신이 장례 비용을 부담해야 한다며 그 비용까지 제시했다. 환자는 이 모든 세부 사항을 차분하고 조용하게 얘기했다. 그러나 코르사코프가 가족으로부터 들은 상황은 사뭇 달랐다. 미지급금 얘기를 계속하기 시작하면, 그는 흥분해서 진정시키기가 어려웠다. 가족은 코르사코프에게 P의 망상이 8년 전쯤 일어난 한 사건과 관련이 있을지도 모른다고 말했다. P의 자녀들은 치명적인 병에 걸려 어떤 집에서 간호를 받은 적이 있었다. 당시 P가 임대한 그 집은 메딘제프의 집에서 멀지 않았다. 그리고 자식들은 병마에서 살아남아 집으로 돌아왔다.

코르사코프의 방문이 있고 얼마 후, 참을 수 없는 상황이 되었다. P의 계획 실행을 도저히 단념시킬 수 없을 정도가 된 것이다. 그래서 가족은 꼼수 하나를 생각해냈다. 메딘제프 집의 관리인은 P에게 그가 찾는 사람은 이사를 갔다고 말해주는 데 동의했다. 그런 다음 관리인은 P를 치료 중인 의사의 집주소를 건네주기로 했다. 그 집에 사는 사람들도 이 시나리오를 숙지했다. 메딘제프의 집을 떠나 의사의 집 현관에 도착했을 때, P는 자신이 찾고 있던 남자가 돈을 받으라는 지시를 남기고 외출했다는 말을 들었다. P는 돈을 건네고 꽤 만족해하며 집으로 돌아왔다. 그런데 며칠 후 다시 안절부절못했다. 딱 한 번만 더 메딘제프의 집으로 가봐야겠다고 고집을 피웠다. 그 청년의 소지품 몇 개를 거기에 놓고 왔는데, 그것들을 처리해야 한다는 것이었다. 몇 차례 그 집을 방문한 후 P는 메딘제프가 외국으로 나갔으며 조만간 돌아오지 않을 거라는 얘기를 들었다. 그 망상이 영원히 잠든 것은 바로 그때, 1890년 1월이었다. 확실히 P는 자기 이야기가 많은 모순을 내포하고 있다고 결론지었다. 그리고 그 화제를 입 밖으로 내지 않았다. 실은 누구든 그 일에 관해 입도 뻥끗 못하게 했다. 그의 망상을 떠올리게 하는 유일한 것은 해외여행을 하고 싶다는 불타는 욕망이었다. 그가 생각한 여행지는 아마도 메딘제프가 살고 있다는 그 도시였을 것이다.

코르사코프는 P의 망상이야말로 기억의 흔적이 결코 완전히 사라지지 않는다는 걸 암시하는 것이라고 믿었다. 의식을 넘어 인간의 기억 깊은 곳에서 그 흔적은 다른 흔적과 연합 관계를 형성한다. P의 사례에서 그가 처한 치명적인 위험은 자기 자식들이 겪었던 생명을 위협하는 질병의 기억과 밀접한 관계를 가졌을 수 있다. 이 연관 오류로 이뤄진 이상한 구조물이 현실의 파편 한두 개와 결합한 다음, 잘못된 정보를 바로잡기에는 정신이 너무 약해졌을 때 그의 의식 속에서 형체를 갖춘 것이다. 신경학적 흔적의 진동이 결코 완전히 소멸하지 않는다는 증거는 바로 여기에 있었다. 이런 견지에서 코르사코프는 기억 상실이 아무리 심각하다 하더라도 모든 환자에게는 그만의 특징을 보여주는 어떤 것이, 모든 손상에도 불구하고 그가 여전히 그 자신일 수 있는 뭔가가 있다고 결론지었다. "그의 영혼에는 언젠가 진동했던 모든 현의 전율이, 한때 가졌던 모든 생각의 부드러운 울림이 있다. 그 모든 게 그때만큼 강하지 않고 (비유법을 계속 살리자면) 같지 않은 소리가 들려올지라도 혹은 전혀 다른 멜로디더라도 그 멜로디의 음색은 똑같이 남아 있다."[13]

티아민

1897년 코르사코프는 모스크바에서 제12차 국제의학학술회의를 조직했다. 신경정신과 부문에서 그는 베를린의 샤리테Charité 정신병원 원장이자 교수인 프리드리히 졸리Friedrich Jolly로부터 우정 어린 찬사를 받았다.[14] 졸리는 다발성 신경염에 수반되는 정신 질환이 가끔 다뤄졌다는 걸 알았지만, 어디서도 코르사코프처럼 체계적이고 생생하게 기술한 적은 없다고 했다. 코르사코프 이후 모든 의료 기관 의사들은 전에는 거의 주목받지 못했던 이 증후군에 대해 인식할 수 있었다. 분명 이는 졸리 자신에게도 해당했다. 코르사코프의 독일어 논문이 등장한 직후인 1891년 12월, 졸리는 자신의 병원에 입원한 모든 다발성 신경염 진단 환자들을 기록으로 남기기 시작했다. 그때부터 1897년 9월까지 그런 환자 총 60명을 기록했다. 그중 많은 수는 과거 알코올 중독에 걸린 적이 있고, 자살 미수에 이은 급성 비소 중독도 네 건 있었다. 22명가량의 환자들은 정신착란을 앓고 있는 것으로 나타났다. 그들은 착란이 사라지면 기억력에 문제가 없었다. 19명의 환자에게서 코르사코프가 기술한 기억 장애의 징후가 보였다. 그러나 기억에 문제가 **없는** 환자도 19명 있었다. 이래서는 명확한 실상을 파악할 수 없었다. 요컨대 다발성 신경염은 기억 장애와 함께 나타나기도 하고 안 나타나기도 했으며, 그 환자들의 수마저 정확히 똑같았다. 게다가 졸리한테는 기억 장애는 확실히 있지만 신경염은 없는 환자도 2명 있었다. 분명 모든 조합이 가능했고, 따라서 이 시점에서 신경염이나 기억 장애의 원인 또는 그 둘 사이의 관계에 대해 어떤 결론을 도출하는 것은 어려웠다. 졸리는 이럴 때는 가능한 한 중립적인 방식으로 정리하는 게 낫다고 주장했다. "이런 상태를 '코르사코프 증상 복합체Korsakoff complex of symptoms' 또는 더 짧게 '코르사코프 증후군'이라고 칭하자는 제안을 받아들인다면, 이제 우리는 이 특유의 증후군에 대한 간단한 용어, 곧 어떤 가설을 설명하려는 시도에 머무르지 않는 용어를 갖게 되는 것이고, 그렇게 함으로써 차후의 논의를 간소화할 수 있을 것이다."[15] 그리하여 이 질환의 명칭은 '혈액 중독의 결과 생긴 뇌 질병'이 아니라 코르사코프 증후군이 되었다. 졸리 이후 코르사코프 증후군은 점차 신경염에서 떨어져 나왔고, 오늘날에는 일반적으로 기억 장애에 국한된다.

개연성 있는 원인과 관련해 졸리와 코르사코프는 의견의 일치를 봤다. 기억 장애는 알코올, 비소, 납 혹은 그 어떤 독성 물질의 직접적인 결과가 아니라는 것이었다. 독성 물질이 어떤 신진대사적인 변화를 초래해 자가 중독의 원인인 부차적이지만 아직 미확인된 어떤 물질을 만들어낸다는 쪽이 더 가까워 보였다. 졸리는 어떤 다른 설명도 쉽게 상상할 수 없었다. 상상할 수 없다는 건 글자 그대로 당연한 사실이었다. 1870년대에 훈련받은 의사들은 결핍성 질병이라는 개념에 완전히 무지했기 때문이다. 한 가지 예외가 있긴 했는데, 그것은 독일식 양배추 절임 또는 과일을 섭취하면 치료할 수 있는 괴혈병이었다. 코르사코프가 발견한 증상들을 놓고 보면, 결핍보다는 감염이나 중독의 측면에서 생각하는 것이 한층 타당했다.

결핍이란 관점에서 사고할 수 없다는 바로 그 점이 어느 면에서는 코르사코프가 기록한 증상과 일치하면서 네덜란드령 서인도 및 동인도 제도와도 흥미로운 연관이 있던 어떤 병의 조사에서 한몫을 했다.[16] 1870년대 중기 제분소 출현과 함께 쌀 알갱이를 둘러싼 이른바 실버스킨silver skin이라 부르는 겉껍질을 제거하는 게 가능해졌다. 어느 정도 시간이 지나자 쌀에 의존하던 원주민들은 그들이 '베리베리beriberi'라고 부르는 병에 걸렸다. 1879년 네덜란드 의사 반 레인트Van Leent는 인도네시아 뱃사람들이 베리베리를 앓는 반면 네덜란드 선원들은 무사한 것에 주목했다.[17] 그는 쌀이 체내에 축적되었다가 궁극적으로 그 병을 유발하는 중독성 물질을 보유하고 있다고 결론지었다. 그런 물질은 발견된 적이 없었다. 그러나 1890년대에 세균학자 크리스티안 에이크만Christiaan Eijkman은 도정 중 제거한 겉껍질에 신경염 발생을 **예방하는** 물질이 있다는 것을 발견했다.

닭들에게 도정한 쌀을 먹임으로써 실험상 다발성 신경염을 만들어내는 데 성공했고, 도정하지 않은 쌀을 먹임으로써 그것을 치료했던 것이다. 1911년 생리학자 카시미르 풍크Casimir Funk는 새들의 다발성 신경염을 고쳐준 물질을 분리해냈다. 'vita'와 'amine'이란 단어를 합침으로써 그는 이것이 생명체에 꼭 필요한 물질이라는 걸 드러냈다. 1936년 비타민 B군의 하나인 티아민이 합성되었다. 임상 연구에서 코르사코프 환자들은 티아민 대량 투여에 잘 반응했다. 비록 티아민 보충이 기억 장애를 완치할 수는 없었지만, 비타민 C가 괴혈병에 좋은 것처럼 비타민 B1은 코르사코프병에 좋았다.

알코올 중독이나 질병 외의 조건들로 인해 비타민 B1을 충분히 얻지 못한 환자들에 대한 연구를 통해서도 티아민의 중요한 역할이 입증되었다. 1947년 영양실조 때문에 베리베리에 걸린 동남아시아 전쟁 포로들의 증상에 초점을 맞춘 연구 논문이 발간되었다.[18] 싱가포르의 한 병원에 입원한 그들은 포로로 잡힌 지 6~14주 정도 후 심각한 기억 문제를 겪기 시작한 것으로 밝혀졌다.

오늘날 코르사코프와 유사한 증상은 티아민 결핍과 연관 있는 모든 일련의 질환, 가령 임신 중의 과도한 구토, 소화관 질병, 거식증과 관련해 거론되어왔다. 코르사코프 증후군은 또한 단식 투쟁이나 심지어 위 축소술의 합병증으로도 나타날 수 있다. 인간의 몸은 비타민 B1을 저장할 수 없다. 비타민 B1이 체내에 들어가지 않거나 흡수하지 못할 때 몇 개월 이내에 기억 문제가 발생할 수 있다. 위의 러시아 작가, 핀란드가 타타르족으로 가득 찼다고 생각한 여성, 친구의 시체를 기를 쓰고 찾았던 모스크바 기업가 등은 알코올 중독자건 아니건 단순히 비타민 B1 결핍으로 괴로워했던 것이다.

오스트레일리아는 1980년대에 예방에 초점을 맞춘 다양한 계획을 고민하고 있었다.[19] 전형적인 코르사코프 환자가 맥주를 좋아한다는 사실은 의사들로 하여금 맥주에 티아민을 첨가하는 현실적인 해결책을 고려하도록 했다. 그러나 그들은 이러한 조치에 필요한 지지도를 높이는 데는 성공하지 못했다. 영양사들은 원칙적으로 그 제안에 반대했다. 사람들이 덜 소비해야 하는 물질에 뭔가 좋은 것을 첨가한다는 것은 옳지 않다는 것이었다. 맥주 양조 회사들은 술의 풍미를 바꿀까봐 우려하는 한편 코르사코프 환자들은 기억력이 나쁘기 때문에 그들의 알코올 소비와 관련해 가장 믿을 만한 정보원은 못 된다고 지적했다. 빵에는 티아민을 첨가하기로 결정했다. 이것은 벌써 대부분의 선진국에서 받아들인 단계였다. 이는 특별히 코르사코프 환자들을 배려해서 그런 것이 아니었다. 통밀가루를 흰 밀가루로 만드는 과정에서 비타민 손실이 발생하므로 보충할 필요가 있다는 사실이 발견됐던 것이다. 그 결과 새로운 코르사코프 발병 수치가 급격히 감소했다. 빵만으로 세상에서 코르사코프병을 없앨 수는 없다. 양조 회사들이 티아민을 함유한 맥주에 장래성이 없다고 보는 한 집중적인 예방은 있을 수 없다고 한 오스트레일리아 의사는 말했다.

베르니케-코르사코프

코르사코프 이전 시대의 의학 문헌에서는 오늘날이라면 코르사코프 환자로 진단받을 환자들에 대한 족히 10~12개의 다른 설명을 찾을 수 있다. 그 저자들 중 누구도 시조명을 갖는 영예를 얻지는 못했다. 후크Robert Hooke(1680)나 다시뉘Marius D'Assigny(1697) 혹은 로손(1878) 증후군은 없다.[20] 발견에 관한 한 우선권은 과대평가받는 요소이다. 이 3명 중 가장 유망한 후보는 엑서터Exeter의 정신병원 내과의

이던 로버트 로슨Robert Lawson이었다.[21] 그는 신간 학술지 〈뇌〉에 만성적 알코올 남용에서 기인하는 세 가지 다른 정신 장애에 관한 논문을 발표했다. 그중 하나가 "최근 일에 관한 거의 절대적인 기억 상실"을 동반한 일종의 "치매"였다.[22] 환자는 의사가 같은 날 세 번 방문했는데도 이전에 그를 만났다는 사실조차 부인했다. 로슨은 뇌의 영양실조에서 설명을 찾아냈다. 요컨대 굶주리고 쪼글쪼글해진 뇌세포는 인상impression을 더 이상 보유할 수 없다는 것이다. 그는 육류 추출물로 좋은 결과를 얻어낸 적이 있었다.[23] 로슨의 논문은 같은 주제에 관한 코르사코프의 첫 발간물보다 10년 앞선 1878년에 발표되었다. 그러나 둘을 비교해보면, 코르사코프가 더 좋은 패를 가졌을뿐더러 더욱 능숙한 게임을 운용했다는 것을 즉각적으로 알 수 있다. 로슨이 문서화한 질환은 알코올 과용으로 생길 수도 있는 정신 장애 중 하나로 표현된 반면, 코르사코프는 그 단일 장애에만 초점을 맞췄다. 또한 로슨의 정보는 고작 두 쪽에 걸쳐 있고 전형적인 기억 상실의 몇 가지 사례만 내놓은 반면, 코르사코프는 소설의 등장인물처럼 살아 숨 쉬는 환자들을 출연시킨 정교한 병력을 독자들에게 제공했다. 모든 환자의 기억 상실을 검토하면서 코르사코프는 '무의식 영역에서' 손상되지 않고 무사히 남아 있는 것 같은 세부 사항을 기록했는데, 이는 로슨이 놓쳤거나 적어도 언급하지 않은 측면이었다. 같은 주제에 관한 로슨의 견해는 신경학 학술지에 실린 그 한 편의 논문에 국한된 반면 코르사코프는 러시아어, 프랑스어, 독일어로 준비해 제대로 된 캠페인에 착수했다. 그는 신경학과 정신의학 학술지는 물론 널리 읽히던 〈레뷔 필로소피크〉도 겨냥했다. 로슨과 달리 코르사코프는 원인과 과정에 관한 자신의 가설에 리보의 이론 같은, 기억의 자취에 관한 기존 이론을 뒤섞었다. 달리 말하면, 코르사코프는 자기의 관찰을 한층 넓은 지리적·학문적 네트워크

안에 자리매김했고, 그 네트워크 속의 연합로를 활용해 자신의 기여도에 대한 기억이 명맥을 이어가도록 했다.

독일 신경학자 카를 베르니케도 마찬가지 경우일 것이다. (역시 코르사코프 이전인) 1881년 그는 만성적인 알코올 중독에 흔히 수반되고 급성 의식 혼탁, 안과적 문제(복시와 안구 진동), 불안정한 걸음이라는 세 가지 증상을 특징으로 하는 질병에 대해 기술했다.[24] 베르니케 3종으로 알려진 이 증상은 그가 '뇌병증encephalopathy'이라고 부른 병의 방향을 가리켰다. (그리고 이것이 나중에 '베르니케병'으로 알려졌다.) 일부 증상은 자기 환자들한테서 발견한 것과 일치했지만, 코르사코프는 자신의 논문에서 그걸 베르니케의 작업과 연결 짓지 않았다. 그런 일은 반세기가 지나기 전까지 일어나지 않았다. 병의 급성 단계에서 많은 코르사코프 환자들은 안과적 문제를 겪고 보행의 고충을 경험했는데, 베르니케 환자들이 코르사코프 환자들보다 티아민 보충에 더 잘 반응했다. 1980년대에 베르니케병은 마침내 코르사코프 증후군으로 발전할 위기의 전조 같은 시작의 표지이며, 실은 두 증후군이 같은 질병의 다른 단계를 나타낸다는 학설이 득세하면서 '베르니케-코르사코프 증후군'이라는 축약된 명칭이 탄생했다. 이 학설은 그동안 호소력을 많이 잃었으며, 두 증후군이 상호 독립적으로 발전할 수 있다는 게 최근의 시각이다. 환자들은 베르니케 단계를 거치지 않고 코르사코프 증후군을 겪을 수도 있고, 반면 베르니케 3종 증상이 항상 코르사코프 증후군의 불길한 징조가 되는 것은 아니다. 그러나 유전적으로 결정되는 두 병에 대한 취약성은 확실히 있는 것 같다. 최신 보고에 따르면 코르사코프 또는 베르니케 환자보다 훨씬 많은 만성적 주당들이 있는데, 이는 티아민 부족이 일부 환자들한테서 한층 빠른 속도로 특정 효소의 손상을 일으키기 때문이다.[25]

정신생활의 무의식 영역

코르사코프가 흥미진진하게 생각했을 법한 한 가지 현상과 관련한 수많은 예시가 그의 사례 연구 전반에 걸쳐 드문드문 고개를 내민다. 그 현상이란 기억 상실이 아무리 심각하나 해도 환자는 자주 경험을 등록할 수 있다는 것이다. 그 경험의 자취는 환자의 의식에 닿을 수 없지만 그럼에도 불구하고 그의 기분, 그의 연상, 그의 반응에 영향을 줄 수 있는 기억의 어떤 층에 결국 자리를 잡는다. 코르사코프는 한동안 엄청난 전류를 가할 수 있는 '스패머 박사의 전기충격기 Dr Spamer electric shock machine'로 어떤 환자를 치료한 적이 있었다. 진료실로 들어간 그는 자신이 왜 왔는지 아느냐고 환자에게 물었다. 그 남자 환자는 모르겠다고 대답했다. 코르사코프는 그에게 장비가 들어 있는 상자를 올려놓은 탁자를 쳐다보라고 말했다. 환자는 상자를 불안한 눈으로 흘끔 보더니 아마도 전기를 이용해 자기를 치료하러 온 것 같다고 조심스럽게 추측했다. 코르사코프는 그 환자가 병에 걸리기 전에는 그런 기계를 본 적이 없다는 걸 잘 알고 있었다. 거기엔 분명 '정신생활의 무의식 영역' 같은 것이 있었다.

코르사코프는 환자들과 매일 접촉하면서 관찰한 것을 바탕으로 다음과 같은 결론을 끌어냈다. 처음 그가 안으로 들어가면, 그들은 한 손을 들어 인사했다. 5분 뒤 다시 들어가면, 몇 시간 동안 아무도 못 봤다면서 인사를 건네지 않았다. 1907년 제네바의 정신의학자 에두아르 클라파레드 Edouard Claparède는 자기가 '무의식적 기억'이라고 부르는 것이 여전히 코르사코프 환자들에게 부분적으로 남아 있는지 경험적으로 증명하려고 시도했다.[26] 하지만 전반적인 문제가 재생 기능 결함일 때 어떻게 기억을 시험해볼 수 있을까? 클라파레드는 1885년 에빙하우스H. Ebbinghaus가 소개한 기술인 '절약법saving method'을 택했다. 환자에게 기억으로부터 직접 뭔가를 재생하라고 요구하는 대신 두 번째, 세 번째 혹은 네 번째에 뭔가를 배울 때 얼마나 적은 노력이 필요한지 밝혀내기로 작정한 것이다. 클라파레드의 대상은 1900년에 입원한 47세의 코르사코프 환자였다. 그녀는 전형적인 증상을 보였다. 이전의 지식은 여전해서 유럽 모든 나라의 수도를 외웠다. 그러나 그날 자신이 뭘 했는지 또는 올해가 몇 년도인지는 말하지 못했다. 어느 날 클라파레드는 임의로 선정한 단어 10개를 보여주며 읽어보라고 했다. 한 번 읽고 그녀는 단어 2개를 기억했다. 다시 읽고 나서는 4개를 기억했다. 다섯 번 읽고 나서는 7개를 기억할 수 있었다. 클라파레드가 다음 날 테스트를 반복했을 때 그녀는 목록을 두 번 읽고 단어 7개를 기억했다. 그다음 날에는 단 한 번 읽고도 똑같은 결과를 보여주었다. 한 달, 두 달 그리고 10개월이 흐른 후에도 한 번 읽고 7개의 단어를 기억했다. 그때까지도 그녀는 클라파레드를 알아보지 못했고, 자신이 단어 테스트를 받으리라는 걸 알지 못했다. 그럼에도 불구하고 '학습'을 갈수록 덜 어려워했다. 마찬가지로 놀라웠던 것은 자신이 좀 전에 들은 것을 그대로 말하지 못하는 반면 클라파레드가 뭔가를 추측해보라고 시키면 대부분 그녀의 짐작이 맞았다. 어느 날 그는 환자에게 양 떼를 몰다 뱀에 물린 64세 여성에 대한 이야기를 해주었다. 다음 날 그 이야기에 대해 물었더니, 그녀는 아무것도 기억하지 못했다. 클라파레드는 집요하게 한 여자에 관한 이야기였다고 말하며, 그 여자가 몇 살이었는지 기억하냐고 물었다. 환자는 다른 대답을 할 걸 그랬다고 재빨리 덧붙이긴 했지만 "예순네 살 아니었어요?"라고 말했다. 이러한 결과는 클라파레드에게 피에르 자네Pierre Janet가 공식화한 분리 이론dissociation theory을 지지하는 것이었다. 자네는 무의식 과정을 연구하는 철학자로서 생전에 프랑스 언어권에서는 프로이트만큼 영향력 있는 인물이었다. 환자는 자신의 의식에 기억을 축적할 수 없는 반면 기억은 그녀의 생각과 사물을 경험하는 방식에 어떤 영향을 줬던 것이다.

오늘날 코르사코프 환자는 1980년대 이래로 '암시 기억implicit memory'으로 알려진 것에 초점을 맞춘 실험에서 인기 있는 피험자이다. 암시 기억이란 직접적으로 접근할 수 없지만, 종종 기억 상실 사례에서조차 온전히 보존된 유형의 기억을 말한다. 클라파레드한테는 관찰의 과정 중 하나였던 것이 암시 기억 연구에서는 실험 기법이 되었다. 바로 '억지 추측forced guessing'이다. 실험 대상들은 적극적으로 무엇을 재생할 수는 없지만, 순전히 우연이라고 설명하기에는 훨씬 자주 짐작으로 알아맞힌다. 의료진은 이 같은 학습의 은밀한 힘을 이용할 수 있다. 피험자들을 상당히 작은 규모의 공동체에 수용한 후 혼자 힘으로 살아갈 능력을 증진시키도록 반복적 일과를 천천히 소개하는 것도 가능하다. 코르사코프 증후군을 정의하는 '진행성 기억 상실anterograde amnesia'이 절대적인 힘을 발휘하지 않는 비반복적인 경험도 일부 존재한다. 그렇지만 환자들에게 강한 감정을 일으키고 그런 이유 때문에 감정적으로 중립적인 기억이 아닌, 뇌의 다른 부분을 활성화할 수도 있는 일상의 경험은 저장된다는 징후가 있다. 연구자들은 사건 발생 7개월 후 코르사코프 환자 3명 중 2명이 2001년 9월 11일에 무슨 일이 일어났는지 알고 있다는 걸 확인했다.[27]

세르게이 코르사코프가 은퇴 연령까지 살았다면, 그는 비타민 분리와 다발성 신경염에 걸린 동물들의 회복을 목도했을 것이다. 그러나 그런 일은 없었다. 의사로서 저자로서 연구자로서 전속력으로 너울을 헤치며 나아가던 성공적인 경력 한복판에서 코르사코프는 1900년 46세의 나이로 잠행성 심장병에 걸려 세상을 떠났다.

07

꺼져, 멍청아! : 질 드 라 투렛 증후군

1893년은 조르주 질 드 라 투렛Georges Gilles de la Tourette에게 끔찍한 해였다. 8월 15일 밤, 파리의 살페트리에르Salpêtrière 병원에서 스승이자 후원자이던 장 마르탱 샤르코가 갑자기 숨을 거둔 것이다. 일주일 전 투렛은 샤르코의 별장이 있는 뇌이이Neuilly를 방문했었다. 두 사람은 투렛이 살페트리에르에서 쌓아온 히스테리의 근원과 치료에 관한 통찰을 기술한 《히스테리의 임상 치료 요법 개론Traité clinique et thérapeutique de l'hystérie》의 교정쇄를 함께 검토하기도 했다.[1] 둘은 매우 가까웠다. 같은 해에 투렛은 아들 장Jean을 뇌막염으로 잃었고, 12월 6일에는 하마터면 목숨을 잃을 뻔한 사고를 당했다.[2]

이른 저녁, 온통 검은 옷을 입은 여인이 투렛의 아파트 초인종을 울렸다. 당시 투렛은 집에 없었고, 하인이 문을 열어주었다. 여인이 투렛과 얘기할 수 있냐고 묻자 하인은 집 안으로 들인 뒤 기다려달라고 했다. 잠시 후 투렛이 집에 도착했다. 그를 따라 진료실로 들어간 여인은 살페트리에르 병원의 의사 뤼J. B. Luys와 샤르코의 이름이 적힌 서류 한 장을 꺼내

그림 7.1 조르주 질 드 라 투렛(1857~1904).

더니 그들 때문에 자신이 엉망진창이 되었다고 말했다. 그러고는 50프랑을 요구했다. 투렛은 분명 제정신이 아닌 이 여인에게 입원해서 자신의 특별 관리를 받는 게 좋겠다고 말했다. 바로 그때 여인이 분노를 터뜨리며 권총을 꺼내 세 발을 쐈다. 이로써 신경학 연보에서 확실한 자리를 차지한 여인은 다시 자리에 앉더니 만족한 듯 이렇게 말했다. "적어도 이제 그들 중 한 명이 다른 놈들의 빚을 갚았어." 그런 다음 침착하게 체포되기를 기다렸다.[3]

목에 박힌 것을 포함해 어느 총탄도 생명 유지에 절대적인 기관을 건드리지 않은 것은 운명의 여신 덕분이었다. 투렛은 그 충격에서도 살아남았다. 경찰의 취조로 그 여인은 30세의 로즈 캄페르Rose Kamper이며 한때 살페트리에르 병원에 입원했었다는 사실이 밝혀졌다. 캄페르는 법정에서 최면 중 이 임무를 완수하라는 명령을 받았다고 주장했다. 당시 프랑스 정신과 의사들 사이에서는 실제로 '범죄 암시criminal suggestion' 같은 게 존재하는지를 둘러싸고 논쟁이 벌어지고 있었다. 샤르코와 투렛은 이 문제를 실험적인 방법을 이용해 다뤘다. 그들의 결론은 최면 중 환자에게 범죄를 저지르도록 유도할 수는 없으며, 그들의 도덕적 판단력은 최면의 영향을 받지 않는다는 것이었다. 이런 관점을 가장 적극적으로 대변한 인물이 바로 투렛이었다. 정확히 사건 발생 이틀 전 신문 인터뷰에서 투렛은 1887년부터 자신은 반대파들에게 최면 암시 중 범죄를 저지른 단 하나의 사례라도 들어보라며 이의를 제기해왔다고 말했다. 그런데 그 첫 번째 사례가 그의 집 현관에 발을 디딘 것처럼 보였다.

그러나 초동 수사를 통해 최면이 사건에 아무런 역할도 하지 않았음이 드러났고, 판사들은 로즈 캄페르의 변론을 기각했다. 정신이상자로 판

명받은 그녀는 생트안 정신병원의 폐쇄 병동으로 보내졌다. 그곳에서 캄페르는 길고도 파란만장한 정신과 이력이라 부를 만한 삶을 살기 시작했다. 몇 년 후 그녀는 다시 살인 미수를 저질렀는데, 이번에는 간호사였다. 1910년에는 병원을 탈출했다. 경찰이 사는 곳을 알아냈을 때는 결혼 전의 성으로 바꾼 뒤 재단사로 일하고 있었다. 당시 캄페르의 정신 상태는 눈에 띄게 좋아져 입원시킬 필요가 없는 것처럼 보였다. 그러나 나이가 들자 다시 피해망상을 앓기 시작했고, 또다시 가두는 편이 훨씬 안전해 보였다. 말년을 생트안 정신병원에서 보낸 그녀는 1955년 92세의 나이로 죽었다.

무도병의 혼란

그러나 사실을 말하자면, 투렛 본인에게도 '꼭 올바른 것만은 아닌' 측면이 항상 있었다. 어린 시절부터 줄곧 균형 감각 결핍으로 괴로워했고, 직장 경력 대부분을 정신병 환자를 보살피면서 보냈고, 말년에 가서는 본인 스스로 머릿속이 엉망이 되어 입원해야 했다. 조르주 알베르 에두아르 브뤼튀스 질 드 라 투렛은 1857년 프랑스 중서부 지방의 생제르베레트루아클로쉐St Gervais-les-Trois-Clochers라는 마을에서 태어났다. 중등학교 시절에는 한시도 가만있지 못하고 말썽을 부렸지만, 지능이 월등해서 한 학년을 거뜬히 월반하는 학생이었다고 한다. 16세의 나이에 푸아티에Poitiers 대학에서 의학 공부를 시작했고, 3년 후에는 파리로 가서 지역 보건의 시험에 합격했다. 워즈워스가 말했듯 어린이는 어른의 아버지다. 요컨대 투렛은 창의적이고 다재다능했지만 성급하고 쉽게 산만해지며 논란과 논쟁에 끊임없이 휘말리는 성격이었다. 한평생 조용한 대화를 이어가기보다는 대화에 끼어들어 중단시키고, 동료들 사이

그림 7.2 1893년 로즈 캄페르는 투렛을 살해하려 했다.

에서 정중히 의견을 교환하기보다는 격론을 불러일으키는 쪽이었다. 목소리는 거칠고 날카로우며 쩌렁쩌렁했고, 사람들의 신경을 거슬렸던 것으로 알려졌다. 그러나 (자기 자신을 가리켜 "나는 머렁니처럼 추잡하지만 매우 똑똑하다"고 했던) 투렛은 파리에서 물리학자이자 데생 화가인 샤를 리셰Charles Richer 같은 절친한 친구를 사귀었고, 리셰와는 훗날 〈살페트리에르 신도해Nouvelle Iconographie de la Salpêtrière〉라는 유명한 학술지를 창간했다.[4] 투렛은 예를 들면 연극 평론 같은 신경학 외 분야에서 이름을 날리기도 했다.[5] 1884년 샤르코는 그를 불러들여 자신이 있는 살페트리에르 신경학과에 합류하도록 했고, 2년 뒤 투렛은 신경계 질환의 행동 장애에 관한 논문으로 박사 학위를 땄다. 1887년에는 사촌인 마리 드트루아Marie Detrois와 결혼했다. 같은 해에 샤르코가 자신의 과학 비서가 돼달라고 요청하자 투렛은 기꺼이 그 자리를 수락했다. 그때부터 투렛은 임상 강의와 환자 설명회를 낱낱이 기록했는데, 이는 살페트리에르 병원의 교육에서 지대한 역할을 했다.

연구자이자 치료사로서 투렛은 손에 잡히는 건 뭐든 떠맡았다. 1880년대에는 아직 미분화했던 신경학과 정신의학의 모든 업무를 포함해 파킨슨병과 다발성경화증 같은 질환은 물론 과대망상과 히스테리성 마비 같은 장애를 총망라했다. 치료 유형은 수술과 전기 충격부터 최면과 찬물 샤워에 이르기까지 다양했다. 투렛은 이 치료법 목록에도 나름 기여했다.

샤르코는 자신의 강의 도중 투렛이 고안한 진동 의자shaking chair와 진동 헬멧vibrating helmet을 이용해 파킨슨병 환자 치료에 성공했다고 말하기도 했다.[6] 당시 샤르코는 모자 제조업자들이 흔히 사용하는 최신 헬멧과 전동기에 연결한 투렛의 헬멧을 비교했다. 진동 헬멧은 1분에 약 6000번 회전해 머리를 약간 떨리게 만드는 데 충분했다. 조용히 윙윙거리는 소리는 최면 효과를 가져와 저녁 6시경 10분간 치료를 하면 보통 환자는 밤에 숙면 걱정을 하지 않아도 됐다. 치료 헬멧은 불면증 사례에만 활용한 게 아니라 편두통을 초기에 뿌리 뽑는 걸로도 알려졌다. (기록을 담당한) 투렛은 하루걸러 15분간 15회 치료를 받으면 신경쇠약증, 우울증, 무기력증 같은 증상을 완치하거나 경감시키는 것으로 알려졌다고 샤르코의 수업 내용을 보충했다.

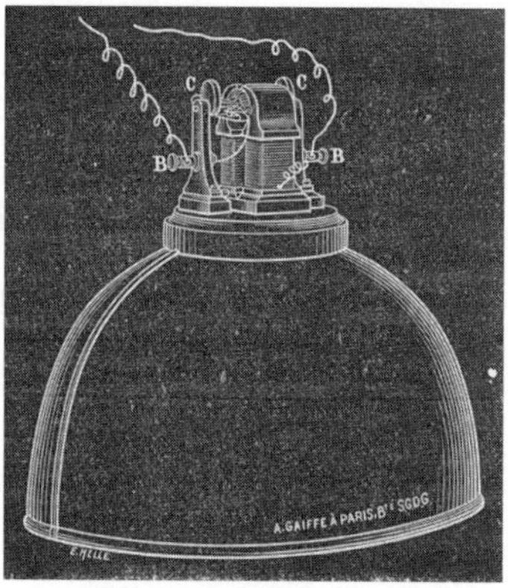

그림 7.3 질 드 라 투렛이 신경쇠약증, 불면증, 우울증을 치료하기 위해 설계한 '진동 헬멧'.

오늘날 투렛은 주로 '그의' 증후군으로 기억되지만 그가 진짜 좋아했던 분야는 히스테리와 최면이었다. 그는 세 권짜리 《히스테리의 임상 치료 요법 개론》을 자신의 최고 업적으로 생각했다. 이 책은 시대를 망라한 히스테리에 관한 종합 설명서로서 (이 장애가 언제나 인류와 함께 존재해왔다는 것을 시사하는) 중세 미술 작품을 기초로 한 그림을 포함하고 있으며 간질과 편두통처럼 히스테리와 관련 있는 기질성 질환의 개요를 설명하고 성별, 연령, 교육 수준, 종교 같은 요인 그리고 매독, 당뇨병, 장티푸스, 관절염 같은 질병과 히스테리 사이의 상관관계도 분석한다. 알코올, 수은, 담배, 클로로포름 같은 유발 인자에 관한 긴 논문과 함께 저자는 히스테리 발작 전과 중과 후의 소변 분석 결과를 보여주는 수십 개의 그래프 및 히스테리 떨림 시의 초당 진동수 같은 각종 측정 결과를 제공하고, 그것들이 갑상선기능항진증Basedow's disease에 수반되는 떨림과는 어떻게 다른지도 분석한다. 그 밖에도 훨씬 많은 내용이 있다. 이 전공 논문집은 수십 년간의 비교 분석과 실험 연구 그리고 당대의 방법론적 통찰에 따라 한 치의 오차도 없이 수행된 정확한 통계적 분석을 바탕으로 했다. 그럼에도 불구하고 투렛에 대한 집단 기억 속에서 히스테리에 관한 1800쪽은 아주 잠깐만 그의 상상력을 사로잡았던 한 주제에 대한 2개, 아니 3개의 논문에 가려졌다.

1884년 샤르코는 투렛에게 "무도병chorea의 혼돈에 체계"[7]를 좀 잡아보라고 요구했다. (글자 그대로 '춤'인) 'chorea'라는 단어는 갑작스러운 불수의 운동을 지칭하는 집합 명사였다. 가장 유명한 증상은 1686년 토머스 시드넘이 기술한 '시드넘 무도병'으로, 환자가 통제 불가능한 춤 같은 움직임을 보였다. 투렛은 1881년 파리로 옮겨가기 전 이 흥미로운 운동 장애에 관해 미국의 신경학자 조지 비어드George Beard가 쓴 논문을 번역한 적이 있었다.[8] 메인Maine 주에 머물 때 비어드는 작업 중인 프랑스인 벌목꾼 무리와 우연히 마주쳤는데, 그 사내들은 명령을 받으면 마치 뭔가에 겁을 먹은 것처럼 펄쩍펄쩍 뛰면서 돌발적인 근육 운동의 박자에 맞춰 강박적으로 그 명령을 복창했다. 투렛은 "메인 주의 펄쩍펄쩍 뛰는 프랑스인들" 대목에 매료됐다. 그가 찾아본 두 편의 다른 발간물에도 똑같은 장애를 가리키는 듯한 현상에 관한 설명이 있었다. 말레이시아에서 '틱tic'은 '라타latah'라는 이름으로 불렸다. 한편 시베리아에 주둔했던 미국인 해군 장교들은 사람들이 '미리아칫myriachit'이라고 알려진 발작적인 동작을 하는 걸 보았는데, 비어드가 언급한 벌목꾼들의 그것과 유사했다. 1885년 투렛은 통제되지 않는 동작을 특징으로 하며 반향언어증echolalia과 욕설증

coprolalia을 동반하는 신경 장애에 관한 논문을 발표했다.[9] 논문은 아홉 건의 사례 묘사로 구성되어 있었다. 첫 번째 사례는 본인이 연구하지 않은, 1884년 사망했기에 만나본 적도 없는 한 여성 환자에 관한 것이었다.

당피에르 후작 부인

원래 기록은 그때로부터 60년 전의 것이었다.[10] 저자는 파리의 농아협회 직원이자 내과 의사인 장 마르크 이타르Jean Marc Itard로, 1825년 당시 26세이던 당피에르Dampierre 후작 부인의 유감스러운 증상을 기술했다. 그녀는 7세 소녀일 때 틱이 생겼는데, 점점 더 기괴한 형태를 띠었다. 나중에는 이상한 비명을 내지르기 시작했고, 욕과 음란한 말도 자주 했다. 이런 '욕설증'은 평생 동안 계속되어 85세로 임종할 때까지 손님들이 오면 항상 큰 소리로 "제기랄!"과 "빌어먹을 돼지!"라고 인사했다. 투렛은 이타르의 설명을 그대로 옮겼다. 소녀 시절 후작 부인은 본의 아닌 동작들 때문에 무척이나 골치를 썩었다. 알파벳을 따라 쓰는 동안에도 갑자기 손을 쭉 뻗곤 했다. 처벌은 상황을 더욱 악화했다. 사춘기에도 여전히 병이 사라지지 않자 그녀는 스위스에 있는 요양소로 보내졌다. 그리고 1년간 우유 목욕을 한 끝에 눈에 띄게 치유된 상태로 집에 돌아왔다. 결혼한 그녀는 1년 반 후 틱과 얼굴 찡그림에서 벗어났다. 하지만 이후 아주 갑작스럽게 그런 증세가 돌아왔다. 증세는 전보다 훨씬 강해졌다. 이타르는 약간 놀라면서 결혼 생활이 증상을 호전시키지 않았다고 적었다. 여성의 질환은 부부관계와 함께 사라지는 경향이 있다는 게 당시 의사들 사이의 일반적 견해였기 때문이다. 그는 후작 부인이 자녀를 가져야 했다고 주장했다. "환자는 출산을 해보지 않았으므로 모성 상태가 흔히 제공하는 육체적·감정적 혜택을 받지 못했다."[11]

욕설과 악담은 후작 부인은 물론 곁에 있는 사람 모두에게 난처한 상황을 초래했다. 부인은 대화 도중 "그녀의 기품 있는 매너와 배경과는 비통하게도"[12] 대조적인 단어와 고함을 퍼부었다. 이타르는 후작 부인이 직접 한 설명이 가장 타당하다고 생각했다. "이런 폭발이 혐오스러울수록 그런 말들을 다시 할 거라는 공포가 그녀를 더욱더 괴롭힌다. 그리고 이런 강박관념이 그런 단어를 그녀의 마음속에, 그녀의 혀끝으로 억지로 밀어 넣는다. 더 이상 제어할 수 없을 정도로."[13]

투렛은 이런 모든 특징을 다른 사람들에게 들어 알고 있었으며, 아마도 이런 이유 때문에 다음과 같이 덧붙였던 듯싶다. "샤르코 교수는 이 환자를 몇 차례 보았고, 그녀의 행동과 발성을 개인적으로 목격하기도 했다. 상당히 고령에 이를 때까지도 그녀는 여전히 불균형 상태를 보였고, 공공장소에서까지 외설적인 말을 계속 해댔다."[14] 여기서 그가 선택한 어휘는 거의 허위 진술에 가깝다. 샤르코는 그녀를 딱 한 번 봤으며, 그때도 의학적인 의미를 가지고 봤다고는 할 수 없었다. 파리 미술전을 구경하러 갔을 때 계단에서 갑자기 한 노부인이 "빌어먹을!"이라고 크게 소리 지르는 걸 들었고, 그녀가 후작 부인임을 알아본 것도 그때였다. 투렛에게는 이것으로 충분했다. 요컨대 샤르코는 소급 확인으로 자신의 진단을 승인했다는 것이다.[15]

이 특정 사례의 역설은 투렛이 기술한 모든 환자 중에서 오늘날 투렛 증후군 진단으로 귀결되는 증상의 범위를 완벽하게 보여준 단 하나의 사례가 후작 부인이라는 사실이다. 그가 직접 관찰한 8명의 다른 환자들은 증상의 일부만 나타냈다. SJ라는 환자가 있었는데, 그는 얼굴을 찡그리고 강박적으로 단어들을 반복했다. 샤르코가 도착할 거란 말을 듣자 그는 몸을 꼬아 최대한 이상하게 비틀면서 "샤르코 씨가 오셨다. 샤르코 씨, 샤르코 씨!"라고 외쳤다. 그는 자신이 매우 좋아하는 엄마 앞에서도 욕설을 억제할 수 없었다. 하루는 다른 손님들이 그의 추잡한 소리를 듣고 항의하는 바람에 레스토랑을 나온 적도 있었다. 그리고 15세의 GD라는 환자가 있었다. 그는 반복해서 "개자식!"이라는 고함을 쳐서 자기들한테 그 욕을 하는 거라고 생각한 아이들의 채찍질로부터 겨우 도망치곤 했다. 또 다른 소년은 1870년 독일군이 파리를 함락했을 때 바로 옆에서 폭탄이 터져 친구가 숨졌다. 이후 그는 끊임없이 신경질적인 경련성 움직임에 시달렸다. (비록 '별난, 거의 미친' 고모가 한 명 있었지만) 흠잡을 데 없는 가문 출신인 15세 소녀는 "꺼져, 멍청아!"라는 소리를 계속 질러대 온 가족을 놀라게 했다. 도대체 어디서 그런 악담과 욕설을 들었던 걸까? 꼭 필요할 때 잠깐은 욕을 자제할 수 있었지만, 그녀는 나중에 입에서 나오는 대로 내뱉을 조용한 장소를 찾아가곤 했다. 그 밖에 다른 환자들은 눈을 깜빡이고, 펄쩍펄쩍 뛰고, 혀를 날름거리고, 비명을 지르거나 개처럼 짖었다. 어느 누구도 이 모든 현상을 한꺼번에 보여주지는 않았지만, 투렛에 따르면 이 증후군은 한 가지 뚜렷한 유형을 갖고 있었다. 그 핵심은 바로 이상한 틱임이 명백했다.

투렛은 이 질환이 유전이라고 확신했다. 환자 중 한 명은 "임신 중 정신 상태가 이상해진 엄마가 있었고", 다른 환자들은 편두통에 시달린 조부모나 극단적으로 불안정한 부친 또는 틱 장애를 가진 여자 형제가 있었다. 그리고 별난 고모를 둔 소녀도 있었다.[16] 9명 중 최소 5명은 신경 질환이 발생한 집안 출신이었다. 틱은 수면 중에만 사라졌다. 그리고 투렛에 따르면 그 수면은 유난히 깊고 평온했다. 깨어 있는 시간 동안 틱이 환자들로부터 너무나 많은 것을 빼앗았기 때문임에 틀림없었다. 일부 환자들은 일시적으로 경련을 억누를 수 있었다. Ch라는 환자는 "정기적으로 고객의 사무실을 방문하는 정부 관리였다. 인터뷰가 아주 짧으면, 그는 자신의 움직임을 완벽하게 제어할 수 있었다. 하지만 엄청난 정신력으로 힘겹게 획득한 자제력은 이내 증발하고, 그 동작들이 평소보다 훨씬 격렬하게 되살아났다. 몸을 비틀고, 혀를 이상하게 날름거리고, 방금 나온 고객의 집 앞에서 펄쩍펄쩍 뛰었다. 그는 결국 생업을 포기할 수밖에 없었다".

마찬가지로 주시해야 할 것은 바로 억제할 수 없는 타인 모방 성향이었다. 여기엔 방금 누가 한 말뿐 아니라 소음, 움직임, 제스처 흉내도 포함되었다. 투렛이 갑자기 박수를 치면 환자도 박수를 쳤고, 코트를 벗는 동작만으로도 환자가 똑같이 행동하도록 만들 수 있었다. 살페트리에르 병원 마당에서 그는 사람들이 타인 모방 충동을 어떻게 이용하는지 목격했다. 환자 중 한 명이 S에게 다가가 오른팔과 오른 다리를 들더니 왼쪽 다리로 팔짝팔짝 뛰기 시작했다. S는 이 동작을 너무나 열심히 따라 하다 넘어지고 말았다. 이 위험한 '게임'을 중단시키기 위해 의료진이 끼어들어야 했다. 다른 저자들도 타인 모방 충동에 관해 썼다. 어떤 해군 장교는 승객들의 무고한 희생자가 된 한 승무원을 떠올렸다. 승객들은 꿀꿀 돼지 소리를 내고, 갑자기 박수를 치는가 하면, 모자를 갑판으로 내던졌다.

마지막으로 등장하는 증상은 악담, 욕, 외설적인 말을 내뱉는 욕설증이다. 투렛은 이 습관의 근원을 도무지 알 수 없었다. 그는 어떻게 19세 소년이 자신이 내뱉는 그런 추잡한 환상을 품게 되었는지 이해하는 건 그리 어렵지 않다고 썼지만 여성, 어린 소녀, 좋은 가문에서 자란 청년도 난잡한 말을 지껄인다는 사실에 대해서는 설명하지 못했다. 그의 환자 9명 중 5명이 이런 증상에 시달렸다. 반향언어증의 경우처럼 욕설증도 틱이 가장 격렬할 때와 울적한 긴장이 최고조에 이를 때 나타났다.

투렛은 이 질환을 "일생에 걸쳐 함께 가야 할 끔찍한 동반자"[17]로 표현하면서 치유 불가라고 믿었다. 그렇게 된 유일한 사례는 후작 부인이었음을 감안할 때, 이는 다소 경솔한 일반화였다. 그의 환자 중 최연장자는 24세였다. 병의 추이는 가벼운 일화와 극단적인 에피소드가 예측할 수 없이 변덕을 부리는 가운데 서서히 진행되곤 했다. 가장 극렬한 유형의 사례에서, 그 병은 학업과 직장 생활을 방해해 환자의 삶을 거의 견딜 수 없게끔 만들었다. 다행히 그보다 가벼운 유형도 있었다. 그런가 하면 가장 심각한 경우라 해도 증상이 가라앉고 환자가 다소간 정상적인 생활을 할 때도 있었다. "그의 친구들과 이웃들은 그가 자기도 모르게 내뱉는 외설적 지껄임에 종종 잘 적응했다. 가령 어떤 중위는 그 많은 불수의적인 욕설에도 불구하고 계속 현역으로 복무했다."[18]

그림 7.4 장 마르탱 샤르코 뒤에 서 있는 조르주 질 드 라 투렛.

샤르코는 자신의 제자가 수행한 연구를 보며 대단히 기뻐했고, 그 병의 신경학적 기원에 지지를 보냈다. 그는 히스테리 환자들에게서 이상한 틱을 보았지만 최면 기법을 이용해 성공적으로 없앤 적이 있었다. 그런데 투렛 환자들의 틱은 없애는 게 불가능했다. 샤르코는 '경련성 틱 질환'을 '질 드 라 투렛의 틱 질환'으로 부를 것을 제안했다. 이것이 바로 훗날의 '질 드 라 투렛 증후군'으로, 앵글로색슨 문헌에서는 줄여서 '투렛 증후군'이라고 부른다. 물론 샤르코는 이타르가 이 장애에 대해 최초로 기술한 사람이라는 걸 알고 있었다. 그렇다면 왜 그의 이름은 시조명이 되는 영예를 안지 못했을까? 이타르는 샤르코의 제자가 아닌 데다 오래전에 죽은 사람이기 때문이라고 말하는 것은 아마도 지나친 단순화일 것이다. 휴링스 잭슨 역시 샤르코의 제자가 아니었으며, 파킨슨은 샤르코가 한 질환에 이름을 올리는 영예를 수여하기 50년 전에 사망한 사람이었다. 이런 종류의 수여에 관한 원칙에서 샤르코는 분명 특정 형태의 배타주의에 이끌리지 않았다. 투렛의 작업에서 그가 높이 산 것은 다른 운동 장애들로부터 운동 틱과 언어 틱이라는 특정 카테고리를 구별하려는 시도였던 게 틀림없다. 그리고 샤르코가 그 시조명을 부여하면서 자신의 통찰에 따라 이 장애의 경계를 규정했다는 것은 말할 필요도 없다.

어느 틱 환자의 비밀

논문 말미에서 투렛은 이렇게 썼다. "근본적인 병변에 관해서 우리는 어떤 병리학적 또는 해부학상의 이유도 찾지 못했다. 심리학에 기대를 걸고 증상 중 일부를 해석해볼 수 있는데, 이런 관점으로 접근하길 원하는 이들을 위해 리보 씨의 흥미로운 책《의지력의 질병Les maladies de la volonté》을 추천한다."[19] 당시 콜레주 드 프랑스College de France의 교수였던 테오될 리보는 정신병의 퇴화병인설degeneration theory을 주장하는 대표적인 프랑스 사람이었다. '의지력의 질병'에 관한 그의 작업은 1883년 시작되었다.[20] 퇴화 병인이라는 개념은 투렛이 태어난 해에 모렐B. A. Morel이 도입했다. 이는 정신 지체, 히스테리, 간질 같은 매우 다양한 증상 속에서 발현되지만 충동성 고조와 의지박약 때문에도 나타난다. 이 학설에 따르면 투렛 증후군 환자를 괴롭히는 것은 바로 나약함이다. 의지가 더 이상 제 기능을 하지 않기 때문에 틱, 고함, 악담이 고개를 쳐든다. 말 그대로 충동적으로 행동할 수밖에 없는 것이다.

투렛 증후군이 신경학의 왕국을 떠나 1970년대까지 터전으로 삼을 새로운 영토, 곧 정신의학과 심리학의 세계로 입성한 것은 바로 이 시점이었다. 이런 새로운 출발을 부추긴 사건은 1902년 의사인 메주H. Meige와 펭델E. Feindel이 쓴 《틱과 그 치료법Les tics et leur traitement》이란 제목의 책 발간이었다.[21] 이 책은 흥미로운 기록으로 시작되었다. 연구를 완료할 무렵, 두 저자 중 한 명이 "우리가 아는 거의 모든 틱의 살아 있는 개요"라고 그들이 나중에 표현한 "틱 환자 견본"을 우연히 만났다.[22] O 아무개씨인 이 환자는 진솔하고 기나긴 대화를 통해 자기가 살아온 이야기를 들려주었다. 그리고 메주와 펭델은 그 책의 첫 장에 "어느 틱 환자의 비밀"이라는 제목으로 그의 이야기를 넣기로 결정했다. 그것은 O의 '비밀'이어서가 아니라 틱 환자가 자신의 스토리를 어떻게 해석하는지 보여주는 서브텍스트subtext(대사로 표현되지 않은 생각, 느낌, 판단 등의 내용을 말하는 개념—옮긴이)라는 측면에서 폭로성 문건이라 할 수 있다. O는 이 자화상 속에서 그런 환자들의 운명을 좌지우지했던 정신의학이라는 정권을 스케치한다.

O는 예리한 지능과 강인한 신체를 가진 54세의 비즈니스맨으로, 만능 스포츠맨이기도 했다. 그러나 할아버지, 아버지, 형제, 아들처럼 극심한 틱에 시달렸다. 메주와 펭델이 볼 때 이는 유전적 저주의 뚜렷한 사례였다. 그의 조부모는 사촌지간이었고, 집안에는 다수의 말더듬이가 있었으며, 천식 발생률이 높았다. O의 틱은 열한 살 때 시작되었다. 자신이 기억하기에 그는 어렸을 때 눈에 띄게 흉내를 잘 내는 경향이 있었다. 어느 날 얼굴을 찡그리는 노인을 본 그는 그 연습을 하기 시작했고, 마침내 완벽하게 따라 할 수 있었다. 하지만 의도적인 움직임으로 출발했던 것이 곧 저절로, 심지어 의지와 상관없이 나타나기 시작했다. 그것은 멈추지 않았고, 나중에는 더 많은 틱이 생겼다. 자신의 기다란 손잡이가 달린 안경을 만지고 싶은 끊임없는 충동이 생겨 쉬지 않고 벗었다가 접었다가 고쳐 쓰기를 반복했다. 그리고 몇 시간이고 모자로 손장난을 치며 앉아 있

곤 했는데, 5~6주마다 새 모자가 필요했으므로 모자 장수들에게는 좋은 일이었다. 그는 독불 전쟁 때 군에 입대했는데, 하루는 새로 부임한 대령이 부대를 검열하러 왔다. 장교가 점점 자기 쪽으로 다가올수록 O는 머리를 움직이지 않고 시선을 15보쯤 떨어진 전방의 한 점을 응시하는 부동자세를 취하는 게 불가능하다는 것을 알았다. "그리고 중령이 나를 검열하며 오래 서 있을수록 나는 점점 더 많이 얼굴을 찡그렸다. 상황이 분명 잘못 되어가고 있었다. 나에 대해 아는 선임이 내 편을 들어주면서 본의 아니게 찡그리긴 하지만 그래도 훌륭한 군인이라고 단호하게 말했지만 대령은 들으려 하지 않았다. 그는 나를 병원에 보냈고, 2주 후 매우 애석하게도 '강박적 안면 운동'이란 사유로 나는 군복무 부적격 판정을 받았다."[23] 틱은 그가 집중하고 있을 때만, 가령 당구 게임에서 자기 차례가 오기 직전이나 낚시 중 입질이 왔을 때에만 가라앉았다. 동작이 다급하고 무뎠기 때문에 물건을 잘 망가뜨리는 경향도 있었다.

O는 심리적으로 어려운 시간을 보내기도 했다. 그는 자신을 인내심 없고 쉽게 짜증내는 사람이라고 표현했다. 어느 것도 만족할 만큼 빠르지 않았다. 말할 때는 단어가 서로 겹쳐 굴러 떨어지는 듯했고, 글쓰기는 너무나 느려터진 작업이라 결국 구술에 기댔다. 구술을 할 때는 비서가 자신의 속도에 맞춰 빨리 쓰지 않는다고 항상 불평하곤 했다. 가끔씩은 너무나 짜증이 나서 다른 사람을 닦아 세우지 않을 수 없었다. 이는 충동과의 부단한 전쟁이었다. "내 안에는 2명의 사람이 있다. 틱 환자와 그렇지 않은 자. 전자는 후자가 낳은 아들, 그것도 무례한 아들이자 아버지에게 깊은 근심을 안겨주는 원흉이다. 아버지는 아들에 대해 강력한 조치를 취해야 한다는 걸 알지만, 자식이 부리는 변덕의 노예가 될지언정 대개는 그러지 못한다."[24] O는 총체적인 강박 장애 희생자였다. 그에게는 가지

않으면 안 될 것 같은 특정한 길이 있었는가 하면, 다른 길들은 출입 금지 구역이었다. 그는 세는 걸 광적으로 좋아하는 계산벽(계산광)arithmomania으로 고생했다. 거리에 마차가 지나갈 때마다 마차 번호의 자릿수를 세야 직성이 풀렸다. 게다가 건강염려증 환자여서 자신이 가장 치명적인 병에 걸렸다고 믿었다. 이따금 자살에 대한 생각이 떠올랐다. 길 한쪽에 서서 마차가 다가오길 기다리곤 했는데, 거리에 뛰어들어 말 코앞에 처박히지 않으려면 엄청난 통제력을 발휘해야 했다. 메주와 펭델에 따르면 틱 환자들에게 자살하겠다는 생각은 꽤 흔하지만, 다행히 실제로 행동으로 옮기기에는 의지가 약한 경우가 많다.

반향언어증과 욕설증은 O의 증상 목록에는 없었다. 적어도 드러내놓고는. 메주와 펭델에 따르면, O의 욕설증은 그가 자주 사용했던 은어나 도둑들의 속어 속에 은밀히 숨어 있었다. 그는 즉시 그런 말을 쓴 것을 사과했지만, 그 단어들이 마음속에 생기면 내뱉지 않을 수 없었다. 단순히 충동이 그 자신보다 강했던 것이다. 저자들에 따르면, 욕설증 성향은 대부분의 사람들이 어느 정도 익숙해 있다. 그것을 엄청 매력적이게 만드는 것은 특정 표현의 저속함이다. 올바른 예절은 보통 우리가 그런 것을 큰 소리로 말하는 걸 방지해준다. "그러나 의지가 불균형 상태인 개인들한테는 억압이 항상 때맞춰 이루어지지 않는다. 억제 반사가 활성화하기도 전에 거슬리는 단어가 입 밖으로 튀어나간다."[25] 통제력과 의지력 부족은 메주와 펭델의 논평에서뿐만 아니라 O 자신의 말에서도 되풀이되는 요소다. 그는 자신의 틱을 정복할 만큼 스스로 끈기가 충분한지 확신하지 못한다. 그는 "나는 틱 환자고, 언제나 틱 환자일 겁니다"라고 말한다. 의사들은 많은 점에서 O가 아직도 어린 아이며, 자기 내부에 발생하는 충동 앞에서 무력하다고 덧붙인다. O가 모든 틱 환자와 공유하는 한 가지 특징은 "유아기적 정신 상태"[26]다. 입을 다물고 있으라면 소리 지르기 시작하고, 잠자코 앉아 있으라면 이리저리 팔을 흔들기 시작한다. 이런 환자들은 어디까지가 한계인지 잘 모르며, 음주와 흡연에 관해서조차 그렇다. O는 배가 아프자 "겁 많고 버릇없는 아이"[27]처럼 반응했다. 이는 유아적 성향과 의지박약이 번식하는 토양을 만들었고, 그 속에서 정신이상 행동은 무럭무럭 자라났다.

네덜란드의 사회학자 드 스반A. de Swaan은 심리치료법에 관한 저술에서 '원형 전문화proto-professionalization'라는 개념을 만들었다. 이는 환자나 의료 고객이 전문가의 특수 언어로 자신들의 증상이나 질환을 표현하는 경향을 말한다.[28] 부지불식간에 그들은 담당 의사들의 정신의학적 성향을 받아들인다. O의 이야기는 이 현상에 관한 가슴 뭉클한 사례다. 그는 스스로 자신이 신경학적 또는 기질성 장애의 희생자가 아니라 의지가 약한 사람이라고 인식한다. O가 자신의 지극히 개인적인 충동과 연상에 관해 들려준 모든 이야기는 의지력과 통제력의 퇴보가 가져온 처참한 결과에 대한 정신의학계의 주류적 시각을 반영한다. O는 의사들을 절반 넘게 충족시켰다. 결과적으로 메주와 펭델은 자기들의 해석을 정당한 것으로 간주했다. 요컨대 지적인 환자가 정직하고 공정한 자기 검토 후에 자기는 의지가 약하다고 인정한다면, 그 확신이 바로 장애의 근원이라고 생각해야 한다는 것이다. 그들은 훌륭한 사례를 보여준 환자의 통찰과 자기들을 포함해 틱 분야의 다른 연구자들이 기록해온 결과물이 '완벽한 일치'를 이룬 데 만족감을 표시했다.[29] 이 질환을 앓는 개개인이 도덕적으로 비난받을 만하다는 데도 O와 담당 의사 사이에는 이와 동일한 진심 어린 합의가 있었다.

거머리, 샤워 그리고 구속복

정신의학 역사가 하워드 쿠시너Howard Kushner는 투렛 증후군의 역사를 다룬 책을 썼다.[30] 그 책은 군데군데 괴담처럼 읽힌다. 이타르는 당피에르 후작 부인의 재판(1825)을 다룬 기록에서 그와 비슷한 환자에게 불려간 적이 있다고 썼다. 이번에는 한 젊은 여성이 괴상한 불수의 동작의 희생양이 되었다. 그는 대량의 치킨 수프, 1일 2회 세 시간의 목욕, 질 속에 투입한 거머리 수십 마리로 좋은 결과를 얻었다. 마지막 조치는 짐작하건대 불안정한 자궁이 이 여성이 기이한 행동을 하는 근본적 원인일지 모른다는 의혹에 기반을 둔 것일 터였다. 투렛이 진찰한 아이들은 특이한 치료약과 치료 방식의 실험 도구가 되었다. 그들은 길고 긴 샤워를 견디거나, 흥분을 가라앉히기 위해 시골에 보내지거나, 다양한 종류의 진정제를 복용했다. 전부 효과는 없었다. '전기 요법 목욕'조차도 완화 효과가 없었다. (살페트리에르 병원에는 다양한 종류의 전기 요법 시설이 있었다.)

투렛은 강제 격리와 얼음 샤워 같은 '물 치료법hydrotherapy'으로 실험했지만, 효과적인 치료를 제공할 수 없다는 사실을 자인하지 않을 수 없었다. "한 번 뛰었던 사람은 항상 뛴다"는 비어드의 학설이 아마 옳았던 것 같다고 시인하면서 투렛이 내쉬었던 것은 틀림없이 체념의 한숨이었을 것이다.[31] 후대의 신경학자와 정신의학자들은 '운동 억제immobilization'(다시 말하면 구속복), 뇌엽절리술, 전기 충격 같은 방법을 치료학 무기 창고에 기부했다. 투렛 환자들을 괴롭히고, 흔들고, 때려도 봤다. 단지 그들과 얘기하는 데만 수없이 많은 시간을 썼으며, 이 증후군 때문에 정신분석에서 행동 치료에 이르기까지 상상할 수 있는 모든 종류의 심리 치료법을 적용해봤다. 하지만 허사였다.

그림 7.5 살페트리에르 병원의 전기 치료 연구실. 다양한 질환을 앓는 환자들이 정전기 혹은 유전기(galvanic electricity)로 치료를 받았다.

지금까지도 투렛 증후군은 수수께끼로 남아 있다. 증상은 7세 무렵 보통 얼굴 찡그림과 눈 깜빡임으로 시작된다.[32] 이어서 운동 틱이 생기고 심한 경우 사회적 고립을 초래하는 반향언어증과 욕설증이 나타나는데, 그 자체가 다시 상당한 스트레스의 원인으로 작용한다.[33] 많은 환자들은 과잉 행동이나 강박신경증에 시달린다. 이 병은 만성적이지만 불규칙한 경과를 나타내며, 피로와 스트레스가 증상을 악화할 수 있다. 쌍둥이 연구 결과 투렛 증후군에 유전적 감수성이 있는 것으로 드러났다. 아스페르거 증후군에서처럼 남성이 4 대 1의 비율로 높게 나타난다. 뇌 스캔과 뇌전도 검사에서는 거의 이상이 드러나지 않는다. 투렛이 살던 시대에 이 증후군은 꽤 드물었으나 오늘날에는 13~14세 아동 1000명당 30~50건의 비율로 나타난다. 게다가 투렛 진단은 갈수록 증가하는 추세다. 이렇게 비교적 높은 비율이 실제 거리 풍경에 반영되지 않고 있다는 사실은 약물 치료를 통한 완화 효과와 공공장소를 꺼리는 투렛 환자들의 성향과 관련이 있다.

투렛 증후군의 원인에 대한 그럴 법한 설명은 신경학과 정신의학 내의 사실상 모든 전문 분야에서 제시되고 있다. 그동안 무시해온 박테리아나 바이러스 감염 때문일 수도 있고, 자가 면역 반응auto-immune reaction, 곧 환자 자신의 면역 체계로 인한 신경 손상 때문일 수도 있다. 다른 견해들을 보면, 투렛은 왼손잡이로 태어난 아이들을 강제로 오른손잡이가 되게 함으로써 생긴다. 프로이트 본인은 투렛에 기질적 원인이 있다고 믿었던 반면, 그의 헝가리인 제자 산도르 페렌츠지Sandor Ferenczi는 환자의 경련성 동작은 자위행위의 상징적 표현으로 성적 충동을 억압한 데서 기인한다는 정신분석학적 설명을 선호했다.[34] 흥미로운 사실은 페렌츠지가 자신이 서술한 환자들을 한 명도 관찰할 기회가 없었는데도 자기 연구의 기반을 O의 병력에 두었다는 점이다. 그의 관점에서 절대적 공정성을 이보다 잘 보장받을 방법은 거의 생각할 수 없었던 것이다.

투렛 환자들은 엄청난 노력을 통해 틱과 고함을 일시적으로 제어하는 데 성공한다. 그리고 이는 장애가 본질적으로 신경학적이기보다는 정신의학적이라는 견해에 신빙성을 부여해왔다. 환자들이 사용하는 실제 단어가 흔히 인종차별적이거나 모욕적이란 사실은 그들이 사회적 문맥에 대해 분명히 자각하고 있다는 걸 시사하는 것으로, 이 증후군의 기원이 기질적 요인 말고 다른 데 있을 거라는 해석에 힘을 실어줬다. 메주와 펭델의 책이 발간된 후 약 75년간 투렛 증후군은 신경학 영역의 바깥에 남아 있었다.

새로운 국면은 의학 문헌에서 질 드 라 투렛이란 이름의 실종을 의미하기도 했다. 이 증후군을 형성했던 증상의 연합은 이제 '심인성 무도병psychogenic chorea', '강박신경증', 습관적 경련, 운동과다증(과운동성) hyperkinesis 혹은 1885년 투렛이 '경련 발작tics convulsifs'으로부터 힘들여 분리한 질환인 옛날 옛적의 '시드넘 무도병'으로 분류되었다. 이 시기에 기록한 사례들을 살펴보면 (그중 상당수는 쿠시너가 소개했는데) 비참함 그 자체다. 치료사들은 부모에게 아들이 자위 충동을 억누르기 때문에, 아니면 완전 반대로 지나치게 자위를 하기 때문에 틱이 있다고 말한다. 엄마들은 자기 딸이 과잉 보호적인 환경에서 자랐기 때문에, 혹은 부모가 아이의 과도한 움직임을 지나치게 오랫동안 허용했기 때문에 틱이 생긴 거라는 말을 듣는다. 미취학기에 아들딸을 실컷 뛰어다니게 내버려둔 바람에 이제 자기 조절을 가르치기엔 너무 늦었다는 의미다. 영국의 신경학자 키니어 윌슨Kinnier Wilson은 언젠가 강연 도중 이렇게 공언했다. "다정한 부모와 버릇없는 아이의 유대 관계는 단순한 우연이라고 하기엔 너무 자주 등장하는 아동의 틱 발달의 선행 조건입니다. 가끔은 어린 틱 환자의 엄마 또는 아빠를 한 번만 보고도 모든 걸 충분히 알 수 있습니다."[35] 부모가 불안해하거나 걱정할 때 의사들은 그게 아이의 증상의 결과가 아니라 원인일 수도 있다고 말했다. 부모는 끊임없이 의심의 눈초리를 받았다. 자신들이 가진 신경 계통의 천성을 자식에게 물려줬기 때문에 낳은 부모로서 의혹을 샀고 모든 외침, 모든 틱, 외설적인 말 하나하나가 가정교육 실패를 여실히 드러냈기 때문에 양육자로서도 의혹을 받았다.

그리고 그때 할로페리돌이 나타났다

1961년 프랑스 정신의학자 장 세뇨Jean Seignot는 할로페리돌haloperidol〔훗날 할돌(Haldol)이란 이름으로 시중에 팔렸다)이라는 시약을 처방했던 투렛 환자에 대한 보고서를 냈다.[36] 그 남자는 출입문과 가구의 날카로운 모서리에 머리를 박는 억누를 길 없는 충동을 갖고 있었다. 1일 0.6밀리그램의 투약은 사고 횟수를 하루 몇 번으로 줄였고, 그러는 사이 욕설증은 완벽하게 사라졌다. 이 결과는 수백 건의 후속 연구와 더불어 이 병이 결국 기질적 결함 때문일 수 있다는 가능성에 관심을 집중시켰다. 현재는 뇌의 심층에 존재하는 운동 조절 담당 회로 다발인 기저핵basal ganglia이 관여하는 것으로 추정되고 있다. 이 회로들은 신경 전달 물질인 도파민에 과도하게 반응하면 제 기능을 못한다. 할로페리돌은 도파민 수용체를 묶어버리고 이렇게 함으로써 자극 전달을 차단한다.[37] 어떤 점에서 투렛 증후군은 파킨슨병의 반대라고도 할 수 있다. 도파민 부족으로 파킨슨 환자들이 느리고 뻣뻣해지는 반면, 도파민 과다로 투렛 환자들은 갑작스러운 불수의 운동을 보이기 때문이다. 파킨슨 환자는 움직이고 싶지만 그럴 수 없는 데 반해, 투렛 환자는 움직이고 싶지 않지만 어쩔 수 없이 움직인다. 요즘 처방하는 약은 신경 전달 물질의 생산, 활동 또는 분해를 목표로 한다. 많은 경우 이는 장애를 치료하지는 못하지만 증상은 완화한다. 이런 과민성이 어떻게 생겨나는지는 불확실하다.

정신의학에서 신경학으로 그리고 진료실 침상에서 약국으로의 이행은 투쟁 없이 일어나지 않았다. 10년 가까이 할로페리돌의 효과에 관해 연구한 저자들은 이 약이 증상을 억제하지만 원인을 제거하는 데는 실패했다고 지속적으로 보고했다. 그들은 심리 치료가 최고의 해결책이며, 할로페리돌에서 기대할 수 있는 건 기껏해야 환자에게 진정 효과를 가져와 심리 치료를 순순히 받아들이도록 만드는 것이라고 주장했다. 정신분석학 대신 할로페리돌의 손을 들어주는 논문은 전문 학술지로부터 거절을 당했다.

이러한 이행이 진행된, 빙하처럼 느린 속도를 전형적으로 보여주는 것이 혼합적인 설명의 대두다. 가령 할로페리돌은 아버지나 어머니를 향한 공격을 포함한 아이의 공격성을 저지한다는 막연한 생각이 있었다. 약을 복용하면 아이가 억제해야 하는 양가적 감정이 한층 적어질 것이고, 그러는 사이 틱을 유발하는 심리 내적 긴장은 완화될 것이라는 얘기다. 쿠시너에 따르면, 이런 설명이 반영하는 것은 무엇보다도 정신의학계에 성행하던 세력 균형이다. 결국 투렛 증후군의 약물 치료법 선호라는 변화는 과학적 사실의 위력과 할로페리돌을 포함한 실험 결과 때문이라기보다는 환자와 그 가족들의 풀뿌리 운동에 기인한 것이었다.

1970년대에 투렛 환자에 관한 신문과 잡지 투고 글이 미국 전역에서 등장하기 시작했다. 이 기사들은 눈에 띄게 내용이 유사했다. 하나같이 얼굴 틱으로 고생하다가 나중에는 이상한 불수의 동작으로 발전하는 아이에게 초점을 맞췄다. 걱정한 부모는 의사에게 문의했지만 할 수 있는 일이 없었다. 소아과, 정신의학과, 신경학과의 전문의들도 무슨 일이 일어나고 있는지 도통 몰랐다. 부모들은 이미 의료 관련 기관을 있는 대로 다 돌아다닌 상태였다. 길고 절망적이며 재정적으로도 진을 빼는 여정이었다. 학교에서 자주 문제가 터지고 부모의 결혼 생활이 위협을 받기에 이른 바로 그 절체절명의 상황에서, 아버지나 어머니는 우연히 뉴욕의 어떤 의사에 대한 기사를 읽었다. 병원 대기실에서 집어 든 〈리더스 다이제스트〉 아니면 〈굿 하우스키핑〉 같은 여성지였다. 어쨌든 그 메시지는 이 의사가 새로운 약을 써서 그들의 자녀와 정확히 똑같은 증상을 가진 아이들을 치료해왔는데, 대단한 성공을 거두었다는 것이다. 그 약은 할돌이고 의사는 아서 K. 샤피로Arthur K. Shapiro이며, 그 모든 기사의 출처는 '투렛 증후군 협회Tourette Syndrome Association(이하 TSA)'였다.[38]

1965년 뉴욕 종합병원의 정신과 의사로 있던 샤피로는 한 24세 여성을 치료하는 중이었다. 그녀는 틱에 시달렸고, 멍멍 짖거나 으르렁거리는 소리도 냈다. 나중에는 조금 편안해질 때면 이따금씩 "더러운 새끼!"라고 소리쳤다. 처음부터 그는 이 행동을 기질적인 장애로 추적할 수 있을 거라고 확신했다. 샤피로는 그녀를 입원시킨 후 수개월간 최소한 36가지 서로 다른 정신과적 약물 세트를 투약했다. 할로페리돌은 최종적으로 가장 효과가 좋은 것으로 입증됐다. 그는 아내인 심리학자 일레인 샤피로Elaine Shapiro와 함께 투렛 증후군이 기질성 장애의 일종임을 명약관화하게 보여주는 지표로서 이 결과를 제시하는 글을 썼다. 거기에 정신분석학의 치료적 불능에 대한 비평도 추가했다. 이는 정신분석학자들이 지배하던 미국 학술지의 편집자와 평론가들을 거쳐가는 샤피로 자신의 길고도 결실 없는 대장정의 시작이었다. 기사는 최종적으로 〈영국 정신의학저널British Journal of Psychiatry〉에 실렸다.[39] 샤피로 부부는 돌려 말하지 않았다. 그 여성은 투렛 증후군을 앓고 있었다. 그들은 투렛이 1885년 체계화한 증상의 설명에 동의했고, 투렛이 말했듯 이 병은 아직까지 미확인된 신경학적 결함에서 비롯되었다고 썼다. 증후군에 붙는 이름이 그 출생지로, 즉 신경학으로 다시 옮겨간 것도 바로 이 시점이었다. 저자들은 투렛이 그 정확한 내용이 무엇이든 이 기질성 결함을 퇴행의 결과로 간주했다는 것을 언급하는 걸 잊었다. 어쨌든 그들은 정신의학 역사가들은 아니었던 것이다.

분명 아서 샤피로는 정신의학계의 지지에 기댈 수는 없었다. 1972년 (누구보다도 샤피로가 앞장서서) 창립한 TSA는 미국 국립보건원National Institutes of Health에 보조금을 신청했다. 하지만 전국에서 고작 100명 정도가 투렛 증후군을 앓고 있다는 이유로 거절당했다.[40] 그러나 재정적 지원은 투렛 환자의 부모들에게서 나오기 시작했다. 그들 중 일부가 상당한 액수를 기부했고, 할돌 제조사인 맥닐 연구소McNeill Laboratories도 가세했다. 이 업체는 협회의 광고물은 물론 정보 영상과 책자의 재판 인쇄에 들어가는 비용을 댔다. 올바른 진단과 치료를 받은 아이들에 관한 짧은 형식의 신문 기사도 결국은 투렛 증후군 진단율이 대단히 낮다는 걸 입증하기 위해 협회가 마련한 캠페인의 일환이었다.[41] 창립 후 10년이 지난 1982년 TSA는 1만 명의 회원을 보유하고 전국적 규모로 운영하는 환자 협회가 되었다. 오늘날 웹사이트(www.tsa-usa.org) 방문자들은 주도적이고 자기 확신을 내뿜는 정보를 클릭해서 볼 수 있다. 투렛 환자들이 쓴 책〔《투렛 증후군은 어떻게 나를 교사로 만들어줬는가(How Tourette Syndrome Made Me the Teacher I Never Had)》〕, 그들이 한 인터뷰("나는 투렛 증후군이 있지만 투렛 증후군에는 내가 없다"), 전 맨체스터 유나이티드 축구팀 골키퍼 팀 하워드 같은 유명인 투렛 환자에 관한 보고서도 있다. 소식지, 투렛 환자들의 요구에 맞춰 제작한 교육 프로그램을 비롯해 과학 논문과 학술 토론에 관한 정보도 있다. TSA는 지금 미국에 35개 지부와 300개 이상의 협력 단체는 물론 전 세계적인 자매단체 네트워크를 갖고 있다.

1500프랑어치의 지팡이

투렛 환자가 겪는 장애는 어느 시대에나 있었다. 고대의 기록에도 이상한 불수의 동작에 시달리는 사람들이 나오는데, 개처럼 짖거나 쌍욕을 퍼붓는 걸 말릴 도리가 없었다. 하지만 투렛 **환자**는 어느 시대에나 있었던 것은 아니다. 1900년경 이 병을 앓던 사람은 자기 자신, 자기의 행동, 그 행동에 대한 자기 인식을 중세나 20세기 말에 살았던 환자들과는 상당히 다르게 파악했다. '환자'라는 단어부터 논란의 여지가 있다. 중세에는 이 병을 앓는 사람을 '아픈' 게 아니라 '악령에 홀린' 것으로 여겼다. 전문 상담, 약물 요법, 동료 환자들의 응원을 쉽게 접할 수 있는 사람은 투렛과 같은 시대에 살았던 이들과는 틀림없이 아주 다른 환경을 경험한다.

이 병은 치유 불가능하다. 아울러 그런 의미에서 여전히 "일생에 걸쳐 함께 가야 할 끔찍한 동반자"다. 하지만 완화하는 약이 출현하기 이전 시대에 환자들에게 짝지어졌던 그런 동반자는 더 이상 아니다. 《아내를 모자로 착각한 남자》에서 올리버 색스Oliver Sacks는 레이Ray란 이름의 24세 청년의 사례를 소개한다.[42] 그는 격렬한 틱으로 고통 받았는데, 몇 초마다 한 번씩 쉬지 않고 틱이 왔다. 중등 과정을 마치고 졸업했지만 직장 수십 군데에서 해고당했다. 하지만 그는 주말마다 재즈 드러머로 활동하며 음악에서 일종의 탈출구를 발견했다. 게다가 그의 질환은 애드리브 기회를 주었고, 가장 격렬하고 가장 색다른 즉흥연주를 끌어냈다. 탁구를 칠 때도 그는 자칭 '까불이 스매싱'을 느닷없이 날리는, 상대편이 매우 두려워하는 적수였다. 색스는 그에게 할돌을 복용해보자고 제안했다. 최초의 (극소량) 투여는 주사기로 했다. 효과는 바로 나타났다. 한 번 투여에 몇 시간씩 틱이 사라졌다. 색스는 하루 3회 0.25밀리그램을 처방했다. 그러나 일주일 후 레이가 다시 왔을 때 눈이 멍들고 코뼈는 부러져 있었다. 회전문을 맹렬한 속도로 돌진해 들락거린 모양이었다. 약물 처방 결과 시간 감각이 떨어졌다. 틱이 사라진 게 아니라 단지 훨씬 더 느리게 일어났던 것이다. 틱 동작 중간에 몸이 얼어붙을 만큼. 레이는 자신이 무감동에다 느려터지고 둔해졌다고 느꼈다. 드럼 연주도 나빠졌다. 예전에 가졌던 템포와 열정이 사라진 그냥 평이한 소리가 났다. 이 때문에 그는 주말 말고 주중에만 할돌을 복용하기로 결심했다. 이런 의구심은 당연하다. 할로페리돌은 달갑지 않은 부작용이 있을 수 있다. 파킨슨병 증세 같은 뻣뻣함, 우울함, 무관심도 포함된다. 때때로 자살을 시도하기도 한다. 극소수의 투렛 환자들은 약효는 하나도 없이 부작용만 경험했다.

올리버 색스는 책 뒷부분에서 외과 의사 칼 베닛Carl Bennett을 포함한 다양한 투렛 환자들에 대해 더 묘사했다. 그는 색스에게 3명의 다른 외과 의사, 3명의 내과 의사, 2명의 신경학자와 1명의 정신의학자를 소개했는데 모두 투렛 증후군을 앓고 있었다.[43] 레이 및 베닛의 사례와 1902년으로 거슬러 올라가는 'O의 비밀' 사이에는 특이한 유사성이 있다. 곧 모두가 임상학적 관찰에 관한 보고서를 기록하고 당시 가능했던 의학적 통찰의 혜택으로 환자의 행동을 해석한 의사에 의해 글로 씌어졌다. 메주와 펭델은 물론 색스도 자신들의 임상 관찰을 이 병의 근원, 경과, 치료 가능성을 둘러싼 토론과 엮어 조합한다. 그들은 환자에게도 발언권을 준다. 환자는 독자를 질병의 내부로 끌고 들어가 긴장이 증폭될 때의 느낌, 방출discharge 방식, 틱이나 비명이나 고함의 완화를 보여준다. 이야기의 주체는 3인칭과 1인칭 사이를 오간다. 의사와 환자는 손을 잡고 투렛 증후군을 앓는다는 것이 무엇인지 그려낸다. 레이, 칼 베닛, O 사이의 유사성 중 하나는 이유는 모두 다르지만 셋 다 자신들의 병에 어떤 책임감을 느낀다는 사실이다. O는 자신의 행동이 약한 의지력과 부적절한 충동 조절의 결과라고 믿는다. 자신의 의지를 훈련하고 강화시킬 수만 있다면, 그는 틱을 억제할 수 있을 것이다. 레이와 베닛은 자신들의 틱이 기질성 장애로 인해 유발됐지만, 완화시키는 약의 효용 덕분에 그 빈도를 줄이는 게 가능하다는 것을 안다. 그들은 그 약의 사용 여부나 시기를 스스로 결정한다. 1902년부터 오늘날에 이르는 동안 투렛 증후군은 심리적 결함에서 기질성 질환이 되었다. 이로써 비난받아 마땅하다는 생각이나 죄책감 그리고 O에게 그토록 큰 고통을 안겨줬던 자책감을 제거했지만 한편으로는 새로운 종류의 책임감이 그 공백을 대신하게 되었다.

색스가 연구한 사례들의 **서브텍스트**와 20세기 초 의료 현장에서 일했던 동료 의사들의 그것 사이에는 태산 같은 차이가 존재한다. 색스는 집안의 천식 내력이나 말더듬이 사촌이나 괴상한 고모를 캐지 않는다. 퇴행일 거라는 모든 암시는 사라졌다. '약한 의지'라는 의혹도 마찬가지다. 바로 이 개념은 사실 최근의 한 실험을 통해 무너졌다. 이론적인 예상과 달리 반사적이고 충동적인 반응 억제를 요구하는 과제가 주어지자 투렛 증후군 아동들이 그렇지 않은 아이들보다 높은 점수를 받았다.[44] 이로써 자신들의 반응을 조절하려는 필요에 의해 투렛 아동들은 또래에 비해 강한 조절 메커니즘을 발달시킨다는 새로운 가설이 등장했다. 그러나 가장 중요한 차이는 담당 의사들의 눈에 O는 불구의 축적물이자 장애의 살아 있는 개론서였다는 점이다. 메주와 펭델에게 그는 장애에도 **불구하고** 스포츠에 능한, 성공한 비즈니스맨이었다. 색스에게는 충동, 변덕, 레이 같은 사람의 속도는 그가 가진 장애의 일부였다. 그는 투렛 증후군 **덕택에** 드럼 연주와 탁구에 뛰어났다.

투렛 증후군을 신경학 분야 바깥으로 옮겨가게 했던, 오랜 세월 그 명칭 자체를 보이지 않게 숨기기까지 했던 저서 《틱과 그 치료법》이 등장한 1902년 무렵, 투렛은 이런 새로운 국면에 반응을 보이기에는 더 이상 적합한 상태가 아니었다. 세기 전환기에 그가 썼던 논문들은 "17미터 높이에서 추락한 뒤에 오는 히스테리 현상", "히스테리성 기원의 뇌출혈 사례", 심지어 "임산부 파상풍의 히스테리적 본질" 같은 괴상한 제목을 달고 있었다.[45] 1899년 그는 "경련성 틱 발작"은 점진적인 경과를 보이며 심각한 정신 장애로 끝난다는 자신의 예전 관점을 철회하는 글을 썼다.[46] 오래지 않아 투렛 본인도 매독 감염의 말기 증세로 인해 정신병의 포로가 되었다. 1900년 내내 투렛의 행동은 너무나 기이해서 자신의 환자들과 별반 차이가 나지 않을 정도였다. 그는 더 이상 업무를 지속할 수 없었다. 1901년 1월, 병원 측은 그를 무기한 병가로 처리했다. 황색 언론으로부터 그를 보호하기 위해 아내와 자식들은 그와 함께 스위스로 여행을 떠났다. 그의 멘토의 아들이자 역시 의사였던 장 바티스트 샤르코Jean-Baptiste Charcot가 그들과 동행했다. 루체른Luzern의 호텔에 도착한 투렛은 식당의 메뉴판을 모조리 훔치고 1500프랑어치의 지팡이를 사들이는 등 무질서한 행동을 계속했다. 상황은 급속하게 참을 수 없는 지경이 되었다. 투렛이 강한 조증기에 접어들자 샤르코는 로잔Lausanne에 있는 유명한 환자가 그의 도움을 필요로 한다고 말했다. 1901년 5월 28일, 투렛은 환자를 상담하기 위해 세리 정신병원Cery Clinic으로 걸어 들어갔다. 그리고 곧바로 폐쇄 병동에 감금됐다. 증상은 점점 악화했고, 마지막에는 정신병의 늪으로 빠져들었다. 조르주 질 드 라 투렛은 1904년에 사망했다. 그의 나이 46세였다.

08

매듭들의 미로 : 알츠하이머병

1902년 찍은 사진에서 아우구스테 데터는 실제 나이인 쉰두 살보다 늙어 보인다. 남편은 아내를 더 이상 집에서 돌볼 수 없어 프랑크푸르트암마인에 있는 정신병원에 데려왔다. 아우구스테는 혼란스럽고 불안하다. 그녀는 편집증을 앓고 있으며, 남편이 옆집 여자와 바람을 피운다고 믿는다. 가끔씩은 남편을 알아보지 못한다. 주치의는 진료 의뢰서에 기억력이 심각하게 훼손됐으며 불면 증세가 있다고 적는다. 진단명은 '뇌 마비'다. 입원 다음 날인 1901년 11월 26일, 알로이스 알츠하이머Alois Alzheimer는 자신의 새 환자와 대화를 나눈다.[1] 의무 차트의 첫 문장은 다음과 같다. "침대에 앉아 있음. 제정신이 아닌 표정." 그는 그녀에게 묻는다. "이름이 뭐예요?"—"아우구스테." "성은 뭐예요?"—"아우구스테." "남편의 이름은요?"—"아우구스테인 것 같아요." "결혼하셨어요?"—"아우구스테하고요." 이곳에 얼마나 오래 있었냐고 묻자 그녀는 "3주"라고 말한다. 그는 연필, 펜, 열쇠, 담배 등 다양한 물건을 그녀에게 보여준다. 그녀는 그것들을 잘 식별할 수 있지만, 잠시 후 물건을 보여주지 않은 채 이름을 대보라고 하

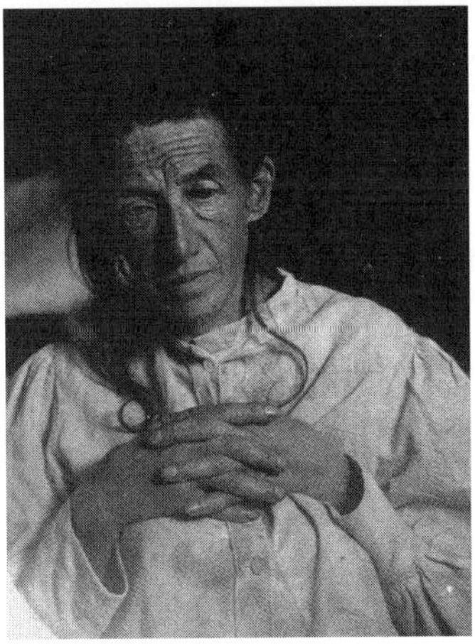

그림 8.1 아우구스테 데터(52세), '최초의 알츠하이머병 환자'.

자 전부 까먹는다. 점심 식사(콜리플라워와 돼지고기)가 도착하자 그는 무얼 먹고 있냐고 묻는다. "시금치요." 그는 '아우구스테 데터 부인'이라고 써보라고 한다. 그러나 그녀는 '부인'이라고 적더니 뒤에 뭘 쓰려 했는지 잊어버린다. 이틀 뒤 알츠하이머는 그녀의 차트에 이렇게 적는다. "언제나 제정신 아님, 불안해 보임." 그리고 하루 뒤에는 "제정신 아님. 모든 것에 저항함"이라고 적는다. 그는 그녀가 지금 어디에 있다고 생각하는지, 어디서 태어났는지, 이름이 뭔지 물어본다. 그녀는 어느 질문에도 답하지 못한다. 아우구스테는 결국 거의 5년을 그 병원에서 지낸다. 죽기 직전까지 멍한 정신으로, 대소변도 가리지 못하고 두 다리를 들어 올린 채 알츠하이머가 "완전한 정신박약"이라고 표현한 상태로 침대에 누워 지냈다.

1995년 아우구스테 데터의 파일은 프랑크푸르트 병원 기록보관실에서 발견되었는데, 엉뚱한 연도에 꽂혀 있었다. 2년 뒤 다섯 장의 사진도 발견되었다.[2] 알츠하이머에게 너무나 강한 인상을 남겼던 절망이 그녀의 얼굴에 가득하다. 아우구스테는 1906년 봄 사망했다. 알츠하이머는 그녀의 뇌를 잘라낸 절편에서 오늘날 알츠하이머병이라고 알려진 것의 특징인 조직 이상을 발견했다.

알츠하이머, 신경병리학자

알로이스 알츠하이머(세례명 알로이시우스)는 1864년 독일 뷔르츠부르크Würzburg 인근 마르크트브라이트Marktbreit

에서 공증인의 아들로 태어났다.[3] 중등학교를 마친 그는 의학을 공부하기로 결심했다. 그는 집에서 가깝고 이복형제 카를Karl이 재학 중이던 뷔르츠부르크 대학을 지망했다. 그러나 아버지는 알로이스 본인보다 훨씬 야망이 커서(사실상 그는 평생을 자신보다 큰 야심을 가진 사람들에게 둘러싸였다), 아들을 의학의 메카인 베를린 대학으로 보냈다. 로베르트 코흐Robert Koch가 1882년 결핵균을 발견

그림 8.2 알로이스 알츠하이머(1864~1915).

하고, 알츠하이머가 공부를 시작한 해인 1883년에는 콜레라 병원균을 발견했던 곳이다. 그러나 한 학기 뒤에 알츠하이머는 가방을 싸서 뷔르츠부르크로 떠났다. 대학생 조직인 프랑코니아Franconia가 권하는 과외 활동으로 공부할 시간이 거의 없는 데다 펜싱 사브르 결투 중 왼쪽 눈에서 턱까지 기다란 흉터가 생겼기 때문이다. 알츠하이머가 의학 공부를 진지하게 여기기 시작한 것은 1884년에서 1885년으로 이어지는 겨울 학기 때였다. 그는 법정신의학과 미세 조직 연구에 마음이 끌렸고, 그때부터 아무것도 그를 막을 수 없었다. 1887년에는 귀지를 만드는 분비선에 관한 논문을 완성했다. 알츠하이머는 뛰어난 데생 화가였다. 이후의 저술에서처럼 논문의 삽화로 놀랄 만큼 뛰어난 조직 절편 데생을 직접 그렸다. 다음 해에는 마지막 의학 시험을 치렀다. 23세의 그는 인생에서 다음 단계로 나아갈 준비가 되어 있었다.

1888년 후반 알츠하이머는 프랑크푸르트에 있는 '정신병자와 간질 환자를 위한 병원Asylum for Lunatics and Epileptics'의 수련의 자리에 지원했다. 마음의 병을 앓던 한 여성의 개인 주치의로 5개월 동안 여행을 마치

고 최근 돌아온 그는 이미 약간의 정신과 실습 경험을 한 터였다. 그는 자신이 대학에서 수강한 현미경 병리학 강의와 실험 실습 학기에 대해서도 언급했다. 병원 관리자이던 에밀 시올리Emil Sioli는 전보를 보내 알츠하이머가 수련의에 합격했음을 통보했다. 급여는 연봉 1200마르크에 숙식 포함이었다. 알츠하이머는 시올리와 죽이 잘 맞았다. 둘 다 무속박 원칙을 지지했다. 같은 해(1888)에 모스크바 정신병원 원장 자리를 맡은 코르사코프처럼 그들은 독방 감금이나 구속복 같은 어떤 형식의 강압도 없는 환자 관리 방식을 도입하기 위해 분투했다. 병원 부지는 이런 노력을 하기에 딱 들어맞았다. 본관은 너른 공원과 정원으로 둘러싸여 있었고, 다양한 별관은 당시 사용하던 정신의학적 분류를 반영하듯 평온한 정신이상자, 흥분하는 정신이상자, 정신박약 환자, 간질 환자로 나뉘어 사용했다. 아울러 시올리는 어떻게든 해부실 겸 영안실(건물 가운데 비좁고 악취 나는 큰 홀)을 독립적이고 밝은 해부실로 교체하게끔 했다.

낮 동안 알츠하이머는 다양한 병동으로 회진을 돌았지만 그럼에도 자신을 주로 신경병리학자로 여겼다. 실제로 그는 환자들이 죽은 뒤에 최고의 서비스를 제공했다. 저녁마다 현미경 앞에 앉아 부검 도중 채집한 신경 조직을 검사하곤 했다. 알츠하이머가 이곳의 직원이 된 지 몇 달 후, 또 한 명의 유망한 신경병리학자가 프랑크푸르트에 도착했다. 프란츠 니슬Franz Nissl이었다. 그가 자신이 일하던 베른하르트 폰 구덴Bernhard von Gudden의 연구소가 있는 뮌헨을 서둘러 떠난 것은 1886년 여름에 일어난 한 편의 드라마 같은 사건 때문이었다.[4]

폰 구덴은 3명의 뛰어난 정신과 의사들과 함께 바이에른 왕국의 루트비히 2세의 정신이상에 대한 선언서 작성을 요청받았다. 왕은 과대망상이 결합된 피해망상에 시달리고 있었는데, 그 계획은 그를 일시적으로 퇴

위시킨 다음 치료를 받을 수 있도록 하는 것이었다. 폰 구덴은 슈타른베르크Starnberg 호수에 이웃한 베르크Berg 성에서 모든 준비를 갖췄고, 6월 13일 늦은 오후에 환자와 함께 인근 공원으로 산책을 나갔다. 그들 뒤로는 멀리 떨어져 2명의 남자 간호사가 따라왔다. 그들은 루트비히가 폰 구덴의 귀에 대고 뭔가 속삭이는 것을 보았다. 잠시 후, 의사가 그들에게 물러가라는 신호를 보냈다. 그리고 몇 시간 뒤 슈타른베르크 호수에 떠 있는 왕과 의사의 시신이 발견되었다. 이 죽음을 둘러싼 정황은 결코 완전히 밝혀지지 않았다. 가장 그럴 법한 시나리오는 하루 전날 자살 시도를 했다 실패한 루트비히가 호수에 뛰어들었고, 폰 구덴이 그 뒤를 따랐다는 것이다. 호수 바닥의 진흙에서 발견된 흔적은 뭍으로부터 어느 정도 떨어진 거리에서 구덴이 왕의 옷깃을 움켜잡는 데 성공했고, 그 후 몸부림이 뒤따랐음을 암시하는 것 같았다. (41세의 근육질에 몸무게가 120킬로그램이나 되는) 루트비히가 62세인 의사를 물속에서 끌어안은 채 익사했다고 상상할 수도 있다. 두 사람의 사체는 서로 가까운 곳에서 발견됐다.

비극은 니슬 개인의 삶에 치명적인 영향을 끼쳤다. 의학도 시절, 그는 폰 구덴이 개최한 뇌세포의 병리학적 변화에 초점을 맞춘 공모전에서 우승했다. 출품 논문에서 그는 구조가 드러나도록 신경세포에 마젠타 레드magenta red가 스며들게 하는 방법을 제시했다. 훗날 그는 똑같은 목적으로 메틸렌 블루methylene blue를 사용하는데, 이 기술은 지금도 니슬 염색법으로 알려져 있다. 졸업 직후, 폰 구덴은 그를 수련의로 채용했다. 폰 구덴 역시 신경학의 혁신에 자신의 이름을 올린 인물이었다. 뇌는 매우 부드러운 조직으로 구성되어 있기 때문에 그것을 절편으로 자르는 것은 극히 어렵다. 1875년 폰 구덴은 마이크로톰microtome이라는, 뇌를 쭉 펼친 길이로 놓고도 절편으로 자르는 걸 가능케 하는 장치를 설계했다.[5]

그림 8.3 폰 구덴의 마이크로톰. 절단할 뇌를 실린더(a)에 내려놓았다. 해부학자는 고정나사(c)를 사용해 장치의 표면(b)을 가로질러 난 칼의 방향으로, 뇌를 마이크로미터 단위까지 위쪽으로 자를 수 있었다. 표본이 절대 칼에 묻지 않도록 이 과정은 물속에서 이뤄졌다. 그리고 물 위에 떠다니는 세포막은 받침 접시에 퍼담았다. 폰 구덴은 직경 4.5센티미터인 원숭이의 뇌에서 801개나 되는 절편을 얻었으며, 이는 절편 한 개가 약 0.055밀리미터 두께라는 뜻이라고 보고했다. 마이크로톰의 디자인을 보면 (비록 약간 유행이 지나긴 했지만) 비더마이어 양식(1815~1848)이 해부실에까지 도달했음을 알 수 있다.

폰 구덴의 급작스러운 죽음은 니슬에게 큰 충격을 주었다. 연구는 부진하고, 건강도 나빠지기 시작했다. 어느 날 온천에서 하루를 보낸 그는 프랑크푸르트의 '정신병자와 간질 환자를 위한 병원' 전공의 자리에 지원하기로 결심했다. 그와 알츠하이머는 좋은 친구가 되었고, 서로를 존경했으며, 수년을 함께 일했다. 니슬은 1894년 알츠하이머의 결혼식에서 증인을 섰다. 이 결혼이 성사되기까지의 상황 역시 프랑크푸르트에 니슬이 온 것만큼이나 파란만장하다.

하이델베르크의 의사 빌헬름 에르브Wilhelm Erb한테는 매독에 걸린 ○○○ 오토 가이젠하이머Otto Geisenheimer란 환자가 있었다. 이 남자는 원래 프랑크푸르트 출신인데 20세 때 뉴욕에 가서 보석 무역으로 부를 쌓았다. 38세 때 아내를 얻기 위해 프랑크푸르트로 돌아온 그는 1883년 역시 부유한 유대인 집안의 딸 세실리아 발레르슈타인Cecilia Wallerstein(23세)과 결혼했다. 가이젠하이머는 당시 '뇌연화증softening of the brain'이라고 부르던 병을 앓고 있었다. 1892년 에르브는 가이젠하이머 부부의 북아프리카 탐험 여행에 동행하며 그들의 개인 주치의 역할을 했다. 가이젠하이머의 상태가 악화한 것은 막 알제리에 도착했을 때였다. 에르브는 매독 연구 권위자이자 개인 주치의 경험도 있는 알츠하이머에게 전보를 보내 가능한 한 빨리 와서 부부의 귀국길에 동행해달라고 요청했다. 극진한 보살핌에도 불구하고 가이젠하이머는 니스에 도착한 뒤 얼마 지나지 않아 죽고 말았다. 독일로 돌아가는 도중이었거나 아니면 아마 좀더 이후였을 수도 있지만 알츠하이머와 세실리아는 사랑에 빠졌고, 1894년 결혼했다. 결혼은 알츠하이머를 재정적으로 독립할 수 있게끔 만들어줬다.

프랑크푸르트에서 부부는 행복하게 살았다. 세실리아는 매일 마차를 타고 시내로 나가 미술품과 골동품을 사들였고, 그것들로 점차 집을 꽉 채웠다. 8명의 하녀가 가사를 돌봤고, 저녁 만찬과 연회도 자주 열었다. 한때 뉴욕에서 생활한 데다 가이젠하이머와 곳곳을 누볐던 세실리아는 알츠하이머가 갖고 태어나지 못한 그러나 그에게 맞춤옷처럼 딱 어울리는 세련미를 지닌 여자였다. 에밀 크레펠린Emil Kraepelin이 훗날 회고했듯 "알츠하이머는 안락함을 즐겼고, 담배를 많이 피웠다".[6] 이는 사진에서도 볼 수 있다. 알츠하이머가 담배 없이 찍은 사진은 있다고 해도 극히 적다. 그리고 30대 중반에 이미 안락하게 사는 재능에 위배되는 비만이 생겼다. 부부에게서는 두 딸과 아들이 연달아 태어났다.

1901년 2월, 세실리아의 죽음은 니슬이 "지극히 행복한 결혼"[7]이라고 표현했던 삶에 마침표를 찍었다. 36세의 알츠하이머는 이제 어린 세 자식이 딸린 홀아비가 되었다. 여덟 살 아래인 여동생 엘리자베트Elisabeth가 이사를 와서 아이들의 양육을 도와주었다. 알츠 하이머가 아우구스테와 나눴던 대화는 그의 인생에서 확실히 가장 비참한 해에 이뤄졌다.

담배꽁초 흔적

1903년 가을 알츠하이머는 아이들과 엘리자베트를 데리고 뮌헨으로 이사했다. 왕립정신병원Royal Psychiatric Clinic 원장이던 에밀 크레펠린이 해부학연구소를 맡아달라고 부탁했던 것이다. 그에게 급여를 주는 것은 가능하지 않았지만, 당시 알츠하이머에게 돈은 필요 없었다. 연구소는 3층에 넓고 밝은 방이 있고, 병리학 연구를 위한 모든 시설이 갖춰져 있었다. 창문 아래에는 기다란 테이블마다 현미경이 줄지어 있고, 현미경용 절편을 그리는 데 사용하는 **카메라 루시다**camera lucida(실물 사생 장치—옮긴이)도 있었다. 절편을 촬영할 수 있는, 당시에는 신기술이던 카메라뿐 아니라 마이크로톰도 있었다. 벽에는 통화로 결과를 전달할 수 있도록 전화기 두 대가 붙어 있었다. 학생과 전 세계에서 온 객원 연구원들이 연구소를 방문했다. 실제로 방문객 명단은 마치 의학 용어 원조들의 개요서 같았다. 그중 프리드리히 하인리히 레비Friedrich Heinrich Levy는 훗날 미국으로 건너가 프레더릭 레비Frederic Lewy로 이름을 바꿨는데, 1912년 파킨슨 환자들의 뇌에서 발견한 단백질 침착물로 이뤄진 레비 소체로 유명하다.[8] 다른 2명의 객원 연구원인 한스 게르하르트 크로이츠펠트Hans-Gerhard Creutzfeldt와 알폰스 야코프Alfons Jakob는 자신들의 이름을 딴 치명적인 바이러스 질병에 대해 상호 독립적으로 설명했다. 매일 아침과 오후에 알츠하이머는 스무 군데 회진을 돌았다. 변함없이 담배를 들고. 그는 의자를 당겨 환자 가까이 앉고 자기에게 보이는 것을 설명하는 데 필요한 만큼 긴 시간을 들인 다음, 담배 꽁초의 흔적을 남긴 채 다음 장소로 넘어갔다. 그는 무보수로 일했을 뿐만 아니라 제도사와 사진사를 고용하는 비용을 감당했고, 필요한 장비를 구입하는 데에도 자금을 댔다.

알츠하이머는 신경계 이상과 간질, 정신분열, 헌팅턴 무도병Huntington's chorea과 다발성경화증 같은 질환 사이에 있을 수 있는 연관성에 초점을 맞춰 연구 프로그램을 설계했다. 하지만 그의 전문 분야는 '진행성 마비progressive paralysis'였다. '마비성 치매dementia paralytica'라고도 알려진 이 증후군은 대도시의 정신병원 입원 환자 중 30~40퍼센트를 차지했다. 현재 알려진 대로 그리고 당시의 의혹처럼 진행성 마비는 매독 감염으로 유발되었다. 여성보다는 남성한테 2~3배 더, 성직자보다는 군인한테, 기혼남보다는 총각한테 더욱 자주 발생했다. 프랑크푸르트에 도착한 직후인 1888년부터 1903년 떠나는 날까지 알츠하이머는 최소 320건의 사례를 연구했다.[9] 아우구스테에게 했던 것처럼 환자들과 오랜 시간 이야기를 했다. 그리고 대화 중에 기억력, 집중력, 추상화 능력을 테스트하기 위해 고안한 짧은 연습 문항을 은근슬쩍 도입했다. 환자가 죽은 뒤에는 뇌와 척수를 부검했다. 대중적으로 뇌연화증이라 알려진 진행성 마비는 심각하고 광범위한 신경계 손상의 결과다. 아울러 이는 대단히 다양한 증상으로 발현된다. 알츠하이머는 이렇게 썼다. "기억과 판단 그리고 감정과 의지는 가장 먼저 훼손된다. 환자는 점차 외부 세계로부터 차단된다. 주변 환경에서 그에게 도달하는 인상을 처리하는 것 그리고 그에게 강한 인상을 등록하는 몇몇 사물을 자기 자신의 인격과 연관시키는 작업이 더욱 어려워지기 때문이다. 그는 곧 모든 자기 인식과 판단력마저 잃어버린다."[10] 알츠하이머가 마지막 단계에 관해 언급한 것은 치매 초기 환자에 대해서도 쓸 수 있는 내용이다. "관찰력은 무뎌진다. 오래된 추억과 경험은 더 이상 공명하지 않는다. 그가 가진 관심사는 한데 뒤섞이다가 최종적으로는 사라진다. 그의 원래 인격에서 아무것도 남지 않는다."[11] 결국 환자는 흥분, 망상, 기억 상실, 마비에 무릎을 꿇는다. 알츠하이머는 이 주제로 대학교수 자격 심사 논문을 제출했다. 논문은 많은 이들이 갈망하는 교수 자격인 '베니아 레젠디venia legendi'를 안겨주었고, 그는 대학에서 가르칠 수 있는 요건을 갖추었다. 교수 자격은 1904년 여름에 수여받았는데, 투렛이 스위스 정신병원에서 매독의 영향으로 죽은 지 몇 달 후였다.

1904년 크리스마스에 알츠하이머는 다 같이 베슬링 호숫가로 떠날 거라고 깜짝 발표를 했다. 그해 여름방학을 가족이 보낸 곳이었다. 아이들은 크게 놀랐다. "지금요?" "이렇게 한겨울에요?" 한스 알츠하이머는 훗날 아버지와 가족이 베슬링으로 가는 증기기관차에 어떻게 올라탔는지, 아이들이 꽁꽁 언 호수를 뒤덮은 눈을 헤치고 어떻게 터벅터벅 걸어갔고 또 어떻게 담으로 둘러쳐진 커다란 문 앞에 도착했는지 얘기하곤 했다. 아버지가 문손잡이를 돌렸지만 잠겨 있었다. 그러자 아버지는 주머니에 손을 넣어 엄청나게 큰 열쇠를 꺼내더니 "이게 맞는지 볼까?"[12]라고 말했다. 삐걱거리는 소리와 함께 문이 열리고 이끼로 뒤덮인 계단이 드러나자 아이들은 입을 딱 벌렸다. 현관 계단 맨 위에 올랐을 때, 그들은 눈부신 겨울 햇살 속에서 아버지가 무엇을 샀는지 보았다. 정원과 별채와 보트 창고를 완비한 거대한 하얀색 별장이었다. 알츠하이머 가족은 많은 주말과 휴가를 그곳에서 보냈고, 따뜻한 환영을 받은 고모들과 삼촌들과 그들의 자녀들과도 자주 함께 지냈다. 오늘날까지도 그 집은 여전히 알츠하이머 가족 소유다.

플라크와 매듭

1906년 4월, 알츠하이머는 프랑크푸르트에서 걸려온 전화를 받았다. 아우구스테 데터가 죽었다는 것이었다. 그는 데터의 뇌는 물론 의무 차트도 보내달라고 부탁했다. 서류는 30쪽이나 됐다. 자신이 기록한 걸 다시 읽으면서 알츠하이머는 오늘날에도 이 병을 가진 환자들의 특징인 과정을 재구성했다. 데터는 집에 있을 때 기억이 나빠지기 시작했으며, 쉬지 않고 집 안을 돌아다녔다. 물건을 숨기고 나서 어디에 있는지 바로 까먹었다. 요리할 때는 어디서부터 시작해야 할지 알 수 없었다. 입원 후에는 훨씬 더 갈피를 잡지 못했다. 테더는 자신이 (그녀가 태어난 곳인) 카셀Kassel에 살고 있으며 알츠하이머는 집에 온 손님이라고 생각했다. ("남편이 곧 집에 올 거예요!") 지금이 몇 년도인지, 병원에 들어온 지 얼마나 됐는지 전혀 몰랐다. 자신에게 쉰두 살짜리 딸이 있다고 하더니 잠시 후 앞뒤가 안 맞는다는 걸 모른 채 자신이 쉰여섯 살이라고 말했다. 인터뷰를 그대로 옮겨놓은 대목을 보면 많은 자동증이 한동안 나타났다. 아우구스테는 1년 12개월의 이름을 술술 암송할 수 있었다. 열한 번째 달의 이름만 빼고. "9 곱하기 7은 얼마죠?"라고 물어보면 "63"이라고 대답했다. 하지만 질문이 "한 개에 7페니히 하는 달걀 6개를 사려면 얼마를 내야 하죠?"가 되면, 대답은 "삶은 거요"였다. 종종 마치 시력을 잃은 것처럼 주변을 더듬거렸고, 다른 환자들의 얼굴을 향해 자기 두 손을 뻗기도 했다. 저녁이 다가오면 아주 불안해하며 가만히 있지를 못해 이부자리를 몸에 감고 병동을 돌아다녔다. 무속박 원칙에도 불구하고 가끔 독방 말고는 다른 해결책이 없었다. 알츠하이머는 일찍부터 아우구스테의 사례가 얼마나 중요한지 분명 깨달았던 것 같다. 차트에는 광범위한 문서 작업과 사진 자료는 물론 그녀를 다른 병원으로 옮기려는 계획에 시올리가 반대한 내용을 담은 편지도 들어 있었다. 알츠하이머는 시올리에게 진전 상황을 면밀히 지켜보겠다는 약속을 받아냈다. 그는 아우구스테가 땅에 묻힌 뒤에야 사망 소식을 전해 듣는 위험을 감수하고 싶지 않았다. 그녀의 마지막 날들에 관해서는 다소 간단한 메모가 남겨져 있었다. "4월 6일 저녁: 매우 정신 혼미. 가끔 신음. 땀을 줄줄 흘림. 4월 7일: 하루 종일 매우 정신 혼미. 체온은 오후 41도, 저녁 40도. 4월 8일: 새벽 4시 45분 사망. 사인: 욕창에 의한 패혈증."

시올리에게 보낸 편지에서 알츠하이머는 뇌와 의무 기록을 보내줘서

고맙다고 말하며 1906년 11월 튀빙겐에서 열릴 정신의학자와 신경학자들의 지역 모임 때 아우구스테의 사례에 대해 강연을 할까 한다고 언급했다. 하지만 알츠하이머가 한 강연은 대단히 실망스러웠던 것으로 밝혀졌다.

1907년 〈정신의학에 관한 보통 정기 간행물Allgemeine Zeitschrift für Psychiatrie〉에 실린 강의 텍스트에 따르면, 알츠하이머는 먼저 프랑크푸르트에서 자신이 기록한 대로 임상 개요를 소개했다.[13]

> 병원에서 그녀의 모든 태도는 완전한 절망을 무심결에 노출한다. 그녀는 시간과 공간 감각이 전혀 없다. 가끔씩 무슨 일이 벌어지고 있는지 이해하지 못하겠다거나 뭔가를 기억할 수 없다고 말한다. 이따금 의사를 마치 손님이라도 되는 양 환영하면서 일을 끝내지 않았다고 사과하는가 하면, 다음번에는 의사한테 비명을 지르며 칼로 자기를 찌르려 한다고 몰아붙이거나 자신의 두려움을 넌지시 암시한다는 이유로 분개하며 나가라고 소리친다. 때로 의식을 잃은 듯 헛소리를 하고, 이불을 자기 몸에 감은 채 질질 끌고 다니고, 남편과 딸을 큰 소리로 찾고, 환청에 시달리는 것 같다. 그리고 종종 한 번에 몇 시간씩 계속되는 끔찍한 비명 발작을 일으킨다.[14]

부검 결과, 대뇌피질의 상당 부분이 퇴화됐음이 드러났다. 알츠하이머는 다양한 절편의 슬라이드를 넘기며 신경 조직에서 그가 찾아낸 불규칙한 모양, 즉 이상한 매듭과 알부민 침착물을 가리켰다. 그는 그런 매듭 몇 개를 정밀하게 그리기도 했다. 알츠하이머가 보건대, 이러한 기형은 질병 카테고리 어디에도 들어맞지 않았다. 모든 게 이제까지 알려지지 않은 어떤 질환의 방향을 가리키고 있었다. 그는 신경병리학 연구를 지속한다면

이 질병의 경계를 정의하는 데 일조할 것이라는 희망을 피력했다.

튀빙겐에서, 동료 학자들로 구성된 청중은 이런 식으로 '매듭' 및 '플라크'라는 이름의 기형과 첫 대면을 했고, 오늘날까지도 이 두 가지는 알츠하이머병 진단을 내리는 데 핵심이다. 그러나 이 역사적 순간은 관심을 받지 못한 채 지나갔다. 알츠하이머가 발표를 마치자 의장은 자유로운 토론을 제안했다. 청중 중 누구도 발언 욕구를 느끼지 않았고, 의장 역시 질문을 준비해놓지 않았다. 알츠하이머는 다시 자리에 앉았다. 곧이어 다음 발표자가 소개되었는데, 그의 주제는 '정신적 외상 증상의 분석'이었다. 남은 오후 동안 〔취리히에서 먼 길을 달려온 카를 구스타프 융(Carl Gustav Jung)을 포함해〕 좌중은 정신분석의 과학적 가치에 관한 열띤 토론에 참여했다. 다음 날 지역 신문은 프로이트를 향해 찬반의 목소리를 냈던 열렬한 논쟁을 자세히 실었다. "지난 4년 반 동안 신경세포 수의 급감을 초래한 놀랍고도 심각한 병리학적 과정"[15]에 대해서는 단 한 줄만 실렸을 뿐이다.

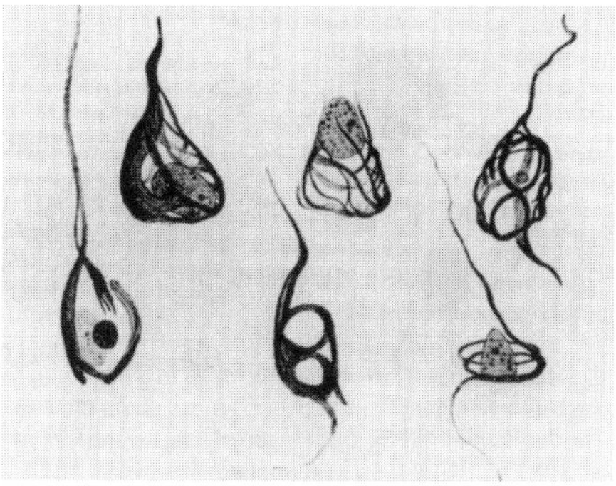

그림 8.4 알츠하이머가 그린, 아우구스테 D의 뇌에서 발견한 '매듭'.

〈우리는 여기 앉아 있고, 그래서 함께 행복하다네〉

그렇다면 1907년의 상황은 어떠했을까? 있는 것은 단 한 명의 여성 환자에 기초한 임상 설명, 그녀의 뇌에 관한 신경병리학적 분석 그리고 학술지에 실린 단 한 편의 논문이었다. 알츠하이머는 이것이 새로운 질병의 발견이라고 하기엔 빈약한 근거라는 걸 알고 있었다. 그는 객원 연구원인 이탈리아인 가에타노 페루시니Gaetano Perusini에게 유사한 사례를 찾아봐달라고 부탁했다. 페루시니는 3명의 환자를 찾아냈다. 모두 입원한 지 얼마 되지 않아 사망했으므로 그들의 유해를 신경병리학 검사용으로 쓸 수 있었다. 그중 한 명은 바구니 제작자였다. 그는 방에서 불안한 기색으로 멍하니 서성거리며 하루를 보냈다. 곧잘 모든 걸 잊어버렸는데, 아우구스테보다도 훨씬 젊었다. 불과 45세였다. 다른 둘은 각각 63세와 65세였다. 추가로 아우구스테 사례도 재분석한 페루시니는 1908년 자신의 연구 결과에 관한 상세한 설명을 내놓았다.[16] 그는 아우구스테의 기록을 토대로 수없이 많은 불행한 변화 속에서 오늘날 알츠하이머 환자의 특징으로 여겨지는 세부 사항을 요약했다. "1901년 11월 27일. 의사가 침대 쪽으로 다가오자 그녀는 (걱정스러운 표정으로) '나에 대해 그다지 좋은 생각을 갖고 있지 않네요, 그렇죠?'라고 말한다. '왜요?' '모르겠어요. 우린 빚 같은 걸 진 적도 없는데. 난 그냥 혼란스러워서요. 나한테 화내지 마세요.'"[17] 환자 4명의 뇌는 모두 면밀한 병리학적 검사 대상이 되었다. 열의 넘치는 이 이탈리아 연구자는 전두엽부터 소뇌까지, 정수리부터 뇌간에 이르기까지 뇌의 모든 부위에서 떼어낸 절편을 각기 다른 스무 가지 염색법을 사용해 검토했다. 그리고 모든 사례에서 알츠하이머가 기술한 플라크와 매듭을 발견했다.

그러는 동안 알츠하이머 자신도 연구를 계속했다. 1907년 11월, 아우구스테와 똑같은 임상적 증상을 보이는 한 환자가 그의 병원에 입원했다. 요한 파이글Johann Feigl이란 이름의 날품팔이 남자(56세)로 알츠하이머는 그가 죽을 때까지 지켜봤다.[18] 초반에는 이 환자에게도 많은 자동증이 온전히 남아 있었다. 주기도문을 반절까지 외웠다. 코트 단추를 잠글 수 있었고, 알츠하이머가 요구하자 성냥을 켜서 담배에 불을 붙일 수도 있었다. 그러나 6개월도 안 되어 똑같은 요구를 하자 어이없게 담배를 성냥갑에 대고 문질렀다. 알츠하이머의 메모를 살펴보자. "1908년 5월 5일. 다른 환자들이 그에게 노래를 가르쳐주었다. 한 번 불러보라고 하자 그는 민요 〈우리는 여기 앉아 있고, 그래서 함께 행복하다네〉를 기꺼이 노래하기 시작했다. 가사는 계속 상기시켜줘야 했지만, 멜로디는 그런대로 맞았다." "1908년 6월 12일. 정원에 나간 그는 매우 빨리 걷고, 맞은편에 오는 사람이 있어도 멈추지 않는다. 누군가가 개입하지 않으면 똑같은 구간을 몇 번이고 땀으로 목욕을 하며 걷는다. 그러는 내내 코트의 긴 자락을 손에 칭칭 감아 꼭 움켜쥐고 있다. 침대에서도 담요로 똑같은 행동을 한다." "1908년 12월 14일. 장소를 가리지 않고 자신이 있던 곳에서 대소변을 본다. 더 이상 말을 하지 않으며, 이부자리나 코트로 쉬지 않고 법석을 떤다. 다른 환자들이 상기시켜주면, 아직도 같은 민요를 부른다." "1910년 10월 3일. 폐렴으로 사망."[19] 알츠하이머는 직접 부검을 실시했다. 전두엽과 측두엽의 뇌이랑들이 상당히 협착되어 있었다. 반면 "뇌고랑groove들은 활짝 열려 있었다".[20] 해부책에는 (알츠하이머가 손글씨로 쓴) 이 불행한 날품팔이의 독일어 진단명이 적혀 있었다. "Alzheimer'sche Krankheit." 알츠하이머병. 이 명칭이 붙은 것은 바로 크레펠린 덕분이었다. 알츠하이머는 이를 의심쩍은 영예로 여겼다.

정신의학계의 칼 린네

학문적 이력에 관한 한 알츠하이머는 제왕적인 무사태평의 자세를 평생 밀고 나갔다. 23세의 나이에 박사 논문을 발표한 그는 성공가도를 달릴 듯싶었지만 40세가 된 뒤에도 대학교수 자격 취득 논문을 쓸 생각을 하지 않았다. 교수가 되어서는 결실이 풍성한

10년을 보냈지만, 너무 늦은 감이 있었다. 대학 밖의 높은 직책에는 관심이 있었던 것 같지 않다. 그런 것은 다소 말을 아끼는 그의 인생철학에도 반하는 것이었다. 경제적 독립을 확보해 무심해도 될 만한 형편이긴 했지만, 이는 그의 성격에 내재된 것이기도 했다. 이런 태도는 자신의 공이라고 주장할 만한 논문에서조차 다른 사람들에게 유난히 관대한 칭찬을 한 것에도 잘 반영되어 있다. 그토록 알찬 병리학 연구를 수행한 데 대해 페루시니에게, 그토록 대단한 염색 기법을 개발한 데 대해 니슬에게, 1908년 유사한 사례를 기술한 데 대해 프란체스코 본피글리오Francesco Bonfiglio에게, 1907년 대뇌피질에서 일탈한 노변hearth을 발견한 데 대해 오스카어 피셔Oskar Fischer에게 그리고 (알츠하이머는 나중에 알게 되었지만) 1898년으로 거슬러 올라가 노망 환자들의 뇌에서 플라크를 발견한 데 대해 에밀 레들리히Emil Redlich에게 찬사를 보냈다. 헌사가 자기 쪽으로 향하는 것 같은 순간, 알츠하이머는 관심을 곧바로 동료, 조수, 전임자에게 돌렸다. 알츠하이머가 신경과학 심장부에서 그런 대단한 업적을 이루고, 그의 연구가 받아 마땅한 주목을 받은 것은 그 혼자만의 공이 아니었다. 그것은 독일 신경학의 수많은 업적에 원동력이 되어준 한 사나이 덕분이었다.

에밀 크레펠린은 (알츠하이머의 전형적인 특성 얘기가 나왔으니 말이지만) 정반대를 대표한다.[21] 우선 알츠하이머보다 여덟 살 많은 크레펠린은 아직 학생이던 시절 30세까지는 교수직을 따내리라 다짐했고, 또 그렇게 했다. 알츠하이머는 48세까지도 교수가 되지 않았다. 크레펠린은 부자와 결혼하지 않았다. 대신 인세를 받아 15세 때 약혼한 소녀와 결혼할 수 있으리란 희망을 갖고 27세 때(1883) 정신의학 개론서를 썼다. 그는 몇 년마다 개론서의 개정판을 냈는데, 새 판을 낼 때마다 내용도 불어나 두꺼운 4권짜리가 되었다. 1926년 죽기 사흘 전 아홉 번째 개정판의 서문에 쓸 말을 받아

적게 했다. 이 개정판은 그가 작성한 최신 정신병 분류 체계를 포함하고 있었는데, 이것이 그에게 '크레펠린 분류법'에 이름이 오르는 영예와 함께 정신의학계의 칼 린네(스웨덴의 식물학자로, 현대 생물분류학의 기초를 확립—옮긴이)라는 별칭을 안겨줬다. 그보다 덜 알려진 이름으로 '크레펠린 젝트sekt'라는 것이 있다. 술을 전혀 입에 대지 않는 따분한 성격의 그가 병원장으로 임명되고 나서 알코올을 완전히 금지하며 소개했던 맛없는 레몬 탄산음료다. 자극제에서 얻는 즐거움은 크레펠린과 알츠하이머가 다른 취향을 가진 또 하나의 영역이었다. 그러나 아마도 가장 큰 차이는 학계에서 알츠하이머는 동료들에게, 크레펠린은 적들에게 둘러싸여 있다고 느꼈다는 사실이다. 뮌헨의 왕립정신병원에서도 크레펠린은 공석이 생기는 걸 예의 주시했다. 자기가 그 공백을 메우려는 야심이 있어서가 아니라 자신과 맞는 사람이 확실히 임명되도록 하기 위해서였다. 그러자면 학술지 편집진과 신경정신학협회 집행위원회라는 위치에서 휘두를 수 있는 영향력이 필요했다. 그는 알츠하이머가 가장 좋아한 활동인 현미경 들여다보기와 친하지 않았다. 전도유망한 병리학자를 끌어들여 최상의 설비를 갖춘 실험실에 집어넣고 일은 시켰어도 그 자신은 현미경 근처에 코빼기도 보이지 않았다. 어쩌다 한 번 연구소 3층에 모습을 드러내곤 했다. 조수 중 한 명은 훗날 "그는 넓은 홀을 성큼성큼 걸었다"고 회고했다. "모든 것에 엄청난 관심을 갖고 눈여겨보면서 말이다. 그가 실험실을 떠날 때는 모든 사람이 기대에 찬 눈으로 그를 쳐다보았다. 그러면 자신의 말이 곧 독일 정신의학의 법이었던 사내는 이렇게 말했다. '허허, 해부학 공장이 느릿느릿 가동되고 있구먼!'"[22]

알츠하이머가 뇌 조직이라는 마이크로 세계에서 완벽하게 편안함을 느끼는 동안 크레펠린은 컨퍼런스, 초청 강연, 연구 여행이라는 더 넓은 세계를 넘나들며 즐거움을 느꼈다. 이는 그가 자리를 비운 동안 누군가가 부원장 일을 해야 한다는 것을 의미했다. 크레펠린이 보기에 알츠하이머보다 적합한 인물은 없었다. 당사자는 의견이 달랐지만 말이다. 그는 무엇이건 자신에게서 연구 시간을 빼앗는 걸 싫어했고, 한동안 크레펠린의 부탁을 계속 거절했다. 마지못해 승낙할 때도 부원장 대리를 찾도록 즉각적인 조치를 취하겠다는 조건에서만 받아들였다. 놀랄 것도 없이 처음 몇 년간은 마땅한 사람을 찾는 일이 쉽지 않았다. 그의 전기 작가들에 따르면, 1908년 한 해에만도 알츠하이머는 거의 5개월간 크레펠린 역할을 대신해야 했다.

같은 해 이른 봄, 크레펠린은 스위스로 가서 6주를 머물며 개론서의 여덟 번째 개정판을 준비했다. 그 역시 '노인성 치매'에 관한 부분을 수정하는 중이었다.[23] 그 부분 말미에서 그는 알츠하이머가 뚜렷한 세포 변화를 나타내는 특징적인 일단의 사례를 발견했다는 사실을 적었다. 우선 그는 알츠하이머의 신경병리학적 결론과 함께 주요 증상을 개괄적으로 소개했다. 비록 약간의 판단 유보를 내세우긴 했지만, 다음 대목에서 이 병명의 시조가 누구에게 귀속하는지 알 수 있다.

> 현재 알츠하이머병의 임상적 의의는 여전히 불분명하다. 해부학적 결론을 기초로 하고는 있지만, 우리가 여기서 보는 것은 이례적으로 심각한 형태의 노인성 치매라고 믿고 싶을 수도 있고, 어떤 의미에서는 그 결론조차도 발병이 보통 50세 전후에 시작된다는 사실에 반박을 당할 수 있다. 이 경우 '조발성 치매 senium praecox' 진단 쪽으로 기울기가 훨씬 쉬울 것 같다. 사실 이것은 아마도 연령과는 다소 무관하다는 것을 보여주는 그저 흥미로운 임상 사례일 수 있다.[24]

여기서 크레펠린은 1906년 튀빙겐에서 알츠하이머가 제기한 논쟁과 의견이 일치했다. 임상적이고 신경학적인 의미에서 증상은 독일어로 'Altersblödsinn' 또는 'Greisenblödsinn'으로도 알려진 노인성 치매와 닮았지만, 아우구스테가 발병했을 때 나이는 겨우 50세 무렵이었다. 아마도 '초로 노인성 치매' 같은 것이었을 듯싶다. 하지만 그렇다 해도 이게 노인성 치매와 다른 병이었을까? 아니면 같은 질환이 비정형적으로 일찍 발병한 것이었을까?

알츠하이머는 1911년 이 쟁점을 다시 꺼냈다. 그때까지 그는 페루시니의 새 환자 3명, 파이글 사례, "60대 말이 되기까지"[25] 노인성 치매의 임상적 신호를 보이지 않았던 또 다른 환자의 정보를 손에 쥐고 있었다. 환자들의 연령대는 이제 45세(페루시니의 바구니 제작자), 51세(아우구스테), 56세(파이글), 63세와 65세(페루시니의 사례)부터 '60대 말'(알츠하이머의 사례)까지였다. 알츠하이머는 이렇게 결론지었다. "따라서 이런 사례를 예외적인 병의 경과로 인해 유발됐다고 간주할 만한 사실상의 이유는 없는 것 같다. 그것들은 노인성 정신병이며, 노인성 치매의 비정형적 형태이다."[26] 역설적이게도 1906년 알츠하이머 자신은 환자가 상대적으로 젊어서 새로운 병을 발견했다고 믿었던 것과 달리, 지금의 알츠하이머병은 보편적으로 노화에 수반된 질병으로 받아들여진다. 오늘날 많은 이들은 50대 초반 혹은 훨씬 젊은 나이에도 알츠하이머병의 희생자가 될 수 있다는 것을 듣고 놀란다.

무엇이 크레펠린으로 하여금 임상적 의의가 "여전히 불분명한" 그것에 알츠하이머의 이름을 붙여주고 싶게 만들었을까? 이런 의문은 수많은 추측을 불러일으켰다.[27] 자신의 성실한 대리인에게 보답하기 위해 이름을 헌사할 첫 번째 기회를 잡은 것일까? 자신이 운영하는 뮌헨 연구소의 생산성을 강조하려 했던 것일까? 프라하 출신 경쟁자인 아르놀트 피크Arnold Pick를 보기 좋게 누르고 싶었던 걸까? 피크의 오른팔인 오스카어 피셔가 노인성 치매에서의 신경병리학적 이상에 관한 글을 알츠하이머와 같은 해에 발표했기 때문에?[28] 우리는 크레펠린의 동기가 무엇이었는지 결코 정확히 알 수 없을 것이다. 그가 이 주제에 관해 거론하지 않은 이상 말이다. 독일 정신의학계의 '교황'으로서 그는 이런 종류의 표창장을 수여할 만한 위치에 있었을 뿐이고, 그 사실을 기회로 활용했다. 1910년 그의 개론서 여덟 번째 증보판이 출간될 무렵, 알츠하이머라는 이름은 이 질병에 확고하게 자리 잡았다.

전쟁과 신경

1912년 알츠하이머는 브레슬라우에 있는 프리드리히 빌헬름Friedrich-Wilhelm 대학의 교수 및 정신병원장을 맡아달라는 요청을 받았다. 베르니케 실어증과 (훗날 코르사코프 증후군에 부분적으로 포함된) 베르니케병에 이름을 올린 카를 베르니케가 20년 가까이 차지했던 자리를 인계받으라는 것이었다. 크레펠린에 따르면, 그 일은 알츠하이머에게 "대단한 만족감"을 주었다. "그는 자신의 내적 가치를 충분히 알고 있었지만, 자신의 직위가 자기의 중요도와 걸맞지 않다는 사실로 고민했기 때문이다."[29] 과연 이것이 알츠하이머가 이 새로운 자리를 수락한 이유인지 여부는 알 길이 없다. 위에서 추정한 동기에는 확실히 뭔가 크레펠린적인 것이 있다. 크레펠린은 이어서 숨도 쉬지 않고 알츠하이머의 이러한 행보는 "그의 과학적 커리어의 절정이 과거의 일이 되었음"[30]을 의미한다고 썼다. 이는 브레슬라우에서 그를 기다리던 행정 업무 혹은 뮌헨에서 지방 도시로 이사를 가게 된 것을 생각해서 한 말일 수 있다. 아니, 어쩌면 알츠하이머가 자신의 연구소를 떠나려 해 감정이 상한 것일 수도 있다. 그가 예전에 니슬과 알츠하이머 두 사람이 계속 자기 연구소에 남아 있도록 둘의 지원서에 방해 공작을 폈다는 것을 우리는 알고 있다. 어쨌든 그의 예상은 적중했다. 시작부터 만사가 삐걱거렸다. 뮌헨에서 브레슬라우로 가는 기차 여행을 할 때 알츠하이머는 병이 났고(신장 감염의 합병증인 협심증), 도착과 함께 요양원 신세를 져야 했다. 회복은 더디게 찾아왔다. 이듬해 브레슬라우에서 열린 컨퍼런스 때 알츠하이머를 만난 크레펠린과 니슬은 그의 상태를 보고 충격을 받았다. 크레펠린은 이렇게 썼다. "그는 겉으로는 평온해 보였지만, 의기소침하고 미래를 염려하는 듯했다."[31] 니슬은 알츠하이머에게 비스바덴Wiesbaden에 가서 온천 치료를 하라고 설득했다. 하지만 이것 역시 기대만큼 좋은 효과를 얻지 못했다.

1914년 일어난 제1차 세계대전은 새로운 관심사와 걱정거리를 몰고 왔다. 알츠하이머의 아들 한스는 전방 복무를 자원해(이는 아버지에게 자랑거리였다) 플랑드르 지방에 배치되었다. 알츠하이머 자신은 군복무로 소집된 의사들의 업무를 대신해야 했다. 당시 그는 브레슬라우에 만연했던 극심한 프로이센 군국주의 분위기에 휩쓸렸던 것 같다. '전쟁과 신경Krieg und Nerven'에 관한 강연에서 그는 전쟁이 수많은 신경계 질병을 초래할 것이나 궁극적으로 "더욱 활동적이고 용감무쌍하고 두려움 없는 세대"를 낳으면서 결국 강화 효과를 일으킬 것이라고 예견했다. "강철 같은 신경을 가진 독일 국민은 평화의 위기를 다루는 데 동의할 것이다. 그렇게 함으로써 장기간의 평화 중 퍼졌던 그리고 일부 지나치게 걱정하는 시민이 현재 우리 국민의 정신적 퇴보의 증거라고 여기는 많은 현상 또한 정복해나갈 것이다."[32] 그때까지 알츠하이머의 신경 관찰은 현미경 렌즈에 국한되어 있었다. 객관적인 프리즘이라는 협소한 틀을 벗어난 알츠하이머는 이제 당대의 정신의학 안에서 너무나도 흔해졌기 때문에 그가—심지어 알츠하이머조차—지지한다 해도 전혀 놀랍지 않을 개념 세계로 독자를 안내하는 발언을 쏟아냈다. 같은 연설에서 그는 '수당 신경증benefit neurosis'으로 알려진 병폐에 대해 언급했다. 이는 다음과 같은 장애를 가리킨다.

> 살짝 스친 총알 또는 말이나 마차에서 낙상한 것 같은 가벼운 상해는 그 원인을 찾을 수 없고, 상해의 경미한 성격에 어울리지 않는 일련의 주관적 증상을 초래합니다. 이런 현상은 평상시에도 일과 관련한 재해를 겪는 사람이나 열차 사고에 연루된 승객에게서 심심치 않게 볼 수 있습니다. 그런 현상을 우리는 '트라우마 히스테리' 그리고 이따금씩 '수당 신경증'이라고 부르는데, 수당을 탈 거라는 전망이 증상을 영구화시키는 심리적 요인이라고 대중이 마땅히 믿을 것이기 때문입니다.[33]

우리가 '부차적인 이익'으로 알고 있는 것에 관한 이 초창기 언급은 곧이어 지금은 익숙한 (그러나 1915년의 독일에서는 불길한 징조였던) 태도, 곧 "이른바 타락한 사람들, 이상 심리 소유자 또는 지능이 모자란 이들"처럼 이런 장애에 선천적으로 취약한 사람들 탓이라는 사고방식을 낳았다. "이들은 흔히 정신지체자, 간질 환자, 범죄자나 알코올 중독자의 자식이다."[34] 그러나 다른 논문들에서 알츠하이머는 타락의 개념에 대해 사뭇 온건한 관점을 취했다. 요컨대 "이른바"라는 말을 쓴 데는 다 이유가 있다는 것이다. 하지만 타락의 범주에 들어갈 전형적인 요소에 대한 알츠하이머의 요약은 그가 오랜 전통의 일부였다는 것을 시사한다. 아울러 그가 그러한 전통의 마지막 주자는 아니었다.

'전쟁과 신경' 강연은 알츠하이머의 과학적 업적의 마지막 사건으로 남았다. 1915년 12월 한스가 브레슬라우에서 크리스마스 휴가를 보낼 즈음, 알츠하이머의 컨디션은 급속히 악화했다. 그리고 심장 내벽의 염증이 심해져 그만 숨을 거두고 말았다. 그의 나이 51세였다. 장례식에 참석한 니슬은 이렇게 기록했다. "그의 삶이 서서히 사그라져갔듯 예식은 조용하고 간소하게 진행됐다. 그는 추도사를 생략해달라고 유언했다. 12월 23일, 우리는 잊지 못할 친구의 마지막 안식처에 동행했다. 생전의 소망에 따라 그는 프랑크푸르트 묘지에 묻혔다. 수십 년 전 그보다 앞서 떠난 그리고 정말 행복한 결혼 생활을 하며 잠시 동안 하나가 됐던 아내 곁에."[35]

알츠하이머병

세 번째 혹은 네 번째 '추도 기사'를 읽고 나면 뭔가가 거슬리기 시작한다. **도대체 알츠하이머병에 무슨 일이 생긴 걸까?** 대부분의 부고 기사는 아우구스테와 파이글에 관한 그의 논문을 전혀 언급하지 않았다. 그의 충직한 친구인 니슬의 "그를 기념하며"라는 글조차도 알츠하이머병에 대해 언급하지 않았다. 돌아보면 알츠하이머의 명성에는 그가 죽은 뒤 이상한 반전이 일어난 것 같다. 한창때 그는 주로 매독 감염의 결과에 관한 권위자로 존경받았다. 그런 전문 지식은 진행성 마비 증상을 앓는 환자들이 들이닥치던 정신병원에서는 상당히 중요했다. 그에 반해 알츠하이머병은 100명 중 고작 5명만이 65세까지 살아남는 시대엔 실제로 상당히 드물었다. 아우구스테, 파이글 그리고 페루시니의 세 환자는 매독 말기 증상을 앓는 수많은 환자 중에서 그저 길을 잘못 든 것이었다. 어쨌건 알츠하이머가 발표한 모든 신경병리학적 업적 중에서도 정확히 '초로 노인성 치매'를 다루는 두 편의 논문만이 집중 조명을 받아왔다는 사실은 우리 시대에 알츠하이머 환자 수가 급격히 증가했음을 보여준

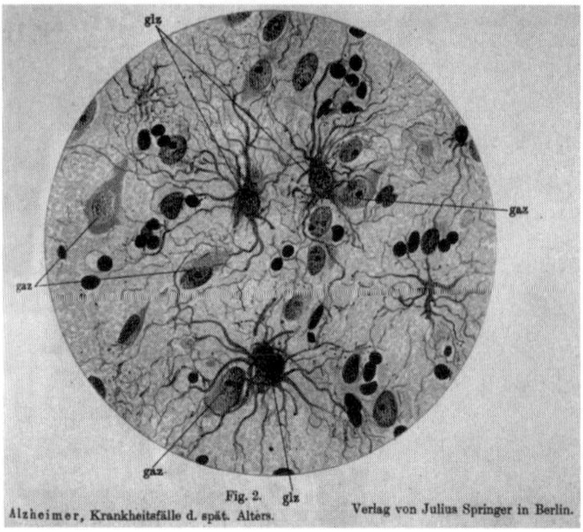

그림 8.5 요한 파이글의 뇌에서 잘라낸 절편의 현미경 사진.

다. 알츠하이머는 매독 전문가로 죽었고, 알츠하이머병의 발견자로 부활했다.

하지만 1915년에는 왜 그가 알츠하이머병을 발견한 사람으로 기억되지 않았을까? 여기에 대해서는 어쩌면 또 다른 이유가 있을 것이다. 많은 동시대 학자들이 알츠하이머 자신이 가졌던 의구심을 공유했다. 그것은 정말로 별도의 질병, 명백하게 정의할 수 있는 실체였던가? 아우구스테의 뇌 속에서 그는 두 종류의 비정상적인 세포를 발견했다. 바로 매듭과 플라크다. 파이글의 임상 개요는 아우구스테의 그것과 정확하게 들어맞았지만, 알츠하이머는 그의 뇌에서 매듭을 전혀 발견하지 못했다. 그 결과는 후속 연구로 판명될 터였다. 파이글의 뇌는 150개의 표본 형태로 지금도 뮌헨 신경병리학협회 기록보관소에 보존되어 있다. 1992년 그 절편들을 재발견한 연구자들은 그것을 다시 검토해보았다.[36] 알츠하이머의 시대에는 없던 기술이 매듭의 부재를 확인했다. 당시 연구자들은 진짜 신경고고학자처럼 알츠하이머병의 유전적 배경을 밝혀낼 새로운 기술 또는 새로운 통찰을 기다리는 마음으로 자료의 일부를 손대지 않고 남겨두었다.[37] 1997년 같은 기록보관소에서 아우구스테의 뇌를 소장하고 있다는 사실이 알려졌다. 각각 0.1밀리미터 두께밖에 안 되는 270가지 형형색색의 절편이 두 차례의 세계대전을 거치면서도 살아남았던 것이다.[38]

파이글 사후에 알츠하이머는 독일어로 'Alzheimer'sche Krankheit'라는 진단명을 적어놓았다. 그러나 이 환자의 뇌를 자신이 아끼던 차이스

Zeiss 현미경에 놓고 검사했을 때 틀림없이 의심이 생겼을 것이다. 알츠하이머병이 곧 '매듭과 플라크'인 것은 아니다. 그러나 매듭이 없다면 그는 다른 병을 들여다보고 있었던 것일까, 아니면 같은 질병의 변종을 보고 있었던 것일까? 알츠하이머 자신은 이 사안에 대해 어떤 발표도 하지 않았지만, 다음 세대의 신경학자들은 후자의 결론 쪽으로 기울었다. 요컨대 파이글은 알츠하이머병의 '플라크만 있는' 변종을 앓고 있었다.[39]

그 이후 페루시니가 등장했다. 1908년 봄 이 병의 이름을 지을 때, 크레펠린은 페루시니의 연구 결과를 확보하지 못한 상태였다. 페루시니의 설명이 같은 해 12월까지 완성되지 않았던 것이다. 그는 알츠하이머보다 훨씬 더 상세한 조직병리학적 연구는 물론 새로운 세 건의 사례에 관한 세부 사항을 기록했다. 얼마 전까지만 해도 이 이탈리아 정신과 의사는 병명을 "알츠하이머-페루시니병"[40]으로 변경해야 한다고 제안했다. 작전은 실패로 끝날 운명이었다. 일단 명칭이 동의를 얻고 나면, 그것은 고정불변이 된다. 이는 36세의 나이에 촉망받는 경력을 마무리한 한 병리학자에게 적절한 헌사가 될 수도 있었을 것이다. 페루시니는 제1차 세계대전 중에 전사했다. 알츠하이머가 사망하기 불과 열흘 전의 일이다.

알츠하이머와 페루시니는 병리학자였다. 그들의 글 어디에도 치료나 요법에 관한 구절은 하나도 없다. 협회장이던 크레펠린은 그 주제를 다뤘지만 그의 추천 목록은 짧고 다소 건조한 한 단락에 국한되었다—개인위생에 마땅히 주의를 기울일 것. 목욕으로 불면증을 막아낼 것. 정신착란적인 동요 상태는 식습관에 진정제를 추가하는 것으로 대처할 것. 그리고 소량의 아편을 투여함으로써 불안을 가라앉힐 것.[41] 알츠하이머가 '자기의' 병에 대한 치유법을 찾을 가능성에 낙관적이었는지 비관적이었는지 우리는 알 수 없다. 무시무시한 유행병의 원인인 다양한 병원체를 꾸준히 발견하던 역사적 시점이라 많은 정신의학자들이 낙관적이지 않기는 힘들었을 것이다. 괴저(1881), 결핵(1882), 콜레라(1883), 광견병(1885), 디프테리아(1890), 파상풍(1892), 이질(1898)의 원인이 발견되었다. 알츠하이머의 전문 분야에서도 획기적인 발전이 있었다. 그가 '진행성 마비'에 관한 연구를 선보이고 1년 뒤인 1905년 2명의 독일인 동물학자가 매독의 원인을 발견했고, 그로부터 1년 뒤에는 바서만A. Wassermann이 생물의 매독 감염 여부를 밝혀내는 검사를 개발했다. 1901년 에를리히P. Ehrlich는 '살바르산 Salvarsan' 치료제를 출시해 그때까지 통용되던 위험한 수은 치료를 종식시켰다. 그리하여 20년 안에 모든 일련의 질병을 치료하거나, 고치거나, 예방하는 게 가능해졌다. 그러나 이것들은 모두 전염병이었고, 그때까지 알츠하이머병이 그 카테고리에 속한다는 어떤 조짐도 보이지 않았다.

하지만 만일 알츠하이머가 치료약을 찾을 가능성에 대해 정말 낙관했다 해도 지구상에서 그런 시각을 가장 유지하고 싶지 않은 사람이었을 것임에 틀림없다. 노화는 질병으로 수익이 발생하는 일부 세계에서 일어나며, 제약 연구에 쏟는 막대한 투자에도 불구하고 알츠하이머병을 치료하거나 예방하는 약은 여전히 지평선 너머에 있다. 이 병의 경과를 늦출 수 있는 치료약은 (거의 측정할 수 없을 만큼) 효과가 적은 반면, 거기에 따르는 부작용은 혼동과 건망증보다 더 큰 짐을 환자와 그 가족에게 지운다. 이 재앙의 생화학적 진행, 플라크의 구성 요소, 매듭의 구조, (이 병에 대한 민감성에 특정 역할을 하는 것으로 보이는) 염색체 1·14·19·21에 있는 유전자의 성질, 최초로 또한 가장 심각하게 손상되는 뇌의 단면 그리고 임상적 증상이 나타나는 순서 등에 관해 엄청난 전문 지식이 축적되어왔다. 하지만 그럼에도 불구하고 이 모든 지식은 치료의 방향에서 단 하나의 틈새도 만들어내지 못했다. 알츠하이머병 연구의 역사에서 영양, 환경적 영향, 생활 방식과 관련 있는 위험 인자의 모든 목록이 제시되었지만, 이것들은 곧 반박을 당하거나 철회되었다. 그러나 모든 것을 합친다 해도 우리가 거의 통제할 수 없는 단 하나의 위험 인자, 즉 노화와 비교하면 아무것도 아니다. 큰 기대를 모으는 시험 단계 의약품의 기나긴 궤적을 생각해볼 때, 향후 3~4년 안에 시판할 약이라면 5~6년 전에 발견되어야 한다. 어느 날 누군가가 주머니에서 열쇠를 꺼내 "이게 맞는지 볼까?"라고 중얼거리며 알츠하이머병의 근절로 가는 첫 걸음을 내딛는 일은 있을 법하지 않다. 이 고질병에 관한 한 (크레펠린이 알츠하이머의 실험실을 나가며 병리학자들에게 남긴) "해부학 공장이 느릿느릿 가동되고 있구먼!"이란 말이 칙칙하지만 예리한 예언이었다는 게 밝혀진 셈이다.

1906년 알츠하이머가 "미래의 연구"라고 말했을 때, 그는 언젠가 조직병리학 연구를 통해 이 병을 더욱 정확하게 분류하는 것이 가능하길 바랐다. 하지만 이는 입증되지 않았다. 100년이 지났지만 '알츠하이머병'의 경계는 전보다 한층 더 들쑥날쑥하다. 1990년대 중반 이후 많은 연구자들은 변종과 유형과 하위 유형의 스펙트럼을 아우르는 범주로서 '알츠하이머병'이라는 용어를 선호해왔다.[42] 한 가지 수수께끼는 이따금 알츠하이머의 임상 개요를 보이지 않았던 사람들의 뇌에서 매듭과 플라크를 발견했다는 사실이다. 앞서 언급한 레비 소체로 유발된 일종의 치매와의 경계 역시 불분명하다. 알츠하이머 환자 4명당 한 명의 뇌는 레비 소체를 갖고 있으며, 플라크만 있는 변종의 경우는 그 비율이 훨씬 더 높다. 증상은 보통 알츠하이머병(혼동과 기억 상실) 및 파킨슨병(경직, 떨림, 발을 질질 끄는 걸음걸이)과 너무나 흡사해서 레비 소체 치매를 이 두 병 중 하나의 변종으로 분류해야 한다는 의견도 있었다. 3명당 한 명의 파킨슨 환자에게서 결국에는 알츠하이머병이 생기는데, 알츠하이머병은 그 자체가 치매 스펙트럼의 일부다. 비록 알츠하이머가 모든 치매 사례의 4분의 3 정도를 차지하지만, 이 병은 뇌혈관 손상의 결과로도 생길 수 있다(다발성 경화 또는 혈관성 치매).

오늘날의 신경학자, 유전학자 그리고 분자생물학자 위원회에 지금 우리가 '알츠하이머병'으로 알고 있는 것에 붙일 명칭을 제안하라고 한다면, 그들은 이 특정한 이름을 선택하지 않을 것이다. 크레펠린이 1908년 "여전히 불확실한"이라고 특징지은 알츠하이머병의 임상적 중요성은 현대에 와서도 마찬가지로 의학계의 각축전이 벌어지는 무대나 다름없다. 한 분야의 경계가 완전히 자연스럽고 실용적인 데 반해(말하자면 신경병리학적 결과물의 관점에서) 또 다른 학과목에서 그것들은 꽤 인위적으로 보일 수 있기 때문에 어느 정도는 갈등과 논쟁이 발생한다. 알츠하이머병은 전갈자리와 그 밖의 별자리가 존재하는 똑같은 방식으로 존재한다고 말하는 편이 훨씬 정확할지 모른다. 아무도 12개의 별자리를 형성하는 다양한 별의 존재를 부정하지는 않을 것이다. 그러나 그것들을 다른 별자리로 배열해도 괜찮았을 거라는 사실 또한 부인할 수 없다.

알츠하이머의 시대 이후 인간의 수명은 2배로 늘었고, 노인 인구의 비율은 3배가 되었다. 알츠하이머병 환자 수도 급격히 증가했다. 미래에는 더 많은 알츠하이머 환자가 있을 것이며, 그들은 더 오랫동안 병을 앓을 것이다. 서방 세계 사람들은 자신의 영양 상태와 라이프스타일을 정성들여 모니터해왔고, 따라서 나이가 들어서도 상대적으로 건강을 유지하는 세대가 출현했다. 이 많은 멋지고 건강한 몸뚱어리들은 더욱더 긴 시간 동안 혼미한 정신의 거처가 될 것이다. 조만간 알츠하이머 초기 증상을 앓는 환자는 지역 보건의나 기억심리학자를 찾아갈 테고, 그들은 알츠하이머가 했던 질문을 인내심을 가지고 물어볼 것이다. 이름이 무엇입니까? 오늘이 며칠이죠? 연세가 어떻게 되세요? 자녀분들 성함은 뭐죠? 지금이 몇 년도죠? 지금 몇 시인지 말해주시겠어요? 이런 것이 정상적인 인간이라면 당연히 알아야 할 사항이라는 것에 대한 인식(여전히 멀쩡한 지식)은 부끄러움, 짜증 그리고 당황스러운 일련의 핑계를 불러일으킨다. 환자는 지금껏 그가 치러온 시험 중 가장 간단한 시험을 보고 있으며, 합격할 수 없을 거라는 사실을 안다. 첫 번째 주치의 방문과 환자의 죽음 사이에는 약 5년의 기간이 놓여 있다.

과거 알츠하이머병 증상을 겪는 사람은 '제2의 어린 시절로 돌아간다'고 했다. 이런 비유는 지나치게 낭만적이다. 냉엄한 현실은 우리 인생의 걱정이라곤 없던 저 시기 그리고 어린 시절이라면 보통 떠오르는 기대감과는 아무런 관계도 없다. 환자에게도 그리고 주위 사람들에게도. 병이 진행되는 동안 많은 기능이 역순으로 사라진다. 처음에는 판단, 기억, 집중 같은 고도의 과정부터 시작해 나중에는 운동 기능까지. 최종적으로 기능의 퇴화는 반사 작용에도 나타난다. 신생아들은 발바닥을 만지면 발가락을 위쪽으로 치켜드는데, 이것을 바빈스키 반사Babinski reflex라고 한다. 약 6개월 뒤 이 반사는 사라지고 아기들은 만지면 발가락을 아래로, 자극을 받는 방향을 향해 뻗는다. 알츠하이머병 최종 단계에서는 신생아의 특징인 빨고 쥐는 것 같은 다른 반사 작용과 함께 이 바빈스키 반사가 돌아온다. 아우구스테처럼 환자는 태아 자세로 몸을 동그랗게 만 채 죽을 것이다. 오늘날에도 알츠하이머 환자들의 가장 흔한 사인은 아우구스테나 파이글과 똑같다. 욕창과 폐렴이 그것이다.

프랑크푸르트의 정신병원에서 아우구스테는 몸에 감은 이부자리를 질질 끌면서 걸었고, 뮌헨에서 파이글은 코트 끝자락을 움켜잡고 전속력으로 정원을 돌아다녀 땀으로 범벅이 되곤 했다. 최근 대부분의 요양원은 이런 쉴 새 없는 움직임을 고려해 설계한다. 다행히 현대판 아우구스테와 파이글은 시작도 끝도 없는 마우리츠 코르넬리스 에스허르Maurits Cornelis Escher의 그림 같은 매듭의 미로를 향해 들어간다. 그들은 비록 오래전 길을 잃었지만, 다른 길로 새지는 않을 것이다.

09

신경학의 메르카토르 : 브로드만 영역

17세기의 상선이 동인도에서 귀항해 암스테르담 항구에 정박했을 때, 봉인된 상자 하나를 선상에서 내리기 전에는 개미 새끼 한 마리도 배를 떠나지 못했다. 그 상자는 무장한 경비원들의 엄호 아래 네덜란드 동인도 회사 본부로 옮겨졌다. 안의 내용물을 확인한 다음에야 배는 풀려났고 선원들은 상륙 허가를 받았다.

상자의 내용물은 항해 일지, 항해 책자 그리고 무엇보다도 가장 중요한 해도였다.

해도는 권력이자, 지식이자, 자본이자 동시에 많은 것이기도 했다. 그것은 누군가의 행동에 결정적 이익을 제공하므로 언제나 타인과 공유하는 것도 아니고 보통 무력의 보호를 받아왔다. 16세기와 17세기 위대한 해양 국가들의 번영은 해도의 전략적 중요성을 간파했던 것과 밀접한 관련이 있었다. 포르투갈, 이탈리아, 에스파냐, 네덜란드 같은 국가들의 높은 지도학 수준은 조건이면서 동시에 결과였다. 네덜란드의 요안 블라외Joan Blaeu와 헤르하르뒤스 메르카토르Gerhardus Mercator, 피렌체의 아메리고 베스푸치Amerigo Vespucci 같은 지도학자들은 자신이 만든 해도로 상업적·군사적 팽창에 기여했으며, 그러한 팽창 덕분에 더 나은 지도책을 완벽하게 만들어낼 수 있었다.

지도학의 권위는 지리학 분야 바깥에서도 뚜렷하다. 과학은 이미지, 단어, 숫자를 활용할 수 있다. 지도학에는 그 세 가지가 한꺼번에 있다. 개별 해도는 시각적 문서이며, 지도 기호는 당신이 보고 있는 것이 무엇인지 말해주는 문자 언어이며, 축척은 실재하는 세계와의 수치적 관계를 대표한다. 깊숙이 들여다보면, 모든 과학은 실은 지도학인지도 모른다. 이것이 그토록 많은 과학 분야에 지도가 있는 이유다.

뇌 지도

지리학을 제외하면 정신의학만큼 지도가 지닌 수사학적 매력에 쉽게 영향을 받은 학문도 없다.[1] 해부학 지도는 거의 지리학 지도만큼이나 오랜 전통을 갖고 있다. 1543년 스위스 바젤에서 안드레아스 베살리우스Andreas Vesalius의 《인체 구조에 관하여De humani corporis fabrica》가 세상의 빛을 보았다. 그 안에는 얀 슈테판 판 칼카르Jan Stephan van Calcar가 그린 300개의 목판화가 포함되어 있었다.[2] 이 책이 지도책이 아니었듯 그림 역시 지도는 아니었다. 〔지도를 모아놓은 '지도책(atlas)'이라는 용어는 메르카토르가 1585년에야 도입했다.〕 그러나 우리는 이미 그 그림들을 통해 지리학적 지도에서 차용한 어떤 요소를 찾아낼 수 있다. 뇌의 정수리를 묘사한 그림에 알파벳이 삽입되어 있다. A와 B는 우측과 좌측 뇌반구를, C는 뇌이랑을 가리킨다. P는 딱딱한 대뇌 세포막을 표시하고, O는 거미막 일부를 가리킨다. 베살리우스는 양 뇌반구를 조금 잡아당겨 갈라놓음으로써 뇌량 L이 드러나게 했다. 알파벳은 다양한 구조가 이루는 지형도의 세밀

그림 9.1 안드레아스 베살리우스의 《인체 구조에 관하여》에 나오는 이 뇌 삽화는 해부 교육용 드로잉 시리즈 중 두 번째 그림이다. 이전 판의 헌정사에서 베살리우스는 이 드로잉이 실제로 보이는 것을 정밀하게 그린 것이라고 설명했다. "삽화의 어느 선 하나 자연스럽지 않은 것이 없다. 파두아(Padua)의 학생들에게 보여줄 것이므로 전면 삽화는 신체 기관을 충실하게 재현한다." 이 말은 직접 목격하는 사람의 시선이라는 은유를 내포한다. 요컨대 해부 현장에 있는 사람이 볼 수 있는 것을 기록하는 게 판 칼카르의 임무였다. 그러나 관찰 과정의 방향을 잡기 위해 베살리우스는 지도 제작의 관례를 활용했다.

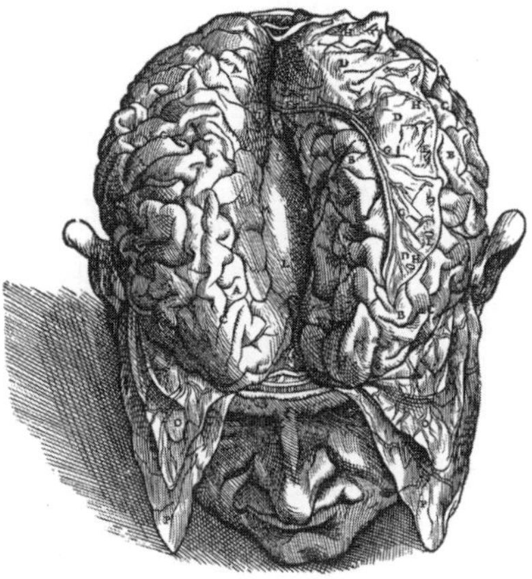

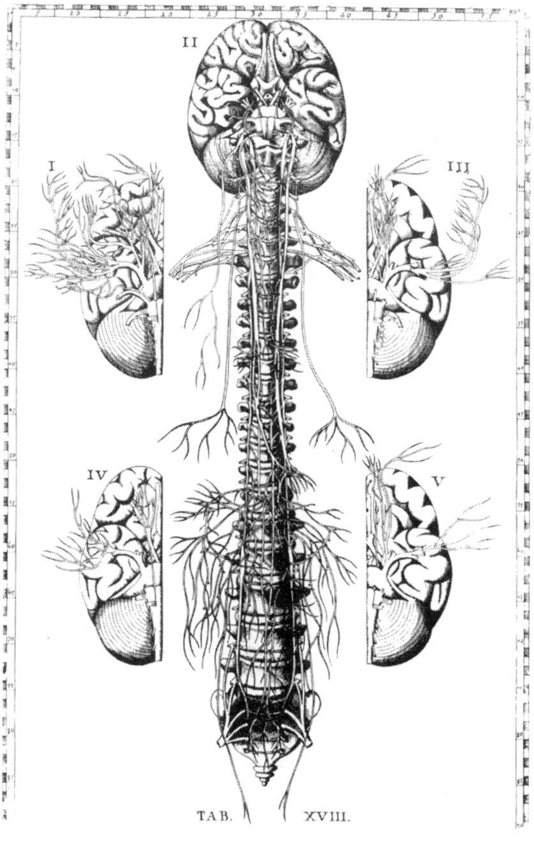

그림 9.2 에우스타키우스의 《해부학 차트》에 나오는 18번 전면 삽화는 교감신경계를 보여준다. 뇌와 척수의 밑면에서 시작되는 신경은 척추를 따라 이중 가닥으로 가지를 뻗고 있다. 주변 공간은 확대한 소뇌와 뇌간 자리로 남겨두었다.

한 표현을 가능케 한다. 베살리우스는 범례를 집어넣어 설명하고, 독자에게 각각의 위치마다 무엇이 있는지 알려준다. 빗금hatching, 입체감, 손대지 않은 나머지 머리 부분을 포함한 '사실적인' 드로잉 기법을 통해 베살리우스는 서로 다른 뇌 부위의 상대적 크기라는 질문에 대한 결정적 해답 역시 내놓았다. 즉, 그는 묘사의 축척을 준수했다.

《인체 구조에 관하여》 발행 후 10년이 채 안 되었을 무렵 교황의 개인 주치의 바르톨로메오 에우스타키우스Bartolomeo Eustachius는 인체해부학에 관한 훌륭한 동판화 시리즈를 의뢰했다. 이 동판화는 에우스타키우스 사후 고인의 유품에서 발견되었고, 1714년에야 마침내 《해부학 차트Tabulae anatomicae》라는 이름으로 발간되었다.[3] 인쇄물 여백에 지도에서처럼 축척 눈금을 표시함으로써 에우스타키우스는 비율을 정확하게 계량화하도록 했다. 범례에서 축척은 좌표를 제공했다.

지도는 기능의 위치 측정에 대한 19세기의 위대한 논쟁에서 중차대한 역할을 했다. 프란츠 요제프 갈은 1810년 동료 요한 C. 슈푸르츠하임Johann C. Spurzheim(1776~1832)과 함께 부검을 토대로 많은 결과물을 포함한 뇌에 관한 논문을 발간했다.[4] 이 《신경계의 해부와 생리학Anatomie et physiologie du système nerveux》에는 뇌와 두개골 지도가 있는 《지도책Atlas》이 끼어 있었다. 갈은 뇌의 실제 구조가 편평한데도 두개골 안에서 구형으로 있는 것이 어떤 면에서는 유감스럽다고 말했다. 그의 추종자 중 한 명인 네덜란드의 스튀아르트M. Stuart 목사는 《프란츠 요제프 갈의 가르침에 대한 기억Memories of the Lessons of Frans Joseph Gall》이라는 책에서 빈의 이 해부학자가 "실제로 뇌는 신경이 널리 분포해 있고 고리 모양으로 감겨져 있기만 한 회백색 수질medulla의 편평한 층으로, 대뇌 세포막과 얇은 조직을 제거하면 그 모든 고리가 무게 때문에 허물어져 위는 회백색이고 그 밑은 회색인 얇고 매우 부드러운 케이크 같은 것이 드러난다"[5]는 것을 입증했다고 썼다. 대뇌 세포막이라는 지지 구조가 없다면 당신도 간단히 뇌를 꺼내 당신 앞에 펼쳐놓을 수 있을 것이다. 그다음의 지도 제작 과정은 어렵지 않다. 요컨대 위도 증대waxing latitude 같은 투사 묘책 없이도 뇌를 지도 위에 옮겨 그릴 수 있다. 그러나 실제로 뇌는 머릿속에 아무렇게나 채워 넣은 구겨진 카드와 같아서 화가가 평면 위에 양 뇌반구를 확실하게 그리려면 지도 제작 기술의 무기를 있는 대로 동원해야 한다.

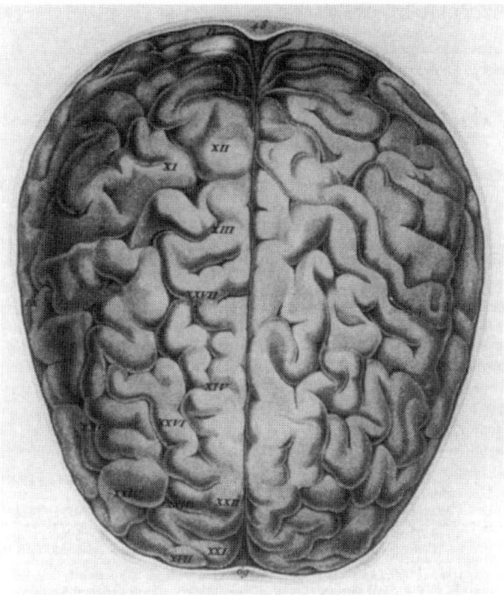

그림 9.3 갈과 슈푸르츠하임의 《지도책》에 나오는, 위에서 본 뇌 지도. 로마 숫자는 '뇌 기관'을 가리킨다. 대부분의 뇌 기관은 전두엽에 있다(여기서는 그림 아래쪽). 숫자는 좌우 중 한쪽에만 있다. 갈에 따르면 모든 기능은 양쪽을 대표했다.

같은 문제가 두개골에 기능별 위치를 그릴 때도 대두했다. 원근법적 왜곡이 지도 중앙에서 커졌지만 용인되었다. 가장자리로 갈수록 크기가 점점 줄어들어 적당한 공간에 '정신 기관'의 이름을 쓰는 것이 불가능했다. 지도 제작자들은 비록 극도로 작은 글자를 새겨 넣을 수 있었지만(그들은 19세기까지 줄곧 10센트 동전 크기만 한 표면에 '주기도문'을 새겨 넣는 것으로 전문적 기량을 입증해야 했다) 공간에 번호를 매기고 범례를 제공하는 편이 더 실용적이었으며, 이것이 통례가 되었다.

뇌 지도에 대해 갈과 슈푸르츠하임은 똑같은 해결책을 선택했다. 온전한 뇌를 3차원으로, 곧 위에서 본 것, 옆에서 본 것, 아래에서 본 것으로 그렸다. 입체감을 주기 위해 음영을 사용했지만, 이는 뇌 내부가 아니라 표면(대뇌피질)의 입체감이다. 더 깊숙한 곳의 구조를 지도화하기 위해 갈과 슈푸르츠하임은 마음대로 쓸 수 있는 다른 수단을 활용했다. 그들은 이를 통해 이미지를 2차원으로 축소하는 문제를 해결했다. 바로 단면도였다. 《지도책》의 많은 지도는 단면도이다. 이마부터 머리 뒤쪽까지의 수직면은 뇌간과 소뇌라는 뇌의 근원뿐만 아니라 피질의 뇌이랑에 있는 기능까지 표시할 수 있게 해주었다. 숫자를 매긴 '두개골 입면도'는 범례로 명확히 했다. 갈과 슈푸르츠하임은 단면도가 있는 지도에서도 지리적 지도의 육괴陸塊, massif(판 구조론에서 단층이나 습곡으로 구분되어 있는 암석 덩어리—옮긴이)처럼 뇌이랑의 굴곡과 깊이를 강조하기 위해 음영을 활용했다. 실제 지도책에서처럼 혼합된 지도도 흔히 있었다.

그러나 지도는 포괄성, 정확성, 객관성과 함께 또 다른 뭔가를 시사한다. 일반적으로 지도화하는 대상은 미지의 분야로 이루어져 있어 탐험가 이미지 및 발견의 항해를 떠올리게끔 한다. 갈 자신은 결코 그런 지위를 요구하지 않았지만, 그의 추종자들은 그 은유 속에 내재된 영웅주의를 거리낌 없이 도용했다. 도르니크J. E. Doornik는 두개골이 "진짜 지도책에서처럼 그 위에 영역과 장소를 상세히 표시하고 작은 세계에 있는 듯 인간을 묘사하는" 지도가 되었다고 썼다. "인간의 지각, 욕망, 정신력이 저장되어 있는 장소를 탐색하고 발견하기 위해 전 지구를 누비듯 우리는 인간의 두개골 구석구석을 여행한다."[6] 갈의 탁월함에 관한 그의 평가는 탐험가의 비유에 깔끔하게 들어맞았다. "콜럼버스는 우리 **바깥에** 있는 신세계를 발견했고, 갈은 우리 **내부의** 신세계를 발견했다."[7]

골상학이 몰락한 뒤 신경학 내부에서는 지도책 비유의 영향력이 계속 이어졌고 심지어 늘어나기까지 했다. 1860년대와 1870년대에 브로카와 베르니케의 업적은 언어의 이해, 발화에 관여하는 운동 신경, 단어의 의미 재현 사이의 관계를 기록하기 위해 새로운 지도를 필요로 했다. 적출술과 대뇌피질 전기 자극 같은 실험 기술의 도입은 물밀듯한 발견들로 이어졌고, 그것들 모두를 지도에 그려 넣어야 했다. 뇌 지도 작성의 변화는 뇌 지도책의 근본적인 개정을 요구했다.

범례, 축척, 좌표로 완성된 그림 속의 뇌 묘사는(한마디로, 지도에 투사한 것은) 신경학자를 지도 제작자, 측량사, 지도책 생산자로 둔갑시켰다. 이렇게 해서 그들은 지도학의 권위 안에서 하나가 되었다. 지도는 시계가 시간을 지시하듯 같은 방식으로 공간을 지시했다. 지도와 시계는 둘 다 사물 간의 관계를 계량화하고 시각화했다. 아울러 그것은 항해와 방향의 전제 조건이었다.

지도책이 없다면 신경학(사실상 의학 전반)은 길을 잃을 것이다. 과학계 바깥에까지 알려진 지도책으로는 《한눈에 보는 인간Visible Human》이라는, 디지털 작업으로 완성한 해부 단면도 모음이 있었다. 이 책은 《한눈에 보는 남성Visible Man》과 《한눈에 보는 여성Visible Woman》의 두 권으로 이뤄졌다. 《한눈에 보는 남성》은 살인죄를 저지른 사형수가 자신의 몸을 과학에 기증함으로써 만들어진 것이다. 처형된 시신을 젤라틴에 담가 냉동한 뒤 2000개의 부위로 절단했다. 각 부위는 사진 촬영 후 디지털 작업을 한 뒤 기관과 관절의 3차원 재현으로 새롭게 태어났다. 메릴랜드 주의 59세 여성이 몸을 기증해 제작한 《한눈에 보는 여성》처럼 《한눈에 보는 남성》은 인터넷을 통해 부분적으로 볼 수 있다.[8]

베살리우스와 《한눈에 보는 인간》 사이의 4세기 반 동안 인간의 몸은 수천 번 지도로 옮겨지고 종이에 투사되었다. 해부 지도의 연대표는 삽화 기술의 변천사를 반영한다—베살리우스 시대의 목판화, 16세기와 17세기의 동판 인쇄에 이은 1830년경의 목판 제판법 출현 그리고 1873년 쥘 뤼Jules Luys가 제작한 최초의 사진 지도책 《중추신경에 관한 사진 도해집Iconographie photographique des centres nerveux》의 등장. 머지않아 사진은 그 자체로 현미경 영상과 엑스레이 촬영 같은 전문화된 다양한 절차를 제공했고, 오늘날에는 자기공명영상과 양전자방사단층촬영법 같은 첨단 기술이 있다. 그러나 어떻게 생산하느냐와 무관하게 이미지는 모두 그 옛날의 친숙한 해부 지도책에서 길을 찾고 있으며, 이는 은유로서 지도가 가진 매혹적인 지속성을 입증한다.[9]

신경학의 대지도책

지리학에 블라외와 메르카토르가 있다면, 신경학에는 코르비니안 브로드만Korbinian Brodmann이 있었다. 1909년 등장한 그의《세포 구조 분야에서 기술된 원칙에 따른 대뇌피질에 관한 비교 국소화 연구Vergleichende Lokalisationslehre der Grosshirnrinde in ihren Prinzipien dargestellt auf Grund des Zellenbaues》초판은 사람들이 블라외의 지도에 기꺼이 지불하려 했던 가격은 아니었을지라도 극도로 수요가 많았다. 브로드만의 지형도는 뇌 표면의 선로를 규정했다. 인간의 뇌에 대한 그의 47개 영역 분류법은 아직도 널리 받아들여지고 있다. 신경학자들은 '브로드만 영역'을 'BA 44(브로드만 영역 44번)'처럼 관례상 줄여서 표시한다. 그의 탐험은 집과 상당히 가까운 미지의 대륙에서 일어났다. 그곳은 바로 뇌 조직을 잘라 현미경 아래로 밀어 넣음으로써 발견할 수 있는 세계였다.

코르비니안 브로드만은 1868년 콘스탄츠Konstanz에서 멀지 않은 리거스도르프Liggersdorf라는 마을에서 태어났다.[10] 아버지는 농부였다. 중등학교를 마친 그는 뮌헨에 있는 의학교에 들어갔고, 이후 뷔르츠부르크와 베를린에서 공부를 계속했다. 1895년에는 프라이부르크Freiburg에서 대학을 졸업했다. 이런 긴 여정은 미래의 분위기를 확정했다. 얼핏 보기에 끝없이 임시직을 전전하고 부득이하게 중단하는 일로 점철된 브로드만의 유목민적 인생은 그 스스로 선택한 게 아니었다. 그는 졸업 시험을 마치고 아동 병원에서 일하기 위해 뮌헨으로 떠났다. 하지만 디프테리아에 걸리는 바람에 바이에른 지방에 있는 피히텔Fichtel 산맥으로 요양을 떠났다. 그가 신경학자 오스카어 포크트Oskar Vogt를 만난 것은 바로 그곳에서였다. 포크트는 알렉산더바트Alexanderbad에서 신경과 병원을 운영하고 있었다. 그는 브로드만에게 조수 자리를 제의하며 정신의학과 신경학 연구를 해보라고 설득했다. 그러나 브로드만은 임상신경학에 진정한 공헌을 하기에는 자신의 스펙이 부족하다고 느꼈다. 그래서 베를린과 라이프치히에서 정신의학과 뇌 해부에 초점을 맞춘 새로운 연구 과정에 등록했다. 그리고 1898년 라이프치히에서 신경 조직의 위축에 관한 논문으로 박사 학위를 취득했다.

그림 9.4 코르비니안 브로드만의 이 초상화는 오스카어 포크트의 판화로, 1919년 그의 부고장에 함께 실렸다. 아내와 함께 있는 부부 초상화의 반쪽으로서 1917년경 모습이다.

그를 독일 전역의 병원, 요양원, 정신병원, 실험실로 이끌었던 근 20년 동안의 열 가지 안팎의 일 중에서 브로드만이라는 이름과 관련 있는 신경지형학적 업적을 준비하는 데 산파 역할을 한 것은 무엇보다도 프랑크푸르트 시절이었다. 1900년부터 브로드만은 이 도시의 '정신병자와 간질 환자를 위한 병원'에서 1년 반을 일했고, 그곳에서 알츠하이머의 신경병리학 연구에 대해 알았다. 알츠하이머가 프란츠 니슬이 수년 전 남기고 떠난 아우구스테 D에 관한 자기의 첫 결과물을 기록한 것은 브로드만이 또다시 다른 도시로 옮겨갈 준비를 하던 1901년 가을이었다. 니슬은 알츠하이머의 실험실에 있는 동안 다양한 염색 기법을 소개했다. 니슬과 알츠하이머는 '니슬 염색법'을 치매나 경화증에서처럼 신경세포 병변을 연구하는 데 사용했다. 이는 또한 지형학적 해부 관련 연구자들에게 없어서는 안 될 수단이었다.

1899년 신경중앙병원이라는 개인 병원을 설립한 포크트는 1901년 브로드만을 베를린으로 초대했다. 포크트는 그에게 큰 프로젝트를 맡길 생각이었다. 바로 대뇌피질 전반에 관한 지형도였다. 브로드만은 1901년부터 1909년까지 지속적으로 이 프로젝트에 매달릴 수 있었다. 중간 보고서는 7개의 보고서 형태로 신경학 회지에 게재되었다. 1909년 라이프치히에 있는 바르트Barth라는 회사에서 10년에 걸친 세월을 인내하며 공들여 제작한 지도책의 집대성판을 출간했다. 바로 대뇌피질에 관한 대지도책Atlas Maior, 곧《대뇌피질에 관한 비교 국소화 연구》였다.[11]

브로드만의 지형학

브로드만의 지형학은 '비교' 국소화 이론으로, 일반적인 포유동물의 그것과 함께 인간 뇌의 지형을 기록하려 시도했음을 의미한다. 인간의 뇌에 별도의 페이지를 할애하긴 했지만 브로드만은 그것이 유인원, 캥거루, 마르모트, 고슴도치의 뇌와 많은 부분 공통점을 갖고 있다고 확신했다. 엄청나게 다양한 동물에 관한 수많은 지도가 있는 브로드만의 지도책을 대충 훑어본 독자들이라면 이를 분명히 알 수 있을 것이다. 고양이, 개, 토끼, 쥐 같은 일부 동물은 찾기 어렵지 않았겠지만 브로드만은 오랑우탄, 꼬리감는원숭이, 사자, 불곰, 호랑이, 바다표범, 코끼리의 뇌도 연구했다. 이 책은 동물원 출석 체크처럼 읽힌다. 서문에서 저자가 베를린 동물원의 동물학자 2명에게 특별한 감사를 표한 것은 놀랄 일이 아니다. 그들은 대부분의 야생동물이 죽으면 반드시 포크트의 신경중앙병원으로 보내주었다. 그러면 브로드만은 뇌를 꺼낸 다음 박편으로 잘라 슬라이드에 고정하고, 염색하고, 현미경 아래 놓고, 사진을 찍고, 기록으로 남겼다. 살아 있는 동안 기었건, 살금살금 움직였건, 뛰었건, 날았건, 헤엄쳤건 아니면 으르렁댔건, 멍멍 짖었건, 울부짖었건 상관없이 결국 이 모든 동물의 뇌는 브로드만의 자료 보관실 안 서랍 속의 아주 작은 유리판 두 장 사이에 갇힌 채 말없이 미동도 하지 않고 생을 마감했다.

그림 9.5 브로드만이 뇌를 박편으로 잘랐던, 양날을 가진 마이크로톰. 1872년 폰 구덴이 썼던 비더마이어 양식의 작은 마이크로톰은 뭔가 거의 사랑스럽기까지 한 구석이 있는 반면, 포크트와 브로드만이 주로 사용한 것은 산업용 느낌이 난다. 요컨대 이는 학문의 도구이자 사업을 의미했다.

동물의 뇌(긴꼬리원숭이라고 하자)를 활용하는 순간과 그 뇌 지도가 브로드만의 책에서 90번 도표로 발행되는 시간 사이에는 수많은 기술적 절차가 있었다. 실제로 박편으로 자르는 작업(여전히 까다로운 절차) 후에는 사진 촬영을 했다. 현미경의 약한 조명을 고려할 때 고작 10미크론(0.01밀리미터) 두께밖에 안 되는 박편은 거의 투명해 보였을 게 틀림없다. 초반 몇 년간 브로드만과 포크트는 그 이상을 손에 잡히는 현실로 만들기 위해 고안한 다양한 마이크로톰과 준비된 기술을 가지고 실험했다.[12] 브로드만은 2개의 마이크로톰을 사용했다. 그중 두꺼운 작업을 위한 마이크로톰은 박편을 5~6밀리미터 두께로 절단하는 '아트 기요틴Art Guillotine'이었다. 이 박편을 파라핀 용액에 담근 다음 파라핀을 흡수해 적당히 단단해지면 '양날 마이크로톰'으로 5~10미크론 사이의 박편을 만들어낼 수 있었다.

두 기계는 포크트 연구실의 주문에 따라 괴팅겐의 정밀기계공학자인 아우구스트 베커August Becker가 제작한 것이었다. 양날 마이크로톰은 매우 정교한 장치였다. 칼날은 박편 때문에 원래 위치에서 움직이는 일이 없도록 양쪽에 안정적으로 고정했고, 기발한 카르단cardan 공법 덕분에 조직을 어느 면이건 원하는 대로 자를 수 있었다. 게다가 두께도 조절 가능하고, 눈금도 고도로 정확하게 읽을 수 있었다. 나중에 포크트는 1300라이히마르크에 팔았던, 더 큰 박편을 생산하는 '판토마이크로톰pantomicrotome'을 고안하기도 했다. 그러나 칼에 계속 문제가 생겼다. 날카로우면 날카로울수록 더 손상되기 쉬웠고, 칼날의 정련 상태가 아주 조금만 고르지 못해도 부식 형성을 촉진하는 전류가 만들어졌다. 포크트는 이것을 에센Essen에 있는 크루프Krupp 제철 공장 연구소에서도 확인했다고 썼다.[13] 이번이 포크트와 크루프 사이의 유일한 접촉이 아님은 얼마 후 밝혀진다.

뇌 조직을 지도화하는 데는 많은 다른 방법이 있고, 그 각각의 방법마다 고유의 지도가 만들어진다. 1900년경 존재했던 많은 지도는 섬유와 신경의 궤적을 따라가는 것을 토대로 했다. 그러나 브로드만의 지도 제작법은 '세포 구조cyto-architecture', 다시 말해 구조, 형태, 세포의 위치를 기반으로 했다. 그것은 현미경 연구의 방법이었고, 현미경 연구만으로 이뤄진 방법이었다. 브로드만은 브로카와 베르니케의 방법 같은 손상 연구나 플루랑스가 수행한 적출술 실험은 단지 자신의 국소화 이론에서 그것들에 내줄 자리가 없다는 것을 명확히 하기 위해서만 언급했을 뿐이다. 세포 혹은 세포군의 생리학적 특징, 가령 전기 자극에 대한 반응 같은 것도 역시 브로드만과는 무관했다. 브로드만의 견해에 따르면 대뇌피질의 일부를 감각 영역, 운동 영역 또는 연합 영역이라고 지정하는 것은 무책임에 가깝다. 그는 언제나 그런 용어를 인용 부호 안에 넣었다. 신뢰할 만한 기능 국소화를 내세우기에는 시기상조라면서. 브로드만은 게다가 그러한 투사 영역의 정확한 경계에 관해서는 저자들 사이에 상당한 불일치가 존재한다고 썼다. 세포 구조를 지도로 만들어야만 이후에 영역과 기능 사이의 정확한 관련성을 작성하는 게 가능할 터였다.

이런 구절들에서 독자는 모순적인 결과, 용어 정의의 차이, 바뀌는 관행 그리고 박편을 자르고 슬라이드에 고정시키고 염색하는 데 사용하는 기술의 편차 등등, 간단히 말해 신경학이 아직 표준화하지 못한 모든 것을 브로드만이 거의 뼛속 깊이 혐오한다는 것을 감지할 수 있다. 처음 두 가지(모순적인 결과, 용어 정의의 차이—옮긴이)에서만 봐도 브로드만의 혐오가 얼마나 컸을지 알 수 있다. 우리는 서로 다른 저자들이 측정한 대뇌피질 구성 막의 수를 볼 수 있다. 이를테면 인간의 막의 수는 5~9개까지, 다른 동물은 3~10개까지 다양하다. 그에게는 견딜 수 없는 차이다. 마찬가지로 명칭도 연구자마다 상이하다. 동일한 막이 다른 이름을 가질 뿐만 아니라 전혀 다른 막이 같은 이름을 공유하는 경우도 있다. 브로드만은 자신의 저서에서 인간과 모든 포유동물에게 6개의 막이 있다는 것을 명료하게 밝히기 위해 설계한 연구 결과를 제시했다. 그리고 그 막들에 그것을 구성하는 세포 유형을 뜻하는 라틴어 명칭을 부여했다. 브로드만은 합창단원 이상, 곧 지휘자가 되고 싶었음이 분명했다.

가능한 한 어디서나 브로드만은 표준화를 위해 애썼다. 박편은 기준 두께였고, 규격화한 준비 작업을 거쳤으며(포르말린에 고정한 뒤 파라핀에 담갔다), 똑같은 염색법으로 처리했다(니슬 염색법). 모든 박편은 표면에 직각이 되게 절단했다. 현미경은 표준 확대 배율로 세팅했다. 박편의 도해는 '현미경 사진' 유형이 기준이었다. 브로드만은 세포의 밀도와 크기 같은 질적 특성의 양적 비교는 바로 이런 균일한 배경일 때에만 가능하다고 설명했다.

다른 많은 것들도 있지만, 그는 6개의 세포막 두께는 동물의 몸무게에 따라 다르며 그것들이 속하는 목目, order과는 무관하다는 것을 이런 방식으로 발견했다. 따라서 두께와 관련해 고양이의 세포막은 사자 같은 큰 고양이과 동물보다는 토끼의 세포막에 훨씬 가깝다.

책의 두 번째 절에서 브로드만은 6개 세포막의 치수와 측정값을 토대로 피질의 지형학적 지도를 선보인다. 해상 용어로 말하면 브로드만은 "해안에 바짝 붙어 항해하고 있었다". 그의 지도는 표층과 관련이 있는데, 인간에게서는 3밀리미터 두께를 넘지 않는다. 뇌의 더 깊숙한 곳의 구조는 아무런 역할도 하지 않는다. 지도를 보여주기 전에 그는 지도 제작의 복잡성과 한계를 언급했다. 그의 뇌 지도는 특정한 왜곡이 불가피한 도식적 재현이었다. 깊은 고랑들 속에 그 경계가 숨겨져 있는 지역과 영역을 어떻게 그리겠는가? 거의 구형에 가까운 영역을 지도라는 평면에 어떻게 표현할 수 있겠는가? 확산 전이의 성격을 띤 뇌 영역의 경계를 어떻게 뚜렷이 표시하겠는가? 모두 지도 제작상의 흔한 문제였다. 브로드만은 지도에서 왜곡이란 내재된 문제이지만 영역들의 상호관계 속에서 상대적인 좌표를 존중했다며, 역시 지도란 방향을 지시하기 위한 목발에 지나지 않는다고 썼다.

브로드만은 이미 인간과 고슴도치 그리고 그 중간에 낀 많은 동물, 가령 다양한 유인원, 과일박쥐, 킨카주kinkajou(미국너구리과의 포유류—옮긴이), 다람쥐의 뇌 지도를 마무리한 상태였다. 이 뇌들은 포유강에 속하는 모든 주요 목에서 표본 샘플을 채취한 것이므로 그 자체만으로도 극도로 시간이 필요한 작업이었다. 지도 제작을 뇌의 표층에 한정했을 때조차도 수백 개의 박편이 필요했고, 그 박편 하나하나를 준비 과정을 거쳐 분석해야 했다. 신경학 역사를 통틀어 브로드만의 2개의 인간 뇌 지도, 즉 좌뇌반구 측면도(그림 9.6의 위쪽)와 우뇌반구 내부도(그림 9.6의 아래쪽)는 가장 많이 복제된 도해에 속한다.

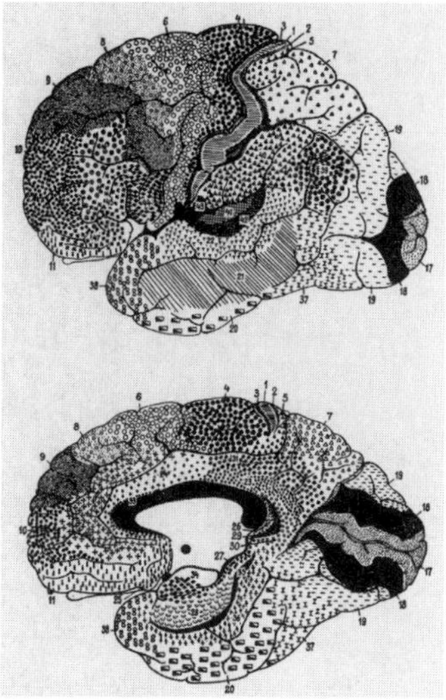

그림 9.6 브로드만의 인간 뇌 지도.

숫자는 '영역'을 가리키는데, 이는 훗날 브로드만 영역으로 알려진다. 비록 브로드만은 1부터 47까지 빠뜨리지 않고 번호를 매겼지만, 번호마다 영역을 배정하지는 않았다. 제2영역area II을 나중에 세분화해야 할 수도 있으므로 잠정적으로 12번부터 16번까지는 번호를 매기지 않았다. 상세 지도에서 그는 다른 영역에 52번을 부여했는데, 그 때문에 브로드만이 피질을 52개 영역으로 나눴다는 잘못된 믿음이 퍼졌다. 그는 각 영역의 세포 구조, 그 경계의 성격, 그 모양과 위치 그리고 다른 영역과의 관계를 언급했다. 손상 연구나 생리학적 특성을 바탕으로 이미 식별된 것들 일부는 브로드만 영역 44번에 해당하는 브로카 영역이나 베르니케 영역(BA 22)처럼 그 세포 구조를 토대로 하나의 단위를 형성하는 것으로 알려졌다. 브로드만은 영역의 위치를 기술하는 데 실비안 열구Sylvian groove와 관련 있는 자리처럼 전통적인 명칭뿐 아니라 부분적으로 자신이 만든 지형도를 활용했다. ("19번 영역은 18번 영역 주변에 고리처럼 놓여 있다.")

지도책에는 유인원과 하등동물 종류의 지도도 포함되어 있다. 그것들의 뇌는 전반적으로 똑같은 영역을 나타내지만, 영역의 수는 지속적으로 감소한다. 인간에게서 나타나는 36번, 37번, 44번 영역과 몇몇 다른 영역에 해당하는 것들이 원숭이에게는 없다. 브로드만은 유인원의 지형도와 얼마나 다른지 입증하기 위해 인간 뇌의 상세 지도를 삽입했다.

뒤에서 브로드만은 한층 자세하게 인간의 뇌 구조가 어떠한지 그리고 유인원의 그것과 어떻게 다른지 다룬다. 전체적인 구조는 비슷한 반면, 주름의 크기와 깊이 때문에 인간의 피질 표면이 몇 배나 더 컸다. 오랑우탄의 뇌가 5만 제곱밀리미터를 넘지 않는 데 비해 인간의 뇌는 20만 제곱밀리미터 또는 약 40×50센티미터의 표면적이 나왔다.

유인원 열구

브로드만은 또한 동시대적 표현으로 '다른 민족적 기원'을 가진 사람들의 뇌 사이의 차이점에 관한 비교 연구도 수행했다. 그 자신은 "외국 인종foreign races"[14]이란 용어를 사용했다. 예나Jena에서 온 동료가 자바 섬에서 가져온 뇌 3구를 그에게 선물했다. 브로드만에게 인간의 뇌에서 이른바 '유인원 열구Affenspalte'라는 존재를 확인하거나 혹은 부정할 기회가 생긴 것이다. 영국 인류학자 엘리엇 스미스Elliot Smith는 다수의 이집트와 수단 사람 뇌를 검사했는데, 그중 70퍼센트에서 머리 뒤쪽 후두엽의 길게 갈라진 틈, 즉 그때까지는 유인원에게서만 관찰했던 열구를 확인했다. 브로드만은 약간 의심하며 이 결과에 주목했지만, 자바인 3명의 뇌를 검사하고 나서는 그들 역시 유인원의 열구를 가지고 있다고 결론짓지 않을 수 없었다.[15] 게다가 자바인 뇌의 다른 영역은 크기 면에서 '유럽인 뇌'보다 오랑우탄 뇌에 더 가까웠다. 자바인 뇌와 다섯 살 난 수컷 오랑우탄 뇌의 후두엽에 관한 상세한 지도를 각각 제시함으로써 브로드만은 둘 사이에 공통적으로 나타나는 유인원 열구의 물증을 제시했다. 그뿐만 아니라 오랑우탄의 후두엽 맨 끝에서 최소 2100개의 박편을 채취한 후 손으로 일일이 100분의 1 크기의 박편을 그렸다. 이 18개의 도해 역시 오랑우탄의 뇌가 유럽인보다는 자바인의 것에 가깝다는 것을 드러냈다. 훗날 브로드만은 남아프리카 호텐토트인Hottentot의 뇌도 다수 검사했는데, 이것들도 마찬가지로 유럽인보다 유인원의 뇌에 훨씬 더 가까운 유사성을 보였다.

브로드만의 업적 중 이 부분은 신경학 역사에서 흥미로운 내막을 보여준다. 여기엔 그의 연구에 제기할 수 있는 모든 종류의 방법론적 이의가 존재한다. 우선, 세 자바인의 뇌가 어떻게 대표성을 띠느냐의 문제가 있다. 연령, 질병 유무, 사망 사유에 관해 주어진 정보는 하나도 없다. 우리는 또한 자바에서 베를린까지 긴 여정을 거치는 동안 그 뇌들이 어떤 상태였는지도 알 수 없다. 방부 처리는 했고, 포르말린에 보존했는가? 브로드만은 언제나 정확히 어떤 뇌에서 그 박편들을 추출했는지 알았고, 절차에 편견의 여지가 있다는 것도 알고 있었기 때문에 자신의 연구를 '눈을 가리고' 수행하지 않았다. 그러나 여기서 주된 쟁점은 지도책 전체를 같은 식으로 편집했다는 사실 그리고 그의 나머지 결과물에 대해서는 이 같은 반대 의견이 하나도 제기되지 않았다는 사실이다. 단지 우리가 말할 수 있는 것은 당시 통용되던 학문의 규칙에 따라 수행한 브로드만의 연구가 백인종을 제외한 모든 인종이 유인원에서 인간으로 옮겨가는 과정에서 뒤처졌다는 지배적인 편견을 반박하지 않았다는 게 아니라 이러한 편견에 과학적 중요도를 부여했다는 점이다. 브로드만은 당시에 동원할 수 있었던 가장 앞선 도구를 사용해 계산하고, 측정하고, 무게를 재고, 관찰하고, 비교함으로써 신경과학을 최고 수준에서 실천했다. 아울러 그가 입증한 사실들은 유럽의 과학자와 대중이 이미 진실이라고 확신했던 것에 한 치의 오차도 없이 들어맞았다.

시각적 논거

《대뇌피질에 관한 비교 국소화 연구》의 발간은 상세한 토론을 불러일으켰다. 이는 부분적으로 그 책의 논조 때문이었다. 브로드만은 도입부에서 전임자들의 관점과 관련해 자신이 뇌과학이라는 왕국에 도착하기까지 이 분야가 용어상으로, 방법론적으로, 지형학적으로 그리고 이론적으로 총체적인 무정부 상태에서 신음해왔다는 인상을 독자들이 쉽게 받아들일 만한 방식으로 거론했다. 브로드만은 "진정한 사실은 무엇일까"[16] 같은 수사적 의문문으로 논의를 마무리하면서 앞선 학자들의 상충하는 결론을 부각시켰다. 새로운 지도책이 받은 존경에도 불구하고 그 논조는 상당한 불쾌감을 자아냈다. 암스테르담의 신경학자 아리엔스 카페르스Ariëns Kappers는 해박하고 감탄 어린 논평을 통해 브로드만이 증판에서는 다른 이들의 연구에서 장점을 보려는 노력을 좀더 한다면 좋겠다고 제안했다.[17]

브로드만은《대뇌피질에 관한 비교 국소화 연구》에서 시각적 논거의 설득력에 호소했다. 개략적으로 말해, 책 속의 150개 '도해'는 2개의 범주로 나뉜다. 그린 지도와 '현미경 사진'이 그것이다. 브로드만이 베를린에 도착한 해에 포크트는 또한 박편의 비교적 선명한 사진 촬영을 가능케 한 프로세스를 개발한 사진작가 빌헬름 리델Wilhelm Riedel도 채용했다.《대뇌피질에 관한 비교 국소화 연구》에 나오는 절대 다수의 삽화는 그런 현미경 사진들로 이루어져 있다. 브로드만은 사진의 여백에 어떤 세포막 또는 세포 유형을 식별할 수 있는지 기록해놓았다. 그는 막의 개수, 세포 밀도 또는 크기에 관해 어떤 의견 차이가 발생하건 박편을 검사하면 모두 해결할 수 있을 것이라고 썼다. "내 삽화들은 슬쩍 보기만 해도 제기된 의문들에 대해 확실한 답을 줄 수 있다고 믿는다."[18] 그리고 실제로 이는 지도책의 가장 두드러진 측면 중 하나다. 영역 배열이 세포들에 대한 계산과 측정에 기초한 것이었던 반면, 현미경 사진들은 **무엇을** 계산하고 측정했는지 재현한 것이었다. 전체 지형도 프로젝트가 토대로 삼고 있는 양적 비교는 몇 군데에서만 한 무더기의 수치로 보일 뿐이다. 여기서 다시 한 번, 브로드만은 자신이 시각 자료를 확실히 선호하는 진정한 지도 제작자임을 드러낸다.

어떤 다른 세포 구조 지도도 브로드만의 것과 같은 폭넓은 인정을 받지 못했다. 프랑스의 과학사학자 브뤼노 라투르Bruno Latour는 "증거 경쟁proof race"[19]이라는 신조어를 만들었다. 증거를 제시하는 데 필요한 조건은 결국 경쟁자로 하여금 어쩔 수 없이 점점 더 강한 조치에 의지하도록 만든다는 점에서 이 명칭은 꽤 적절하다. 시간, 돈, 장비의 관점에서 드는 비용은 상대편이 최종적으로 자기 위치에서는 가망이 없다는 걸 인정할 수밖에 없는 규모에 달할 수 있다. 브로드만 이후에 등장해 대안적인 피질cortex 지도 제작법을 내놓기로 결심한 한 연구자의 역경을 한 번 상상해보라. 그는 어떻게 증거 자료 수집에 착수할까? 우선 10년간 그 누구도 건드리지 않은 관찰 소재, 훌륭한 설비를 갖춘 실험실, 결코 독신을 고집할 생각은 없지만 실질적으로 독신에 가까운 삶을 살아야 할 만큼 광기에 가까운 일에 대한 열정, 거기에 지역 동물원과의 매우 원만한 관계까지 자기 재량껏 쓸 수 있어야 할 것이다. 정밀함, 계획성, 규격화를 향한 몰두 그리고 한 술 더 떠서 2개가 합쳐져 상당히 장기적인 프로젝트에 필요한 동기를 제공할 격론 성향과 '올바르게 이해시키는 것'에 대한 열정 또한 필요할 것이다. 이는 사실상 1901~1910년 베를린 위를 맴돌다가 갑자기 해체되어 흔적도 없이 사라진 요소들의 놀라운 성좌星座였다.

중요한 또 다른 요소는 브로드만의 규모 감각이었다. 포크트 부부는 브로드만이 했던 것보다 거의 4배 많은 영역을 식별한 섬유질 구조 기반의 뇌 지도를 발간했지만, 결국 지나치게 상세했던 것으로 판명되었다. 50개씩이나 되는 영역으로 분할한 것은 제법 더 편리했다. 물론 이것이 더 이상 뇌 지도가 만들어지지 않으리라는 걸 의미하는 것은 아니나. 시도 세작과 관련한 브로드만의 선택은 다른 지형학 프로젝트를 위한 충분한 여지를 남겨뒀다. 몇 밀리미터 이상 깊이 있는 것들은 지도화하지 않았다. 자세한 해안 지대 묘사와 더 들어간 내륙의 크고 공허한 평지가 있는 16세기 신대륙 지도를 연상케 하는 특성을 그의 지도에 부여한 것이다. 브로드만 이후에 등장한 많은 지도책은 전체 뇌의 수직 혹은 수평 단면도에서 파생했다. 나아가 그것들은 더 큰 구조와 신경 다발을 포함한 지도, 혈관계 지도 혹은 소뇌 구조 등등 훨씬 다종다양했다.

브로드만의 작업 방식에는 또 다른 한계 요인이 있었다. 각각의 뇌를 수백 개의 박편으로 무작위로 잘게 자르는 것, 세포 구조의 분석과 총계를 지형도로 전환하는 과정, 그것도 대단히 많은 포유동물을 대상으로 반복된 그 과정(《대뇌피질에 관한 비교 국소화 연구》에는 60마리가 넘는 동물이 포함되어 있다)은 그가 검토한 뇌들이 사실상 **개별적인** 뇌였음을 의미한다. 브로드만은 통틀어서 아마도 몇 안 되는 사람의 뇌만을 현미경 아래에서 검사했을 것이다. 특정 뇌 영역의 크기가 8~9개의 요인에 따라 다를 수도 있다는 것을 알았던 많은 신경학자들은 이후 **평균** 뇌 크기에 근거한 지형도를 선택했다. 나아가 자신은 건강한 성인 뇌에 국한하겠다는 브로드만의 결정은 배아 단계부터 성숙을 거쳐 수축에 이르는 뇌 발달을 지도로 옮기거나 혹은 알츠하이머나 파킨슨병 같은 질병의 근본을 이루는 신경 병변을 지도화할 충분한 기회가 다른 이들에게 있음을 의미했다.

그는 현미경을 내려다보는 일만 할 수 있었다

《대뇌피질에 관한 비교 국소화 연구》가 출간되고 한 세기가 지난 지금, 전적으로 다른 지도 제작상의 출발점에 기초한 수십 개의 지도책에서도 '브로드만 영역'은 여전히 지형학적 좌표로 쓰이고 있다. 많은 경우 구조와 기능을 서로 연결하는 것이 가능해졌고 브로드만 영역 1번·2번·3번은 이제 체성감각피질somatosensory cortex을, 17번과 18번은 일차시각피질primary visual cortex을 그리고 41번과 42번은 청력피질auditive cortex을 나타낸다. 뇌 연구에서 영상화 기법의 출현은 신경과학 지도에 새로운 자극을 주었다. 과학 연구원 베아울리외A. Beaulieu는 그녀의 논문에서 어떻게 뇌 지도들이 오래전 블라외의 지도책처럼 연구 결과를 반영할 뿐 아니라 새로운 연구에 방향을 제시하고 이로써 연구원들의 세계에서 전략적 관심을 재현하는지 보여주었다.[20] 그녀는 또한 뇌 지도 제작법은 현재 일종의 첨단 기술이 되었다고 언급한다. 오스카어 포크트의 연구실에서 수행하던 절단과 계산의 조용한 임무와는 한참 다른 게 된 것이다. 1990년대 이래 널리 쓰여온 지도책은 파리의 신경외과 의사 탈라이라슈J. Talairach와 투르누P. Tournoux가 엮은 '탈라이라슈'다.[21] 브로드만처럼 그들은 단일한 뇌반구(이 경우 60세가 넘는 한 여성의 뇌)를 지도로 옮겼고, 3개의 축을 가진 데카르트식 좌표 공간에 사진 촬영한 박편을 배치했다. 이는 사용자들이 3차원 격자판을 나타내는 좌표 안에서 뇌의 영역을 가리키는 것을 가능케 했고, 이것을 따라 브로드만 영역들은 이 뇌의 표면에 간단하게 투사된다.

최근에 브로드만의 것과 흡사한 지도 제작 프로젝트가 출범했다.[22] 주창자는 뒤셀도르프 대학교의 '세실 앤드 오스카어 포크트 뇌연구협회Cécile and Oskar Vogt Institute for Brain Research' 소속인 (브로드만과 같은 나라 출

그림 9.7 베를린에 있는 신경생물학협회의 신경촬영실험실에서 작업 중인 브로드만.

신의) 카를 질레스Karl Zilles이다. 계획이 마무리되면 이 지도책은 15개 뇌의 평균에 기초할 것이다. 각각의 뇌는 파라핀 블록에 보관한 다음 20미크론 두께의 5000~8000개의 박편으로 자른다. 각각의 박편은 유리판에 저장한다. 15개당 한 박편을 세포가 보이도록 염색하고, 60개당 한 박편을 실제로 분석한다. 이는 스캐너를 통해 이루어진다. 그런 다음 컴퓨터가 세포의 밀도를 계산하고 통계적으로 의미 있는 차이점을 기반으로 어디에 경계가 있는지 결정한다. 〈네이처〉와의 인터뷰에서 질레스가 한 말에 따르면 "분석한 각각의 박편 사이는 1.2밀리미터이고, 현재로서는 그것으로 충분하다".[23] 미래에 더욱 상세한 지도에 대한 수요가 생긴다면, 그때 저장된 박편을 분석할 수 있을 것이다.

그보다 앞선 브로드만처럼 질레스는 자신의 지도책을 "객관적인 기법"을 사용한다며 치켜세운다. 질레스에게 이러한 객관성의 본질은 자동적인 세포 밀도의 등록 그리고 영역의 경계를 정의할 때 통계 프로그램을 이용한 컴퓨터의 활용에 달려 있다. 이는 인간의 개입을 지도 제작법으로부터 가능한 한 멀리 떨어지게 하려고 고안한 일종의 기계상의 객관성이다. 인터뷰에서 질레스는 브로드만이 이빨을 꽉 물게 만들 법한 용어를 써가면서 걸출한 선배의 업적에 대해 무심코 이런 말을 남겼다. "피질 영역을 구성하는 것에 관한 브로드만의 판단은 부득이하게 주관적이었다. 그는 현미경 아래를 내려다보고 보고서를 쓰는 일만 할 수 있었을 뿐이다."[24]

브로드만의 일하는 모습을 담은 몇 안 되는 사진 한 장을 보면 그게 정확히 그가 하고 있는 일이긴 하다. 그는 자연광이 박편에 떨어지도록 창가의 테이블에 앉은 채 골똘하게 현미경을 내려다본다. 〈네이처〉의 질레스 인터뷰에 실린 두 장의 사진과는 대조적이다. 그중 한 사진에는 자동으로 박편을 절단하는 마이크로톰이 있는데, 나중에 컴퓨터가 역시 자동으로 이 박편을 계산하고 지도화할 것이다. 다른 사진에는 연구자 자신의 모습이 보인다. 사진 속 그는 미술품 형식으로 벽에 걸린, 확대한 박편들 곁에서 포즈를 취하며 미소 짓고 있다. '기계로 작동하는 객관성'으로의 이행은 과학자의 새로운 이미지 또한 생산해왔다.

크루프 철강

분명 2009년은 현미경을 내려다보고 그 결과를 보고하며 보낸 10년에 달하는 시간이 어떻게 해서 아직도 신경학자들이 매일 다루는 악기의 일부가 된 지도를 낳았는지 기념하는 한 해가 될 것이다(이 책은 2006년에 발행되었다—옮긴이). "인생은 짧고 의술에 이르는 길은 멀다"는 격언은 지극히 브로드만에게 해당하는 말이었다. 지도책 이후 그의 삶에 관한 이야기는 극도로 짧으니 말이다. 1910년 크레펠린은 브로드만에게 친유인원적 피질에 관한 그의 연구를 대학교수 자격 논문으로 베를린 의과대학에 제출해보라고 제안했다. 그 논문이 '부적당하다'고 거절당하자 브로드만은 쓰라린 좌절을 맛봤다. 지난 10년간 해부지형학에서 굳건한 명성을 쌓아올렸건만 포크트가 나중에 사망 기사에서 썼듯 그의 최고 연구 중 하나를 거만하게 거절함으로써 베를린 의과대학은 "만회할 수 없는 책임"[25]을 짊어져야 했다. 그러나 상황의 아이러니는 그러한 거절이 포크트 자신의 권모술수의 결과였다는 데 있다.

결정적 순간마다 브로드만의 커리어는 포크트의 그것과 밀접하게 엮여 있었고, 언제나 브로드만에게 유리했던 것은 아니다. 그보다 2년 젊은 오스카어 포크트는 예나에서 의학을 공부했다.[26] 궁핍한 환경에서 자란 포크트는 항상 자신의 사회적 지위를 높여줄 것으로 추정되는 것이면 무엇이건 찾아내는 매의 눈을 가졌고, 필요하다면 원하는 조건을 만들어낼 준비도 되어 있었다. 1896년 그는 온천 치료를 하러 온 부유한 고객들과 사귀겠다는 바람으로 바이에른 지방에 있는 알렉산더바트의 온천장 의사라는 낮은 지위를 수락했다. 환자 중 한 명이 철강왕 프리드리히 알베르트 크루프Friedrich Albert Krupp의 형수였으므로 그의 계획은 매우 성공적이었다. 곧이어 그는 크루프의 아내 마르가레테Margarethe에 이어 마침내 철강왕을 돌보게 되었다. 3명 모두 포크트의 치료법으로 혜택을 봤는데, 그것은 대개 최면술로 이뤄져 있었다. 매력적인 포크트는 머지않아 크루프 가문의 믿음직한 친구가 되었다. 1898년에는 지중해를 도는 크루즈 여행에 그들과 동행했다. 그가 크루프에게 뇌 리서치 연구소를 세울 자금을 지원해달라고 설득하는 데 성공한 것은 바로 이 여행을 할 때였다. 이 연구소는 적어도 처음에는 학계의 관료주의를 피해갔다. 그 무렵 프랑스 신경학자 세실 뮈니에Cécile Mugnier와 결혼한 포크트는 1899년 베를린에 신경중앙병원을 설립했다.

마그데부르크 거리에 우수한 장비를 갖춘 신경 관련 병원이 성업 중이라는 사실은 프리드리히-빌헬름 대학 의학부에 상당한 반감을 일으켰다. 포크트와 크루프는 최종적으로는 중앙병원이 대학과 통합해야 한다고 느꼈고, 그 목적을 달성하기 위해 포크트는 리서치 프로그램 제안서를 제출했다. 이 제안은 답장을 통해 거절당하다시피 했다. 그러나 크루프에게는 황제 빌헬름 2세를 포함한 영향력 있는 친구들이 있었다. 1902년 대학 당국은 중앙병원(브로드만은 1년 전부터 이곳에서 신경지형학자로 근무했다)을 '신경생물학연구소'로 알려진 대학의 생리학연구소와 행정적으로 통합하는 걸 허가하지 않을 수 없었다.

1902년 11월, 연구소의 존립이 위기에 처했다. 이탈리아의 한 가십 전문 잡지가 카프리 섬에 있는 주말 별장에서 크루프가 이탈리아 청년들과 동성애를 즐겼다고 폭로한 것이다. 11월 15일에는 독일 사회당이 자체 발간물에서 유사한 혐의를 제기했다. 11월 22일, 포크트는 임종 직전의 크루프 침상으로 불려갔다. 그는 사망 진단서에 서명하고 사인을 '급성 심부전'이라고 적었다. 빌헬름 2세가 사회주의자들이 크루프의 죽음을 초래했다며 공개적으로 비난하고 자살 가능성에 대한 추측이 난무하는 가운데 포크트는 난국에 빠진 자신을 발견했다. 하지만 스캔들은 이내 잠잠해졌고, 1906년 철강 왕국을 이끌어나갈 크루프의 후임자는 신경생물학연구소를 포함해 전임자의 모든 약속을 존중하겠다고 발표했다. 그러나 대학과의 관계는 긴장 그 자체였다. 포크트의 연구소에서 수행한 브로드만의 신경지형학 연구를 의과대학이 딱 잘라 거절했다는 사실은 누구에게도 놀라운 일이 아니었다. 아마도 저자 자신만 몰랐을 것이다.

브로드만은 나름대로 결론을 내렸다. 유목 생활을 재개하기로 한 것이다. 그는 튀빙겐 대학교와 제휴한 정신병원의 해부학연구소 의사 자리를 수락했다. 그가 마침내 대학교수 자격을 얻은 것은 바로 그곳에서였다. 그는 1913년 객원교수로 임명되었다. 하지만 곧바로 전쟁이 터졌고, 이것으로 그의 연구도 종지부를 찍었다. 브로드만은 자원해서 튀빙겐의 육군병원 정신 병동에서 근무했다. 그리고 1916년 할레안데어잘레Halle an der Saale에서 재정적으로 안정적인 일자리를 얻었다. 그곳에서 마르가레테 프랑케Margarete Franke를 만난 그는 1917년 가정을 꾸렸다.

그러는 사이 뮌헨의 왕립정신과병원 원장이던 크레펠린은 자신의 해부학연구소에서 일할 새 연구원을 찾고 있었다. 그 자리는 알츠하이머와 레비가 떠난 후 공석이었다. 그는 조직지형학histotopography 분야의 책임자로 브로드만을 염두에 두고 있었다. 1918년 봄, 브로드만은 직업상의 이유로 또다시 이사를 했지만, 이번에는 아내 및 막 태어난 딸 일제Ilse와 함께였다. 그의 결혼 생활은 행복했다. 그리고 자기 분야에서 가장 명성 높은 기관에서 일자리를 찾았고, 당대의 최첨단 장비를 마음껏 쓰면서 재능 있는 객원 연구원들을 이끌 터였다.

그런 행복은 5개월도 지속되지 않았다. 8월 초, 해부할 때 걸렸던 감염이 재발했다. 뒤이은 패혈증은 빠르고 치명적으로 전개됐다. 브로드만은 49세의 나이로 1918년 8월 22일 숨을 거뒀다. 몇 달 후 그의 아내 역시 잠시 앓더니 세상을 떠났다. 딸 일제는 조부모의 품에서 성장했다. 1993년 미국인 신경학자 2명이 〈신경학〉에서 브로드만의 '사라진 번호들'에 관한 토론을 시작했을 때, 중판 간행을 요청한 사람 중에는 일제 브로드만도 있었다.[27]

10

광기의 총본산 : 클레랑보 증후군

그것은 영화의 첫 장면일 수도 있다. 1920년 12월 4일 파리. 50대 초반의 한 여인이 어딘가 불안한 기색으로 지하철에서 내려 경찰관 2명에게 말을 건다. 그녀는 자신이 미행당하고 있으며 다른 승객들이 자기를 조롱했다고 말한다. 그리고 보호를 요청한다. 경찰관들은 무슨 얘기인지 도통 알아들을 수 없다. 여인은 조치 취하길 거부하는 경찰관들에게 어이없어하며 점점 더 속상해한다. 마침내 너무나 화가 나 경찰관들의 따귀를 올려붙인다. 그리고 경찰서 유치장에 갇힌다.

다음 장면에서 여인은 '정신과적 위기관리 센터'라고 할 수 있는 시테Cité 섬의 엥피르므리 스페시알Infirmerie Spéciale로 옮겨진다. 여인은 완벽하게 차려 입은 남자 맞은편에 앉아 있다. 인터뷰는 오래 걸리지 않는다. 남자는 여인의 이름〔레아 아나(Léa-Anna B), 53세〕을 기록하고, 그 망상의 몇 가지 특징을 적어 내려간다. 여인은 영국 왕이 자신을 사랑하고 있으며, 낯선 이들이 자기 돈을 훔치려 한다고 믿는다. 그는 여인을 생트안 정신병원으로 보낸다. 입원 진단서는 딱 열 줄 길이다. 서명란에는 이렇게 씌

그림 10.1 엥피르므리에서 클레랑보가 유치장에 수감된 한 여인에게 질문을 던지고 있다.

어 있다—드 클레랑보 박사.

몇 주 후, 클레랑보와 그의 동료 브루소A. Brousseau는 정신의학기관협회 회기 중 여인의 사례를 논의한다.[1] 아나의 망상은 오래전으로 거슬러 올라간다. 한때 아나는 옷가게 점원이었으나, 곧 부유한 고위직 남자의 정부가 되었다. 관계는 18년간 지속됐다. 1907년 남자가 사망하자 아나는 오래지 않아 새 연인을 찾았다. 그는 성을 소유하고 있었다. 그는 아나를 위해 집을 구입한 다음, 그곳에 와서 같이 살자고 했다. 하지만 프랑스 시골의 하루하루는 따분했고 아나는 외로웠다. 4년 후 남자와의 관계가 끝났는데, 클레랑보에 따르면 아나의 망상이 이미 진행되고 있었기 때문이다. (제1차 세계대전 중이던) 1917년 아나는 인근의 육군 부대를 지휘하는 미군 장군이 자기를 사랑한다고 굳게 믿었다. 1920년에는 영국의 조지 5세가 자신을 흠모한다고 확신했다. 아나에 따르면, 그는 1918년부터 줄곧 비밀 메시지를 보내 그녀에게 구애를 해왔다. 아나는 그게 문제였다고 말했다. 그녀의 눈에 비친 단 하나의 문제—처음에는 자신이 그의 구애를 알아채지 못했다는 것.

영국 왕은 아나 주변에 갑자기 나타난 특수 장교들을 통해 자신의 의도를 분명히 보여주려 노력했다. 특수 장교들은 선원이나 관광객으로 위장했는데, 그녀가 그들이 조지 5세가 보낸 사람들이라는 걸 깨달았을 때는 너무 늦은 뒤였다. 지난 시간을 되짚어보니 아는 척하는 눈빛, 수수께끼 같은 말 그리고 자신을 향해 의도한 것이었겠지만 당시에는 이해하지 못했던 비밀스러운 신호가 떠올랐다. 기차 여행을 하던 어느 날 비로소 모든 게 확실해졌다. 아나는 리오테이Liautey 장군의 수행단 출신인 한 장교를 만났다. 그는 신중한 어휘를 써가며 자신이 조지 5세의 특사라고 실토했다. 그때 모든 지엽적인 사건들이 갑자기 하나로 맞춰졌다. 어느 늦은 저녁, 아나의 호텔 방문을 두드리던 그 노크 소리처럼. 노크를 한 사람의 정체는 분명 그녀와의 랑데부를 바란 왕이었다.

그러나 이는 미묘한 상황을 초래했다. 아나가 무수한 구애에도 반응을 보이지 않았기 때문에 조지 왕은 그녀가 자신을 거부한다고 결론지은 게 틀림없었다. 말도 안 돼! 내가 그를 얼마나 깊이 사랑하는데. 이제 아나가 할 일은 그의 사랑에 보답하겠노라고 그에게 직접 설명하는 것이었다. 아나는 왕과 이야기할 기회를 얻을 수 있을 거란 희망을 갖고 런던으로 출발했다. 며칠이고 버킹엄 궁전 주변을 배회했다. 가끔씩 왕으로부터 신호가 왔다. 어마어마한 궁전의 창문 중 한 곳의 커튼이 움직였다. 그녀를 보고 있다는 왕의 신호인 듯. 하지만 결코 그들 사이에 직접적인 접촉은 없었다. 마지막 헛된 시도 끝에 수천 프랑을 낭비한 아나는 화나고 좌절한 채 파리로 돌아왔다. 정신병원 입원으로 이어진 문제의 그 사건이 일어난 것은 바로 그날 지하철 플랫폼에서였다.

색정증

클레랑보는 동료들에게 그 환자가 자신이 '색정 증후군erotomanic syndrome' 혹은 '색정증erotomania'이라고 부르는 장애를 앓고 있다고 설명한다. 아나는 과대망상으로 시작되는 전형적 특징의 대부분을 드러냈다.

'사랑의 대상'은 언제나 부자이거나 엄청난 명망을 가진 높은 지위의 인물이다. 환자에 따르면 구애는 그 '사랑의 대상'에게서 왔다. 다른 말로 하면, 그가 접촉을 개시하고 그녀는 거기에 반응했다는 뜻이다. 그는 그녀만이 이해할 수 있는 신호를 이용해 의사를 전달하는데, 지위가 너무 높은 나머지 사랑을 드러내놓고 공표하는 것은 불가능하다. 그녀는 자신의 경험 하나하나를 남자가 자기를 원하고 접촉하기 위해 노력한다는 망상의 관점에서 해석한다. 아나에게 이 증상의 전형적인 방향에서 벗어난 단 하나의 양상이 있다면 그것은 점진적인 시작이었다. 통상적으로 이 망상은 거의 언제나 만남 직후 곧바로 시작된다. 벼락을 맞듯 **첫눈에 빠져드는 사랑**이다.

이런 소개가 끝난 후 아나가 입장한다. 사전에 클레랑보는 아나에게 중요한 사람들로 구성된 위원회 앞에 서게 될 것이라고 얘기해놓았다. 그들의 명성이 영국에까지 뻗칠 정도이니 자신이 그런 이유를 설명하려면 이 기회를 잡아야 한다는 말도 했다. 실증을 진행하는 동안, 클레랑보는 자기가 진짜로 왕과의 만남을 주선하는 위치에 있는 것처럼 굴면서도 그게 좋은 생각인지 확신이 서지 않는다고 말한다. 그녀는 자신의 추종자와 얼굴을 마주했을 때 감정을 억제할 수 있을까?

"손을 이렇게 둘게요. 등 뒤로요. 그러니까 제 뒤에서 꼭 잡아주세요."

"당신이 두 팔로 그의 목을 꼭 껴안을까봐 걱정됩니다."

"하지만 제가 그러지 못하게 선생님이 막으면 되죠."

"네. 하지만 왕자들이 이 모든 일에 대해 뭐라고 말할까요?"

"왕자들은 거기 있지도 않을 거예요."

"그들이 이 모든 일에 매우 관심이 있다고 말씀하지 않으셨어요?"

"그건 왕과 나 사이의 일이에요."[2]

클레랑보의 제안에 따라 아나는 일보 후퇴해 왕에게 서신을 보내기로 한다. 15분 후 그녀는 자신감에 차서 그에게 편지를 건넨다. 편지는 굳건한 믿음으로 쓰여 있다. 그녀는 왕에게 자신의 가장 깊은 사랑을 약속한다며 마음을 털어놓았다. 덧붙여 자기가 영국에 갈 수 있도록 주선해 줄 것을 바란다고 썼다. 끝에는 서명과 함께 이렇게 적혀 있다. "1920년 12월 20일. 파리 생트안 병원에서. L. Anna B……." 클레랑보가 동료들에게 말한 대로, 이 증상을 가진 환자들의 경우 그러한 계략은 반드시 효과가 있다.

1920년대부터 클레랑보는 오늘날 '클레랑보 증후군'으로 알려진 증상에 관한 12편 이상의 저술을 남겼다.[3] 환자들은 예외 없이 여성이었고 공장 노동자, 가사 노동자 혹은 재봉사처럼 낮은 지위에 고용된 반면 그녀에게 '미친' 남성들은 장교, 성직자, 의사 혹은 판사였다. '순수 색정증érotomanie pure'으로 알려진 1차 변종에서 이 장애를 가리키는 단 하나의 증상은 숭배자가 있다는 확신이다. 2차 변종인 '결합 색정증érotomanie associee'에서 그 증상은 확장된 망상 시스템의 일부다. 전직 옷가게 점원으로 1921년 7월 학회에서 소개된 50세의 클레망틴Clémentine D는 두 번째 경우였다. 클레망틴은 한 성직자가 자신에게 홀딱 빠져 자기를 위해 값비싼 아파트를 빌렸을 뿐 아니라 이웃 사람들이 전자 기계를 써서 그녀를 지배하려 한다고 믿었다.[4] 1차 변종이건 2차 변종이건 증상은 예외 없이 정해진 수순을 따랐다. 순식간에 빠져들건 짝사랑이건 그것은 개인적인 접촉으로 시작된다. 아마도 환자는 그의 설교를 들었거나 진찰을 받았을 것이다. 초기 단계에서 여자는 가능성에 대해 낙관적이고 방문, 편지, 작은 선물을 이용해 연락을 꾀한다. 남자는 여자의 정성을 거부한다. 여자는 조금씩 실망하고, 결국에는 앙심을 품는다. 어떤 경우에는 남자 혹은 그 주변 인물들에게 복수를 시도한다. 남자가 이미 유부남이라는 사실은 (실제로 흔히 있는 일인데) 그녀를 괴롭히는 것 같지 않다. 그가 다른 사람이 아닌 자기를 사랑하고 있으므로 그녀가 보기에 결혼은 아무런 상관도 없다. 이런 환자들은 그 아내를 겨냥한 공격 때문에 경찰에 잡힌 후 결국 엥피르므리에 온다. 클레랑보는 이 질환은 고칠 수 없다고 확신했다. 1923년 5월, 엥피르므리에서 인터뷰한 앙리에트Henriëtte H는 17세 때 젊은 성직자를 사랑하게 되었다. 치안방해죄로 수차례 체포되고 무려 37년(!)이 지난 뒤 그녀는 가정부로 일했는데, 전화기가 있는 집만 골라 근무했다. 전화로라도 자신의 추적을 계속할 수 있도록 말이다.[5]

광기의 총본산

클레랑보의 성을 다 쓰면 가티앙 드 클레랑보Gatian de Clérambault이다.[6] 1872년 태어날 때 받은 여섯 개의 긴 이름 중에서 그는 지혜롭게도 첫 번째 이름인 가에탕Gaëtan만을 썼다. 그는 13세 때 스타니슬라스 중등학교에서 공부하기 위해 파리로 갔다. 어린 클레랑보는 '약간 소란스러운' 아이로 여겨졌지만 중등학교를 마친 후 법학 공부를 하기 시작했다. 대학 강의를 들으면서 동시에 프랑스 국립미술학교에서 집중적인 그림 실기 수강도 병행했다. 졸업 후에는 병역 소집을 받았다. 불합리하지 않은 최소 신장 기준인 160센티미터에서 3센티미터 미달이었지만 부모님의 친구들이 힘을 써줘 포병대에서 복무했다.

클레랑보는 무력이나 싸움을 좋아하는 라이프스타일을 키워갔다. 그는 탁월한 기수였으며 최근 들어 프랑스에 소개된 주지츠를 그때 이미 수련했다. 제1차 세계대전 때는 전방에 있는 진지로 자원했고 두 차례나 중상을 입었다. 그는 성미가 불같기로 유명했다. 학회 기간 동안 발표자가 자기 아이디어를 훔쳤다고 잘못 생각해 화가 폭발하기도 했다. 루이 14세 시대 이래 프랑스에서는 결투가 금지되었고 그런 일이 학술 담론의 일부였던 적이 없었음에도 불구하고 클레랑보가 요구했던 것은 정확히 바로 그것, 곧 결투였다.[7] 결국 동료들이 끼어들어 말릴 수밖에 없었다.

그림 10.2 가에탕 가티앙 드 클레랑보 (1872~1934).

군복무를 마친 후 의학을 공부하기로 결심한 그는 1899년 박사 학위를 땄다. 학위 논문은 '양배추 귀cauliflower ear'로 알려진 질환의 원인인 성장에 관한 것이었다. 그 무렵 그는 정신의학에 빠져들었고, 1898년 카프그라와 함께 '아질 드 라 센asiles de la Seine'이라는 정신과 복합 기관에 인턴으로 합류했다.

1905년 클레랑보에게는 다양한 선택권이 놓여 있었다. 병원을 개업할 수도 있었고, 큰 병원에서 일하거나 혹은 학계로 진출할 수도 있었다. 그러나 그는 전혀 다른 결정을 내렸다. 엥피르므리를 선택한 것이다. 이곳의 공식 명칭은 '파리 경찰청 소속 특별 의무수용소Infirmerie Spéciale du Dépôt, 3 Quai de l'Horloge'로, 정신적 문제가 있는 시민을 그냥 감옥에 가둬버리지 않기 위한 목적으로 1872년에 설립했다. 이 정책은 19세기 초반 몇십 년간 행해졌던 관행을 거스르는 것이었다. 클레랑보가 엥피르므리에 합류했을 때, 그곳에는 남성용 유치장 11개와 여성용 유치장 7개가 있었다. 그중 3개에는 자해를 막기 위해 벽면에 완충물을 댔다. 이곳과 인연을 맺은 거의 30년 동안 클레랑보는 끝도 없는 정신이상자 행렬을 목격했다. 해마다 무려 2000~3000명의 운명을 결정해야 했다. 이는 통상 감옥과 정신병원 중 하나를 택하는 것을 의미했다. 모든 환자들의 공통점은 거리에서 경찰들한테 끌려왔다는 것이었다. 알코올 중독자, 에테르 흡입자, 모르핀 중독자, 아편쟁이, 자살을 시도하거나 간질 발작으로 쓰러진 사람들이었다. 그와 함께 방화범, 노출증 환자, 성도착자, 노상강도, 실성한 노인, 사회에서 떠도는 정신지체자 등이 딸려 들어왔다. 클레랑보는 간단한 인터뷰를 마치면 단 한 장에 불과한 진단서를 작성했다. 재직하는 동안 이런 진단서를 1만 3000장가량 작성했다. 이는 정신과적 '범인 식별용 사진' 같은 것으로서 인적 사항과 함께 증상, 수용 사유, 현재 상태, 잠정적 진단을 포함했으며 모두 간결한 전보식 문체로 기록했다. 엥피르므리 소속 의사들에게 열려 있는 선택권은 문제의 인물을 풀어주느냐 아니면 병원으로 보내느냐였다. 대부분의 경우 그다음 단계는 생트안 정신병원행이었다.

엥피르므리에 수용된 대부분의 파리 시민에게 이 기관의 설립 이념이었던 인도적 원칙 따위는 언제 그랬냐는 듯 꼬리를 감췄다. 엥피르므리는 으스스한 신고딕 양식의 흑색 건물 안에 들어섰고, 인테리어는 슬럼가 수준이었다. 유치장은 더럽고 직원들 손에 달린 수용자 대우도 노골적으로 역겨웠다. 그러나 가장 큰 저항을 불러일으킨 것은 원장의 전지전능함이었다. 그는 자유와 강제 입원 사이의 결정권을 갖고 있었다. 하지만 그뿐만 아니라 재량에 따라 3일, 6일 또는 9일까지 임상 관찰 명목으로 환자를 더 가둬놓을 수도 있었다. 언론은 하나같이 엥피르므리에 적대적이었다. 이 기관에서 풀려난 뒤 바로 범법 행위를 저지르거나 정반대로 기약 없이 감금됐던 사람들에 관한 기사가 심심치 않게 실렸다. 간혹 고위

층 사교계의 일원이 엥피르므리에 수용되는 경우도 있었는데, 대개는 과음이나 공공장소에서 난동을 부렸기 때문이다. 그런 사람은 좀도둑, 싸움꾼, 매춘부 사이에 있는 자신을 발견하고 일시적이지만 인권을 박탈당한 채 냄새 나는 유치장에 갇혀 의사들이 자신의 운명을 결정하길 기다려야 했다. 물론 같은 사건이 더 낮은 계급의 일원에게도 일어날 수 있었다. 하지만 차이점은 있었다. 특권층 억류자들은 일단 풀려나면 바로 언론사로 달려갔다. 이로 인해 엥피르므리 체제에 반대하는 정기적인 캠페인이 벌어졌다.

클레랑보의 전임자 중 한 명은 이곳을 '광기의 총본산'이라고 불렀다. 그러나 이곳은 프랑스 법정신의학의 총본산이기도 했다. 정신없이 바쁜 거대 수도의 구석구석으로부터 정신 질환이 원인이었을 수도 있는 범죄를 저지른 모든 인간이 모여들어 엥피르므리의 똑같은 방을 거쳤다. 그리고 심문을 받은 후에는 다시 이 도시의 병원, 기관, 감옥으로 부채를 펼치듯 흩어졌다. 클레랑보는 연구 소재를 다른 곳에서 찾을 필요가 전혀 없었다. 그들은 매일 그의 책상 너머로 줄지어 들어왔다. 엥피르므리의 깔때기 기능 덕분에 정신질환자 보호 시설에서는 도달할 수 없을 만큼 집중적으로 들어왔다. 클레랑보가 기록한 거의 모든 사례 연구는 한때 그 맞은편에 앉았던 여자와 남자가 주인공이었다. 경찰이 데려다놓은 사람들을 자양분 삼아 자신의 정신의학 업적을 살찌운 그의 방식은 1902~1906년 그 앞에 등장했던 네 여성에 관한 글에 잘 드러나 있다.[8] 그들의 범죄 배경에는 아마도 엥피르므리에서의 특권적 관찰자 지위에 있는 사람만이 볼 수 있는, 아니 그걸 뛰어넘어 심문을 시작하기도 전에 그들의 진정한 범행 동기가 무엇인지 육감적으로 알아냈던 그런 사람에게만 보이는 공통된 요인이 있었다.

히스테리, 불감증, 변태 성욕, 타락

문제의 네 여성은 모두 40대였는데, 실크 절도로 체포됐다. 4명 다 상습범이었다. 그중 한 명은 수십 차례 형을 선고받았는데, 언제나 실크 절도 때문이었다. 왜 실크였을까? 프렌Fresne 여자교도소에 수감되었던 40세의 첫 번째 여성 VB에 대한 심문은 5일간 계속되었다. 그녀는 인터뷰를 위해 엥피르므리로 옮겨왔다. 증언은 반복적인 추궁에 눈물을 쏟느라 번번이 끊겼다. 하지만 여자는 마침내 실크를 자위에 사용한다고 설명했다. 법정에서 알려질까 두려워 변호사에게조차 함구한 내용이었다. 또 다른 여성도 같은 이유로 실크를 훔쳤다. 실크에 대한 욕망이 너무나 강해 억누를 수 없었다. 의류 매장으로 들어간 그들은 실크로 만든 물건(긴 천이나 여자 드레스 혹은 코르사주)을 움켜잡고, 탈의실이나 엘리베이터로 뛰어가 자신의 은밀한 부위에 대고 비볐다. 네 사례에는 눈에 띄는 유사성이 상당히 많았다. 절도를 통해 실크를 획득했다는 게 자극의 필수 요소였다. 한 여자는 원하면 얼마든지 구할 수 있는 실크가 주변에 널려 있는 재단사였다. 하지만 절도라는 흥분 뒤에 자위를 할 때만 실크가 필요했다. 자위행위는 여자들이 절도의 '황홀경'을 경험하는 동안 일어났다. 몇몇은 상점의 한적한 코너를 찾느라 시간을 보내기도 했지만 한 명은 가게 한복판에서 자위를 한 적도 있었다. 오르가슴에 도달한 후 여자들은 실크에 대한 흥미를 몽땅 잃었다. 그들은 실크를 그냥 버리거나 문 뒤에 던졌다. 그중 2명은 에테르를 들이킨 상태에서 실크를 훔쳤다. 한 사람은 에테르를 마시고 그 악취를 감추기 위해 럼주를 마시고, 럼주 냄새를 없애기 위해 다시 백포도주를 마셨다. 에테르는 해방감을 느끼는 효과가 있었다. 여자들은 활발하고, 생기 넘치고, 적극적이 되었으며 실크를 훔치려는 충동을 억누를 수 없었다.

4명 모두 결혼한 적이 있지만 지금은 남자 없이 살고 있었다. 누구도 부부 간의 섹스에서 쾌락을 느낀 적은 없었다. 처음부터 VB는 남편의 툴툴거리는 말투와 찡그린 표정이 역겨웠다. 그녀는 아침에 남편이 출근할 때까지 기다린 뒤 자위를 했다. 자위 선호는 다른 3명도 마찬가지였다. 자위를 하지 않을 때조차 그들은 실크를 만지는 걸 즐겼다. 그중 둘은 아직도 인형 옷 입히기를 낙으로 삼았다. 가급적이면 실크로.

클레랑보를 놀라게 한 것은 실크에 대한 특정한 선호였다. 그중 누구도 모피, 벨벳, 플란넬, 공단 같은 다른 천에는 전혀 관심을 보이지 않았다. 그들에 따르면 실크의 감촉에는 뭔가 에로틱한 게 있었다. 만질 때 나는 소리는 더 에로틱했다. 그들은 모두 가공하기 이전의 빳빳한 실크가 내는 바스락거림이 자극적이라는 것을 경험했다. 그들은 "그녀가 소리를 낸다"고 표현했다. 1902년 이송된 F(46세)는 솔직하게 설명했다. 그 내용을 요약하면 다음과 같다.

> 실크를 만지는 건 보기만 하는 것보다 좋아요. 하지만 주름이 간 실크는 더 좋죠. 자극적이거든요. 아래가 축축해지는 걸 느끼죠. 어떤 성적 감각과도 비교할 수 없어요. 그렇지만 내가 훔친 실크일 때가 훨씬 더 좋아요. 실크를 훔치는 건 아주 기분이 좋죠. 구입하는 걸로는 똑같은 기분을 맛볼 수 없을 거예요. 그 유혹은 절대 뿌리칠 수 없어요. 실크를 잡으면 난 그걸 구기며 숨이 막힐 정도의 쾌감을 경험해요. 술에 취한 것처럼 떨려요. ……두려워서가 아니라 흥분해서. 손에 그걸 쥐자마자 나는 날 만질 수 있게 다리를 벌리죠. 그렇게 해서 사람들이 나를 보게 되는 거예요. 쾌락의 시간이 끝나면 나는 기진맥진해서 호흡은 가쁘고 팔다리는 뻣뻣해져요. 실크를 훔치는 건 내 인생의 즐거움이에요. 자식들이 실크를 끝도 없이 사주며 어떻게든 고쳐보려 했지만 소용없었죠. 내가 지

금 막 훔치려는 실크의 길이만큼 누가 선물로 준다 해도 그건 전혀 기쁨을 주지 않을 거예요. 실제로는 내 기분을 완전히 엉망으로 만들 거예요.[9]

F가 다른 3명의 여자를 자기도 모르게 대변한 것처럼 클레랑보는 자신의 분석에서 프랑스 정신의학을 대변했다. 그의 진단은 통렬한 비난이었다. 우선 4명 모두 '히스테리컬'했다. 이 점에 관해 클레랑보는 완곡한 단어를 쓰지 않았다. 그는 그들을 특히 촉각을 통한 지나친 자극에 민감하게 반응하는 신경계를 가진 정신박약자 영역에 단호하게 위치시켰다. 게다가 4명 모두 '불감증'이었다. 이러한 딱지는 정상적인 (다른 말로 이성애적인) 자극이 불가능함을 명시하는 것이었다. 클레랑보가 봤을 때 빈번한 자위행위는 그들의 불감증을 강화했다. 그중 둘은 가끔씩 자위 도중 여성을 떠올리기도 했다. 그리고 이는 자위 선호와 더불어 그들이 '변태성욕자'라고 선언할 만한 충분한 이유가 되었다. 그뿐만 아니라 네 번째 딱지를 붙이는 데도 의심의 여지가 끼어들 수 없게끔 만들었다. 바로 '타락'이다. 이런 판결은 여자들의 배경에 의해 보강되었다. VB에게는 미치광이로 생을 마감한 할머니와 역시 자위를 일삼고 할머니와 똑같이 죽은 고모가 있었다. 아버지와 남동생 모두 사망했는데, 그들은 "지나치게 신경질적이었다". 18세의 남자 조카도 영락없이 자위 중독이었다. 클레랑보는 심문을 위해 B의 전남편을 호출했는데, 한 번만 보고도 충분히 알 수 있었다. 그 남자는 "타락한 자들의 상호 끌림"[10]을 보여주는 살아 있는 증거였다. 다른 여자들에게도 비슷하게 얼룩진 가족사가 있었다.

그의 논증은 빈틈없고 확고하며 매우 순환 논리적이었다. 주로 히스테리, 불감증, 변태 성욕 그리고 타락이 각기 다른 용어를 규정했다. 자위는 불감증과 변태 성욕을 암시했고, 이 두 가지 일탈이 합쳐져서 타락을 내비쳤다. 일관되게 **병들었다**고 표현한 것으로 보아 클레랑보는 그녀들을 아마 정신병 환자로 여겼던 것 같다. 그런데도 그는 그들의 질병에서 정상참작 사유를 찾지 못했을뿐더러 그들을 감옥에 보내는 걸 막으려 한 것 같지도 않다. 오히려 정반대였다. 우리는 그가 그들을 치명적이고 필연적인 유전적 탈선에 뿌리를 둔 비정상적 행동을 해대는, 병들**고** 변태적일 뿐 아니라 구제 불가능한 정신이상자로 여겼다는 인상을 받는다. VB가 절도로 26개월 형을 선고받자 그는 아무런 논평도 달지 않고 평결을 기록했다. 여자들 중 일부가 범죄자 유배지로 강제 추방당할까봐 지독히 두려워한다는 정보를 들은 그는 그 즉시 직원들에게 꾀병 부리는 사람을 감시하는 데 각별히 신경 쓰라고 강력히 경고했다. 그는 또한 이 여자들에게 "도덕관념이 없다"고 기록했다. 그들이 자기 성생활의 가장 은밀한 속내를 그토록 솔직하게 털어놨다는 사실은 이를 확인시켜줄 뿐이었다.

어떻게 된 일인지 실크에 대한 열정이 클레랑보 본인에게 반향을 일으켰다는 사실을 믿을 수 있겠는가? 실크 도둑들에 관해 두 번째로 썼던 해인 1910년, 그는 튀니지에 체류하는 동안 동양식 예복과 베일에 대한 열정적 취미가 생겼다. 제1차 세계대전 때 그는 당시 프랑스 보호국이었던 모로코에 자원해 일정 기간 복무했고, 이 나라와 사랑에 빠졌다. 아랍어도 유창하게 할 수 있었다. 그는 전쟁이 끝난 후 모로코 의상을 촬영하기 위해 다시 그곳으로 갔다. 점차 형체를 갖추기 시작한 소장품은 어마어마한 규모였는데(모두 합쳐 4000장 상당의 비슷한 사진이었다), 편집광적인 한 가지 방식으로만 촬영한 것들이었다. 풍경도 없고, 도시도 없고, 얼굴을 알아볼 수 있는 인물도 거의 없는 오로지 베일을 쓴 남성과 여성과 아이들뿐이었다. 이 비밀스러운 사진들은 클레랑보 생전에는 결코 전시되지 않았다. 1920년대에 프랑스 국립미술학교에서 직물 드레이핑draping에 관한

그림 10.3 클레랑보는 지중해로 둘러싸인 지역에서 흔히 입는 예복에 관한 사진을 4000장이나 찍었다. 거의 모든 피사체는 베일을 쓰고 있다.

일련의 강의를 할 때조차 참고 자료로 삼지 않았다.[11] 사후에 그의 집을 정리하던 친구들이 또 다른 수집품을 발견했다. 클레랑보 자신도 특이한 옷감에 마음을 빼앗겼던 것 같다. 모피, 실크, 벨벳, 새틴, 호박단, 얇은 모슬린과 무명천이 그득했던 것이다. 친구들은 그가 천을 둘렀던 마네킹들도 찾아냈다. 분명 클레랑보도 자신의 손가락 사이를 미끄러지는 옷감의 감촉에서 쾌감을 느꼈을 것이다.

여자들의 퍼레이드

19세기였다면 샤르코의 나폴레옹과도 같은 위상만으로도 파킨슨병, 잭슨 간질, 투렛 증후군 같은 이름을 증여하는 충분한 토양이 되었을 테지만 '색정증'을 클레랑보 증후군으로 개명하는 데는 1935년 파리에서 열린 정신의학 컨퍼런스 의료위원회의 결정이 필요했다. 의심할 바 없이 클레랑보는 이 병에 관심을 기울인 가장 왕성한 저자였으나 최초는 아니었다. 그보다 약간 앞서 크레펠린은 왕(이 사례에서는 독일의 군주)이 극장에 입장하며 자기 쪽을 보고 고개 숙여 인사했다고 믿은 공연장의 여성 사례를 기술했다. 그런 망상이 너무나 확대된 나머지 의상이며 대화의 모든 세부 사항을 왕이 자기를 사랑하는 증거라고 믿는 지경에까지 이르렀다. 크레펠린은 그 여자의 망상이 사실은 자기 삶에서 느낀 실망에 대한 심리적 보상이 아닐까 하는 의혹을 품었다.

클레랑보가 사례 연구에 착수했을 때 색정증을 가리키는 'erotomania'란 용어는 이미 오랜 역사를 갖고 있었다.[12] 고대부터 18세기 중엽까지 색정증은 열렬한 짝사랑 때문에 생기는 병을 이르는 말로 사용되었다. 이후 그 의미는 오늘날 여성성욕이상증nymphomania이나 남성색광증satyrism으로 알려진, 과도한 성욕으로 방향이 바뀌었다. 클레랑보 이전 반세기 동안 그것은 육체적인 질병에서 정신적 질환으로 점차 이동했다. 상대방에게 인정받지 못하는 사랑 때문에 생긴 망상이 결국 사랑에 빠진 건 바로 그 상대방이라는 망상으로 변하는 것이다. 클레랑보 이후 색정증을 다룬 문헌은 그것의 궤변적인 속성을 함유했다. 모든 사례 연구가 또다시 줄지어 퍼레이드를 한다. 퍼레이드는 처음에는 주로 여성들로 구성되어 있다. 대개는 외롭고 무직이다. 그들의 망상은 고위직 또는 정치계, 스포츠계, 예술계의 유명인사인 남성에게 쏠린다. 의사, 성직자, 교사도 역시 망상의 대상이 되었다. 1980년대 이후 문헌에 기록된 남성 클레랑보 환자의 수는 계속 증가해왔다. 독일의 정신의학자 브뤼네M. Brüne는 1900~2000년 발표된 246건의 병력을 수집했다.[13] 브뤼네는 클레랑보 환자를 성별로 나눠 그 특징에 집중했다. 환자 중 고위직은 거의 없고 절대 다수는 배우자가 없었다. 이 두 가지는 남성과 여성 클레랑보 환자가 공유하는 거의 유일한 특징이다. 성비는 70 대 30으로 여성이 훨씬 많다. 남성은 50퍼센트 이상이 이 질환으로 인해 법적인 문제에 말려드는 데 비해 여성은 4퍼센트만이 그러했다. 여성 집단에서는 4분의 3의 사례에서 '사랑의 대상'이 당사자보다 연상이었던 반면, 남자 집단에서는 그 반대 결과가 나왔다. 남성 환자 사이에서는 대상의 성적 매력이 거의 언제나 중요한 데 반해 여성 환자 사이에서는 단 50퍼센트만이 그러했다.

클레랑보 증후군의 원인에 대한 학설은 정신분석학에서 뇌 손상에 이르기까지 모든 정신의학 분야를 망라한다. 망상은 사랑받지 못하고 있다는 고통스러운 느낌에 대항하는 방어기제로 여겨진다. 누군가가 당신을 사랑한다는 공상은 외로움과 우울함을 진정시켜줄 수 있다. 신경학적 손상이 원인일 수 있다는 사례도 발표되었다. 하지만 오늘날까지도 기질적 장애와의 뚜렷한 연관성은 규명되지 않았다.[14] 최근에는 진화심리학에서 또 다른 시각이 등장한다. 위에서 언급한 브뤼네의 연구는 클레랑보 증후군이 남성과 여성이 차용하는 진화론적 짝짓기 전략의 병리학적 연장선임을 시사한다. 즉 여성은 지위와 재산이 자기 후손의 아버지가 될 그를 매력적인 후보로 만들어주는 짝을 찾는다. 반면 남성은 젊고 성적으로 매력적인 파트너를 찾는 경향이 더 있다.[15] 여기서 브뤼네의 데이터가 실제로 대표성을 띠지 않을 수도 있음을 언급해두어야겠다. 남성 클레랑보 환자는 그들의 행동으로 인해 실제 수보다 잘 드러나지 않을 수 있다. 요컨대 그들은 범죄자의 경로로 편입되는 경우가 많고, 따라서 정신의학자들의 시야 바깥에 존재한다. 지난 10년 혹은 15년간 클레랑보 증후군과 관련한 많은 저술은 스토킹 관련 저술 속에 편입되어왔다.

DSM-IV 197.1번

정신의학 분류 체계인 《정신 장애의 진단 및 통계 편람-제4판DSM-IV》(1994)을 보면 색정증은 197.1번에 등장한다. "망상적 장애, 이상 성욕의 아류."[16] 200건 이상의 병력을 모아놓은 부록 《사례집Casebook》은 개별 질환의 인상을 제공한다. "선생님에게Dear Doctor"라는 제목 밑에 클레랑보 증후군을 앓는 한 여성 환자의 프로필이 나온다.[17] 55세의 병원 구내식당 종업원 '마이어나 필드Myrna Field'는 갑자기 의사들 중 한 명이 자신에게 빠져 정신을 못 차린다고 확신한다. 이런 생각은 암시, 빈정거리는 말투, 아는 척하는 표정을 기반으로 조합한 것이지만 결코 드러내놓고 그런 표시를 한 적은 없었다. 마이어나에 따르면, 의사는 결혼한 남자였기 때문이다. 그가 구내식당에 올 때면 그녀는 심하게 초조했다. 2년 뒤 상황이 걷잡을 수 없는 지경에 이르자 그녀는 일을 그만둬야 했다. 그녀 자신의 결혼 생활은 불행했고, 성생활은 전무했으며, 슬하에 자식도 없었다. 그녀는 남편에게 자신의 '연애 사건'에 대해 함구했다. 그 후의 진술로 보건대, 의사는 그녀에게 항정신병약을 처방했고 어느 정도 증상을 완화시켰던 것 같다. 그녀는 차후 우울증이 생겨 항우울제 치료를 받았지만, 3년 후에도 여전히 그 의사가 자신을 사랑한다고 믿었다.

클레랑보 증후군에 관한 문헌에는 현재까지도 쓰이고 있는 몇몇 포함 및 제외 기준 목록이 있다. 1985년 의학심리학자 엘리스P. Ellis와 멜조프G. Mellsop는 클레랑보가 쓰던 진단 기준을 목록으로 작성했다.[18]

(1) 자신이 어떤 사람과 연모 관계에 있다는 망상적 확신을 품는다.

(2) 상대는 사회적 지위가 높다.

(3) 상대가 먼저 사랑에 빠졌다.

(4) 상대가 먼저 접근했다.

(5) 그 시작은 갑작스러웠다.

(6) 망상의 대상은 변함이 없다.

(7) 환자는 무시하거나 적대적인 상대방의 반응에 대해 나름의 설명을 한다.

(8) 증상은 만성적이다.

(9) 환각은 없다.

그런 다음 그들은 최신 문헌들에서 53개의 사례를 뽑아 검토하고, 몇 개가 위의 기준에 부합하는지 살펴봤다. 결론은 단 2개 아니면 많아야 3개였다. 대개는 편집성 정신분열증 또는 조울증 장애처럼 수반되는 정신 질환이 있었다. 망상이 서서히 시작됐거나 그 대상이 나중에 바뀐 경우도 있었다. '순수한' 클레랑보 환자는 드물다는 게 입증됐다. 너무도 드물어 엘리스와 멜조프는 '클레랑보 증후군'이 진짜로 존재했는지, 그것을 정신의학적 진단으로 계속 유지해야 하는지 자체에 의심을 갖기 시작했을 정도다.

좀더 최근에 연구자들은 같은 분야의 동료들에게 색정증적 징후를 가진 환자들이 있는지 보고해줄 것을 요청했다.[19] 인터뷰를 하고 관련 서류 일체를 검토한 뒤 어느 정도 클레랑보 기준(엘리스와 멜조프의 목록)에 일치하는지 밝히기 위한 목적으로 15건의 사례가 조사 물망에 올랐다. 11명의 여성과 4명의 남성은 평균적으로 40대 중반이었다. 3명만 결혼을 했고 다른 사람은 독신이거나(8명), 이혼했거나(3명), 배우자가 사망했다(1명). 그중 6명은 성관계를 전혀 해보지 않았다. 12명은 무직이거나 신체장애가 있었다. 13명의 경우 대상은 고위직이었다. 6명은 대상이 오페라 가수나 (이제는 전형적 사례인) 왕족의 일원 같은 유명인사였다.

리서치 결과는 더욱 정밀한 연구가 필요하다는 생각에 고개를 끄덕이게끔 한다. 클레랑보 증후군의 경계를 한층 분명하게 보여주기 때문이다. 예를 들어 자신을 추종하는 사람이 존재한다는 망상, 이 한 가지 기준만 15명 모두와 맞아떨어진다. 엘리스와 멜조프의 목록에 있던 다른 기준들은 일부에게만 적용되었다. 모든 대상이 고위직이지는 않았고, 환자들 말로는 상대방이 꼭 먼저 접근했던 것도 아니다. 15명 중 4명은 대상이 고정되어 있지 않았다. 갑작스러운 시작(9명), 환각의 부재(8명) 그리고 만성적인 질환(7명) 같은 다른 기준은 클레랑보 증후군 진단 기준으로는 믿을 만하지 못하다는 게 드러났다. 52세 남성인 한 환자는 절반의 기준에만 해당했다.

이는 클레랑보 증후군의 프로필이 정신의학적 진단으로 사용하기에는 너무 넓었음을 시사한다. 그러나 이런 결론은 어쩌면 성급할지도 모른다. 엘리스와 멜조프 목록의 모든 기준에 부합하는 것은 단 2명뿐이었다 하더라도 하나의 그룹으로 봤을 때 15명의 사례는 클레랑보 환자의 원형을 틀림없이 보여준다—여성, 미혼 혹은 이혼, 불행, 실직, 높은 지위의 추종자가 있다는 망상에 사로잡힌 것. 이러한 결과는 정신의학과 진단 실무에서 이 증후군을 어떻게 여기는지에 관해 확실한 결론을 이끌어낼 수 있게끔 한다. 누군가가 당신에게 꽂혔다는 망상은 명백히 필수적이면서 그것만으로도 충분히 클레랑보 환자로 진단받을 수 있는 증상인 것이다. 원론적으로 그 밖의 다른 모든 증상, 확신이나 특징은 부족할 수도 있다. 52세의 남성은 아마도 이례적인 경우겠지만, 그렇다고 그가 클레랑보 환자가 아님을 의미하는 것은 아니다. 진단 절차 중 의사들은 클레랑보 증후군의 시작과 끝 지점을 밝혀낸다. 요컨대 시작 지점을 규명하는 데는 사랑에 빠졌다는 망상만으로도 충분하다는 것이다. 다른 기준들의 협조를 받긴 하지만 많은 시간을 들여 상담하지 않고도 의사들은 어렵지 않게 레아 아나와 클레랑보의 다른 환자들을 감별해낼 수 있는 원형을 성공적으로 구축해왔다.

한 의사의 백내장 수술에 관한 기억

클레랑보는 직접 이 증후군의 기질적 기원을 찾으려 했지만 허사였다. 한동안 그는 특정한 눈

반사와 결부되어 있을지 모른다는 생각까지 했지만, 건강 문제로 인해 이 가설을 발전시킬 수 없었다. 클레랑보는 어려서부터 눈 문제로 고생을 했고, 50대 중반에는 시력이 급속도로 악화해 그의 말을 빌리면 몇 년 만에 '반半장님'이 되었다. 수술을 받기로 결심한 그는 그 수술과 후유증에 관해 매우 자세히 기술했다. 지금도 이 책은 안과학 연보에서 귀중한 기념비적 저술로 남아 있다.《한 의사의 백내장 수술에 관한 기억Souvenirs d'un médecin opéré de la cataracte》이 바로 그것이다.[20]

55세로 접어들면서 시력이 너무나 나빠져 두통과 어지럼증이 괴롭힐까 두려워 한 번에 잠깐 동안만 읽을 수 있다고 클레랑보는 썼다. 그다음 몇 년간 그는 특히 밤에 이상한 형체를 보기 시작했다. 불빛 입자가 대여섯 겹으로 보이고, 이런 '가짜 빛'이 모여 빛줄기와 연결되면서 기하학적 패턴을 형성했다. 램프는 빛나는 불가사리 형태를 띠기도 했다. 이런 증식은 도시의 야경에 기묘한 아름다움을 더했고, 대로와 부두는 거의 마술적인 우아함을 발산했다. 하늘은 그 자체가 마치 야광 가루를 흩뿌린 것 같았다. 건축물과 가로등에서 떨어져 나온 그 모든 불빛은 그의 가시 범위를 별빛 찬란한 창공으로 바꿔놓았다. 같은 식으로, 몇 겹의 글자가 인쇄된 단어 주위에서 증식하는 바람에 읽는 게 거의 불가능할 정도였다. 돋보기가, 나중에는 오페라글라스가 일시적 위안을 주었지만 결국 신문, 과학 논문, 업무 서류 등 모든 글을 누군가가 읽어줘야 했다. 상황은 용납할 수 없는 지경이 되었다. 길을 걷던 그는 거리감을 가늠하기 어렵다는 걸 발견했다. 특히 자동차 전조등을 대할 때 그랬다. 클레랑보는 길을 건너기 위해 기다리는 동안 분별력 있어 보이는 건장한 사람에게서 눈을 떼지 않고 있다가 그가 건너갈 때 따라 움직였다고 썼다. 집에서는 툭하면 넘어지고 의자와 테이블에 부딪혔다. 펜 같은 작은 물건을 내려놓으면 순식간에 시야에서 사라져 그걸 다시 찾을 때까지 책상의 블로터blotter 쪽으로 손을 더듬거려야 했다. 종이 더미에서 특정한 서류를 찾아내는 것도 거의 불가능했다. 게다가 놀랍게도 클레랑보는 자신의 사고 과정이 힘겨워지고 있다는 것을 발견했다. 그의 설명에 따르면, 백일몽이나 회상 속에서도 우리는 머리를 식히기 위해 혹은 사색의 맥락을 찾아 다시 돌아가기 위한 수단으로 외부 세계에 의존한다. 당신이 반은 장님일 때, 당신은 스스로의 생각이 밀어붙이는 행진 대열에 끊임없이 휘둘린다. 자기 자신이 의사였음에도 불구하고, 그는 한참 뒤까지도 문제가 무엇인지 알아내지 못했다. 거울 속에서 오른쪽 눈 안에 무슨 결정체가 있는 걸 봤을 때 그리고 친구들이 그의 홍채가 은백색으로 변했다고 말했을 때에야 클레랑보는 자신이 백내장에 걸렸다는 걸 깨달았다.

클레랑보는 백내장이 진행되는 중에도 그것을 제거할 수 있는 신기술에 관해 들은 적이 있었다. 이 요법은 에스파냐의 안과 의사 이그나시오 바라쿠에르Ignacio Barraquer가 고안한 것이었다.[21] 지금까지도 '바라쿠에르 수술'은 안과학계에서 유명한 이름이다. 수술 과정의 결정적 단계는 흡입컵을 이용한 결정체 제거다. 바라쿠에르는 (안과학 교수로서 그의 전임자였던) 부친의 침대 맡에 앉아 있던 중 이 아이디어를 생각해냈다. 그는 침대 옆에 있는 항아리 속의 거머리 한 마리가 어떻게 컵 모양의 돌기를 조약돌에 붙이고 진공 상태를 만들어 조약돌을 들어 올리는지 주목했다. 그리고 흡입 컵을 고도의 정확도로 조절 가능하게 만드는 장치를 발명했다.[22] 파리에서 클레랑보는 수술을 받은 후 자기 눈동자가 어떻게 됐는지 흔쾌히 보여주겠다는 환자 한 명을 찾아갔다. 그의 눈동자는 완벽한 구형이었고 시력도 완전히 회복했다. 그날의 방문 직후, 그는 가능한 한 빨리 바르셀로나를 향해 떠나기로 마음먹었다.

야간열차를 탄 여정은 그에게 해방의 서곡같이 느껴졌을 것이다. 철길을 따라 놓여 있는 가로등 불빛이 그에게 이상한 광학적 변형을 목격할 기회를 주었다. 바라건대 마지막 기회를. 수술은 도착 다음 날 거행되었고, 모든 게 순조로웠다. 수술 후에는 5일간 침대에 누워 있어야 했다. 경미한 움직임에도 작은 실밥이 터질 수 있으므로 절대적인 안정을 취해야 했다. 마지막 날이 되어서야 붕대를 제거할 수 있었다. 바라쿠에르는 하루에 두 차례 들렀다. 그의 방문 시간은 점점 더 길어졌다. 안과 의사이자 정신의학자인 그는 다른 분야에서 많은 기쁨을 느꼈다. 미술 대학에서 교편을 잡고, 전문 분야 외에도 광범위한 연구를 추구한다는 걸 고려하면 그리 놀랄 일은 아니었다. 바라쿠에르는 자신이 병원에 마련한 조그만 동물원의 동물들에 관해 수다를 떨었다. 다섯 번째 날에는 일시적으로 붕대를 풀었다. 바라쿠에르는 다섯 손가락을 들어 올렸다. 클레랑보는 돋보기로 바라쿠에르의 손목시계를 봐도 좋다는 허락을 받았다. 그러고 나서 붕대를 다시 감았다. 클레랑보는 그 짧은 순간 봤던 것에 마음이 들떴다. 색깔과 윤곽! 눈이 회복할 거라는 데는 의심의 여지가 없었다.

그런데 그날 밤 일이 꼬였다. 잠을 자던 중 그는 수술받은 눈 쪽으로 돌아누웠다. 그 압력으로 인해 실밥이 터지고 눈은 피로 가득 찼다. 클레랑보는 찌르는 듯한 통증을 느꼈다. "8시에 바라쿠에르가 선언하듯 말했다. 의사들보다 더 나쁜 환자는 없다고, 내게 그토록 많은 방문객을 허락한 걸 후회한다고, 그 모든 대화로 인한 과로가 끔찍한 꿈을 불러왔거나 수술 자국을 자극해 내가 무심코 눈을 비빈 게 틀림없다고."[23] 바라쿠에르는 신속히 다시 눈을 꿰매고, 클레랑보에게 눈이 여전히 극도로 약하다고 경고했다. 그는 해군 장교였던 한 환자가 다시 볼 수 있다는 생각에 기쁜 나머지 안면 근육을 너무 격하게 긴장시켜 수술 실이 끊어지는 바람에 시력을 영원히 잃었던 일을 떠올렸다. 또 다른 환자였던 미국인 부호는 여섯째 날 기쁨에 겨워하는 딸 때문에 시력을 상실했다. 아버지를 껴안았을 때 딸이 쓴 모자의 챙이 눈을 찔렀던 것이다.

다행히 클레랑보는 그런 참사를 입지는 않았다. 다른 쪽 눈은 회복했고, 며칠 뒤에는 두 번째 수술을 한 다른 눈도 나아졌다. 일단 파리로 돌아온 클레랑보는 몇 가지 작은 이상을 발견했다. 가령 거리 계산을 항상 너무 적게 잡아 뭔가를 집으려면 눈에 보이는 것보다 10센티미터를 더 뻗어야 했다. 그리고 도로변은 매번 그가 계산하는 것보다 조금 더 멀리 떨어져 있었다. 오른쪽 눈으로는 높은음자리표를 닮은 숫자가 보였다. 모든 색깔이 파란 세제에 적신 것처럼 보였는데, 이는 바라쿠에르가 예측한 그대로였다. 가시 범위가 마치 구체 너머로 뻗어 있는 듯해서 직선과 직각조차 곡선처럼 보였다. 독서할 때는 텍스트를 부자연스럽게 눈 가까이 가져가야 했다. 그러나 다시 읽고 쓸 수 있다는 것만으로도 그는 매우 큰 위안을 받았다. 그는 쾌활하게 결론을 맺는다. "우리의 눈은 아직도 쓸 만하니 연구하고픈 동료 의사가 있다면 가져가시오."[24] 그러나 이 말이 담긴 책은 그가 죽은 뒤에야 발간되어 아무도 그 제안을 받아들일 수 없었다.

"나는 이제 끝났어."

15년이 지난 후, 한 친구가 1919년 어느 날의 대화 주제가 자살로 옮겨갔던 일을 회고했다. 이때 클레랑보는 꼭 미쳐야만 자기 목숨을 끊는 건 아니라고 주장했다. "나는 일 때문에 살고 미술을 사랑하네. 내가 시력을 잃는다면 어떻게 될지 상상해보게! 만약 내 삶이 쓸모없게 됐다면, 그래서 자살을 한다면 그건 내가 미쳤다는 뜻일까?"[25] 클레랑보의 삶이 미술 프로젝트를 닮았다는 것은 사실이다. 그는 헌신적인 화가였으며, 그림과 이국적인 의상을 수집했다. 그는 독신을 고집했고, 집에서 손님을 접대할 때는 카프탄caftan을 입고 자신이 기른 민트 잎을 우려낸 차를 대접했다. 그는 친구를 한 명씩 맞는 습관이 있었는데, 그들 각자는 당연히 자기가 클레랑보의 유일한 벗이라는 느낌을 가졌을 것이다.

60대 초반이 되자 클레랑보는 자신의 과학적 유산에 대해 걱정하기 시작했다. 그는 언제나 주의를 기울여 메모했고 여러 분야에 두루 걸쳐 글을 발표했다. 하지만 그의 글쓰기는 보통 짧은 설명, 논평, 병력 조사의 형태였다. 엥피르므리의 원장 의사로서 매주 금요일 그가 했던 법정신의학 강의를 담은《금요 강의leçons de Vendredi》또한 널리 보급되었다. 이제 그의 통찰을 통합할 때가 온 것이다. 그는 비서의 도움을 받아 자신이 메모한 것을 편집하기 시작했다. 작업은 느리게 진척되었다. 낙담한 그는 어느 날 서류를 내던지며 이렇게 말했다. "나는 이제 끝났어!"[26] 1934년만 해도 그는 번갈아 엄습하는 통증에 시달렸다. 한 번 시작되면 수개월 동안 관절염으로 앓아누웠다. 마지막까지 엥피르므리에 나가보려고 최선을 다했지만, 드러눕는 자세만이 고통을 없애주었다. 아프고 우울했던 그는 색정증에 관한 첫 저술의 공동 저자이자 절친한 친구이던 브루소 박사가 지방의 일자리를 수락해 파리를 떠날 거라는 사실을 알았다. 바르셀로나에서의 수술 후 그는 입체감을 가늠할 수 없었다. 이는 화가이자 옷감의 부드러운 주름을 즐겨 화폭에 담아내던 예술 애호가에게는 상상할 수 없는 손실이었다. 그는 자신의 눈에 돌아왔던 빛이 서서히 사라지고 있다는 것을 알아챘다. 이번에는 영원히 사라지고 있다는 것을.

영화의 마지막 장면일 수도 있다.[27] 11월 16일 금요일 오후, 클레랑보는 임상학 강의를 하기 위해 엥피르므리에 도착했다. 새 학기의 첫 수업

인데, 누군가가 행정실에 공고문을 붙여놓는 걸 깜빡했다. 강의실은 텅 비어 있었다. 다음 날 아침, 그는 떨리는 손으로 브루소에게 썼다가 지운 흔적이 가득한 성급하고 앞뒤 안 맞는 편지를 썼다. 그리고 역시 앞뒤 안 맞는 유서가 이어졌다. 그는 정직하게 얻지 않았기에 지금도 양심에 걸리는 그림 하나가 있다며 장황하게 설명했다.[28] 그리고 자신의 사진집을 여러 민속박물관에 기증하겠다고 했다. "나는 다른 누구보다 더한 형벌을 받았네. 내 모든 노동의 결과물을 잃어버렸으니 말일세. 지난 40년간 모았던 문서는 뿔뿔이 흩어지겠지. 내가 파헤쳤던 중요한 진리는 망각 속으로 다시 침몰할 테고."[29] 그는 아버지, 어머니, 친구 그리고 무엇보다 동료 정신과 의사들에게 과거의 자신을 용서해달라고 청했다. "내가 그토록 자주 그리고 너무나 공개적으로 비방했지만 그럼에도 불구하고 도덕적으로 정직한 분들이셨네."[30] 그런 다음 그는 가정부에게 총소리를 듣더라도 놀라지 말라고 이른 후, 1914년부터 1918년까지 군복무 당시 쓰던 무기를 꺼내 들고 정원으로 나갔다. 그는 대여섯 번 총을 발사한 다음 폭풍처럼 계단을 올라갔다. 그리고 침대 모서리에 의자를 붙이고 리넨 벽장의 거울 반대편에 앉아 입에 리볼버의 총구를 밀어 넣었다.

11

도플갱어와 차 한잔 : 카프그라 증후군

1918년 6월 어느 날, M 부인은 파리 경찰서로 걸어 들어가 노상강도 일당이 아이들을 납치해 그녀의 집 지하실에 인질로 잡아두었다고 신고했다. 부인은 아이들이 흐느껴 울며 엄마를 찾는 소리를 들었다. 그리고 파리 전역의 지하에 잡힌 사람들이 있다고 했다. 부인은 경찰관 2명에게 자신과 함께 가서 인질들을 구해달라고 요청했다. 하지만 그 대신 M 부인은 정신이상자들을 위한 응급 보호소인 엥피르므리로 보내졌다. 이틀 뒤에는 생트안 정신병원에 입원했고, 1919년 봄에는 파리의 또 다른 대형 정신병원인 메종 블랑슈Maison-Blanche로 이송되었다. 거기서 부인은 장 마리 조세프 카프그라Jean Marie Joseph Capgras의 손에 맡겨졌다.

파리처럼 큰 도시에는 정신병원 안이건 밖이건 비슷한 망상을 가진 다른 사람이 족히 수천 명은 있을 것이다. 그런데 우리가 M 부인의 사례를 훨씬 많이 들어봤다는 사실은 그녀의 말속에 등장하는 한 가지 기괴한 요소 때문이다. 부인은 카프그라에게 자신의 남편과 딸이 사라졌으며 도플갱어doppelgänger로 대체됐다고 말했다. 부인은 그들을 'sosies', 곧 누군가를 쏙 빼닮은 사람이라고 불렀다. 이 명칭은 카프그라와 그의 조수 르불라쇼J. Reboul-Lachaux가 1923년 작성한 M의 사례 연구에서는 이렇게 기록되었다—M은 "이중 착각illusion de sosies"[1] 증상을 보인다. 이 현상, 즉 바로 가까이에 있는 사람들(남편이나 아내, 부모나 자녀)이 도플갱어로 대체됐다는 망상은 오늘날 '카프그라 증후군'으로 알려져 있다.

마틸드 드 리오 브랑코

사례 연구 당시 M 부인은 53세에 직업은 재봉사였다. 부인이 낳은 아이 다섯 중 넷이 어려서 죽었는데, 그녀는 아이들이 독살당하거나 유괴되었다고 확신했다. 남은 딸은 이제 스무 살이었다. M 부인의 남편은 큰 유제품 회사를 운영했다. 그가 카프그라에게 말한 것에 따르면, 1906년 쌍둥이가 죽은 후 부인은 과대망상에 사로잡혔다. 수년간 그 망상은 두 가지 주제에 집중되었는데, 카프그라는 그것들을 M 부인과의 대화 및 그녀가 쓴 많은 편지를 토대로 정리했다. 한 가지 망상은 부인의 아버지가 임종할 때 자신은 진짜 아버지가 아니며 생후 15개월 된 그녀를 부잣집에서 훔쳤다고 고백했다는 것이다. 그녀의 생모는 앙리 4세의 직계인 마드모아젤 드 리오 브랑코Mademoiselle de Rio-Branco였다. 그녀는 막대한 재산의 상속녀였다. 아르헨티나의 광산, 리우데자네이루 시 전체, 프랑스에 있는 75채의 저택 등등. 그러나 이 모든 재산을 적들에게 빼앗겼다. (이것이 두 번째 망상이었다.) 그들은 그녀를 속이고 사기를 치기 위해서라면 무슨 일이든 가리지 않았다. 그녀의 재산을 손에 넣기 위해 사람들을 살해하고, 그녀를 독살하려 하고, 문서를 가져갔다. 그녀의 혼인 서약서마저 위조했고, 아파트는 이제 다른 도플갱어가 점유했다.

납치, 실종, 신분 도용 등 모든 범죄는 그녀의 훨씬 이전 과거로 거슬러 올라간다. 그녀의 딸 한 명은 유모와 같이 있던 중 유괴되었고, 그 자리를 대신 차지했던 아이도 독살당했다. 그녀는 이렇게 말했다. "나는 거기 있었어요. 내 아이가 아닌 아이의 장례식에."[2] 도플갱어가 등장하는 망상은 1914년의 위기 때 시작되었다. 어느 날부터인가 M 부인은 딸을 알아보지 못했다. 그녀는 누군가가 딸을 납치한 뒤 다른 소녀를 그 자리에 놔뒀다고 확신했다. 얼마 지나지 않아 새로운 소녀마저도 교체되었고, 이런 식으로 끝없는 도플갱어 행렬이 딸의 자리를 차지했다. 도플갱어들은 얼굴에 있는 조그만 바늘땀으로 식별할 수 있었는데, 그들의 생각을 제거하고 남은 자국이었다. 남편 역시 사라지고 도플갱어로 바뀌었다. 그녀는 벌써 이혼 소송을 제기했다.

M 부인의 망상은 기이하지만 체계적이었다. 1914~1918년 파리에서 일어난 사건들이 그녀의 이야기 속에서 완전히 자연스럽게 합쳐졌다. 그녀의 말에 따르면 도시 전역의 지하 저장고는 하나의 함정이었다. 그곳으로 대피한 사람들은 그 뒤 소식이 끊겼다. 독일 전투기들은 점점 더 많은 사람을 파리 지하철 통로와 지하 묘지에 강제로 밀어 넣기 위해 공포탄을 발사했다. 주택들은 폭격 때문이 아니라 의도적으로 파괴된 것이다. 아이들이 길을 잃도록 하기 위해서 말이다. 지하에는 사람들을 난도질하는 커다란 수술실들이 있고, 그들이 풀려나면 사람들은 전쟁 때문에 그렇게 되어 돌아온 것이라고 했다.

메종 블랑슈 병원에서도 역시 M 부인은 자기 주위에서 간호사, 환자, 방문객, 의사, 관리인의 도플갱어를 보았다. 그녀는 의사들에게 경고했다. "당신의 평판을 깎아내리려고 당신이 내린 명령들을 철회하는 도플갱어가 있다는 걸 알고 있을 거예요."[3] 본인의 도플갱어들도 있었다. 그들은 그녀를 찾아온 방문객을 유인해서 쫓아내거나, 그녀가 주문한 물품을 성공적으로 훔쳐갔다. 매일 도플갱어의 도플갱어의 도플갱어가 나타났다. 그녀는 도플갱어 일당과 집단에 대해 끊임없이 말했다. 사람들이 경찰이나 프리메이슨에 대해 얘기하는 식으로.

M 부인은 침착한 환자였다. 검사를 거부할 때도 예의 바르지만 단호하게 말했다. 그녀가 짜증을 내는 유일한 순간은 마드모아젤 드 리오 브랑코가 아닌 M 부인으로 불릴 때였다. 그녀는 주로 검사, 상원의원이나 정부의 전쟁 담당 부서에 장문의 편지를 보내는 것으로 하루를 보냈다. 망상을 제외하면 아무런 정신이상 증세도 보이지 않았다. 지적 능력은 온전했고, 신경학적 검사를 이것저것 해봤지만 조금의 이상도 밝혀내지 못했다.

카프그라와 르불 라쇼는 M 부인이 자기가 아는 사람들의 도플갱어만 본다는 데 주목했다. 처음 보는 사람들은 절대 도플갱어가 아니었다. 그리고 문제는 그녀가 얼굴을 인식하지 못하는 데 있는 게 아니었다. 언제나 가짜가 누구의 도플갱어인지 알아봤다. 그녀는 유사성을 봤다. 장애는 인식이 아니라 감별에 있었다. 카프그라와 르불 라쇼에 따르면 이 장애는 "감별인식불능증identification agnosia"[4]인 것 같았다. 그렇지만 장애의 근원은 무엇일까? 그들에 따르면, 인식이란 관찰과 그 관찰 대상에 따라오는 추억 사이에서 일치를 이룰 때 가능하다. 추억은 관찰에 친근감을 부여해준다. M 부인이 겪고 있는 정신이상은 강도 높은 이질감을 가져온다. 그 결과 사랑하는 이들이 더 이상 익숙한 느낌을 불러일으키지 않는다. 카프그라와 르불 라쇼가 볼 때, 도플갱어란 '감정 논리logique des émotions'의 창조물이었다. 사랑하는 사람이 더 이상 애정과 과거의 추억을 불러일으키지 않는다면 그는 그 사랑하는 이가 분명 아니라는 뜻이며, 따라서 누군가 다른 사람, 아주 똑같이 생긴 다른 사람임에 틀림없는 것이다.[5] 편집증적인 의혹은 쉬지 않고 작동한다. 급기야 적들이 사랑하는 이들을 없애고 도플갱어로 바꿔치기하는 음모를 꾸민다는 데까지 나아간다.

그림 11.1 장 마리 조제프 카프그라(1873~1950).

정신의학기관협회 학회에서 카프그라는 M 부인을 주인공으로 환자 시연회를 개최했다. 부인은 입장하자마자 자신의 이야기를 들려주기 시작했다. 자기가 리오 브랑코란 이름으로 태어났고, 할머니는 80억 프랑의 재산이 있었으며, 누군가가 자기 아이들을 납치하고는 도플갱어로 바꿔치기했다는 얘기였다. 카프그라의 동료 클레랑보는 카프그라에게 여기서 '청각 정신 감각 현상auditory psychosensory phenomena'이 어떤 역할을 하는지 물었다. 과학적 어휘를 신중하게 선택함으로써 어쩌면 환자가 환청을 듣거나 환각에 시달릴지 모른다는 걸 암시한 것이다. 카프그라가 대답하기 전에 마틸드 드 리오 브랑코가 먼저 큰 소리로 말했다. "소음들은 '청각적 현상'이 아닙니다. 지하 저장고에 숨어 있는 무장 강도들이 내는 소리라고요!"[6]

카프그라는 1873년 프랑스 남서부의 베르됭쉬르가론Verdun-sur-Garonne이라는 마을에서 태어났다.[7] 몽토방Montauban에서 중고등학교를 졸업했는데, 점수가 워낙 높아 선생님들이 파리의 엘리트들만 가는 대학인 에콜 노르말 슈페리에École Normale Supérieure의 비교 시험에 응시해보라고 조언할 정도였다. 그러나 대신 카프그라는 의학을 선택했다. 툴루즈Toulouse에서 인턴 기간을 마쳤을 때, 정신병원에서 일하던 사촌이 정신의학으로 전공을 바꿔보라고 설득했다. 그는 여생을 지방과 파리에 있는 기관들에서 일하며 이 분야에 몸담을 생각이었다. 수년간 M 부인이 환자로 있던 메종 블랑슈 병원에 재직했고, 이후에는 생트안 병원에서 근무했다.

카프그라는 열정적이고 탐구심 많은 정신과 의사였다. 그는 환자들에게 더 많은 시간을 할애하기 위해 아침 일찍 회진을 했다. M 부인에 초점을 맞춘 연구를 발표할 무렵, 카프그라는 이미 망상 분야에서 확고한 명성을 쌓았다. 1909년 그와 동료 폴 세리유Paul Sérieux는 이 주제에 대한 고전《편집증과 해석 망상Les folies raisonnantes. Le délire d'interprétation》을 썼다.[8] 그들은 '만성적 해석 망상'을 밝혀냈는데, 이 증상은 복잡하지만 일관성 있는 망상, 환영의 부재, 온전한 지능, 점진적 확대가 특징이었다. 불행히도 이 질환에 시달리는 환자들에게 치유 가망은 없었다. 본질적으로는 제대로 인식하지만 완전히 엉뚱한 해석으로 이어지는 사실들에 근거해 추론하는 유형의 망상이기 때문이다. 이는 '편집증'의 하나로 알려져 있다. 결론은 논리적이지만 터무니없다.

M 부인의 망상은 '편집증'과 어느 정도 닮았지만, 카프그라가 그때까지 만났던 사람들하고는 동기가 달랐다. 카프그라와 르불 라쇼가 도플갱어 망상에 대해 직접 제기한 설명은 60년이 지나 안면 인식과 관련한 신경학 이론이 나올 때인 1980년대 들어서야 수립된 한 가설과 닮아 있었다. 카프그라가 제안한 설명이 일시적으로 사라진 데는 카프그라 자신에게 책임이 있다는 것은 역설적이다. 그와 공동 저자들은 최초의 발표 후 1년이 지나 '이중 착각'에 관한 두 편의 논문을 더 썼다.[9] 그런데 이번에는 당시 프랑스 정신의학계를 휩쓸고 있던 정신분석학에서 가져온 용어로 그 망상을 설명했다. 정신과 의사 르비 발렌시J. Levy-Valensi가 '이중 착각'은 앞으로 '카프그라 증후군'이라 불러야 할 것이라고 제안했을 때(1929년), 도플갱어 망상은 이미 온통 프로이트 방식으로 해석되고 있었다.[10] 향후 반세기 동안 이런 상황은 지속되었다.

제자리를 찾은 정신

M 부인의 시연 뒤 그 자리에 참석한 정신과 의사 중 한 명이 자기에게도 그런 환자가 있었다고 발언했다. 그 환자는 남편은 물론 의사와 간호사도 도플갱어로 교체됐다고 확신했다. 카프그라 증후군은 애초에 짐작했던 것처럼 드문 일이 아니었으며, 카프그라의 사례 연구 역시 이 증상을 언급한 최초의 것은 아니었다. 1866년 독일 정신과 의사 카를 칼바움Karl Kahlbaum은 병원으로 자기를 만나러 온 방문객을 똑같이 생긴 가짜로 생각하는 한 환자에 대해 기술했다. 칼바움은 이 터무니없는 음모를 위해 친구와 친척과 놀랄 만큼 똑같은 '엑스트라'를 찾아내는 일이 가능하다는 사실에 놀랐다.[11] 그는 아내 역시 가짜로 여겼고, 심지어 나중에는 병원장에게 강력히 촉구해 아내가 철저한 검사를 받도록 했다.

'내부인의 시선'으로 본 이 증후군에 관한 최초의 언급은 카프그라의 연구 훨씬 이전인 1910년에 등장했다. 미국인 클리포드 비어스Clifford Beers는 자서전《제자리를 찾은 정신A Mind that Found Itself》에서 세기가 바뀔 무렵부터 자신을 오래도록 괴롭힌 정신병에 대해 썼다.[12] 그는 처음에는 형제가, 나중에는 부모가 도플갱어라고 믿었다. 모두에게서 버림받았다고 느꼈으며, 자신의 침대 맡에 앉아 엄마라고 주장하는 여자에게 대답하는 건 진짜 어머니에 대한 배신이라고 생각했다. 그는 2년간 가족에게 말하는 것을 강력히 거부했다. 집에서 감시를 받으며 하루를 보냈을 때, 그는 도플갱어가 자기 아버지의 목소리와 억양을 포착해낸 방식이 존경스럽기까지 했다. 이 망상은 퇴원을 앞둔 다른 환자에게 자기 가족이 아직 똑같은 주소지에 살고 있는지 알아봐달라고 부탁할 때까지도 사라지지 않았다. 그들이 아직 거기 살고 있는 건 사실이었다. 클리포드는 형제인 조지George에게 지난주 수요일에 조지로 가장한 어떤 사람이 찾아 왔다는 편지를 썼다. 편지는 일종의 여권인 셈이었다. 다음 방문 때 조지가 그 편지를 가져온다면 클리포드는 그가 진짜 형제라는 걸 알 수 있을 것이다. 만약 방문객에게 편지가 없다면, 그는 그런 속임수에 대한 자신의 생각을 분명히 말해줄 심산이었다. 며칠 뒤 클리포드는 조지의 도플갱어가 문으로 들어오는 것을 보았다. 그는 이 야비한 사기꾼이 이번에는 무슨 거짓말을 쏟아낼지 궁금해하면서 그에게 다가갔다. 하지만 그는 가죽 노트를 꺼내더니 편지를 건넸다.

"여기 내 여권이야." 그가 말했다.
"잘 가져왔네." 나는 편지를 한 번 쳐다보고 대답했다. 그리고 악수를 했다. 이번에는 내 친형제의 손을 잡고서.
"읽어보고 싶지 않아?" 그가 물었다.
"그럴 필요 없어. 확실하니까."[13]

비어스는 그때부터 "마치 내 정신이라는 자석의 분자들이 마침내 제 방향을 가리키고 있는 것 같았다. 한마디로 내 정신은 제자리를 찾았다"[14]고 썼다. 그는 항상 1902년 8월 30일을 자신의 '두 번째 생일'이라고 생각했다.

카프그라 증후군에 관한 초기 문헌에서 가장 곤혹스러운 측면 중 하나는 그것이 오랫동안 여성들에게만 영향을 미치는 장애로 여겨졌다는 사실이다. 오늘날의 통계 수치는 2 대 1의 비율로 여성 쪽이 우세함을 입증한다. 그러나 카프그라 이후 단 한 명의 남성 환자도 거론되지 않은 채 10년이 흘렀다는 것은 흥미롭다. 카프그라와 그 동료들이 연구한 환자가 하필 모두 여자였던 탓에 이 증후군의 특징에 여성을 부당하게 결부시킨 것은 순전히 우연이었을 것이다. 아마도 정신분석학적 접근으로 전환된 것하고 뭔가 연관이 있거나, 히스테리 같은 특정 정신의학적 증상을 '여성들의 질환'이라고 여기는 팽배한 인식도 한몫했을 것 같다. 1936년 정신과 의사 머리J. R. Murray는 이 분야 문헌 중 최초로 '남성에게 나타난 카프그라 증후군 사례'를 소개했다. 비록 잠재적 동성애를 암시하긴 했지만 그는 이를 언급할 가치가 있다고 여겼다.[15] 1940년대부터는 더 많은 남성이 카프그라 증후군으로 진단을 받았다.[16]

1923년 카프그라가 M 부인을 소개했던 바로 그 학회의 1927년 회기 도중 정신의학자 쿠르봉P. Courbon과 파이G. Fail는 카프그라 증후군과 유사한 망상을 가진 한 환자를 소개해 관심을 끌었다.[17] 연극을 열렬히 좋아한 27세의 이 여성은 배우 사라 베르나르Sarah Bernhardt와 로빈Robine에게 미행을 당한다고 확신했다. 두 여배우는 갖가지 위장술을 끊임없이 활용하거나 그녀가 아는 사람들의 외양을 따라 했다. 예를 들어 로빈은 심심하면 이웃 주민 중 한 명인 척했다. 길거리에서 로빈이라고 생각한 여자를 공격한 후 환자는 정신병원에 입원했다. 병동에서 그녀는 로빈과 베르나르가 간호사 옷을 입고 자기에게 강제로 자위행위를 시킨다고 믿었다. 쿠르봉과 파이는 변신의 귀재였던 이탈리아 배우 레오폴도 프레골리Leoppoldo Frégoli의 이름을 이 증후군에 붙일 것을 제안했다. 프레골리 증후군을 앓는 환자들은 자신을 쫓는 사람들이 가족, 이웃, 친구 등 측근으로 분장한다는 망상에 시달린다. 이 환자 중 더 많은 수를 차지한 쪽은 바로 남성이었다. 1932년 열린 같은 학회에서 쿠르봉과 튀스크J. Tusques는 세 번째 유형인 '변형intermetamorphosis' 망상을 소개했다. 이는 환자가 자기 주위에 있는 유명한 인물이 자유자재로 정체를 바꿀 수 있다고 믿는

증상을 말한다.[18]

이렇게 10년도 안 되는 동안(1923~1932) 프랑스 정신의학계에 나타난 3개의 사례 연구는 오늘날 '착오성 망상 증후군misidentification syndrome'으로 알려진 질환의 주요 하위 유형을 밝혀냈다.[19] 셋 중 카프그라 증후군이 가장 흔히 발생한다. 나머지 둘은 드물다.

또 한잔의 차

카프그라 증후군에 관한 문헌은 아직도 본질상 확실히 궤변적이다. 오늘날 거론되는 사례만 해도 수백 건에 달한다.[20] 하지만 점묘화의 한 점처럼 하나하나의 개별 사례는 증후군의 일반적 프로필에 기여한다. 가끔씩 환자가 자신이 사랑하는 사람들이 로봇이나 현대적 버전인 외계인으로 대체됐다고 믿는 변종이 있긴 하지만, 대개의 카프그라 망상에서 환자는 도플갱어를 살과 피를 가진 인간으로 생각한다. 이따금 환자 자신이 망상의 일부가 되기도 한다. 자기의 도플갱어들이 돌아다닌다고 생각하거나, 자기 자신이 그런 가짜라고 생각하는 것이다. 카프그라의 M 부인은 자신의 도플갱어가 자기 아파트에 산다고 믿었다. 도플갱어의 모습을 본 카프그라 환자들의 반응은 다양하다. 한 노부인은 남편을 잃고 조용히 눈물을 흘리며 앉아 있었다. 다른 여성은 도플갱어가 곁에 있는 삶을 대면해야 한다는 사실을 체념하듯 받아들였다. 그때부터 그녀는 언제나 세 잔에 차를 따랐다. 그녀 자신, 남편의 도플갱어 그리고 혹시라도 돌아올 진짜 남편을 위해. 부부가 산책을 나갈 때면 살짝 뒤로 돌아가 남편에게 쪽지를 남겼다. 또 다른 환자는 자기 딸이 도플갱어와 확실히 뒤바뀌었다고 생각했지만 둘 사이가 꽤 좋았으므로 그녀와 맞서지 않았다. 그러나 대부분의 경우 사라져버린 가족의 운명에 대한 슬픔과 걱정을 간직했다. 그들은 쫓겨나고, 독살당하고, 살해됐을까? 어딘가에 잡혀 있는 걸까? 결국 돌아올까? 어떤 환자는 경찰에 실종 신고를 한다. 한 여인은 상복을 입는 습관이 붙었고, 병력을 기록할 때에도 자신을 미망인이라 했다. 당연하게도 많은 환자는 도플갱어가 실종에 대해 알아야 한다고 생각하며, 그들을 살인죄로 고발하기까지 한다. 일부는 피해망상으로 인해 자신들이 다음 희생자가 될 거라며 두려워한다. 너무 늦기 전에 뭔가 자구책을 강구해야 하는 건 아닐까? 도플갱어의 지위도 위험 요소가 없는 것은 아니다. 미주리 주에 사는 한 카프그라 환자는 양아버지가 외계인으로 대체되었다고 믿었으며 배터리와 마이크로필름을 찾기 위해 그의 목을 베었다.[21] 카프그라 환자들이 살인을 저지른 사례는 상당수 보고되었다.[22] 이 경우 망상은 보통 장기간의 내력을 갖고 있으며, 살인은 가해자의 지능이 아직 멀쩡하다는 것을 증명하는 계획에 따라 신중하게 준비 및 실행된다.

카프그라 자신이 1924년 소개한 정신분석학적 설명은 프로이트 이론의 범주 안에서 변주를 보여준다. 그는 카프그라 증후군이 아버지를 향한 환자의 근친상간적 감정을 위장하기 위해 고안한 방어기제라고 했다. 이런 욕망이 아버지를 향한다는 것은 상상할 수 없으므로, 그는 환자의 진짜 아버지가 아니어야만 한다. 카프그라는 가장 가깝고도 가장 사랑하는 이들에게 환자가 어쩌면 가졌을지도 모르는 애증을 넘나드는 감정이 견딜 수 없는 죄의식으로 이어진 것이라는 암시도 했다. 단 하나의 해결책은 그런 감정의 대상에 분열을 만든 다음, 모든 증오의 감정을 도플갱어에게 투사하는 것이다. 이것은 사라져버린 사랑하는 이들에 대한 이상화 그리고 도플갱어를 향한 공격성을 이해할 수 있게끔 해준다. 가끔 환자들의 강제 입원은 그 망상에 최대 증거를 제공했다. 요컨대 진짜 남편과 자녀들이라면 그녀를 가두지는 않았을 거라는 것이다. 그 순수한 증오의 투사는 도플갱어가 진짜 위험에 처했음을 의미한다. 수년간 방어, 투사, 대체는 카프그라 환자들의 머릿속에서 활발해 보이는 주요 메커니즘이었다. 이는 프랑스 환자들의 사례에서 특히 두드러졌는데, 당시 정신분석학이 프랑스의 정신의학계를 지배했기 때문이다. 1970년대 이후부터 정신분석학적 시각 이외의 설명은 드물었다.[23]

크로스 오버

지난 20년간 카프그라 증후군은 정신의학에서 신경학으로 넘어갔다. 1970년대 후반까지 여전히 이 증상들은 정신과 진단학, 특히 편집성 정신분열증이라는 배경에 맞서 연구되었다. 기질적 문제에 대해서는 거의 언급하지 않았고, 발생 지점은 분열증과 신경학적 이상의 우연적인 수렴으로 여겨졌다.[24] 기질성 설명을 의심쩍게 여길 만한 합당한 이유도 있었다. 요컨대 카프그라 환자의 망상은 환자가 정서적 유대를 가진 개인에만 초점을 맞추는 경향이 있다는 것이다. 신경학적 손상이 그런 선택성을 보이는 경우는 있을 수 없었다. 어떻게 뇌경색이나 뇌졸중이 다른 사람 말고 최측근의 얼굴을 인식하는 기능만 손상시킬 수 있겠는가? 환자의 감정 관리에 생긴 장애 쪽으로 이유를 찾는 편이 훨씬 더 타당했다. 1980년대 들어 이러한 틀에 변화가 찾아왔다. 카프그라 증후군의 발병이 (사고, 뇌졸중 혹은 혈관 수축 뒤에 생긴 뇌 손상의 결과) 상당히 급성일 수도 있다는 사실은 정서적인 관점의 설명과 공존하기 어렵다. 뚜렷한 기질적 문제를 동반한 카프그라 사례가 급진적인 증가세를 보였다. 이는 어느 정도 영상 기법 같은 신형 진단 도구 때문이기도 하지만, 더욱 중요한 요인은 정신의학에 기질적 시각이 출현했다는 점이다. 이는 생리학적 또는 신경학적 이상을 활발하게 탐색하도록 하는 초대장이었다. 카프그라 증후군을 점점 더 기질적 배경을 가진 질환으로 받아들였다는 사실은 연달아 새로 발견된 기질적 요인의 결과가 아니었다. 실은 그 역이 차라리 맞았다. 이를테면 기질적 시각에 대한 관심이 커진 덕분에 그런 요인이 더욱 더 세상 밖으로 나왔다고 할 수 있다.

이러한 발전은 전경前景과 배경의 반전에도 반영되었다. 과거에는 이 정신의학적 문제를 주된 것으로, 여타 기질적 문제를 부차적인 것으로 간주했다. 오늘날에는 많은 사례에서 기질적 이상을 명시하며, 그렇지 않은 경우에도 현대 의학 기구들로는 감지할 수 없는 기질적 장애라는 의혹을 남겨둔다. 이제 카프그라 증후군의 기본은 기질적 원인이다. 아울러 카프그라와 연관된 이상 증세 및 손상의 목록은 길고도 다양하다. 간질, 뇌종양, 다발성경화증, 파킨슨병, 알코올 중독, 남성의 Y 염색체 이수성異數性, 편두통, 전기 충격, 마약 남용 등등.[25] 알츠하이머 환자 중 10퍼센트 정도에서 카프그라 유사 증상이 나타나 슬프게도 사랑하는 가족이 가짜 취급을 당한다.[26]

현재 대부분의 이론은 안면 인식과 관련한 신경학 쪽으로 기울고 있다. 1986년 미국 신경학자 앤서니 조지프Anthony Joseph는 분할 뇌 연구에서 얻은 결론과 궤를 같이하는 기발한 설명을 들고 나왔다.[27] 치료에 무반응인 간질의 경우, 뇌 양쪽 반구 사이의 의사소통이 가능하지 않도록 종종 양쪽 반구를 연결하는 신경섬유 다발인 뇌량을 절개할 때가 있다. 뇌 분화 패턴 연구를 가능케 한 이런 과정을 통해 우뇌반구가 안면 인식에 좀 더 지대한 역할을 한다는 사실이 밝혀졌다. 조지프의 가설에 따르면, 각각의 뇌반구는 보고 있는 얼굴에 대해 자기만의 표현을 발전시키는데, 좌우 사이에 온전한 대화의 창구를 지닌 건강한 뇌라면 2개의 표현 방식이 단일한 하나의 이미지로 합쳐진다. 그러나 기질적 손상이 그러한 소통을 방해하면 환자는 매칭되지 않는 분리된 2개의 표현 방식을 제공받는다. 환자는 얼굴을 인식하는 동시에 그 얼굴을 알아보지 못한다는 느낌을 받는다. 뇌는 그를 위해 이 문제를 해결한다. 요컨대 도플갱어를 보고 있다는 인상을 남기는 것이다. 안면 인식의 최종 생산물이 보류되었으므로 그리고 (거의 글자 그대로) 신경세포의 반半제품으로만 만족해야 하므로 카프그라 환자는 뇌 양쪽 반구들의 개별 활동을 힐끗 보는 것만 허락된다.

이런 가설을 검증할 기회는 또 다른 희귀 신경 이상인 '얼굴인식불능증 prosopagnosia'을 연구하던 중 저절로 나타났다. 《아내를 모자로 착각한 남자》에서 올리버 색스는 할아버지의 시계에 손을 뻗고, 주차 미터기 머리를 사랑스럽게 쓰다듬고, 진찰이 끝나자 아내의 머리를 잡아 자기 머리에 쓰려 했던 얼굴인식불능증 환자를 묘사했다.[28] 오랫동안 카프그라 증후군은 얼굴인식불능증과 절대 연관될 수 없는 것으로 여겨졌다. 카프그라 환자들은 대개 얼굴을 인식하는 데 문제가 없고, 자신이 도플갱어라 여기는 누군가에게서 실종된 그 사람과의 유사성을 알아보기까지 하기 때문이다. 역으로, 카프그라 증후군의 선택성은 얼굴인식불능증이 되기엔 부족했다. 얼굴인식불능증에서 인식하지 못하는 것은 환자와 가까운 사람들의 얼굴만은 아니기 때문이다. 게다가 평균적인 얼굴인식불능증 환자는 다른 측면에서도 카프그라 환자와 상이하다. 그들은 일반적으로 남성이며, 중년이나 그보다 나이가 많고, 뇌졸중에 걸린 적이 있거나 《아내를 모자로 착각한 남자》의 사례처럼 뇌종양을 앓고 있다. 카프그라 환자는 여성인 경향이 있고, 증세는 모든 연령대에서 나타나며(8세 환자도 기록되었다), 뇌 손상은 어떤 사례에서도 확인되지 않았다. 그럼에도 불구하고 카프그라 환자는 다른 범주의 정신과 환자보다 안면 인식 검사에서 일관되게 낮은 점수를 얻는다. 예를 들어 벤튼Benton의 이름을 딴, 모르는 사람들의 사진을 여러 장 보여주는 안면 인식 검사에서 카프그라 환자는 동일 인물의 다른 사진을 구별하는 데 더 애를 먹는다. 1984년 얼굴인식불능증에 관한 연구는 카프그라 증후군과의 암시적인 연결 고리를 만들어냈다.

영국 신경학자 바우어R. M. Bauer는 얼굴인식불능증 환자가 익숙한 얼굴에 지속적으로 자율신경 반응을 보이곤 한다는 사실을 발견했다.[29] 사진 프레젠테이션 중 환자의 피부 저항이 (거짓말탐지기 때와 똑같은 정도로) 친숙한 얼굴에는 반응했지만, 낯선 얼굴에는 그렇지 않았다. '유죄 지식 검사guilty knowledge test'의 이러한 결과는 왕성하게 작동하는 또 다른 인식 체계가 있음을 암시하는 듯했다. 바우어는 안면 인식이 뇌 안에 있는 2개의 독립적인 경로를 따라 발생한다고 보았다. 첫 번째 경로는 얼굴을 식별하고 의식적 인식으로 이끄는 걸 담당한다. 반면 두 번째 경로는 무의식 수준에서 얼굴의 감정적 의미와의 연관성을 생성한다. 얼굴인식불능증 환자의 경우, 첫 번째 경로는 손상되었고 자율신경 반응만 의식이 닿을 수 없는 뇌 어딘가 다른 곳에서 얼굴을 인식했다는 정보를 넘겨준다.

1990년 영국의 두 신경심리학자 헤딘 엘리스Hadyn Ellis와 앤드루 영Andrew Young은 카프그라 증후군은 아마도 얼굴인식불능증의 **'거울 이미지'**일 거라는 멋들어진 가설을 세웠다.[30] 첫 번째 경로가 아직 온전해 환자가 의식적으로 얼굴을 알아보지만, 두 번째 경로가 신경학적 손상으로 고장 났다면 환자는 자신이 인식하는 얼굴과 그 얼굴이 한때 가졌던 감정적 의미를 연결시킬 수 없을 것이다. 냉정한 인식과 결핍된 친밀감 사이의 불일치가 최대화하는 것은 바로 우리와 가장 가까운 사람들 사이에 있을 때이므로 남편과 아내, 부모와 자식이 가장 자주 도플갱어로 보이는 것이다.

이 학설을 바탕으로 검증 가능한 예견을 해볼 수 있다. 두 번째 경로가 훼손된다면 카프그라 환자는 얼굴인식불능증 환자들에게서는 무사히 지켜졌던 자율신경 반응을 드러내지 **않을** 것이다. 유죄 지식 검사를 기초로 한 실험은 이 예견이 실제로 맞는다는 것을 보여주었다. 환자는 얼굴을 인식하지만, 그것은 분명 과거와 같은 감정적 의미를 더 이상 환기시키지 않는다. 또 다른 실험에서 엘리스는 카프그라 증후군이 좌우 뇌반구의 두 가지 표현 방식을 통합할 수 없는 데서 기인한다는 조지프의 가설을 검증해보았다. 그는 3명의 카프그라 환자로 이뤄진 실험군으로 하여금 두 얼굴을 200밀리세컨드(1밀리세컨드는 1000분의 1초—옮긴이) 투사한 스크린을 보게끔 하고, 두 얼굴이 같은지 다른지 가리켜보도록 했다. 반면 대조군은 모든 유의미한 특성에서 카프그라 환자에 상응하는 3명의 편집증 환자로 구성했다. 카프그라 환자들은 이 과제를 대조군보다 훨씬 빨리 수행할 수 있었다. 조지프의 가설은 더 긴 반응 시간을 예측했었다.

한 가지 중요한 측면에서, 엘리스와 영이 제안한 추론 방향은 1923년 카프그라와 르불 라쇼가 했던 것과 닮아 있다. 두 학설에 따르면, 환자는 자기가 인식하는 얼굴과 과거의 친숙함을 더 이상 연결시키지 못한다. 뒤이은 갈등은 '감정 논리'의 순수한 산물인 도플갱어라는 편집증적 의혹을 불러낸다. 엘리스와 영이 이 논쟁에 추가한 것은 이러한 갈등 발생의 원인인 신경학적 과정에 관한 세부적인 설명이다. 의심스러운 것은 바로 우뇌반구가 그들의 학설에 딱 들어맞는다는 사실이다. 요컨대 그들은 우뇌반구가 안면 인식에서 좌뇌반구보다 더 큰 역할을 한다고 썼다.[31] 고상하긴 하지만, 이 이론은 결정적으로 입증되지 않았다. 어떤 정신 장애의 경우는 친숙한 얼굴에 피부 저항이 더 이상 반응하지 않지만, 카프그라 증후군의 어떤 징후도 없다는 사실은 이미 확인되었다. 몇몇 사례에서 유사

그림 11.2 생트안 정신병원 원장 시절의 카프그라.

카프그라 증후군을 일으키는 방아쇠는 이혼이나 가족의 죽음 같은 급작스러운 심리적 위기다. 그리고 무엇보다 가장 중요한 것이 있다. 엘리스와 영의 논문이 나온 뒤 혼란스럽게도 그들의 이론과 반대되는 성가신 부수적 연구 결과가 상당수 등장했다. 2002년 브라질 물리학자 다우갈라론두P. Dalgalarrondo와 동료들은 26세의 시각 장애 카프그라 환자의 사례를 보고했다.[32] 그녀의 남편은 도플갱어로 교체됐다. 그녀에 따르면, 그들은 자기를 속이지는 않았다. 진짜 남편이 몸무게가 좀더 많이 나갔고, 냄새도 달랐다. 1년 후 독일 신경학자 디틀T. Dietl과 동료들은 미국으로 이민 간 딸이 도플갱어로 대체됐다고 믿은 한 카프그라 환자의 사례를 소개했다.[33] 그녀는 전화 통화를 근거로 이런 결론에 도달했다. 수년간 시각적인 접촉은 없었다. 분명히 시각적 인식 장애 이상의 무언가가 더 있거나, 뭔가 다른 게 진행되고 있었다.

오늘날에도 80년 전과 똑같이 수수께끼인 이 증후군에 자신의 이름을 부여한 사나이는 제2차 세계대전 초창기에 생트안 병원을 떠났다. 그러나 곧 되돌아왔다. 이번에는 환자가 되어서. 생의 끝을 향해 가던 조제프 카프그라는 정신 능력을 잃어버렸다. 그리고 자신이 그토록 오랫동안 재직했던 그곳에서 1950년 생을 마감했다.

12

어린 교수들 : 아스페르거 증후군

CB는 오랜 행동 장애 병력을 가진 15세 소년이다. 지능은 정상이고 수학적 이해력이나 입체 퍼즐 같은 몇몇 분야에서는 평균치를 훨씬 넘어서지만, 학습 장애 아동을 위한 특수학교에 다닌다. 그의 가장 큰 문제는 타인의 감정과 의도에 대한 통찰력 부족인 것 같다. 얼굴 표정을 바탕으로 한 감정 해석 측정 검사에서 CB의 점수는 아주 낮았다. 기쁨과 슬픔을 나타내는 표정은 알아맞혔지만, 난처함이나 놀람의 표정은 그러지 못했다. 감정을 '읽어내는' 능력의 결핍은 빈번하게 다른 아이들과의 갈등으로 이어진다. 놀이터에서 그는 주로 어른들 곁에 붙어 있으려 한다.

소년이 가진 사회적 관습에 대한 지식은 지극히 한정적이며, 그마저도 저절로 습득했다기보다는 의식적으로 학습해온 것 같다. 관심 분야에서는 지속적인 집착을 보인다. 7057까지의 소수를 줄줄이 꿰고 있으며, 세계의 모든 나라와 그 수도의 이름을 댈 수 있다. 그의 언어 사용은 대단히 구상적이고 글자 그대로다. 비유적 표현은 이해하지 못한다. 유머도 마찬가지다.

CB의 행동은 극도로 의례적이다. 자기 접시 위의 다양한 음식이 서로 떨어져 놓여 있어야만 먹으려 한다. 색깔은 강한 감정적 가치를 지닌다. 빨간색은 좋은 것, 노란색과 갈색은 나쁜 것이다. 갈색 음식은 먹지 않는다. 그는 자신의 환경이 똑같은 상태로 유지되길 원한다. 가구의 위치가 바뀌면 원래 자리로 갖다 놓는다. 자기 몸에 누가 손대는 걸 좋아하지 않는다. 그의 부모는 아들을 안아주고 싶을 때면, 손가락 끝이 그의 손가락 끝과 닿도록 한 손을 쭉 뻗는다.

CB가 자신의 정신 작용을 언제나 기계적인 용어로 설명하는 것은 인상적이다. 기억은 VTR에, 사실의 재생산은 '되감기', '재생', '빨리 감기' 과정에 빗대어 말한다. 낯선 환경에서 감당해야 할 새로운 정보에 과부하가 걸리면, 스스로 작동을 멈춘 컴퓨터처럼 느낀다. 순간, 그는 양손으로 귀를 틀어막고 나지막이 끙끙거림으로써 주변 세계를 자신과 차단한다. CB는 이를 CTRL+ALT+DEL 키를 눌러 컴퓨터를 껐다가 재부팅하는 것에 비유한다. 출생 당시의 상황에 대해 자세히 알려진 것은 없다. 그의 부모는 정상적인 지능의 소유자들이며, 어떠한 신경학적·정신적 질환도 보이지 않는다. CB는 그들의 유일한 자식이다. 아들을 키우는 일이 그들의 결혼 생활에 상당한 스트레스를 안겼다. 현재 그들은 별거 중이다.

이와 같은 사례는《정신 장애의 진단 및 통계 편람—제4판 사례집DSM-IV Casebook》에서 흔히 발견할 수 있다.[1] CB가 드러내는 이상 행동을 고려할 때 자폐증 스펙트럼이 바로 떠오른다—타인의 감정에 대한 통찰력 결핍, 지속적인 집착, 변화를 받아들이지 못하는 성향, 신체 접촉 혐오 그리고 추상적 사고력의 결여. CB는 정상적인 지능을 가졌고 근본적인 언어 장애가 없다는 사실로 보아 아스페르거 증후군이라고 알려진 자폐증의 한 형태로 지목할 수 있다.

그러나 CB는 위의 《사례집》에 등장하지 않는다. 마크 해던Mark Haddon이 쓴 《한밤중에 개에게 일어난 의문의 사건The Curious Incident of the Dog in the Night-time》의 등장인물이다. 소설의 독자들이라면 자세한 사항을 알아챘을 것이다.[2] 이름 이니셜은 크리스토퍼 분Christopher Boone을 나타내고, 책의 전반부에 나온 것처럼 그는 "태어난 지 15년 3개월하고 2일"이 되었다. 이는 한밤중에 불려와서 잔인하게 쇠스랑에 찔려 죽은 이웃집 푸들을 바라보며 곁에 쪼그리고 앉아 있는 경찰관에게 크리스토퍼가 전해 준 정보다. 소설은 이 비겁한 살해 사건의 전모를 풀어가는 노력을 중심으로 펼쳐진다. 크리스토퍼의 삶의 궤적을 따라 그리고 그가 우리에게 말해주는 대로.

해든의 책을 읽는 동안, 당신은 위의 《사례집》이나 그와 유사한 설명서에서 아스페르거 사례를 살펴볼 때는 떠올리지 않았던 무언가를 경험한다. 10 혹은 12쪽을 넘기면 당신은 자기도 모르게 크리스토퍼의 정신세계 속으로 빠져든다. 다음 10쪽 뒤에는 기이하면서 동시에 질서정연하고, 이상하면서도 논리적이고, 괴상하면서도 솔직한 내면세계에 어느새 몰입한다. 이야기가 전개됨에 따라, 당신은 그의 눈을 통해 세상을 보고 그의 뇌를 통해 정보를 처리하기 시작한다. 이 특별한 책이 가진 역설 중 하나는 타인의 내면생활이라는 개념 자체가 없는 어떤 사람의 내면생활을 당신이 경험하기 시작한다는 점이다. 독자로서 당신은 세상을 오로지 3인칭 관찰자 시점으로만 바라보는 어떤 이의 1인칭 시점으로 빠져든다. 책 말미에 이르면 현실적으로는 불가능한 뭔가를 방금 경험했다는 느낌을 떨쳐버리기 어렵다. 마치 달의 이면을 힐끗 본 듯한 느낌을.

아스페르거 증후군은 오스트리아 빈의 소아과 의사 한스 아스페르거Hans Asperger(1906~1980)의 이름에서 왔다. 해든이 크리스토퍼를 묘사하면서 그토록 탁월하게 성취해냈던 것, 즉 실제 자폐적 인간이 자신에게 일어나는 사건에 어떻게 반응하는가를 토대로 캐릭터를 구축했다는 점은 아스페르거가 1943년의 사례 연구에서 찾으려 애썼던 것과 대단히 유사하다.

'어려운 아이들'

자폐증의 역사는 일련의 우연의 일치로 시작된다. 레오 캐너Leo Kanner라는 이름의 의사가 새로운 정신과적 증후군을 기술한 것은 1943년이다. 볼티모어의 존스 홉킨스 대학 소아정신과 과장이던 그는 몇몇 아동 환자들이 자신이 '초기 유아기 자폐증early infantile autism'이라고 명명한 장애에 시달리고 있는 것을 눈여겨 살펴봤다.[3] 이 증후군의 핵심에는 극심한 접촉 장애contact disorder가 자리하고 있었다. 같은 해에 한스 아스페르거는 오늘날 자신의 이름을 달고 있으며, 마찬가지로 '자폐증'에 초점을 맞춘 그 증후군에 관한 연구 결과를 발표했다. 캐너와 아스페르거는 각각 독자적으로 글을 썼고, 결코 만난 적이 없었다. 그럼에도 불구하고 그 장애의 특징을 기술하기 위해 똑같은 이름을 선택했고, 둘 다 스위스 정신의학자인 오이겐 블로일러Eugen Bleuler의 용어를 빌려왔다. 두 사람이 사례 연구에서 묘사한 아이들은 너무나 흡사해서 최근까지도 정말로 그것이 2개의 다른 증후군이냐고 질문하는 사람이 있을 정도다.[4]

이런 유사점을 감안한다면, 이후에 발생한 일들은 참으로 묘하다. 캐너의 논문 게재 직후 정신질환자 보호 시설과 소아과에서는 자폐증 설명에 부합하는 아이들을 찾아내기 시작했다. 전에는 아무도 주목하지 않았던 증후군이 결코 드물지 않다는 게 드러난 것이다. 이는 새로운 정신과적 증후

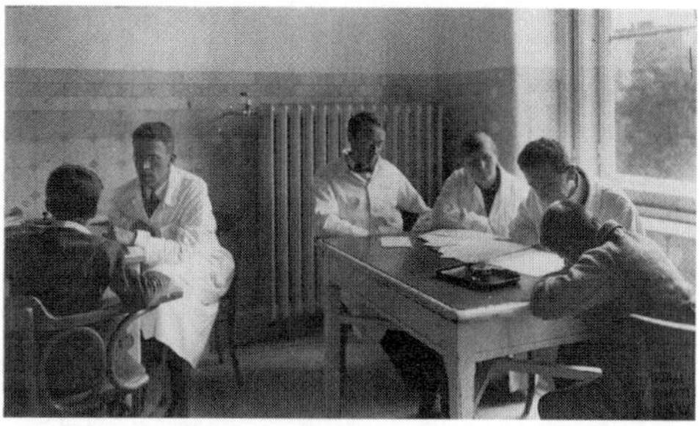

그림 12.1 아스페르거(왼쪽)와 그의 팀이 빈의 대학소아병원에서 어린이들을 검사하고 있다.

군의 발견자로서 캐너의 명성을 확고하게 해줬다. 한편, 아스페르거의 논문 발표 직후 일어난 일은 단숨에 말할 수 있다. 요컨대 아무 일도 없었다. 1980년대 초까지만 해도 그의 저작을 인용하는 예는 다섯 손가락으로 꼽을 정도였다. 영국의 자폐증 전문의 로나 윙Lorna Wing이 아스페르거가 기술한 장애를 '아스페르거 증후군'이라는 이름 아래 자폐 스펙트럼에 통합시키자고 제안한 것은 1981년의 일이다.[5] 지난 15~20년 동안, 우리는 캐너 자폐증의 경우에 일어났던 일이 되풀이되는 것을 봐왔다. 일단 증후군을 설명하고 거기에 이름을 붙이자 발생률은 급격히 증가했다. 폭발적인 증가세가 어느 정도였는지 살펴보자. '아스페르거 증후군'이라는 검색어의 조회수는 이 글을 쓸 당시(2008년 8월) 250만 건이 넘었다. 반면 2004년 8월에는 18만 3000건이었다.

한스 아스페르거는 1906년에 태어났다.[6] 빈에서 성장했고 의학 공부도 거기서 마쳤다. 전공이 소아과였던 관계로 1918년 설립한 대학소아병원University Paediatric Clinic에 취직했다. 이곳은 독일어로 특수교육을 뜻하는 'Heilpädagogik' 전문 병원으로서 아이들은 의학적, 교육학적 그리고 심리학적 처치를 결합한 치료를 받았다. 박사 학위를 따고 1년 뒤인 1932년 아스페르거는 이 병원의 수련의로 임명되었다. 그 무렵 이미 그에게는 자신이 '어려운 아이들'이라고 불렀던 어린 환자들의 연구와 치료에서 삶의 실천 과제를 찾겠다는 생각이 확고했다. 몇 차례 짧은 공백이 있긴 했지만, 그는 이 병원의 스태프로 남았다. 전후戰後에는 소아과 교수로 임명되었고, 그 자리를 20년간 떠나지 않았다.

아스페르거는 자신의 대학교수 자격 논문을 오늘날 그의 이름을 딴 증후군에 쏟아 부었다. 논문을 발표한 것은 1944년이다.[7] 이 논문을 쓰기 위해 10년 동안 200명에 달하는 아이들을 관찰했다. 그는 어릴 적 여름 캠프에서 그 증상을 처음 대면했다. 캠프에 가면 집단에 섞이지 못하는 것처럼 보이고, 단체 활동에 억지로 참여시키면 겁에 질려버리는 소년이 두어 명은 있게 마련이었다.

논문 도입부는 마치 방법론적 신앙 고백처럼 읽힌다. 아스페르거는 게슈탈트Gestalt 심리학에 매력을 느꼈다. 요컨대 인간은 부분의 합이 아니라 그가 가진 특성들이 상호 엮이며 직조된 유기체라는 것이다. 아스페르거는 '개인individual'이라는 단어가 '더 이상 나눌 수 없음indivisible'을 의미하는 것은 우연이 아니라고 썼다. 의사로서 그의 주된 도구는 측량도 실험도 아니요 관찰이었다. 무릇 의사란 자신의 직관과 인상을 믿고, 환자 개인의 '게슈탈트', 말하자면 골격, 자세, 시선, 얼굴 표정, 동작, 억양에 이르기까지 모든 것에 마음을 터놓아야 한다. 진정한 기술은 한 인간이 보여주는 'Zusammenklang', 즉 화음에 귀를 기울이는 데 있다. 아스페르거는 심리학적 검사, 진단을 내려야 하는 인위적 상황 혹은 엄격하고 기계적인 유형 적용 등을 신뢰하지 않았다. 정확한 측정과 관련 있어 보이는 지능 같은 특질의 경우조차도 중요한 것은 지능 검사의 점수가 아니라, 검사를 통해 아이의 학습 방식, 관심사, 창의력을 읽어내는 데 있다고 생각했다. 지능이란 한 개인을 직조한 많은 실들 중 한 가닥일 뿐이며, 나머지 다른 실들이 거기에 색을 입힌다고 본 것이다.

하지만 가끔씩 옷감의 문양이 불규칙성을 드러낼 때가 있다. 이는 아스페르거가 '자폐적 사이코패스autistic psychopath'('사이코패스'가 요즘 들어 전혀 다른 정신 질환을 지칭하게 되면서 더 이상 사용하지 않는 용어)라고 불렀던 유형의 아동에게서 나타난다. 아스페르거가 설명하려 했던 것은 '정신의 교란 derangement of mind'에 훨씬 가깝다. 장애의 핵심은 '자폐증autism'〔autos, 즉 자아(self)에서 비롯된 용어〕이다. 곧 외부 사회와의 접촉이 결핍된 채 자기만의 세계에 갇혀 있는 상태다. 이런 증세가 있는 아이들은 부모와의 문제, 교사와의 문제 그리고 자신과의 문제에 직면한다. 이들은 일반적인 아동과 너무나 달라 사회에서 자신의 자리를 찾으려면 특수한 교육적 치료가 필요하다.

프리츠 V

아스페르거가 기술한 내용의 핵심은 4개의 사례 연구다. 그중 첫 번째 사례는 가장 상세하다. 프리츠 V. 1933년생. 6세 때 관찰을 위해 입원. 프리츠는 형제 중 맏이였다. 운동 발달은 정상아보다 더뎠지만, 언어 능력은 나이에 비해 앞섰다. 아니, 사실 "어른처럼"[8] 말했다. 프리츠는 학교와는 전적으로 부적격이었다. 과제는 절대로 완성하는 법이 없고, 끊임없이 물건을 집어던져 부수거나 다른 아이를 맞췄다. 자기가 그 아이들을 다치게 하는 건 아닌지 한 번도 생각해본 적이 없다. 또 하나 주목할 만한 것은 병원에 있는 어느 누구와도 정서적 유대 관계를 맺지 못했다는 사실이다. 아이들이라면 질색을 했다. 누군가가 자기 때문에 화를 내도 신경 쓰지 않았다. 사실 사람들을 짜증나게 만드는 걸 즐기는 것 같았다. 어른들을 호칭할 때도 '당신Sie'이라는 존칭을 사용한 적이 없다. 그 애에게는 누구나 '너Du'였다.

프리츠의 어머니는 오스트리아에서 가장 위대한 시인 중 한 명 그리고 그와 함께 적지 않은 괴짜를 배출한 가문 출신이었다. 그들 대부분은 거의 지식인이었는데, 그녀의 표현대로 하면 'genial verrückt'('미치광이 천재'

스타일)이었다.[9] 젊었을 때 할아버지도 비슷한 문제를 겪었고 학교에서 쫓겨났다. 프리츠는 어머니를 닮았다. 아스페르거는 병원 근처에서 두 모자가 함께 있는 광경을 본 적이 있다. "어머니는 구부정하게 걷고 있었다. 손은 뒷심을 지고 누가 봐도 세상을 잊은 채. 그녀 곁에서 소년은 위험스러운 장난을 치며 왔다 갔다 뛰어다녔다. 두 사람은 절대적으로 서로 상관없는 사이라는 인상을 주었다."[10] 어머니는 언제나 왠지 부스스해 보였다. 그녀는 집에서 자신이 감당할 수 없는 상황이 되면 모든 걸 중단하고 일주일가량 산으로 떠났다. 프리츠의 아버지는 괜찮은 지위의 공무원이었는데, 극도로 정확하고 현학적이며 냉담했다. 아스페르거는 아내는 물론이고 그 남편에게서도 어떤 동정심도 끌어 모을 수 없었다.

프리츠로 말할 것 같으면 나이에 비해 키가 컸다. 약간 구부정한 자세에 동작은 어설펐다. 하지만 얼굴은 우아했다. 아스페르거는 그 애의 "귀족적 이목구비"[11]에 대해 언급한다. 시선은 텅 비어 있어 사람과 사물을 볼 때는 멍하니 슥 지나친다. 가늘고 높은 톤의 목소리에 이상하게도 경쾌한 억양을 갖고 있다. 단어를 질질 끌면서 천천히 말한다. 대답할 때는 질문에 대한 것을 말하는 법이 거의 없다. 이따금 질문 전체 혹은 그중 한 단어를 반복해서 말한다. 소음에는 괴상한 친밀감을 갖고 있다. 장난감을 던지는 건 그때 나는 소리를 좋아하기 때문이다. 그리고 가끔 자기 허벅지나 탁자, 벽 혹은 다른 아이까지도 리드미컬하게 두드린다. 마치 물건이나 사람이나 자기한테는 매한가지라는 듯. 역설적인 것은 이런 충동적인 동작이 하나같이 너무나 불쾌하거나, 고통스럽거나, 노골적으로 위험하기 때문에 자신의 행동이 얼마나 고약한지 그 애가 깨달아야 한다는 사실이다. 하지만 즉각적인 주변 상황은 안중에 없는 듯하다. 졸리고 멍한 얼굴로 앉아 있다가도 갑자기 뛰어올라 식탁의 찻잔을 모조리 쓸어버리거나 다른 아이의 따귀를 갈기곤 한다.

이런 기이한 행동은 검사 중에도 모습을 드러낸다. 수행 과제 중에는 탁자에 놓인 막대들을 기하학적 무늬대로 따라 놓는 것이 있다. 프리츠는 샘플을 흘깃 보는가 싶더니 순식간에 패턴과 일치하도록 막대들을 배치한다. 그것도 같은 연령대의 다른 아이들보다 훨씬 더 정확하게. 하지만 이 경우를 빼면 검사 자체가 불가능하다. 의도적으로 의자를 쓰러뜨리고, 선생님 손을 찰싹찰싹 치고, 말도 안 되는 대답을 내뱉는다. 유리와 나무의 차이가 뭔지 물으면 "유리는 더 유리유리하고 나무는 더 나무나무하니까"[12]라고 말한다. 프리츠가 자기 입지를 견고히 할 수 있는 것은 오로지 숫자와 연산 영역에서다. 여섯 자리 숫자의 순서를 기억해 따라 할 수 있는데, 이는 비네Binet의 지능 검사로 치면 10세 수준에 해당한다. 아스페르거에 따르면, 이런 유형의 거의 모든 아이들처럼 프리츠도 한 가지 특별한 'Sonderinteresse', 즉 재능이 있는데 연산이 바로 그것이다.[13] 100까지 세는 법을 혼자 터득했고, 그 범위 안에서 10이 넘는 숫자는 물론 분수까지 계산할 수 있다. 16분의 1과 18분의 1 중 어느 것이 더 큰지 스스로 묻고 정답을 맞힐 수 있다. 누군가가 농담 삼아 120의 3분의 2는 뭔지 물은 적이 있다. 곧장 80이라는 답이 튀어나왔다. 이런 아이들에 대한 평가가 천재부터 정신 지체에까지 걸쳐 있는 것은 당연하다.

이렇게 단일한 지적 능력은 멀쩡한 데 반해 프리츠의 감정적 생활은 극도로 망가져 있다는 게 아스페르거의 설명이다. '정상적인'(인용 부호는 아스페르거의 것이다) 아동이라면 단어에 관한 지식을 습득하기 이전에 이미 아버지나 어머니가 하는 말에 수반되는 표정, 제스처, 어조를 따를 줄 안다. 아이는 얼굴 표정, 몸짓 언어, 목소리를 해석하는 방법을 알아서 터득한다. 완전히 무의식적인 과정을 거쳐서. 프리츠의 경우 그러한 비언어적 의사소통 도구를 써서 타인과 소통하는 능력이 부족한 것 같다. 이를 보여주는 한 가지 지표는 프리츠 자신의 표현 수단이 정상 범주를 벗어나 있다는 사실이다. 사람들을 쳐다보는 방식도 특이하고, 목소리도 이상하고, 운동 신경과 말투도 뭔가 다르다. 그 애가 다른 사람의 표정을 이해하지 못한다 해도 놀랍지 않다.

정반대로 어느 누구도 프리츠와 공감하지 못한다. 왜 그 애가 웃음을 터뜨리거나 한 발로 깡충깡충 뛰어다니는지, 왜 갑자기 화가 났는지 혹은 다른 아이에게 주먹질을 해대는지 아무도 모른다. 감정은 상황과 완전히 무관하고, 기분은 돌연 변덕을 부려대니 그 애와 친해지기란 불가능하다. 조금의 관심도 그 애를 거슬리게 하는 것 같다.

이는 일반적인 지도와 교육 방법이 거의 소용없음을 의미한다. 아동의 감정적 세계와 접촉하지 않고는 상냥한 요청이건 성난 협박이건 어느 것도 행동에 영향을 미치지 못한다. 아스페르거의 조언은 "애착을 끊고"[14] 모든 과제를 수행하라는 것이다. 교사는 절대 화를 내지 말아야 하는 건 물론 헛되이 친해지려는 노력을 해서도 안 된다. 좋은 결과는 기계적이고 정형화한 방식으로 수행한 과제에서만 얻을 수 있다. 프리츠는 이러한 접근 방식에는 취약한 것으로 드러났다. 그 애는 마치 로봇 기계 장치의 말투로 주어진 명령을 거스를 수 없는 것처럼 보였다.

집중력이 얼마만큼 문제를 보였건 또래 아이들보다 지나치게 뒤처지지 않도록 제공한 맞춤형 일대일 수업에서 프리츠는 그런대로 충분한 성과를 얻어냈다. 이것이 바로 아스페르거를 매료시킨 측면이었다. 말하자면, 어떻게 그토록 심각한 핸디캡을 가진 사람이 곁눈질로 주변 환경을 예의주시할 수 있는가 하는 점이었다. 이런 소년을 다루는 이들이 우연이지만 자주 발견하는 사실이 있다. "그들의 생각은 남달리 풍부해질 수 있다. 그들은 논리적인 사고를 잘한다. 그리고 추상적 능력은 특히 우수하다. 사실 완벽하게 정상적인 사람에게서도 외부 세계로부터의 거리를 증대시키는 것이 추상적 사고의 최고치를 얻는 전제 조건인 것 같았다."[15]

이어 프리츠만큼 공격적이고 역시 동작은 어설픈 하로 L.(8세)이 등장한다. 멍한 표정, 아무도 이해할 수 없는 갑작스러운 웃음, 묻지도 않은 질문에 대한 대답도 똑같다. "유리는 투명해. 나무 …… 그건 잘 보려면 구멍을 뚫어야 할 거야. 나뭇조각을 두드리고 싶으면 부러질 때까지 두드려야 해. 마른 잔가지가 아니라면. 그러면 쉽게 부러질 거야. 유리는 두 번만 치면 돼. 그럼 깨져."[16] 그 애의 '특별 관심사'는 역시 산수다. 자기만의 체계도 개발했는데, 전통적인 계산법과는 완전히 다르고 너무나 독창적이며 종종 지나치게 복잡해서 오답으로 끝나기도 한다. 하로는 정상적이고 훨씬 간단한 방법으로는 배우지 못한다. 그 애의 경우 '이상한' 쪽은 아버지다. 외부 사람을 만나지 않으며, 화가가 되려는 꿈을 화필 제조업과 맞바꾼 사람이다. 소아정신과 병동에서 하로는 자기 그룹의 다른 아이들과 절대 접촉하지 않는다. 엄청난 독서를 하고, 책에 빠지면 주변의 모든 것을 잊는다. 언어 표현력은 성인에 맞먹을 만큼 말도 안 되게 조숙하다. 끝도 없이 계속 이어지다 점차 앞뒤가 안 맞게 진행되는 판타지 이야기를 들려주는 걸 즐긴다.

프리츠와 하로에 이어 등장하는 에른스트 K.(7세)의 사례는 점점 구체화하기 시작하는 패턴에 들어맞는다. 그 애는 다른 아이들을 못 견디며, 물건이 정확히 자신이 원하는 혹은 익숙한 자리에 없으면 난리를 치고, 너무 서툴러서 식사나 옷 입기 같은 가장 단순한 절차도 도움을 받아야만 한다. 에른스트 역시 자기만의 방법으로 셈을 한다. 그 애는 사물과 사람을 봐도 그냥 지나친다. 눈은 어느 것도 파악하지 않는 것처럼 보인다.

목소리는 고음에 비음이 섞여 있고, 아스페르거에 따르면 "몰락한 귀족의 캐리커처"같이 들린다. 그 애의 아버지 역시 괴상하다. 프리츠처럼 키가 크고 이목구비도 섬세하다.

아스페르거는 네 번째 사례로 헬무트 L.(11세)을 소개하는데, 뇌 손상도 앞서 언급한 소년들에게서 나타난 행동 이상으로 이어질 수 있음을 보여주는 사례다. 헬무트의 경우 뇌 손상은 분만 중 산소 부족이 원인이었다. 그 애도 똑같은 패턴을 보여준다—무표정, 조숙한 언어 사용 그리고 다른 아이들과의 상호 작용 불능. 프리츠, 하로, 에른스트와 달리 헬무트는 계산 능력이 뛰어나지는 않지만 시적 언어에 대한 선호도를 확실히 갖고 있다. 이는 다른 3명에게서는 없던 성향이다.

'똑똑한 로봇 인간들'

아스페르거에 따르면 프리츠, 하로, 에른스트 사이의 차이점은 공통된 프로필, 곧 10년간 200명에 달하는 소년들을 만나며 진단을 내렸던 프로필 안에서의 변주였다. 예를 들어, 그들의 목소리는 흔히 높거나 날카롭거나, 아니면 반대로 매우 부드럽거나 단조로웠다. 어느 경우건 독특해 주변에서 놀리며 흉내 내기 쉬웠다. 그들의 특별한 재능과 관심사는 광범위했지만 하나같이 특이했다. 한 아이는 빈의 전차 시간표를 통째로 암송할 수 있었는가 하면, 다른 아이는 이른바 '달력 학자calendar savant'로 어느 세기의 날짜를 대도 요일을 계산해낼 수 있었다. 이 프로필은 생애 초기인 약 2세 때부터 틀을 갖추기 시작한다. 아이가 자라면서 장애 표출 양상에는 많은 변화가 있을 수 있지만, 그 자체는 결코 사라지지 않는다. 프로필에 익숙한 사람이라면 아이가 방 안에 들어오는 순간 혹은 말하려고 입을 열자마자 곧바로 식별할 수 있다.

이런 아이들의 얼굴은 보통 마치 "몰락한 귀족"의 일원처럼 "예스럽다".[17] 뭔가를 볼 때는 흡사 피사체를 벗어난 곳을 응시하는 것 같다. 마치 가시 범위의 주변부에 있어야만 보인다는 듯. "그들의 시선이 과연 저 너머를 보는 것인지, 아니면 내부로 향한 것인지는 누구도 확신할 수 없다. 마찬가지로 아이가 특정한 순간 무엇에 사로잡혔는지 또는 그 머릿속에서 무슨 일이 벌어지고 있는지 아무도 알 수 없다."[18] 그들의 지적인 능력도 다르다. '정상적인' 아이들에게서 지능은 2개의 축 사이에서 형성된다. 한 축에는 자연적이고 독창적인 표현이, 다른 축에는 모방 활동, 즉 타인으로부터의 학습이 있다. 전자 없는 후자는 공허하고 기계적이다. 하지만 후자 없는 전자는 정말 문제다. 이런 장애를 가진 아이들은 독창적이고, 내키는 대로 하고, 충동적일 수밖에 없다. 누구도 이해할 수 없는 새로운 단어를 생각해내고, 자신들만 아는 세계를 설계한다. 정상적인 학습 채널을 통한 지식의 전달이란 불가능하다. 독창성과 학습 불능의 결합은 부모와 교사 간의 갈등을 초래한다. 부모는 아이의 행동에서 놀랍고 독창적인 측면만을 보는 반면, 선생님들은 가르치기 불가능하다는 사실만 안다. 아스페르거는 독자들에게 이런 장애의 긍정적 측면을 보라고 호소한다. 이 장애의 핵심에는 환경과의 접촉 결핍이 있다. 그러나 정확히 이런 점이 추상화를 위해 없어서는 안 될 공간적 거리를 창조해낸다. 가장 긍정적인 경우 이는 위대한 과학적 업적을 낳을 수 있다.

아스페르거는 그 프로필이 인격의 가장 깊은 층에 있는 장애에 뿌리를 두고 있다고 믿었다. 지능은 평균 이상일 수 있는 반면, 이 아이들의 충동과 본능은 흔히 심한 장애를 갖고 있다.[19] 그들은 전적으로 자기중심적이고, 타인에 대한 존중이라고는 도대체 없다. 이는 의식적인 거만함이 아니라 다른 사람에 대한 이해 부족을 반영한다. 사회적 거리에 대한 감도 없어서 가구를 대하듯 사람을 건드린다. 나이가 적은지 많은지, 아는 사람인지 낯선 사람인지 같은 요소는 그들이 타인에게 반응하는 방식에 아무런 역할도 하지 못한다. 사회적 관행에 관한 교육을 명확하게 시켜줘야 한다. 지적인 경로를 통해서만 이 "똑똑한 로봇 인간들"은 행동 패턴을 익힐 수 있다.[20]

사물을 대하는 접근 방식 역시 다르다. 평범한 아이들은 놀이 도중 사물에 생명을 부여할 수 있다. 인형은 놀이 친구가 된다. 자폐아들은 그런 사물을 거의 알아채지 못하거나 반대로 한 소년이 어딜 가나 가지고 다녔던 나무 실패처럼 특정 물건을 일종의 페티시로 둔갑시킨다. 그들은 살아 있는 생명체에도 동일하게 집착할 수 있다. 소년들 중 한 명에게는 지극 정성으로 보살피는 흰쥐 두 마리가 있었다. 그럼에도 그 애는 끊임없이 징징대서 부모의 정신을 쏙 빼놓았다.

아스페르거는 이 질환의 유전적 속성의 가능성에 관해 포괄적으로 진술하는 것을 망설였다. 어떤 결론이라도 대규모 계보학 연구에 기반을 두어야 했다. 그러나 아이들의 부모나 친지를 접했던 모든 사례에서 그는 정신병리학적인 특징을 발견했다. 아이들은 대개 유명한 예술가 혹은 학자 집안에서 태어났지만, 유전자 안의 독창적 재능을 물려받는 대신 거기에 붙어 다니는 변덕과 기행만을 드러내 보이는 듯했다. 대다수의 경우 아버지는 전문직 종사자였고 부모 중 한두 명의 육체노동자는 화필 제조업자처럼 진로를 잘못 결정했다고 느끼는 것 같았다. 외동이 그렇지 않은 아이보다 많았는데, 아스페르거는 이를 부모의 자폐적 성향 및 결혼 생활에서의 냉담함과 무관심의 결과로 보았다.

장애는 소년들에게만 영향을 주었다. 아스페르거는 이따금 소녀들에게서도 몇몇 증상을 보긴 했지만 완벽한 증후군은 아니었다. 이 질환은 "남성의 지능과 남성적 기질의 극단적 변종"[21]이었다. 소년과 소녀는 각각 고유한 특징적 지능 패턴을 갖고 있다. 소녀의 지능은 구체성, 실용성, 합리성을 지향한다. 반면 소년의 지능은 논리적 사고, 관념, 독자적인 조사에 초점을 맞춘다. 자폐적인 소년에게는 관념이 많은 비율을 차지한다. 따라서 사람과 사물과의 본능적인 접촉을 잃어버린다. 아스페르거는 다수의 자폐증 소년이 뚜렷한 자폐적 성향을 가진 어머니를 뒀다는 점을 발견하고 본인 역시 당황했음을 인정했다.

또한 증후군 **안에는** 조화롭지 않은 점도 있었다. 아이들은 주변 사람과 정서적 유대를 발전시키지 않았다. 그렇다면 왜 그들은 애완용 쥐 같은 것에 집착에 가까운 애정을 보이는 걸까? 왜 이 아이들은 정확히 극단적인 향수병의 징후를 보이는 걸까? 관찰을 위해 동참시킨 대부분의 아이들은 하루쯤 지나면 병동에 익숙해지는 데 반해, 자폐아들은 며칠 동안 슬픔에서 헤어 나오지 못했으며 사랑하는 부모님을 얼마나 그리워하는지 유창하게 표현했다. 아스페르거는 자폐아들이 리듬감 있게 흔들리는 동작을 좋아한다는 것을 눈여겨봤다. 하지만 그들에겐 왜 음악적 리듬감이 없는 걸까? 그리고 왜 리드미컬한 체조 시간에 그들의 동작은 경직되어 있을까? 이런 장애를 가진 아이들은 주변 환경을 완전히 망각한 듯한 인상을 준다. 그렇다면 왜 갑자기 그들의 관심을 사로잡는 것처럼 보이는 사소한 것이 이따금 등장하는가? 한 소년은 아무리 설득해도 수프를 먹으려 들지 않았는데, 그 이유는 수프 표면에 떠다니는 기름방울에 정신이 빠져서 그것들을 앞뒤로 계속 불었기 때문이다. 그리고 끝으로 (상세한 명부에 기록된 대로) 이 아이들은 개인별 과제가 아닌 객관적으로 필요한 어떤 것으로 공식화한 지시 사항은 틀림없이 완수함에도 불구하고 자신에게 주어진 과제를 수행하도록 하는 건 왜 그토록 어려운 것일까?

최종적으로 아스페르거는 이 아이들에게 일어날 듯싶은 미래에 대해 논한다. 많은 게 그들의 지능 정도에 달려 있다. 지능마저 보통 이하인 아이들은 가장 전망이 어둡다. 대개는 결국 잡역부로 마감하거나, 최악의 경우 "기괴한 분위기에 형편없는 행색을 하고 혼잣말을 하거나 행인들에게 아무렇지 않게 말을 거는 특이한 종자가 되어"[22] 거리를 배회한다. 보통 혹은 그 이상의 지능을 가진 아이들은 당연히 분명 더 나은 전망을 보인다. 일단 직업을 선택하기만 하면 그중 일부는 놀랄 만큼 우수한 사회 통합을 이뤄낸다. 아스페르거는 한 자폐인의 커리어를 오랜 기간 추적했다. 어릴 때 그는 보기 드문 수학적 능력을 가졌음이 밝혀졌다. "세 살 때 그 애의 어머니는 모래 위에 삼각형, 사각형, 오각형을 그려줘야 했다. 그러면 아이는 막대기를 들고 선을 하나 그은 다음 '그럼 이건 이각형이에요. 그렇지 않아요?'라고 말했다. 그러곤 점을 하나 찍고 '그럼 이건 일각형이네요'라고 말했다."[23] 수학 외의 모든 과목과는 사투를 벌이며 중등학교 시절을 극도로 어렵게 보낸 후, 그는 이론천문학을 자신의 직업으로 정했다. 훗날 그는 뉴턴의 문헌에서 계산 오류를 발견했고, 그것을 박사 논문의 주제로 삼았다.

그는 예외가 아니었다. 아스페르거의 경험에 의하면, 보통 수준의 지능을 가진 자폐아는 거의 모두 결국에는 적절한 직업을 찾는다. 수학, 공학, 화학 같은 과목의 특별한 재능 덕분인 경우가 많다. 문장학 분야에서 권위자가 된 소년도 있다. 편향성, 확실한 관심 분야 그리고 '눈가리개(집중하면 주변을 잊어버리는 성격을 말함—옮긴이)'가 그 분야에 딱 들어맞았기 때문이다.

그의 논문 마지막 구절은 전문을 인용할 만한 가치가 있다.

그리하여 우리는 자폐인들이 사회 공동체라는 유기체 속에서 그들의 자리를 확보할 수 있음을 확신한다. 그들은 자기 역할을 제대로, 아니 어쩌면 그 누구보다 더 잘 수행한다. 우리는 어릴 적 최대의 난관을 겪었고 그들을 돌보는 이들에게는 말 못할 고민을 안겼던 바로 그 사람들에 대해 말하고 있는 것이다. 자폐증의 사례는 어떻게 비정상인조차 발전하고 적응할 수 있는지 특히 잘 보여준다. 다른 사람들은 꿈도 꿔보지 못했을 사회 통합의 가능성이 그 발전 과정에서 생겨날 수 있다. 이를 안다는 것은 이런저런 유형의 복잡한 개인을 향한 우리의 태도를 결정한다. 이를 안다는 것은 또한 우리에게 전인격적인 힘을 쏟아 이런 아이들을 위해 세상에 말할 권리와 의무를 부여한다. 절대적으로 헌신적이고 사랑을 주는 교육자만이 어려운 개개인을 데리고 성공을 이뤄낼 수 있다고 믿는다.[24]

1944년 빈에서 이런 내용을 발표하는 데 얼마나 많은 용기가 필요했을지 생각해보자.[25]

아스페르거와 캐너

아스페르거의 설명은 자신의 방법론적 신념에 관한 격조 높은 표명이다. 모든 관찰에서 그는 한 개인의 '게슈탈트'를 그의 의식으로 흡수하려 애썼다. 프리츠, 하로, 에른스트 그리고 헬무트는 종잇장 사례가 아니다. 바로 그들의 장애를 설명하는 행동 하나하나의 사소한 면면까지 잡아내고 있기 때문이다. 그들은 꿈틀대고 살아 움직이며 독자의 기억 속에 그 모습 그대로 각인된다. 제멋대로고, 다루기 힘들고, 공격적이며 다른 아이들에게 위험한 '어려운 아이들' 그 자체로. 이러한 묘사는 1930년대 오스트리아 병원의 교육적 풍토를 반영한다. 아스페르거는 언젠가 과제에 대한 반응으로 건방진 응답의 한 예를 들었다. "아,

난 그거 안 할래!" 그러면서도 동시에 이 남자는 이런 아이들의 짜증나는 행동을 꿰뚫어보고 그것을 장애의 발현으로 감별해내는 초인적 능력을 지녔음에 틀림없다. 이는 '게슈탈트 스위치Gestaltswitch'와 같은 맥락으로 아스페르거의 심리학적 반경을 크게 벗어나지 않는다. 그에게 통제 불능, 충동성, 접근 불가능성은 더 이상 성가신 아동의 특성이 아니라 심각한 장애의 징후였다.

아스페르거는 문제는 어떻게 생겨나는가 하는 의문에 대해서는 다루지 않았다. 유전적 요인과 관련이 있다는 것은 확신했으나 실제로 무엇이 장애를 유발하고 그것이 어떻게 전해지는지는 그에게도 수수께끼였다. 퇴화와 관련한 이론 및 천재와 광기 사이의 관계에 대한 몇 가지 암시는 있다. 아스페르거는 수차례 목소리와 외모를 "몰락한 귀족"을 연상케 하는 것으로 묘사하며, 당대의 정신의학에 따르면 어떤 가문은 세대를 거듭하면서 질병, 알코올 중독, 정신 질환으로 하마터면 좌초할 뻔했다고 추정했다. 보기 드물게 예술적이거나 과학적인 업적은 보통 위태롭게도 정신병리학에 가까운 특성과 밀접하게 연결되어 있다는 이론도 아스페르거의 본문 속에서 울림을 갖고 있다. 프리츠의 어머니는 친척 중 일부를 "미치광이 천재"로 표현했고, 자기 아들의 장애는 그 두 가지 요소의 결합이라는 견해를 표명했다. 여기에는 분명 아스페르거도 동의했다.

여기서 마찬가지로 두드러진 것은 **결핍되어 있는** 하나의 요소다. 다시 말해, 이는 모두 1939년 게슈타포의 명령으로 강제 이주할 때까지 아스페르거와 같은 도시에 살았던 한 저명한 인물의 영향이 남긴 흔적이다. 아스페르거의 글은 프로이트의 제자 중 한 명인 알프레트 아들러Alfred Adler의 '개인심리학Individualpsychologie'에 단 하나의 신랄한 구절만을 할애하고 있는데, 아들러는 자폐아 문제를 보통 그들은 외동이고 따라서 또래 아이들과 충분한 접촉이 없다는 사실에서 여전히 원인을 찾고 있었다. 약간 예스러운 어휘 또한 자폐아들이 오직 어른하고만 어울린다는 것을 감안하면 이해할 만했다. 그러나 아스페르거는 아무리 해도 그의 견해를 받아들일 수 없었다. 그는 "너무나 자주 이 특정한 심리학적 접근 방식은 원인과 결과를 혼동한다"고 썼다. 아이는 외동으로 지냈기 때문에 자폐적인 게 아니다. 부모가 잠재적으로 자폐적이어서 다른 아이들이 그들의 삶에 편입되지 않기 때문에 외동으로 계속 지낸 것이다. (실제로 아스페르거 증후군 아이는 외동이 아닌 경우가 더 많다.) 정신분석은 아스페르거의 자폐증에 관한 시각에 아무 역할도 하지 않았고, 그는 프로이트를 동료로 여기지도 않았을 것이다. 아스페르거는 심리치료사가 아니라 소아과 의사였다.

아스페르거의 논문이 등장할 무렵, 캐너는 이미 자신의 논문을 미국에서 발표했다. 아스페르거보다 열두 살 연상인 레오 캐너는 1894년 오스트리아-헝가리 제국의 클레코토Klekotow에서 태어났다.[26] 원래는 작가가 되겠다는 포부를 가졌지만 결국에는 의학 쪽으로 진로를 선택하고 1920년 베를린에서 심전도 검사법에 관한 논문으로 박사 학위를 땄다. 어느 정도는 아스페르거와 같이 독일의 학문적 풍토에서 교육을 받았던 셈이다. 미국으로 이주한 그는 《소아정신의학Child Psychiatry》이라는 안내서로 이름을 떨쳤는데, 이 책은 이후 아동정신의학 연구 분야의 출발점이 되었다.[27] 캐너는 또한 존스 홉킨스 소아정신병원의 창립자이자 원장이기도 했다.

볼티모어의 캐너는 아스페르거가 묘사한 소년들과 매우 유사한 아동들을 관찰했다. 2~8세의 소년 8명과 소녀 3명을 포함한 11명의 사례 연구를 바탕으로 그는 훗날 '전형적인 자폐아'로 알려진 임상적 징후를 기술했다. 바로 사회적 접촉이나 소통이 불가능하고, 틀에 박힌 행동을 보이고, 변화를 싫어하며, 강박적으로 사로잡힌 몇몇 관심사를 갖고 있는 아이들이다. 아울러 캐너는 아스페르거의 글에는 등장하지 않는 몇 가지 특정 이상 행동도 언급했다. 앵무새처럼 흉내 내기(반향언어증)와 '나' 대신 '너'와 '그'를 사용하는 경향이 그것이다. 같은 식으로 아스페르거 또한 캐너가 언급하지 않은 이상 행동을 거론했다. 특유의 시선, 이상한 목소리와 억양, 현학적인 말투 그리고 유머 감각의 부재가 그것이다.

캐너의 사례 연구를 읽다 보면 우리는 아스페르거와의 놀라운 유사성을 발견한다. 5부터 100까지 셀 수 있고, 암기력이 좋으며, 바닥에 부딪힐 때 나는 소리에 매혹되어 장난감을 사방에 던지는 도널드Donald. 모든 시선 접촉을 피하는 버지니아Virginia. 자기 세계에 빠져서 아들을 한 번도 돌봐주지 않는 엄마를 하릴없이 졸졸 따라다니는 조지George. 전쟁이 끝난 후 서신이 흔하게 오가고 학회가 열리면서 학술적 커뮤니케이션이 재개되었다. 이에 많은 아동정신과 의사, 소아과 의사, 교정교육학자(아스페르거를 포함한)들은 볼티모어와 빈에서 확인된 장애를 동일한 질환이라고 보는 쪽으로 기울었다. 아스페르거는 나중에 그런 시각으로부터 거리를 두었지만 말이다. 캐너가 관찰한 아이들은 거의 말을 하지 못했고, 한다 해도 언어를 의사소통의 도구라기보다 판에 박힌 방식으로 사용했다. 또 다른 차이는 아스페르거가 묘사한 유형의 아동은 정상 혹은 그 이상의 높은 지능을 가졌다는 것이다. 반면 캐너의 아이들은 검사할 수 있는 범주 안에서 정신지체아들이었다.

수년간 이와 같은 비교는 유럽만의 이슈였다. 아스페르거의 텍스트는 1991년까지도 영어로 번역되지 않았고, 독일어 자료를 이용할 수 있는 학계에서조차 그의 저작에 대한 관심은 한정적이었다. 캐너의 첫 논문 발표 뒤에는 오랜 기간 일련의 후속 연구가 따라붙으면서 저명한 정신의학 출판물과 교정교육 학술지에 등장했다. 마치 캐너가 묘사한, 새처럼 팔을 파닥이고 앵무새처럼 같은 말을 따라 하는 자폐아들이 고루한 말투를 가진 아스페르거의 아이들을 제치고 주목받은 것처럼 캐너가 쓴 글들이 아스페르거의 저작들을 가렸던 것 같다.

그림 12.2 한스 아스페르거(1906~1980).

그러나 아스페르거가 전적으로 외면을 당한 것은 아니었다. 그의 저서가 일찍이 호의적인 대접을 받았던 단 한 나라를 꼽으라면 그것은 단연 네덜란드였다. 1949년 아스페르거는 교정 교육에 초점을 둔 제2차 국제학술회의에 초대를 받아 암스테르담에 있었다.[28] 그는 자신의 '자폐적 사이코패스'에 관해 강연했고, 그 내용이 네덜란드 아동심리학계와 소아정신의학계의 1세대 선두주자들에게 확신을 주면서 캐너가 기술한 것과는 완전히 다른 하나의 증후군이 되었다. 1960년대에 레이던Leiden의 소아정신과 의사 반 크레벨런A. A. Van Krevelen(인정할 건 인정하자)은 상당한 분량을 할애해 아스페르거의 논문에 주목했다. 1971년 발간한 영어 논문에서 그는 '아스페르거 증후군'이라고 언급하기까지 했지만, 그것을 시조명으로 인정받는 데는 성공하지 못했다.[29]

한스 아스페르거는 1980년 74세의 나이로 세상을 떠났고, 6개월 후 레오 캐너도 그 뒤를 따랐다. 아스페르거의 생활은 강의, 상담, 관찰, 병동 회진, 보고서, 진료 시간 중 하나였다. 1977년 은퇴한 뒤에도 그는 여전히 활발한 저자였고, 1979년에는 자신이 1944년에 기술했던 그 증상을 주제로 한 스위스 학회에서 강연을 했다. 그때만 해도 '아스페르거 증후군'이란 말은 없었다. 그의 이름을 궤도에 올린(과장이 아니다) 로나 윙의 논문은 정확히 그가 죽고 1년 후에 등장했다.

냉장고 엄마들

캐너와 아스페르거가 2개의 각기 다른 증후군을 밝혀냈다고 주장하는 연구자들은 비록 그 이름을 거론하진 않지만, 보통 1977년 반 크레벨런이 기술한 특징들은 거론한다. 캐너 유형의 자폐아는 장애가 출생과 동시에 드러난다. 일반적으로, 말하는 능력은 발달하지 못한다. 아스페르거 자폐아의 경우, 장애는 대체로 2세 혹은 3세까지 명확하지 않으므로 아이는 말을 할 수 있기 전에 걷기부터 한다. 이 아이들의 언어는 의사소통이 목표이긴 하지만 여전히 "일방적 소통"이며, 종종 "고답적인" 단어 선택에는 현학적인 뭔가가 있다. 사실 아스페르거의 아이들은 가끔 "어린 교수들"이라고 불리기도 하는데, 이 용어는 캐너의 환자들을 설명하는 데는 절대 사용되지 않는다. 시선 접촉의 문제에서, 캐너의 아동이 마치 다른 사람은 존재하지 않는 것처럼 행동하는 반면, 아스페르거 아동은 타인과의 접촉을 회피한다. 아스페르거의 아이들이 더 나은 사회적 예후를 가진 셈이다. 반 크레벨런의 정의는 간단명료하다. 요컨대 캐너의 자폐아는 자신만의 세계에 살지만, 아스페르거의 자폐아는 우리의 세계에 있되 자신만의 방식으로 살아간다.

비록 그 본성, 위치, 원인에 대한 일치된 합의는 없지만, 오늘날 2개 증후군은 모두 신경생물학적 기원을 가진 장애로 여겨진다. 헬무트에 대해 쓴 대목에서, 아스페르거는 분만 때 지속된 뇌 손상의 물리적 결과와 자폐증의 어떤 증상 사이에 유사성이 있음을 암시했다. 하지만 그는 앞의 세 소년의 경우 뇌질환의 가능성은 전혀 없다는 사실 역시 기록했다. 지난 반세기 동안 수행된 뇌 연구는 모호한 그림을 제시한다.[30] 평균적으로 자폐 아동은 뇌 부피가 약간 더 큰 것으로 알려졌다. 신경 전달 물질인 세로토닌의 생성과 분해 과정 중에 이상이 있을 수도 있다. 해마의 뉴런 수가 적거나, 돌기가 덜 발달한 것으로도 보인다. 소뇌의 미세한 이상은 둔한 운동 신경의 원인으로 여겨진다. 얼굴을 인식하는 것 같은 특정 작업의 수행은 비자폐아들의 경우보다 다양한 뇌 영역에서 다른 양상의 활성화를 유발하는 것 같다. 자폐증은 결국 선천적인 뇌 발달 장애에 기인한 것이라는 견해에 의문을 제기하는 학자는 없다. 하지만 지금까지도 그 이상의 더욱 정교한 증명은 제시되지 않았다.

1950년대에 이러한 이론 정립의 공백은 자폐아를 둔 어머니들에게 특히 참혹한 영향을 준 의혹이 끼어들 여지를 주었다. 아스페르거와 캐너 모두 자폐아의 부모는 대부분 인텔리라고 했다. 아스페르거는 그 연관성의 본질을 분명히 밝히지는 않았다. 유전적 요인과 관련 있어 보이지만 그 전달이 어떻게 일어나는지, 모계를 따르는지 혹은 부계를 따르는지 아니면 두 쪽의 조합인지는 말할 수 없었다. 활용할 수 있는 충분한 정보가 없었던 것이다. 캐너 역시 필요한 데이터가 없긴 했지만, 아동의 자폐증은 엄마와의 따뜻하고 직감적인 접촉 부족에 대한 자연스러운 반응이라고 확신했다. 이것이 냉정하고 이성적인 존재이자 아이와 강한 유대감을 발전시키기에는 지나치게 무심한 '냉장고 엄마'의 탄생을 불러왔다. 이 가설은 생후 초기 몇 년간의 경험이 아동의 발달을 결정한다는 정신분석학과 존 볼비John Bowlby의 '애착 이론attachment theory'과 뒤섞였다. 존 볼비는 감성 부족으로 신생아와 적절한 유대를 발전시킬 수 없는 엄마들에게 재앙이 찾아올 것임을 예견했다. 정신분석학자 브루노 베텔하임Bruno Betttelheim은 《텅 빈 요새The Empty Fortress》에서 자폐증 발달에는 근본적이고 치명적인 하나의 요인이 있다고 썼다. 그것은 바로 "아이가 존재하지 않기를 바라는 부모의 마음"[31]이다. 그는 특히 엄마를 지목했다. 아이 삶의 서곡에 대한 엄마의 자기 방어적 혹은 부정적 또는 애증이 엇갈린 반응의 결과, 실망한 아이는 극도의 고립 속으로 숨어버린다. 〔전쟁 전 부헨발트(Buchenwald)와 다하우(Dachau) 나치 강제수용소에 수감됐던〕 베텔하임은 자폐아를 강제수용소의 수용자에 비유했다. 그는 모든 희망을 버린 회교도 수용자들을 본 적이 있다. 그들은 자기 안으로 숨어든 채 좀비처럼 수용소 안을 헤매고 다녔다.[32] 자폐아들은 그와 같은 심리적 공황 상태를 보였다. 그리고 아스페르거를 그토록 매혹시켰던 그 이상한 표정도 수용자들의 그것과 닮았다. 한편으로는 외부의 위험으로부터 한시도 눈을 떼지 말아야 하지만, 다른 한편으로는 경비대원들의 눈과 마주치는 걸 피해야 한다. 결과적으로 타인의 시선을 피하는, 외견상 텅 빈 아이의 시선이 되는 것이다. 동료의 말을 인용하면서 베텔하임은 이렇게 썼다. "아이는 보고 들을 수는 있지만 바라보거나 귀 기울이진 않는다." 그것은 자폐아를 둔 어머니들에게서 모든 희망을 앗아가려고 의도된 시각이었다. 1960년 〈타임 매거진〉은 자폐아의 엄마들은 아이를 낳을 정도의 시간만큼만 워밍업을 한다고 한 캐너의 말을 인용했다. 치료 요법은 이 아이들을 억울하게 처한 고립 상태로부터 벗어나도록 하는 데 초점이 맞춰졌다. 잘못은 냉정하고, 대개는 대학 교육을 받은 어머니에게 있었다.

정신의학 역사가들은 우울증과 정신분열증의 기원에 관한 이론에서도 보이는 이런 형태의 '엄마 책임론mother-blaming'이 여성해방운동 신장, 고등교육 기회 증대, 전통적으로 남성이 우세한 직종에서 여성의 꾸준한 증가와 분리해 생각할 수 없다는 증거를 제시했다.[33] 1977년 자폐증 쌍둥이에 관한 연구는 자폐증이 유전적 기반을 가지며 따라서 출생 전에 생긴다고 결론 내렸다. 심리학이 1950년대라는 중요한 갈림길에서 아스페르거가 아니라 캐너의 길을 따랐다는 사실은 너무나 많은 불행, 죄의식, 자기비난을 초래했다.

자폐증과 부모의 지적 수준 사이에 놓인 관련성의 정확한 본질은 여전히 논란거리다. 이것을 잘못된 연관 짓기로 보는 사람들도 있다. 고학력의 부모가 전문가의 도움을 구하는 방법을 찾는 게 단지 더욱 용이할 뿐이며, 이것이 통계에서 지나치게 부각되었다는 얘기다. 다른 이들은 자폐적 특성은 개개인에게 지적인 직업을 갖도록 운명 짓는 요인이라고 주장한다. 최근 실리콘 밸리의 종사자들에게 아스페르거 증상을 가진 자녀들이 많다는 통계는 '천재 바보nerd' 프로필 그리고 그들이 보이는 자폐적 성향과 관련이 있을 수 있다는 학설이 제기되었다. 대개 남성인 '천재 바보'가 가상현실 속의 추상적 개념에 몰두하는 것은 우연이 아니다.[34] 어떤 지역에서 이런 증상은 '괴짜 증후군Geek syndrome'으로 알려져 있다.

마음 이론

1980년대에 자폐증이 극심한 접촉 장애로 인해 유발된다는 생각은 발달심리학과 철학의 결합에서 영감을 얻은 한 이론으로 뒷받침되었다. 이 이론은 자폐증이라는 결함의 핵심은 세계를 다른 이의 관점에서 보지 못하는 데 있다고 주장했다. 영국 심리학자 사이먼 배런 코헨Simon Baron-Cohen은 1985년 자폐아는 타인의 내면생활에 대한 인식, 곧 '마음 이론theory of mind'이 없는데, 이는 아마도 그가 자기 자신의 내면생활에 닿지 못하기 때문일 것이라고 말했다.[35] 아울러 배런 코헨은 자폐아는 실제로 다른 사람의 감정과 의도를 추측하지 않고 어떤 행동 뒤에 어떤 행동이 따라오는지 단지 찾아내기만 하는 행동주의자는 아니라고 자문했다.[36]

비교적 간단한 일련의 검사에서 배런 코헨은 자폐 아동이 사물의 심적 표상 작업을 힘들어한다는 것을 입증했다. 평범한 아이들은 실제 쿠키와 기억 속의 또는 상상한 혹은 약속받은 쿠키의 차이를 어린 나이에 배운다. 반면 자폐 아동들은 실제 형상으로 눈앞에 있지 않고 누군가의 기억 속에 존재하는 사물이 여전히 행동에 영향을 미칠 수 있다는 사실을 상상하는 걸 확실히 어려워한다. 배런 코헨은 "네 뇌는 무슨 일을 하니?"라는 질문을 던졌을 때 유사한 차이점을 발견했다. 5세 정도의 아이들과 다운 증후군 아이들은 정신 활동과 관련 있는 대답을 했다. 뇌는 생각하고, 기억하고, 배우고, 비밀을 지키는 데 사용한다고. (평균 연령 14세인) 자폐아들은 주로 운동과 신체적 기능을 떠올렸다. 뇌는 움직이고, 뛰고, 자는 것 등등을 도와준다고. 그들은 뇌를 또 다른 기계적 기관으로 여겼다.

'마음 이론'의 부재로 인해 자폐아는 접근 불가능한 내면생활을 가진 개개인이 거주하는 사회적 세계에서 살아간다. 다른 말로 하면 또 다른 '나'가 절대 될 수 없고, 바깥의 '그' 혹은 '그녀'로만 언제나 남아 있는 사람들 사이에서 산다. 이 가설 역시 자폐아가 일종의 사회적 고립 상태에 있다고 추정하지만, 이 결론 뒤에 따라붙는 추천 치료법은 사뭇 다르다. 배런 코헨은 보통 아이들이 꽤 쉽게 배우는, 가령 얼굴 표정과 감정, 억양과 분위기, 몸짓 언어와 의도 사이의 연관성을 하나하나 아이들에게 가르치는 '마음 읽기mind reading'라는 프로그램을 고안했다. 자폐증의 근본 원인을 규명하기보다는 차라리 그것의 확장된 정의에 가깝긴 하지만, 오늘날 마음 이론의 시각은 많은 진단 검사와 행동 관찰에서 나타난다.

불쌍한 케이트

캐너 유형의 자폐증은 1980년대부터 《정신 장애의 진단 및 통계 편람-제3판》의 일부였다. 아스페르거 증후군은 1994년 《정신 장애의 진단 및 통계 편람-제4판》에 처음 모습을 보였다. 두 증후군을 한꺼번에 포함하면서 상호 연관성에 대한 논의가 종결된 게 아니라 오히려 심화되었다. '자폐 장애autistic disorder' 진단의 기준은 아스페르거 증후군의 그것과 겹친다. 아이가 자폐증 기준의 6개 항목에 부합하면 '자폐 장애'라고 진단한다. 이중 진단을 피하기 위해 편람 사용자들은 자폐증 기준이 6개 미만이면서 언어 능력 결함이 없을 경우에만 아스페르거 증후군 진단을 고려하라는 지침을 받았다. 이러한 진단 절차는 모순적인 상황에 부딪쳤다. 최근의 분석에 따르면 프리츠, 하로, 에른스트, 헬무트는 자폐증 기준에 너무 많이 부합해서 아스페르거 증후군 진단이 불가능했다.[37] 논리적인 귀결로 보면, 아스페르거 자신이 기술한 아이들은 아스페르거 증후군이 아니었다. 일부 연구자들은 이런 결과를 두 증후군 사이에 본질적 차이가 없음을 입증하는 것이라고 주장한다. 반면 다른 학자들은 편람이 아스페르거가 의도한 방식대로 아스페르거 증후군을 설명하는 데 명백히 실패했다고 결론짓는다.

편람 제4판에 딸린 사례집을 사용할 때는 그런 혼동이 나타나지 않는다. 사례집은 아스페르거 자신이 기술한 모든 특징을 보여주는 아스페르거 환자를 포함하고 있기 때문이다. 이 사례 연구는 '지도 제작자Cartographer'라고 부르는데, 로나 윙이 '아스페르거 증후군'이란 이름을 제안했던 같은 논문에서 빌려온 것이다. 중심인물은 CB라는 13세 소년이다. 소년은 특수학교에 다니고 암기를 잘하며 고압 안테나, 교통 표지 그리고 무엇보다도 지도를 포함한 몇 가지에 지속적인 집착을 보이는 경향이 있다. 사회적 행동이 서툴러서 추상적인 개념을 알아듣지 못하고 농담도 대부분 먹히지 않는다.

지난 몇 년간 아스페르거 진단은 더욱더 빈번해졌다. 어떤 경우는 사후에도 내려졌다. 이와 관련해 아인슈타인, 바르토크, 비트겐슈타인을 종종 언급하곤 한다.[38] 올리버 색스는 1851년으로 거슬러 올라가는 자서전을 인용하면서, 영국의 물리학자 헨리 캐번디시Henry Cavendish가 아스페르거 증후군에 시달렸다는 그럴싸한 얘기를 했다. "그의 뇌는 단지 계산하는 기계였던 것 같다. 그의 눈은 이미지의 주입구이지 눈물을 쏟는 분수는 아니었다. 그의 손은 한 번도 감정으로 떨려본 적 없는 조종 도구였을 뿐이다."[39] 이 증후군은 점차 의학적·정신의학적 지식이라는 몸체의 일부가 되어가고 있다. '아스페르거 증후군'에 대한 250만 건의 조회수에는 아스페르거 증후군을 겪은 사람들의 전기, 아스페르거 환자의 가족이 썼거나 그들을 위해 쓴 책과 함께 자가 진단, 지지 모임, 치료법, 교정교육 교사들을 위한 매뉴얼, 토론 커뮤니티 그리고 교육적 조언 등도 포함되어 있다.

전문적인 배경 지식과 자폐증 진단법이 얼마나 폭넓은 독자들에게 파고들었는지 앞서 언급한《한밤중에 개에게 일어난 의문의 사건》의 한 구절을 보면 쉽게 알 수 있다. 특수학교에서 크리스토퍼가 받아야 했던 검사에 관한 부분이다. 줄리 선생님이 들어와 그 옆에 앉는다. 선생님은 책상에 '스마티' 초콜릿 통을 올려놓고 그에게 안에 뭐가 들어 있는 것 같으냐고 묻는다. 크리스토퍼는 "스마티요"라고 말한다. 선생님은 스마티 통을 열고 조그맣고 빨간 연필을 꺼낸다. 그러고 나서 다시 연필을 통에 넣고 닫은 다음 크리스토퍼에게 묻는다. "네 엄마가 지금 들어오셨다 치고, 우리가 스마티 통 안에 뭐가 들었는지 엄마한테 물으면 뭐라고 말씀하실 것 같니?" 그러자 크리스토퍼는 "연필요"라고 말한다.[40] 이 훈련은 마음 이론 검사들에서 발췌한 표준적인 상황으로, 자폐아를 다루는 이를 위한 가이드북을 통해 거의 그대로 복제되어왔다.[41]

배런 코헨이 설계한 마음 이론 검사에서 아스페르거 증후군의 비극을 극명하게 보여주는 세부적인 상황이 하나 있다. 실험자는 인형이 둘(인형의 이름은 샘과 케이트이다) 있는데 모두 쿠키를 먹고 싶어 한다고 설명한다. 불행히도 샘만이 엄마한테서 쿠키를 얻는데, 케이트의 엄마가 집에 안 계시기 때문이다. 물론 이 모든 것은 '상상make-believe'이다. 샘이 진짜 쿠키를 얻는 것은 아니니 말이다. 하지만 5세 정도의 아이들과 다운 증후군 아이들은 샘은 쿠키가 있는데 케이트는 없어서 케이트가 불쌍하다고 느낀다. 자폐아들은 감정이입의 기색을 드러내지 않는다. 왜 그래야 한단 말인가? 그들이 사는 문자 그대로의 세계에서는 단지 인형이 2개 있고 둘 다 쿠키가 없을 뿐이다. 당신이 이 아이들에게 어떤 감정을 느낀다면, 그들에게 결핍된 그 무엇이 당신 내부에는 온전히 존재한다는 것이다.

13

과학이라는 카르단의 고리

1875년 장 마르탱 샤르코는 쉰 번째 생일을 맞았다. 그는 지난 10년을 살페트리에르 병원에서 보내며 노인병과 신경계 장애 연구에 전념했다. 샤르코의 명성은 이미 확고했다. 그는 다발성경화증(샤르코가 만든 신조어)과 파킨슨병을 구별한 최초의 인물이었다. 근위축성 측삭경화증amyotrophic lateral sclerosis, ALS(근육 조직의 급속한 위축이 특징이며 '샤르코병'으로도 알려져 있다)을 찾아냈으며, 신경 손상의 결과 발의 뼈들이 갑자기 연화되는 '샤르코의 발Charcot's foot'에 대해 기술했다.[1] 샤르코라는 이름이 들어간 수많은 시조명 중에서 대다수는 그의 신경학적 업적과 관련이 있다. 샤르코는 1872년 이래로 의학 아카데미 회원이었지만, 과학 아카데미의 권위 있는 회원 자격이 그의 미래를 열어주었다. '샤르코' 하면 떠오르는 것들 대부분(히스테리 연구, 일반인에게 일부 공개했던 화요 강의, 연극적인 최면술 시연회)을 결정한 것은 1880년대 후반부터 시작되었다. 1875년에 샤르코는 다른 무엇보다도 신경해부학자였다.

그 세대의 많은 의사들처럼 샤르코는 뛰어난 데생 화가였으며 그가 그린 많은 스케치들도 잘 보존되어 있다. 샤르코는 항상 학생들에게 그림 실력을 키우라고 권장했다.[2] 그는 데생이 성격 형성에 영향을 끼쳐 자세히 관찰하고 디테일에 관심 갖는 법을 가르쳐준다고 믿었다. 그에게서 박사 과정을 공부한 학생 다수는 자신들의 논문에 들어갈 삽화를 직접 그렸다. 그리고 샤르코의 모습도 자주 그렸다. 1875년 당시 아직 학생이던 브리소는 해부학 강의 시간에 몰래 교수님을 스케치했다. 선배 한 명이 그 그림을 빼앗아 샤르코에게 보여주었다. 브리소는 틀림없이 숨을 죽였을 것이다. 묘사는 그야말로 간결함의 극치였다. 그림 속 샤르코는 두 손에 뇌를 든 채 아래쪽에 분명 있을 무엇인가를 학생들에게 가리키고 있었다. 챙 높은 모자를 쓰고 있지 않다면 앞치마에 손을 닦기 전 고객에게 물건을 보여주는 푸줏간 주인으로 오해받기 십상인 그림이었다. 샤르코는 그 그림을 액자에 끼우게 했다. 아마도 한 화가는 다른 화가가 표현하고자 했던 것을 알아봤던 듯싶다. 집중력과 성실함 그리고 자신의 손이 더렵혀지는 것을 두려워하지 않는 이들에게만 비밀을 내어주는 한 기관을.

그림 13.1 살페트리에르 병원의 원형 강의실에서 해부학 강의를 하는 샤르코(1875). 이 그림을 그린 브리소는 1895년 파킨슨병이 중뇌의 흑질 손상으로 인해 유발된다는 가설을 최초로 제기했다.

말년에는 샤르코에게도 초상화가 생겼다. 그의 일생에서 마지막 10년 동안 나온 사진과 그림에는 위엄과 자부심이 역력하다. 1882년 레옹 강베타Léon Gambetta 총리는 개인적으로 그를 위해 세계 최초로 신경학 학과장 자리를 도입했다.[3] 그 무렵 그의 명성은 프랑스와 의학이라는 경계를 훨씬 뛰어넘은 곳에까지 미쳤다. 공식 초상화(지금은 의학 아카데미 소장품)에서 그는 대학 행사에 맞게 차려 입은 학자로 묘사되어 있다. 학생의 학위 수여식 혹은 또 하나의 명예 학위를 수상하는 자리에 나타났을 법한 모습이다. 그는 여러 유명한 과학협회의 회원이거나 명예 회원 또는 회장이었고 당대의 가장 저명한 정신과 의사였으며, 브라질 황제와 에스파냐 여왕이 초청해 진찰을 받는 인물이었다. 파스퇴르와 더불어 프랑스 의학의 간판이었다.

그림 13.2 샤르코의 공식 초상화.

샤르코는 그 이전과 이후에 어느 누구도 따를 수 없을 정도의 규모로 시조명을 분배했다. 이는 2명의 샤르코, 곧 앞치마를 두른 남자와 대학 예복을 입은 남자가 이룬 업적이었다.

샤르코가 누군가의 이름을 증후군, 질병, 검사나 증상에 붙이자고 제안하면 그것은 국왕의 칙령과도 같은 성격을 띠었다. 잭슨의 간질 때처럼 반쯤 무심코 던졌든 아니면 파킨슨병의 경우처럼 의학적 논쟁 이후에 일어났든 상관없이 샤르코는 과학 공동체의 지지를 걱정하지 않았다. 시조명 부여는 그가 가진 권력의 표현이었다. 그가 '알츠하이머병'을 명명했을 때 크레펠린에게도 같은 상황이 적용되었다. 그러나 그 권력은 샤르코가 신경학자로서 얻은 권위에 뿌리를 둔 것이지 신성불가침은 아니었다. 권력은 간혹 그것을 어떻게 행사하느냐에 따라 약화될 수도 있다. 만약 샤르코가 일관되게 프랑스 연구자들에게 우선권을 주었다면, 그의 권위는 곧 프랑스 국경에서 멈추었을 것이다. 맹목적인 배타주의는 대리석처럼 단단한 명성도 침식시킬 수 있다. 그러나 샤르코는 그런 실수를 저지를 사람이 아니었다. 학생 및 동료들과 함께 시조명을 잭슨에게 내릴지 여부를 토론하는 동안, 그는 브라베를 그 시조명에 포함시키는 게 과연 더 나은 일인지 소리 내어 중얼거렸다. 자신에게는 과학이 단순한 애국심 이상이라는 것을 명료하게 밝힌 셈이다. 1887년 브라베를 제외한 일은 1885년 '질 드 라 투렛 증후군'을 부여한 이후 오랫동안 사라지지 않던 편파주의라는 의혹을 깨끗이 타파하는 데 일조했다.

명성이 시조명을 수여하는 데 한 역할을 한다는 사실은 다른 과학자들이 내린 시조명에도 마찬가지로 나타나 있다. 시조명은 그것을 제안한 사람의 이름과 함께 기록되는 경우가 거의 대부분이다. 과학의 세계에서 '내가 그대에게 세례를 주노라'라는 말은 그 자체만으로도 명성의 원천을 보여주는 충분한 증거인 것이다.[4] 보네 증후군에 초점을 맞춘 거의 모든 논문에는 드 모르시에(1936)가 언급되어 있고, 아스페르거 증후군은 윙(1981)이란 이름과 짝을 이룬다. 브로카에게는 페리어(1876)가, 코르사코프에게는 졸리(1897)가, 카프그라에게는 르비 발렌시(1929)가 있다. 그러나 샤르코의 경우에서 볼 수 있듯 (비록 덜 기념비적인 규모일지라도) 과학적 명성은 조건이면서 동시에 결과이기도 하다. 페리에, 졸리, 윙 스스로 견고한 명성을 가진 연구자들이 아니었다면 실제로 그것들을 제기할 만한 위치에 있었더라도 그들의 제안을 높이 샀을 리가 없다. 시조명은 예외 없이 책으로도 간행된 임상 강의(샤르코), 전공 논문(페리어, 다마지오), 편람(크레펠린) 또는 전문 학술지(드 모르시에, 졸리, 르비 발렌시, 윙)같이 당대의 과학적 소통에서 중요한 기관인 매체를 통해 제안되었다. 그런 단상에 오르려면 어느 정도의 명성이 필요했다. 게다가 이제 막 제안했다고 사안이 끝나는 것은 아니었다. 드 모르시에만 해도 보네 증후군을 소개한 사람 또는 거기에 분명한 정의를 내린 사람은 자기라는 것을, 그래서 아무도 감히 그 진단 기준에 손을 댈 수 없을 거라는 것을 몇 번씩이나 과학 공동체에 상기시켜야 했다. 그의 걱정거리는 분명했다. 다른 기준이 끼어들면 그것은 더 이상 '그의' 증후군이 아니게 될 수도 있기 때문이다. 윙도 같은 문제에 직면했다. 《정신 장애의 진단 및 통계 편람—제4판》이 적용한 기준에 따르면, 아스페르거 증후군은 통상 '자폐 장애' 진단에 묻혀 없어지게 된다. 사실 일부 학자들의 관점에서 보면, 아스페르거가 묘사한 소년들이 정말로 '아스페르거'냐는 의문을 갖는 것도 말이 된다. 윙은 아스페르거 증후군에 관한 자기 논문의 결론을 떠올리면서 이제까지 제안한 모든 기준 중 《정신 장애의 진단 및 통계 편람—제4판》에 나온 것들이 아스페르거 본인의 기준과 가장 동떨어져 있다고 썼다.[5] 여기서는 증후군의 경계뿐만 아니라 그 시조명을 제안한 사람의 지위가 쟁점으로 떠오르므로 정신을 바짝 차리고 감시할 필요가 있다.

현대의 역사학자들은 원인의 측면에서 생각하지 않는다. 원인은 강철로 만들어져 있고, 작업을 하자면 해머로 두드려 모양을 만들 모루와 오븐이 있어야 한다. 다행히 좀더 감당하기 쉬운 선택이 있다. 바로 '요인들'이다. 요인은 풍족하게 널려 있다—잠재 요인과 발현 요인, 지배 요인과 종속 요인, 필수 요인과 기여 요인 등등. 요인은 유발하거나 용이하게 할 수도 있고, 방해하거나 중재할 수도 있고, 심지어 (요인이 마지막에 밀어붙이는 곳에서는) 촉발할 수도 있다. 여러 요인은 한데 묶일 수도 있다. 하나의 시조명이 탄생하기까지 역할을 맡은 과정, 즉 발견, 귀속, 승인은 물론이고 승인 유예(아스페르거), 일시적 실종(질 드 라 투렛), 재도입(알츠하이머)의 과정을 서술하고자 하는 사람이면 누구나 여러 요인이 합쳐진 설명과 조우할 것이다. 직감적으로는 필수적일 거라고 여겨지는 요인이 좀더 면밀히 조사해보면 지극히 보조적인 요인으로 밝혀지기도 한다. 바로 우선순위다.

스티글러의 법칙

러시아 신경학자 에바 수차레바Ewa Ssucharewa는 모스크바의 아동신경심리병원과 제휴한 보건학교의 과학 보조 연구원이었다. 관찰을 위해 (보통은 수년간) 입원한 아이 중에는 다른 아이들과 다른 6명이 있었는데 그들끼리는 공통점이 너무 많아서 특정 장애를 대표하는 것 같았다. 그녀는 그 장애를 '분열성 인격schizoid personality'이라고 이름 붙였다. 모두 소년이었던 여섯 환자에 관한 그녀의 분석은 저명한 독일 신경정신 관련 학술지에 실렸다.[6]

6명 모두에게는 '자폐적 성격'이 있었다. 그들은 다른 아이와 절대 놀지 않았으며, 자기만의 공상 세계에 있는 걸 더 좋아했다. 그중 3명은 이상한 행동 때문에 자주 괴롭힘의 대상이 되었다. 말투는 아이 같지 않게 조숙했고, 약간 현학적이었다. 단어의 소리, 특히 반복이나 운율을 갖고 장난치는 걸 좋아했다. 그들은 모두 대단히 충동적이었다. 다른 소년한테 다가가 아무 이유도 없이 때리는 아이도 있었다. 그 아이는 분명한 이유 없이 다른 소년을 밀어 물에 빠뜨리기도 했다. 그들의 관심사는 특이하고 편집광적이었다. 한 아이는 1812년 프랑스의 러시아 침공 작전에 대해 끝없이 이야기를 늘어놓았다. 6명 모두 평균 이상의 지능을 가졌지만, 그것을 유지하는 데 애를 먹었다. 그들은 간혹 별것 아닌 작은 것에 집착했다. 운동 능력은 단연 어설펐고, 먹고 옷 입을 때 항상 문제가 생겼다. 목소리는 이상했다. 어떤 아이는 콧소리로 말하는가 하면 다른 아이는 높고 징징대는 목소리를 가졌으면서도 '어른처럼' 말했다. 몇몇 소년들은 수학과 음악에 대단한 재능을 보였다. 그들에게는 경직(일종의 '정신의 뻣뻣함')과 자동증 성향도 있었다. 자신들이 몰두하던 활동을 중도에서 멈추는 걸 힘들어했다.[7] 모두가 새로운 상황에 적응하는 걸 어려워했다.

수차레바의 모스크바 소년 6명은 아스페르거가 1944년 빈에서 묘사한 소년들 그리고 아스페르거 증후군의 전형을 형성한 소년들과 닮은꼴이었다. 수차레바가 쓴 논문에는 아스페르거에 대한 언급이 없다. 그녀의 글이 실린 건 1926년이므로 실제로 그건 불가능했다. 연대기 순으로 봤을 때 아스페르거가 1944년에 '발견한' 장애는 사실상 재발견이었다.

사실 필자는 **대부분의** 시조명 주인공들의 발견은 재발견이라는 것을 발견했다. 아울러 그것 역시 이미 발견되어 하나의 시조명으로 영원성을 획득했다. 바로 스티글러의 법칙Stigler's law이다.[8] 1980년 이 현상을 재발견한 통계학자의 이름을 따서 붙인 이 법칙의 공식 문구는 한층 더 과격하다. "어떤 과학적 발견에도 최초 발견자의 이름이 붙지는 않는다."[9] 스티글러는 시조명이 내키는 대로 단순히 배분된다고까지는 주장하지 않았다. 그는 "최소한 약간이라도 그 발견과 관련한 작업을 하지 않은 개인에게 시조명을 수여하는 일은 드물다"는 점을 인정했다. 그러나 시조명은 최초의 발견자를 찾는 것에 관한 한 당신을 호도하기 쉽다.

스티글러의 법칙은 대체로 반박할 수 없다. 반하는 사례를 들기 위해 어떤 시조명을 고르더라도 그보다 앞선 발견자를 발견할 가능성은 항상 존재한다. 가령 수차레바는 1995년에야 스코틀랜드 정신과 의사 술라 울프Sula Wolff에 의해 발견(혹은 재발견)되었다.[10] 하지만 이 책에서 소개한 시조명과 관련해서도 스티글러의 법칙을 확인할 수 있는 풍부한 증거가 있다. 간혹 시조명의 주인공 스스로가 전임자의 존재를 언급하기도 했다. 탕의 뇌를 프레젠테이션하는 자리에서 브로카는 전두엽 손상이 부이요의 학설을 확증하는 것 같다고 설명했다. 1911년 알츠하이머는 동료 레들리히가 1898년으로 거슬러 올라가 노인 환자의 뇌에서 플라크를 발견했다고 썼다. 코르사코프는 반세기 전 알코올 중독으로 인한 기억 장애에 대해 집필한 스웨덴 의사 망누스 후스를 환기시켰다. 잭슨은 오늘날 자신의 이름이 붙은 간질을 1827년 이 변종에 대해 기술했던 프랑스인의 이름을 따서 '브라베 발작'이라고 불렀다. 그리고 1885년 질 드 라 투렛은 장 마르크 이타르가 1825년 발표한 당피에르 후작 부인의 병력 전체를 자기 논문의 일부에 포함시켰다. 그러나 일반적으로 시조명 주인공들의 작업이 나온 이후에야 (그리고 그 작업의 결과) 앞선 발견자들을 찾게 된다. 비록 스티글러가 거론한 것처럼 많은 경우 시조명에 이름을 올린 이들이 '최초의 발견자'는 아니지만, 역사적인 의미에서 새로운 연구 분야를 개척한 것은 바로 그들의 공이었다. 바로 이 새로운 연구 분야가 있었기에 그 안에서 다른 사람들(주로 동료와 과학사학자)이 자기만의 어떤 것, 즉 '전임자'를 발견할 수 있었던 것이다.

전임자, 선구자, 앞선 발견자는 연대기의 조류를 거슬러 올라간다. 그들은 모두 시조명 뒤에 모습을 드러낸다. 시조명으로 선택받은 이들이 없었다면 아무도 그들에 대해 들어본 적이 없을 테고, 그들의 업적은 여전히 학술지 과월호나 기록보관소의 종이 무덤 속에 갇혀 있을 것이다. 브로카가 1865년 논문에서 언급하지 않았다면, 누가 닥스 부자에 관해 들어봤겠는가? 1878년 엑서터의 정신병원 의사였던 로버트 로슨이 기술한 기억 장애는 우리가 지금 알고 있는 코르사코프 증후군과 일치한다는 점에 의심의 여지가 없다. 그러나 코르사코프가 없었다면 로슨은 망각됐을 것이다. 코르사코프를 필요로 했던 사람은 바로 로슨이었지 그 반대가 아니었다. 조제프 카프그라가 1923년 도플갱어 증후군을 발견한 뒤 클리포드 비어스가 1908년 자서전에서 이 망상에 대해 거론했다는 사실이 알려졌고, 후대의 정신의학 역사가들은 독일 정신과 의사 칼바움(1866)이라는 훨씬 이전 시대의 전임자를 발견했다. 사실 전임자의 발견은 일반법의 특례 같은 것이다. 일단 누군가가 예외적인 것, 전에는 한 번도 주목하지 않았던 것을 지적하고 나면 다른 예를 찾는 게 갑자기 쉬워진다. 로슨과 칼바움의 경우는 요컨대 '발견'의 문제라기보다 '인식'의 문제였던 것이다.

선택받은 자들의 전임자만 조류에 역행하며 유영하는 것은 아니다. 시조명의 당사자도 마찬가지다. 브로카, 알츠하이머 혹은 코르사코프의 '발견'에 대한 정의는 그 발견 **이후에** 일어난 일로 결정된다. 이는 그들이 발표한 사례 연구를 보면 더욱 뚜렷해진다. 1760년 보네는 자기 할아버지가 본 이미지를 서술했다. 1944년 아스페르거는 자신의 '어려운 아이들'에 관해 집필했다. 이 두 연도 사이에 놓인 근 2세기 동안 뇌와 정신의 과학은 몰라볼 정도로 변했다. 하지만 변하지 않은 것은 보네, 아스페르거 그리고 그 사이에 있는 모든 시조명의 시조들이 환자의 병력을 활용했다는 사실이다. 가끔은 오직 한 사례만 있기도 했다. 보네의 경우는 지나가는 말로 한 것을 포착했을 뿐이다. 다른 원조들은 처음엔 단일 사례에 대해서만 발표했으나 나중에 유사한 사례를 조사하겠노라는 뜻을 넌지시 내비쳤다. 브로카의 '탕 씨'(1861)와 같은 해에 를롱이 그리고 2년 만에 익명의 사례 여섯 건이 이어졌다. 알츠하이머는 1906년 아우구스테 데터의 사례를 선보였지만, 새로운 사례를 수소문하던 중 머지않아 요한 파이글을 찾아냈다. 클레랑보(레아 아나 B)와 카프그라('마틸드 드 리오 브랑코')는 각각 한 명의 환자를 강조했지만, 몇 년 후 새로운 환자들의 상세한 병력을 발표했다. 파킨슨, 휴링스 잭슨, 코르사코프, 질 드 라 투렛과 아스페르거는 처음부터 여러 사례를 기술했다. 물론 대개 한두 명의 환자를 좀더 자세히 조사하는 방식을 택했다. 따라서 나머지 환자들은 단지 같은 원형을 추가로 보여주는 예시가 되긴 했지만 말이다. 정리하자면 한 명의 환자만 언급한 것은 예외이고, 언제나 시조명을 결정할 때는 다양한 사례가 있었다. 드 모르시에는 1936년 보네의 할아버지에 자신의 환자들을 추가했다. 샤르코는 자신이 '떨림 마비'를 파킨슨병이라고 개칭했던 그 강의 때 몸을 떠는 여성 환자들을 홀이 꽉 차도록 집합시켰다. 다마지오는 자신의 진료실에서 게이지 행렬의 새로운 사례들을 발견했다. 그리고 줄리는 코르사코프가 기술한 것과 똑같은 종류의 환자들을 베를린의 샤리테 정신병원에 입원시켰다. 카프그라와 클레랑보 증후군은 수많은 사례를 발표한 이후에야 이름이 붙었다. 윙은 아스페르거가 설명한 것과 똑같은 증상을 보이는 아이들을 포함한 일련의 사례를 수집했고, '지도 제작자'라고 일컫던 아이의 병력을 덧붙였다. 간단히 말해 '첫 번째'란 고맙게도 그 뒤에 나타난 사례가 있을 때에만 판정을 받는 칭호다. 따라서 아우구스테를 '최초의 알츠하이머 환자'로 만든 것은 바로 요한 파이글이었다.

통계적 모집단

현대의 의사들은 묄렌베르크F. Meulenberg와 오더발트A. Oderwald가 '통계적 모집단statistical universe'이라고 부르는 세계에서 살아간다.[11] 지난 50년간 시조명의 원조 질병에 헌신했던 연구자들 역시 마찬가지다. 보네는 한 사례를 거론한 반면, 퇴니서는 논문에서 보네 이미지를 보는 60명의 시력 손상 환자에 초점을 맞췄다. 파킨슨이 6명의 사례를 언급했을 때 그중 한 명은 길 건너에서 하인을 데리고 발을 질질 끌며 가는 걸 목격한 것에 불과했다. 그에 반해 현대의 파킨슨병 연구는 수천 명의 환자에 관한 데이터를 결합시킨다. 1861~1865년 브로카는 실어증과 좌측 뇌 손상을 가진 환자의 사례를 보고했다. (다행히 그러한 규칙적 패턴이 '법칙'이 되고 우측 손상은 '예외'가 되기 전까지 우측 손상과 실어증의 결합 사례는 등장하지 않았다.) 언어 중추는 주로 사용하는 손 반대쪽에 위치한다고 주장한 콘라트의 '거울 이미지 학설' 연구는 뇌 손상을 입은 800명의 군인들을 상대로 이뤄졌다. 휴링스 잭슨은 '몽환 상태'에 있는 'Z 박사'의 행동과 경험을 상세히 기술했다. 이런 증상에 관한 오늘날의 연구는 연령, 복용약, 간질 유형, 관련 뇌 부위 및 수십 가지 다른 요인 사이의 관계를 규명하기 위한 노력으로 간질 환자들의 대집단을 활용한다. 파킨슨병과 알츠하이머병 그리고 투렛, 카프그라, 클레랑보, 아스페르거 증후군 같은 다른 질병들도 역시 이런 통계적 모집단에 포함된다. 우리가 오늘날 위험 인자, 성별 분포, 다른 질병과의 연관, 유전적 요인, 전개 과정과 예후 등에 관해 알고 있는 정보는 통계적 연구를 통해 수집한 것이다.

오늘날 통계적 모집단에서 환자의 병력은 전반적인 사례를 검토하는 메타 분석meta analysis에서만 제 역할을 한다. 이제는 보네, 파킨슨 또는 클레랑보가 했던 것과 같은 관찰은 '궤변적'인 것으로 또는 (심지어 더 나쁘게는) '입증되지 않은 증거'로 묵살당할 것이다. 모스크바 어딘가에 매장 안 된 친구의 주검이 있을 거라는 생각을 떨쳐버릴 수 없었던 코르사코프 환자의 임상 경과, 아니면 'Z 박사'와 그의 몽환 상태에 대한 잭슨의 설명, 혹은 메주와 펭델이 쓴 '어느 틱 환자의 비밀들'을 떠올린 독자라면 바로 의학에서 무엇이 사라졌는지 깨달을 것이다. 그건 바로 환자의 경험이다. 파킨슨, 브로카, 잭슨, 코르사코프, 투렛, 알츠하이머, 클레랑보, 카프그라 그리고 아스페르거는 현역 의사들이었고, 이들의 설명에는 그들이 묘사한 질병을 앓는다는 게 무얼 의미하는지 나타나 있다. 그 질환의 '내면', 곧 주관적 경험을 공정하게 대하는 병력은 러시아의 신경정신과 의사 루리아A. R. Luria가 언젠가 올리버 색스에게 썼던 것처럼 이제는 "사라진 의료 기술"[12]이다. 요즘 들어 병력과 주로 연관되는 것은 장르의 가장 큰 매력이 의학 **외적인** 요소에 있는 '과학 로맨스'다. 그리고 개별 환자들이 의학 논문에서 매우 중요하다는 묄렌베르크와 오더발트의 관점에서 보면, 요즘은 논문의 내용이 통상 지나치게 객관적이어서 굳이 환자들을 포함시킬 필요가 있는지 독자들은 궁금할 수도 있을 것이다. "그것은 얼핏 과학적으로 보이는 어떤 A 부인에 관한 일종의 정형화한 내용이 되고 만다. 하지만 왜 하필 A 부인의 이야기로 제시해야 하는지 의문을 불러일으킨다."[13]

질병을 앓는 경험에 초점을 맞추는 병력이 의학 문헌의 변방으로 밀려나긴 했지만, 그렇다고 그것들이 사라졌음을 의미하는 것은 아니다. 단지 다른 저자들을 얻었을 뿐이다. 《사라진 기억Out of Mind》(1989)에서 베른레프J. Bernlef는 초기 알츠하이머병에 걸린 한 환자의 정신세계로 들어간다. 마이클 이그나티에프Michael Ignatieff가 쓴 《상처 조직Scar Tissue》(1993)에 나오는 1인칭 서술자의 어머니는 치매 초기 징조를 보이며 그 사실을 스스로도 알고 있다. 마이클 로보섬Michael Robotham의 스릴러 《용의자The Suspect》(2003)의 주인공은 파킨슨병을 앓고 있으며, 그를 통해 독자는 뻣뻣해지고 반응이 늦는 몸뚱어리를 갖고 살아간다는 게 어떤지 그리고 거울 속에 비친 자신의 굳어버린 얼굴을 바라본다는 게 어떤 것인지 점차 깨닫는다. 마크 해든의 《한밤중에 개에게 일어난 의문의 사건》(2003)은 스테판 브라이스Stefan Brijs의 《에인절 메이커The Angel Maker》(2008)에 나오는 주인공과 똑같은 질환인 아스페르거 증후군을 앓는 한 소년의 정신세계를 탐험한다. 조너선 레섬Jonathan Lethem의 《엄마 없는 브루클린Motherless Brooklyn》(1999)의 화자는 라이어널 에스로그Lionel Essrog라고 불리지만 별명은 '괴물 쇼'다. 그는 투렛 증후군을 앓는 개인 탐정인데, 그 증상 때문에 눈에 안 띄게 미행하는 것조차 쉽지 않다. 라이어널의 자기 성찰은 투렛 환자들의 생각, 행동, 경험에 관해 그 어떤 의학 연구에서 발견한 것보다도 훌륭한 통찰을 독자에게 선사한다. 작가들은 오랫동안 정신적 장애에 매료되어왔다. 모파상은 샤르코의 화요 강의에 정기적으로 참석한 많은 작가 중 단지 한 명이었고, 작가들은 자신의 작품에서 그 매력을 표현했다. 그러나 오늘날에는 마치 거의 모든 장애가 자체적으로 문학적 대변인을 둔 것 같다.

이러한 '문학적 병력'은 지난 수년간 신경학과 정신의학 분야에서 도태되어온 통찰을 환기시키며, 종종 특정 시기에 받아들여졌던 관점을 놀라우리만큼 반영하기도 한다. 1938년 조르주 심농Georges Simenon은 '월요일의 남자Monsieur Lundi'라고 불리는 매그레 경감 이야기를 썼다. 작품에서는 클레랑보 증후군을 앓고 있는 한 노처녀를 중심으로 음모가 벌어지는데, 그녀는 의사가 자신을 사랑한다고 믿는다. 이언 매큐언Ian McEwan의 《인듀어링 러브Enduring Love》에서는 등장인물 중 한 명이 클레랑보 환자다. 무직자에 약간 광신도인 제드 패리Jed Parry는 과학 저술가 조 로즈Joe Rose가 자신을 사랑하고 스토킹한다고 믿는다. 위의 두 환자는 클레랑보 증후군에 관한 이론을 정립하는 데 2개의 다른 장을 대표하는 전형이다. 1938년의 정신의학 세계에서는 전형적인 클레랑보 환자란 아직 높은 사회적 지위를 가진 남자를 점찍은 나이 든 하녀였다. (실제로 이 증후군은 '늙은 하녀 증후군'으로 알려지기도 했다.) 1998년의 세계에서 클레랑보 환자는 아마도 남자일 것이다. 환자가 동성애적 연애를 시작하려다 극도의 좌절감에 빠져 상대를 스토킹하기 시작한다는 사실은 반세기 전에는 존재하지 않았던 정신과적 프로필 양상을 보인다.

그러나 의사들이 자신의 독점 분야를 내어준 지 오래인 이상, 이제 가장 확실한 병력의 저자는 환자 자신들이다. 보네, 파킨슨, 잭슨, 코르사코프, 투렛, 알츠하이머 그리고 아스페르거라는 이름은 재단과 환자 협회의 명칭에도 붙었다. 그들의 웹사이트는 방문객에게 환자의 자서전과 기타 개인 기록물을 참조하도록 한다. 방금 파킨슨병 진단을 받고 자기가 어떤 종류의 삶을 살게 될지 알고 싶은 사람이라면 의사를 찾아가지 않고 같은 환자들이 그 주제에 관해 뭐라고 하는지 읽어보고 싶을 것이다. 이러한 병력들은 의학과 동떨어져 있지 않다. 투렛을 다룬 장에서도 소개한 '원형 전문화'는 보통 가령 아스페르거 환자가 자신의 문제는 '마음 이론'이 없다는 데 있다고 쓸 때 매우 순수한 형태로 나타난다. 환자들이 쓴 개인 기록물은 한계가 있다. 실어증에서 회복한 사람의 이야기는 초기 단계에만 머물렀던 알츠하이머 환자의 이야기처럼 회고조로 쓸 수 있을 뿐이다.

예측에 따라

데생 화가이자 미술 애호가인 샤르코에 관한 논문에서 그의 제자 앙리 메주는 '스승님'이 환자에게 진단을 내릴 때는 그의 예술적 기질도 작동했다고 말한다.[14] 증상의 패턴을 알아내고, 본질적인 것과 우연적인 것을 분리하고, 장애가 표출되는 상세한 사항을 기록하는 것은 중요하다. 그리고 무엇보다도 초보 데생 화가처럼 자기가 볼 것이라고 예측하는 것 또는 자기가 본다고 생각하는 것으로부터 벗어나 **보는** 법을 배워야 한다. 샤르코는 의학에서 예측의 역할을 언급하며 우리 모두는 보도록 학습된 것만을 보고 우리의 선입견에 들어맞지 않는 것을 간과하는 성향이 있다고 경고했다. 그의 모든 강의와 환자 시연회에서 되풀이된 주제는 선입견 없이 관찰하는 방법을 훈련하는 것의 중요성이었다. "여러분은 내가 원칙적으로 선입견 있는 개념에 관심을 기울이지 않는다는 사실을 알 것입니다. 정확히 보기 위해서는 사물을 있는 그대로 받아들여야 합니다." 진단을 내리는 의사로서 그는 판단의 수동성을 강조하는 시각적

은유로 자신을 묘사했다. "나는 단지 관찰할 뿐입니다. 그 이상은 아닙니다." "나의 역할은 사진사입니다."[15] '들어주는 존재a listener'였던 프로이트는 샤르코를 가리켜 **'보는 존재**a visual'라고 했다.

진단과 관찰에 대한 그리고 자기 자신에 대한 샤르코의 시각은 대단히 19세기적이다. 거기에서 나온 조언(스스로 백지 상태가 되어라)을 따르기란 불가능하다. 신경학자 샤르코가 탁월한 진단을 내린 것은 수동적인 등록 덕분이 아니라 관찰한 사실에 창의적이고 폭넓은 추측을 적용하는 재능 덕분이었다. 그의 진단 실습에 관한 강의록에서 우리는 질문을 던지고 지시사항을 일러주는, 얼핏 보기에 가벼운 대화를 환자와 계속 나누면서도 그 사이에 가설을 하나씩 검증해가는 한 사람을 볼 수 있다. 진찰 마지막에는 진단이 있었다. 그것은 체계적인 그리고 아마도 얼마간은 무의식적인 삭제 과정을 거쳐 살아남은 하나의 가설이었다. "나는 단지 관찰할 뿐이다"라는 단언은 무엇보다도 진지한 반성의 문제였다.

'발견자들'에 관한 현대의 문헌 속에서조차 우리는 비슷한 수사학적 논거를 본다. 그들의 성공을 추적해보니 선입견이라는 부담을 짊어졌음에도 불구하고 이제까지 보도록 학습된 것에서 벗어나 그때까지 다른 사람들에게는 보이지 않던 것을 찾아내는 능력이 있었더라는 얘기 말이다. 오늘날 이는 시대에 뒤떨어진 개념이다. 시조명을 부여받은 이들의 작업 속에는 기존의 예측과 해석이 난무하는 배경에 의해 촉발된 관찰과 인식이 담겨 있다. 그들이 수집한 많은 사실(혹은 사실로 여겨지는 것)은 조용히 사라져버렸다. 그 사실이 의미를 가졌던 배경은 더 이상 존재하지 않기 때문이다. 자바 섬 사람 3명의 뇌에서 브로드만이 찾아낸 '유인원 열구'는 인간과 원숭이의 중간 어디쯤에 그런 '원시 인종'을 배치했던 관념세계에서만 유의미했다. 개의 뇌가 여우의 그것보다 더 비대칭이라는 브로카의 주장은 훈련은 비대칭으로 이어지며 그 비대칭은 유전된다는, 현재는 버려진 학설로부터 신뢰성을 획득했다.

어떤 이론은 과학과 사회를 너무나도 오랫동안 광범위하게 장악한 나머지 대개 그 자체**로부터 유입**되는 연구 결과로 시시를 받는 이데올로기의 본질을 나타내기도 한다. 타락과 유전 형질의 점진적 부식에 관한 모렐의 학설은 이론 자체와 함께 그때 이후로 사라져버린 모든 연쇄적인 '사실들'을 양산했다. 투렛에 따르면, 틱이 있는 아이들은 신경병리학적으로 타락의 증상을 보이는 집안 출신이었다—말더듬이 형, 괴상한 이모, 천식 환자 할머니. 메주와 펭델의 관점에서 틱 환자는 의지가 박약한 인간들이었다. 타락이 충동을 제어할 수 있는 그들의 능력을 훼손시킨 것이다. 알츠하이머는 자신이 노동에 부적합하다고 판정받길 열망하는 종자들이 있다며, 그 "타락한 자들, 사이코패스 또는 정신 장애가 있는 이들"(다시 말해 '간질병 아동, 범죄자 또는 알코올 중독자')은 특히 이 "수당 신경증"에 걸리기 쉽다고 믿었다. 클레랑보가 인터뷰했던 실크 도둑이 모두 타락한 여성들이었다는 것은 두말할 필요도 없다. 그들의 행동을 봐도, 아니면 미쳐서 죽은 할머니나 자위행위를 하는 사촌 같은 배경을 봐도 확실했다. 아스페르거는 그 극단적이고 심지어 범죄적이기까지 한 이론의 결과물이 너무도 눈에 띈 나머지 자신의 '어려운 아이들'을 보고 타락한 귀족, 천재성과 광기가 위태로운 평형 상태 속에서 서로를 유지시키는 가문의 마지막 자손을 연상하게 됐다면서, 1944년에도 여전히 이 이론에 적합한 신중한 용어를 사용했다.

정신분석학과 그것이 제기했던 히스테리에 관한 학설은 오랫동안 자체적으로 나름의 사실을 제조해왔다. 퇴행의 결과 아동기에 그들이 알던 작고 안전한 세계를 갈망하는 사람들에게 보네 이미지가 보인다는 개념은 자아가 노년에는 상실에 대한 보상을 추구한다고 주장하는 학설에 들어맞았다. 카프그라의 도플갱어 증후군이 오랫동안 여성적인 질환으로 여겨졌던 사실은 히스테리가 특별히 여성에게 일어나는 증상이라는 지배적 해석에서 비롯된 것이었다. 남성 카프그라 환자의 출현은 정신분석학적 시각의 쇠약해진 기력뿐만 아니라 동시에 더 이상 여성에게만 적용할 수 없는 신경학적 원인 쪽으로의 진로 수정을 반영했다. 1950년대와 1960년대에 그토록 많은 연구 속에서 다뤄졌던 자폐 아동의 '냉장고 엄마들'은 여성의 독립에 대한 반대 담론을 따라 자취를 감췄다. 이 모든 사실은 그리고 결과와 결론은 관찰에 의해 수집됐건 측정에 의해 모여졌건 새로운 연구 결과 때문이 아니라 그것을 잉태했던 학설의 붕괴 때문에 사라졌다.

사실이란 얼마나 다루기 쉬운가

역사 인식, 방법론, 상식, 동료의 평가 또는 그 밖의 다른 교정 요인이 사실을 이데올로기에 의존하는 데 유리한 쪽으로 담금질하도록 유도해왔다고 믿는 이들에게는 예나 지금이나 2개의 뇌반구 사이의 관계에 관한 연구만큼 유익한 것은 없다.

좌우 뇌반구에서 다른 기능이 재현될 수 있다는 사실은 1820년대에 최초로 제기되었고, 1860년대에는 브로카가 부검을 통해 확인했다. 브로카에 따르면, 두 뇌반구 사이의 비대칭은 교육과 훈련을 통해 발전했다. 다른 말로 하면, 문명이 자연 환경에 (개인마다 그리고 세대마다) 기여한 덕분이다. 이렇게 해서 비대칭은 문명의 척도가 되었다. 이제 신경학자들은 객관적이고 과학적으로 타당한 모든 일련의 위계 서열을 구축할 수 있는 도구를 손에 쥔 셈이었다. 비대칭은 흑인보다 백인, 여성보다 남성, 빈자보다 부자, 촌민보다 도시 거주자에게서 훨씬 보편적이었다. 비대칭은 중립적이 아니었다. 좌뇌가 더 우세했다. 좌뇌반구의 기능적 특성(논리적 사고, 통제, 의지력)은 그것을 '남성적인' 반구로 만들었고, 반면 '여성적인' 우뇌반구는 직감, 열정과 아울러 충동과 불안정의 자리가 되었다. 이런 자산 배분 아래서 좌뇌반구는 결혼한 남편과 아내 사이의 자연스러운 상황을 반영하듯 주도권을 쥐었다. 19세기 말에 이르러 '비대칭'과 '좌뇌'는 사고력과 교양을 지닌 백인 남성이 자동적으로 '우뇌' 혹은 '대칭'과 연관된 모든 것을 지배하게 되는 일종의 협공 작전을 실행했다. '증거'라는 가장 폭넓은 형태를 이용해 이러한 신경정치학적 관계를 뒷받침하려 했던 많은 브로카 모방자 중 들로네G. Delaunay라는 사람이 있었다. "양심의 완벽한 편안함으로, 그는 자신의 작업을 사심 없는 과학이라는 제단에 제물로 바쳤다. 그리고 그것은 인정을 받았다. 왜냐하면 과학이 축성한 세계관weltanschauung이 19세기 말의 의식 속에 너무도 깊이 뿌리내려 그것의 이데올로기적 성격이 기본적으로 보이지 않았기 때문이다."[16]

만일 역사가의 이해 속에 내재된 사죄가 있다면, 브로카의 '대권 항로'(4장 참조)에 대한 자신의 가차 없는 분석에서 굴드는 인내심이 거의 없다는 걸 보여주었다. 그의 눈에 브로카는 프랑스 신경학의 '혐오스러운 존재'이다. 엄연히 객관적이고 공정하고 정치적인 의미에서 개혁주의자인 그의 명성과 성차별주의자, 인종차별주의자, 프랑스중심주의자에 사실을 조작하는 사이비 과학자인 진짜 브로카 사이의 용납할 수 없는 대비 때문이다. 브로카가 특히 도구에 맡길 수 있을 때 편견을 차단하는 최고의 보호 장치가 된다고 생각했던 정확한 측정이란 굴드에게 믿음이 가지 않는 브로카식 수사학의 핵심이었다. 그런 모든 숫자와 도구는 실제로는 브로카 자신과 그가 속한 윤택한 부르주아 계급의 선입견에 그럴싸한 객관성을 부여하는 구실을 했다.[17] 그는 선입견을 시험하지 않았다. 그것들을 재생산했다.

여기서 우리는 무엇을 배울 수 있는가? 해링턴의 분석 요지는(4장 참조) 좀더 넓은 층이 공유하는 신념은 결론, 방법론, 해석 등등으로 완비된 그 시대의 과학을 흡수하는 경향이 있다는 것이다. 그 관점에 따르면, 결론이 자동적으로 흘러드는 기존의 퇴적층이 존재한다. 새로운 연구 결과는 그 퇴적층을 이동시키는 게 아니라 그것을 심화한다. 굴드의 견해에 따르면 과학은 이데올로기적인 해석의 정반대편에 선다. 과학은 선입견을 교정하고, 반박하고, 뿌리 뽑기 위해 존재하는 것이다. 그 목적을 위해 과학은 가능한 한 정직하고 정확하게 행해져야 한다. 더욱이 만일 브로카가 몇 가지 기본적인 방법론상의 예방 조치를 취했다면 그러한 어처구니없는 결과는 나오지 않았을 것이다. 그는 뇌와 두개골을 그들의 출신에 대한 사전 지식 없이 측정했어야 했다. 우연을 정정하기 위해 통계적 검사를 활용하고 통제군을 마련했어야 했다. 그리고 결과가 사실이 드러난 이후의 '수정' 덕분에 자신의 가설과 일치하는 일이 없도록 자신의 결과를 예측했어야 했다.

브로카가 인류학협회 모임에서 '탕 씨'의 뇌를 높이 치켜든 지 정확히 100년 후인 1961년, 신경정신과 의사 로저 스페리Roger Sperry는 〈사이언스〉에 뇌반구의 외과적 분리에 관한 논문을 실었다.[18] 여기엔 두 뇌반구를 연결하는 신경섬유의 두꺼운 다발인 뇌량을 이등분하는 기술도 포함되었다. 스페리가 수행한 '분할 뇌'의 최초 실험은 동물을 사용했지만, 몇 년 후 그의 제자들인 마이클 S. 가자니가Michael S. Gazzaniga와 조지프 E. 보겐Joseph E. Bogen은 똑같은 수술을 중증의 난치성 간질을 앓는 환자들에게 실시했고, 이로써 양쪽 반구 사이의 기능 차이에 관한 연구에서 매우 효과적인 새로운 방법이 가능해졌다. 이 업적은 1981년 스페리에게 노벨상을 안겨주었다.

뇌 분할 환자와 관련한 대부분의 실험은 실험실 환경에서 이뤄진다. 분리된 뇌반구를 검사하는 데는 매우 인위적인 조건이 필요하다. 뇌의 한쪽 반반을 겨냥한 시각적 자극(오른쪽이라고 하자)은 양쪽 눈의 좌측 시야에만 보여야 하고, 양분 청취 과제dichotic listening task는 소리 자극에 대한 반응의 차이를 측정하기 위해 필수다. 분할 뇌 실험의 결과는 우뇌반구의 극적인 명예 회복을 가져왔다.[19]

스페리, 가자니가, 보겐이 연구를 시작할 때 동물성, 본능, 범죄적 성향, 여성적 충동성, 정신병 그리고 1900년경 신경학이 거기에 속한다고 했던 모든 다른 특성을 아직도 우뇌반구에 연관시키는 사람은 없었다. 우반구는 더 이상 어떤 특정한 특성과 동일시되지 않았다. '열등한' 그리고 '부수적인' 반구였던 적도 있었다. 생각은 좌뇌에서 일어났다. 1926년의 전반적인 합의에 관한 헨셴S. E. Henschen의 요약에 따르면, 우뇌반구는 아마도 단지 여분의 기관일 뿐이었다.[20] 그러나 분할 뇌 연구는 우뇌반구가 일부 과제에서는 좌뇌반구보다 훨씬 더 우수하다고 주장했다. 그런 과제 대부분은 안면 인식이나 형태에 대한 심적 회전mental rotation(물체를 돌렸을 때 어떻게 보일지 상상하는 것—옮긴이) 같은 공간적 패턴 처리와 관련이 있었다. 얼굴 표정과 멜로디 인식을 토대로 한 감정의 해석은 더 우뇌 쪽인 것으로 드러났다. 좌뇌반구는 언어 기능이나 음악의 리듬같이 시간상 엄격한 선형 구조를 필요로 하는 과제를 지원한다. 그러나 언어 처리를 제외하고는 좌우 뇌반구의 수용력 차이는 아주 미미하다. '감정은 우측에 위치한다'거나 '논리는 좌측에 위치한다' 같은 주장은 전혀 근거가 없다. 그것은 항상 어떤 과정에서 한쪽 반구가 약간 더 큰 역할을 하는 것에 따른 문제이다. 반구 전문 분야의 가장 보수적인 연구자들에 따르면, '전문화'라고 부르는 것 자체도 오해의 소지가 있다. 좌반구가 이미 언어를 책임지고 있어 그 기능 중 일부를 내주었기 때문에 우반구가 어떤 과제에서 더 나을 뿐이다.[21] 좌반구와 달리 우반구는 전문적인 재능이 없다.

1969년 조지프 E. 보겐은 "뇌의 이면The other side of the brain"이라는 공통적인 제목 아래 세 편의 논문을 집필했다.[22] 첫 번째 논문은 글쓰기나 도형 그대로 그리기에 대한 뇌량의 처리 결과처럼 '평범한' 신경학 주제를 다뤘지만, 이어진 두 논문은 더욱 광범위한 노선을 취했다. 보겐은 좌측 반절이 언어로 생각하고 언어 표현을 공급한다는 것을 나타내기 위해 휴링스 잭슨이 사용했던 '명제적propositional'이라는 용어로 좌반구를 특징지었다. 보겐의 관점에서 우반구는 '연립적appositional'이었는데, 이는 공간적이고 직관적인 유형의 사고를 함축하는 말이었다. 차이는 절대적인 것이 아니라 점진적이었고, 둘은 합쳐져서 관계를 형성했다. A/P 비율이 바로 그것이다. 개인적인 A/P 비율에 따라 어떤 사람은 '좌뇌가 발달한' 또는 '우뇌가 발달한' 방식으로 생각하는 경향이 있을 수 있다. 뇌량을 절개하지 않고도 말이다. 보겐에 따르면 '명제적' 및 '연립적'과 관련한 이분법은 원자적 대 전체적, 추상적 대 구체적, 연속적 대 동시적, 디지털 대 아날로그, 분석적 대 종합적을 포함한다. 1972년에는 3명의 사회학자가 이후의 논문, 곧 "뇌의 이면"의 네 번째 시리즈를 공동 집필했다. 그들은 A/P 비율에 더욱 확대된 사회적 의미를 부여하는 데 일조했다.[23]

저자들은 한쪽 반구로 더 많이 생각하는 경향은 어렸을 때 받은 문화적 영향의 결과일 수 있다고 주장한다. 아이들이 읽기, 쓰기, 문법에 집중적인 교육을 받는 사회에서는 좌뇌, 곧 명제적 사고방식이 우세하다. 반면 글을 모르는 사회에서는 (예를 들어 공간적 기술에 초점을 맞추는) 다른 형태의 교육을 받아 연립적 사고방식이 발달할 것이다. 이는 개개인의 A/P 비율뿐 아니라 사회 전체 또는 문화별 집단의 사고방식을 확립하는 것이 가능함을 의미한다. 미국에서는 이것이 "예를 들면, 우뇌보다 좌뇌에 더 큰 요구를 하는 문제를 덜 맞히는 걸 보면 흑인이나 호피족 인디언은 중산층 백인과 다를 것"[24]이라는 걸 의미할 수 있다.

이러한 추정은 추가 검사의 대상이 되었다. 최근의 인구학 연구에서는 심리학 검사 결과 다양한 민족 집단의 성과 사이에서 차이점을 관찰했다. 보겐과 공동 저자들은 그중 2개에 초점을 맞췄다. 널리 이용하는 지능 검사의 일부인 '공통성 검사Similarities test'에서 피험자는 예를 들어, 조각상과 시 사이의 공통점과 관련 있는 구두 질문에 구두로 답해야 한다. 공통성 검사는 주로 명제적 방식의 사고를 끌어내기 위해 설계한 것이다. 두 번째 검사인 '거리 검사Street test'에서 피험자는 일부를 제거한 실루엣 같은 형태를 보고 그것이 무엇인지 말해보라는 질문을 받는다. 이 검사는 연립적 사고방식을 필요로 한다. 두 검사의 합산 점수가 새로운 '거리/공통성 비율'을 형성하는데, 이는 A/P 비율에 양적인 표현을 더해준다. 다양한 민족 집단의 성과와 결합하자 이는 다음과 같은 서열(지위가 높을수록 좌뇌가 발달했다)을 만들어냈다.

백인 도시 거주자
백인 시골 거주자
흑인 남성 도시 거주자
흑인 여성 도시 거주자
호피족 인디언

여기서 당혹스럽겠지만 몇 걸음 뒤로 물러나보자. 이는 100년 전 브로카와 그 지지자들이 비대칭 개념을 가지고 수립했던 것과 똑같은—**정확히 똑같은**—순서 아닌가. 백인이 맨 위에 있고 원시 민족이 맨 아래 그리고 여성은 중간 아래쪽에 있는 그 위계 구조 말이다. 그러나 보겐이 제기한 서열의 **해석**은 브로카의 그것과 상당히 다르다. 브로카 시대에 좌뇌와 연결되었던 가치(이성, 통제, 문명)는 1970년대 들어 심각한 사회 문제를 초래한 사고 및 행동 양식과 연관되기 시작했다. 과학 기술 덕분에 이제는 고갈된 천연 자원, 환경 오염 그리고 통제 범위를 벗어난 핵무기 경쟁이라는 공포가 존재했다. 교육에서의 지적이고 분석적인 기술 발전은 창의성과 직관을 희생해 얻어졌다. 좌반구의 직선적이고 남성적인 사고는 우반구의 한층 여성적인 무언wordless의 지식과 대립했다. 곧 좌반구는 산업화하고 도시화한 세계를 대표하게 되었고, 우반구는 지식에 대한 직관적이고 사색적인 접근 방식, 곧 서구 세계보다는 동양에서 훨씬 잘 보존해온 접근 방식을 대표하게 되었다. 브로카 시대처럼 신경학 연구 결과는 틀림없이 이데올로기적인 임무를 가졌다. 그러나 도덕적 득실의 막대가 그 후 자리를 바꿨기 때문에 위계 서열은 거꾸로 뒤집혔다. 이제 도덕적으로 우위인 우뇌적 사고를 옹호하는 쪽은 바로 아직도 자연에 가깝게 살고 있는 호피족 인디언이다. 그리고 도시에 살긴 하지만 흑인 여성은 흑인 남성보다 우뇌로 더 많이 생각한다. 그리고 새로운 서열의 맨 아래 위치한 이들은 좌뇌의 비심쩍은 지배를 가리키는 A/P 비율을 가진 백인 도시 거주자이다.

보겐의 결론이 도전을 받지 않은 것은 아니다. '거리 검사'에서는 거의 모두 똑같은 점수가 나왔으므로 동료 신경학자들은 A/P 비율에서의 차이는 단지 '공통성 검사' 성과의 차이에 따른 결과라는 점을 지적했다. 이는 우뇌의 몫에 관한 결론이 다소 시기상조였다는 것을 의미한다.[25] 그러나 찬성 쪽이 두드러졌고, 곧 똑같은 노선을 따르는 추가적인 결론이 뒤를 따랐다. 나바호족 인디언 아동들은 오른쪽보다 왼쪽 귀가 청각 테스트에서 더 잘 나온 반면, 백인 아동들은 그 반대 경우에 해당했음을 알려주는 연구 결과가 있었다. 이는 나바호족 인디언이 우뇌가 더 발달했다는 명백한 증거였다. (왼쪽 귀에 가해진 자극은 우뇌로 가고 오른쪽 귀는 그 반대다.) 뇌전도 연구에서, 호피족 아동들의 뇌는 똑같은 이야기를 영어로 들을 때보다 호피족 말로 들을 때 오른쪽에서 더 많은 활동을 나타낸다는 사실이 밝혀졌다.[26] 다른 연구자들에 따르면, 인디언의 뇌는 백인의 그것보다 더 대칭적이다. 이 같은 결과가 권위 있는 학술지에 등장하고 보겐의 논문이 나온 지 10년도 안 되어 신경학자와 신경정신의학자들이 아메리카 인디언은 우뇌가 발달했다는 과학적 증거를 제시해왔다는 생각이 뿌리를 내렸다.

이에 대한 인디언 사회의 반응은 조심스러웠다. 피터스M. Peters와 크리스존R. D. Chrisjohn이라는 2명의 심리학자(크리스존은 캐나다 원주민 보호구역 출신의 오네이다족 인디언이다)는 섬세한 역사 감각을 토대로, 누군가가 백인과 유색 인종의 뇌 차이에 관한 '해부학적 증거'를 찾아냈다고 주장한다면 그건 걱정하기 시작해야 할 때가 왔다는 뜻이며, 우뇌가 발달한 인디언이라는 신화는 인디언 아동들의 학교 교육에 비참한 결과를 가져올 수도 있다고 썼다.[27] 다음 단계는 커리큘럼에서 좌뇌적 요소를 제거하는 결정일지도 모른다. 명백히 인디언 아이들의 뇌는 그런 유형의 학습을 할 준비가 되어 있지 않으니 말이다. 이 문제의 결말은 신경학적 한계 때문에 인디언이 그저 배울 수 없는 어떤 것이 있었다는 식이 될 것이다. 틀림없이 보겐과 동료들은 브로카가 그렇지 않았듯 정치적 의제의 성격을 띠지 않았을 수 있다. 하지만 그들의 결과물은 분명 정치적 함의를 담고 있다. 그것도 남성과 여성, 다양한 민족 집단, 배운 자들과 그렇지 않은 자들 사이의 차이라는 똑같은 분야에서 그러했다.

분명 1870년대와 1970년대가 100년간의 방법론적 진보에 의해 분리되었다는 사실은 굴드가 바랐던 변화를 가져오지 못했다. 보겐의 연구를 공개적으로 비난한 일부 방법론적 비판이 있었지만 인증받은 믿을 만한 검사, 엄밀한 통계적 점검, 인자 분석 참조 등 전체적으로 그가 차용한 방법은 실제로 이것이 객관적이고 과학적으로 신뢰할 만한 결론이라는 인상을 강화했다. 보겐의 연구 결과는 당시 통용되던 뇌와 개개인 사이의 차이에 관한 견해와 충돌하지 않았다. 실제로 기존의 견해는 보겐의 결론에 수치로 공식화한 정확한 수식을 제공했다.

여기서 브로카와 보겐의 신경학적 위계 서열을 바탕으로 이토록 자세히 실증한 것은 다른 연구 분야에서도 하나의 패턴으로 등장한다. 브로카가 선언했던 큰 백인 뇌와 더 작은 흑인 뇌에 관한 두 번째 자랑스러운 신조는 20세기까지도 이어지는 장구한 역사를 갖고 있다. 제2차 세계대전 이후까지도 용량 측정은 새로운 기술을 사용해 여전히 수행되었다.[28] 몇 년 전 한 인류학자는 그러한 측정 결과는 민족 집단 사이의 차이에 관한 사회의 시각에 따라 다르게 나왔다는 것을 실례를 들어 설명했다.[29] 또 다른 인류학자는 사실이 얼마나 다루기 쉬운지 다음과 같이 요약했다. "우선 우리는 지난 반세기 동안 이전의 연구자들이 끊임없이 백인보다 **더 작은** 뇌를 가지고 있다고 보고해왔음에도 불구하고, 아시아인의 두개골이 눈에 띄게 확장했다는 사실에 존경을 표해야 한다. 명백히 이는 흑인에게도 그에 상응하는 확장의 가능성이 있음을 암시한다. 그러나 그보다 더 많이 암시하는 것은 사회적이고 정치적인 이해관계가 높을 때 과학자들은 자신이 예측한 그대로를 찾아낼 가능성이 있다는 사실이다."[30]

시간상의 거리는 지나간 세대가 공유했던 신념과 편견을 식별하는 작업을 더욱 용이하게 만든다. 이는 뇌과학 역사가들과 뇌과학자 본인들에게도 똑같이 적용된다. (역사가들에게는) 상대적으로 짧은 30년이라는 거리조차도 현재의 신경학자들이 보겐의 결론을 자리매김하는 데 도움을 준다—1970년대, 캘리포니아, 로스앤젤레스 신경학협회 회보. 시간이 경과함에 따라 역사가들과 과학자들의 시각도 수렴되기 시작한다. 시간상 거리의 **부재**는 기만적인 투명성을 창조해낸다. '냉장고 엄마'가 아이의 자폐증에 책임이 있다는 1960년대 저명한 과학자들의 견해는 오늘날 논쟁 가능한 것으로 여겨지지만, 자폐아는 '마음 이론'이 없다는 현재 널리 퍼진 견해를 이후의 세대는 어떻게 볼까? 언젠가는 이러한 설명이 자폐 작용의 실재보다는 특정한 철학적 유행을 대표하기 때문에 명예 훼손적이고 단순하다고 폐기될까?

16세기의 이탈리아 사람 지롤라모 카르단Girolamo Cardan은 물리학자이자 천문학자이자 수학자였다. 발명가로서 그의 이름은 카르단의 고리Cardan's rings라는 시조명 안에 영원히 남아 있다. 고리 한 개가 있다. 그것은 축에서 자유롭게 회전하고, 동시에 두 번째 고리에 걸려 있다. 그리고 그 두 번째 고리는 그것과 직각으로 만나는 면에서 자유롭게 돌 수 있다. 결과적으로 안쪽 고리에 걸려 있는 것은 모든 방향으로 자유롭게 움직일 수 있다. 모든 연구자는 카르단의 고리에 있는 배의 나침반처럼 시간 속에 매달려 있다. 그는 가장 적합해 보이는 방법을 사용하고, 그 시기에 자신이 동원할 수 있는 도구를 선택하고, 타당하다고 받아들여지는 논거에 호소하고, 그가 동시대인과 공유하고 있고 따라서 거의 의식하지 못하는 수십 가지 관습에 의존한다. 기존의 견해를 거스르는 입장을 취하고 자기 주위의 동향으로부터 독자적으로 떨어져 있으려 분투할 때조차 그는 무의식적으로 자기 시대의 통찰에 의해 나침반과 함께 휩쓸려갈 것이다.

주

서문: 드라이스마 증후군은 없다

1. R. K. Merton, *The Sociology of Science* (Chicago, 1973), p. 298.
2. P. J. Koehler, G. W. Bruyn and J. M. S. Pearce (eds.), *Neurological Eponyms* (Oxford, 2000)에는 50개 이상의 엄선한 신경학 계통 시조명이 등장한다. 브로카, 코르사코프, 잭슨에 관한 장을 위해 필자는 이 책에 실린 관련 기고문에 의지했다. 그 밖의 유용한 참고문헌으로는 다음과 같은 것이 있었다. D. Arenz, *Eponyme und Syndrome in der Psychiatrie* (Cologne, 2001). P. Beighton and G. Beighton, *The Person Behind the Syndrome* (Berlin, 1997).
3. A. Harrington, *Medicine, Mind, and the Double Brain* (Princeton NJ, 1987), p. 286.

01 해질녘이면 나타나는 이미지: 보네 증후군

1. 한 세기 반이 지나서야 그 글은 *Visions de Monsieur l'Ancien Syndic Lullin, Seigneur de Confignon*이라는 제목으로 인쇄되었다. 본문에서 인용한 내용은 다음에서 가져왔다. Th. Flournoy, 'Le cas de Charles Bonnet. Hallucinations visuelles chez un vieillard opéré de la cataracte', *Archives de Psychologie*, I (1902), pp. 1-23.
2. Lullin, *Visions*, p. 8.
3. 같은 책, pp. 8-9.
4. 같은 책, p. 16.
5. G. Bonnet, *Charles Bonnet (1720-1793)* (Paris, 1929). 또한 L. Anderson, *Charles*

Bonnet and the Order of the Known (Dordrecht, 1982)도 참조.

6. Ch. Bonnet, *Essai analytique sur les facultés de l'âme* (Copenhagen, 1760; 2판, Neuchâtel, 1769). 본문에서 인용한 글은 Œuvres d'histoire naturelle et de philosophie de Charles Bonnet (Neuchâtel, 1779-1783) 6부에서 가져왔다
7. Bonnet, *Essai*, p. 317.
8. 같은 책, pp. 315-316.
9. 같은 책, p. 317.
10. A. Fernandez, G. Lichtshein and W. V. R. Vieweg, 'The Charles Bonnet Syndrome; a review', *Journal of Nervous and Mental Disease*, 185 (1997), 195-200.
11. K. Podoll, M. Osterheider and J. Noth, 'Das Charles Bonnet Syndrome', *Fortschritte der Neurologische Psychiatrie*, 57 (1989), pp. 43-60.
12. R. Savioz, *Mémoires autobiographiques de Charles Bonnet de Genève* (Paris, 1948), p. 40.
13. 같은 책, p. 381.
14. Bonnet, *Essai,* p. 316.
15. 같은 책, p. 317.
16. 간략한 역사적 조망에 대해서는 G. de Morsier, 'Le syndrome de Charles Bonnet: hallucinations visuelles des vieillards sans déficience mentale', *Annales Médico-Psychologiques*, 125 (1967), pp. 677-702 참조.
17. E. Naville, 'Hallucinations visuelles à l'état normal', *Archives de Psychologie*, 8 (1909), pp. 1-8 (8).
18. G. de Morsier, 'Les automatismes visuels (hallucinations visuelles retro-chiasmatiques)', *Schweizerische Medizinische Wochenschrift*, 29 (1936), pp. 700-703.
19. De Morsier, 'Automatismes', p. 701.
20. 같은 책, p. 702.
21. De Morsier, 'Syndrome de Charles Bonnet'.
22. W. G. Crane, 'Prevalence and characteristics of photopsias and formed visual hallucinations (Charles Bonnet Syndrome) in a low-vision population', *Southern Medical Journal*, 88 (1995), p. 71.

23. R. J. Teunisse, *Concealed Perceptions: an Explorative Study of the Charles Bonnet Syndrome* (Nijmegen, 1998).
24. W. R. Flynn, 'Visual hallucinations in sensory deprivation', *Psychiatric Quarterly*, 36 (1962), pp. 55-65.
25. M. J. Horowitz, 'The imagery of visual hallucinations', *Journal of Nervous and Mental Disease*, 138 (1964), pp. 513-523 (520).
26. L. J. West (ed), *Hallucinations* (New York/London, 1962).
27. R. Kousbroek, *Een kuil om snikkend in te vallen* (Amsterdam, 1971), p. 49.
28. J. E. A. Bartlet, 'A case of organized visual hallucinations in an old man with cataracts, and their relation to the phenomena of the phantom limb', *Brain*, 74 (1951), pp. 363-373.
29. D. G. Cogan, 'Visual hallucinations as release phenomena', *Albrecht von Graefes Archiv für klinische und experimentelle Ophtalmologie*, 188 (1973), pp. 139-150.
30. H. Hécaen과 R. Ropert. 'Les hallucinations auditives des otopathes', *Journal de psychologie normale et pathologique*, 60 (1963), pp. 293-324.
31. N. Aziz and V. Aziz, 'Hymns and arias: musical hallucinations in older people in Wales', *International Journal of Geriatric Psychiatry*, 20 (2005), pp. 658-660.
32. 'Abide with Me', by H. F. Lyte.
33. E. D. Ross, P. B. Jossman, B. Bell, T. Sabin and N. Geschwind, 'Musical hallucinations in deafness', *Journal of the American Medical Association*, 231 (1975) 6, pp. 620-622.
34. R. B. Stricker and E. E. Winger, 'Musical hallucinations in patients with Lyme Disease', *Southern Medical Journal*, 96 (2003) 7, pp. 711-715.
35. H. C. Patel, M. S. Keshavan and S. Martin, 'A case of Bonnet Syndrome with musical hallucinations', *Canadian Journal of Psychiatry*, 32 (1987), pp. 303-304.
36. O. Foerster, 'The cerebral cortex in man', *The Lancet*, 2 (1931), pp. 309-312.
37. Bonnet, *Essai*, p. 317.

02 한 차례의 고통스러운 떨림: 파킨슨병

1. A. D. Morris, *James Parkinson: his Life and Times* 〔F. Clifford Rose (ed.),

Boston, 1989)].

2. Morris, *Parkinson,* p. 18에서 인용.

3. J. Parkinson, *An Essay on the Shaking Palsy* (London, 1817).

4. Morris, *Parkinson*, p. 69.

5. 같은 책, p. 69.

6. 같은 책, p. 71.

7. 파킨슨의 정치적 견해에 대해서는 M. D. Yahr, 'A physician for all seasons: James Parkinson 1755-1824', *Archives of Neurology*, 35 (1978), pp. 185-188 참조.

8. J. Parkinson, *Observations on the Nature and Cure of Gout* (London, 1805), p. vi.

9. Morris, *Parkinson*, p. 121.

10. 《진전 마비에 관한 수필》은 모리스가 쓴 전기에 부록으로 포함되어 있다. 제약 회사들 주도로 여기저기에서 복사판이 원문 그대로 발행되기도 했다. 본문에 인용한 것은 모리스의 책에서 가져왔다.

11. Parkinson, *Essay*, p. 152.

12. 같은 책.

13. 같은 책, p. 155.

14. 같은 책, p. 153.

15. 같은 책, p. 154.

16. 같은 책, p. 155.

17. R. Richardson, Death, *Dissection and the Destitute* (London, 1987).

18. Morris, *Parkinson*, pp. 138-139에서 인용.

19. 같은 책, p. 140.

20. J.-M. Charcot and E. F. Vulpian, 'De la paralysie agitante. À propos d'un cas tiré de la Clinique du Professeur Oppolzer', *Gazette hebdomadaire*, 8 (1861), pp. 765-767, 816-860; 9 (1862), pp. 54-59.

21. J.-M. Charcot, *Leçons sur les maladies du système nerveux faites à la Salpêtrière* (Paris, 1877; 5th edn, 1884)에 실린 네 편의 글 참조. 'Cinquième leçon: De la paralysie agitante', pp. 155-188. 'Appendice I: Observation de paralysie agitante', pp. 409-413. 'II: Du tremblement dans la maladie de Parkinson', pp. 414-420. 'III: Caractères de l'écriture des malades atteints de maladie de Parkinson',

pp. 421-422.
22. Charcot, 'Cinquième leçon', p. 156.
23. 같은 책, p. 166.
24. 같은 책, p. 167.
25. 같은 책, p. 163.
26. 같은 책, p. 176.
27. 같은 책, p. 168.
28. 같은 책, p. 180.
29. 같은 책, p. 182.
30. G. Gilles de la Tourette, 'Considérations sur la médecine vibratoire. Ses applications et technique', *Nouvelle Iconographie de la Salpêtrière*, 5 (1892), pp. 265-275.
31. Charcot, 'II: Du tremblement dans la maladie de Parkinson', *Leçons,* pp. 414-420.
32. J. M. Keppel Hesselink, 'Some historical aspects of Parkinson's disease: the progression of insights in the period 1817-1868', *Janus,* 70 (1983), pp. 263-279.
33. Parkinson, *Essay*, p. 172.
34. J. M. Keppel Hesselink, *Beelden in de mist. De geschiedenis van de neurologie in capita selecta* (Rotterdam, 1994), p. 203.

03 피니어스 게이지의 죽은 뒤의 산책: 게이지 행렬

1. A. R. Damasio, *Descartes' Error: Emotion, Reason, and the Human Brain* (New York, 1994).
2. Damasio, *Error*, p. 56.
3. 피니어스 게이지의 모험에 관한 정보는 다음의 전기에서 가져왔다. M. B. Macmillan, *An Odd Kind of Fame: Stories of Phineas Gage* (Cambridge, MA, 2000). 또한 같은 저자의 'A wonderful journey through skull and brains: the travels of Mr. Gage's tamping iron', *Brain and Cognition*, 5 (1986), pp. 67-107도 참조.
4. Macmillan, *Odd Kind of Fame*, p. 37.
5. 같은 책, p. 447.
6. 같은 책, p. 30.
7. 같은 책, p. 44.

8. 같은 책, p. 36.

9. 같은 책, p. 38.

10. 같은 책, pp. 383-387에 원문 그대로 실려 있다.

11. *The American Journal of the Medical Sciences* (July 1850)에 게재한 비글로의 글은 Macmillan, *An Odd Kind of Fame*, pp. 390-400에 원문 그대로 수록되어 있다.

12. Macmillan, *Odd Kind of Fame*, pp. 401-421에 수록.

13. 같은 책, p. 414.

14. 같은 책, p. 417.

15. 같은 책, p. 349.

16. N. Sizer, *Forty Years in Phrenology: Embracing Recollections of History, Anecdote, and Experience* (New York, 1882)에 실린 내용으로, Macmillan, *An Odd Kind of Fame*, p. 348에서 인용.

17. D. Ferrier, *The Localisation of Cerebral Disease* (London, 1878).

18. Damasio, *Error*, p. 3.

19. 같은 책, p. 9.

20. 같은 책, p. 7.

21. 같은 책, pp. 34-51.

22. 같은 책, p. 45.

23. 같은 책, p. 214.

24. 같은 책, p. 62.

25. J. N. Blau, 'Review Descartes' Error', *The Lancet,* p. 346 (1995), pp. 38-39 (38).

26. Damasio, *Error*, p. 196.

27. 같은 책, p. 178.

28. 같은 책, p. 248.

29. 같은 책, pp. 249-250.

30. G. Rodis-Lewis, *Descartes: biographie* (Paris, 1995).

31. 이 기록물은 훗날 분실되었지만 최초의 데카르트 전기 작가인 Adrien Baillet 〔*La vie de Monsieur Des Cartes* (Paris, 1691)〕 신부가 그것들을 접했다. 신부는 그중 일부를 옮겨놓았고, 훗날 이를 데카르트의 기록을 재구성하는 데 활용했다. 이 내용은 현재 그의 *Œuvres philosophiques* (Paris, 1973), vol. 1, pp. 53-61에 실려 있다.

32. R. Descartes, *Discourse on Method and Other Writings* (F.E. Sutcliffe 번역, 1968), pp. 51-52.
33. Th. Oegema van der Wal, *De mens Descartes* (Brussels, 1960), p. 159.
34. Descartes, *Discourse*, p. 27.
35. 같은 책, p. 35.
36. 같은 책, p. 41.
37. 같은 책, pp. 53-54.
38. 같은 책, pp. 108-111.
39. 같은 책, pp. 78-79.
40. J. Cottingham (ed.), *Descartes' Conversation with Burman* (Oxford, 1976).
41. Descartes, *Discourse*, p. 43.
42. Cottingham, *Descartes' Conversation*, p. 28.
43. Descartes, 'Lettre à Elizabeth', 28 June 1643, *Œuvres*, vol. III, pp. 43-48.
44. R. Descartes, *Les passions de l'âme*, *Œuvres*, vol. III, pp. 941-1103.
45. 같은 책, p. 1028.
46. 예컨대 R. de Sousa, 'Prefrontal Kantians: a review of Descartes' Error', *Cognition and Emotion*, 10 (1996) 3, pp. 329-333 참조.
47. De Sousa, 'Prefrontal Kantians', p. 329.
48. Descartes, *Discourse*, pp 106-107.
49. Blau, 'Review Descartes' Error'와 더불어 D. N. Robinson, 'Review note', *Theory and Psychology*, 6 (1996), pp. 356-358도 참조.
50. M. Macmillan, 'Commemorating the 150th anniversary of Phineas Gage's accident', *Journal of the History of the Neurosciences*, 9 (2000) 1, pp. 90-93.

04 셀레스틴 묘지의 예언: 브로카 영역

1. 가장 중요한 브로카 전기는 R. Schiller, *Paul Broca: Founder of French Anthropology, Explorer of the Brain* (Oxford, 1992)이다.
2. 이 논문들 대부분은 협회 기관지에 실렸다. 문헌 목록은 Schiller의 전기 참조.
3. P. Broca, 'Perte de la parole, ramollissement chronique et destruction partielle du lobe antérieur gauche du cerveau', *Bulletin de la Société d'Anthropologie*, 2

(1861), pp. 235-237. 언어의 국소화를 다룬 가장 중요한 출간물은 H. Hécaen and J. Dubois (eds.), *La naissance de la neuropsychologie du langage 1825-1865* (Paris, 1969)에 다시 게재되었다.

4. G. von Bonin (ed.), *Some Papers on the Cerebral Cortex* (Springfield, 1960), pp. 49-72에 실린 영역본 'Remarks on the seat of the faculty of articulate language, followed by an observation of aphemia'에서 인용.
5. Von Bonin, 'Remarks', p. 66.
6. P. Flourens, *Examen de la phrénologie* (Paris, 1824).
7. J.-B. Bouillaud, *Traité clinique et physiologique de l'encéphalite ou inflammation du cerveau, et de ses suites* (Paris, 1825).
8. F. Bateman, 'On aphasia, or loss of speech in cerebral disease', *Journal of Mental Science*, 15 (1869-70), pp. 367-393.
9. Schiller, *Broca*, p. 173에서 인용
10. L. J. Harris, 'Cerebral control for speech in right-handers and left-handers: an analysis of the views of Paul Broca, his contemporaries, and his successors', *Brain and Language*, 40 (1991), pp. 1-50, 6에서 인용
11. A. Harrington, *Medicine, Mind and the Double Brain: a Study in Nineteenth-Century Thought* (Princeton NJ, 1987), p. 52에서 인용.
12. Harrington, *Medicine*, p. 52.
13. 닥스의 보고서는 Hécaen and Dubois: M. Dax, 'Lésions de la moitié gauche de l'encéphale coïcidant avec l'oubli des signes de la pensée' in *Naissance*, pp. 97-101에서 재발간되었다. 본문의 내용은 A. L. Benton (ed.), *Exploring the History of Neuropsychology* (Oxford, 2000) pp. 167-173에 실린 번역본 R. Joynt and A. L. Benton, 'The memoir of Marc Dax on aphasia'에서 인용했다.
14. S. Finger and D. Roc, 'Gustave Dax and the early history of cerebral dominance', *Archives of Neurology*, 53 (1996), pp. 806-813.
15. Joynt and Benton, 'Memoir', p. 170.
16. 렐뤼의 보고서는 Finger and Roe, 'Gustave Dax'에 영역본으로 수록되어 있다.
17. Finger and Roe, 'Gustave Dax', p. 809.
18. 같은 책, p. 809.
19. M. Dax, 'Lésions de la moitié gauche de l'encéphale coïncidant avec l'oubli des

signes de la pensée', *Gazette Hebdomadaire de Médecine et de Chirurgie*, 2 (1865), pp. 259-260. G. Dax, 'Sur le même sujet', *Gazette Hebdomadaire de Médecine et de Chirurgie*, 2 (1865), pp. 260-262.

20. P. Broca, 'Sur le siège de la faculté du langage articulé', *Bulletin de la Société d' Anthropologie*, 6 (1865), pp. 337-393. Hécaen and Dubois, Naissance, pp. 108-121에서 재발간. E. A. Berker, A. H. Berker and A. Smith, 'Translation of Broca' s 1865 report', *Archives of Neurology*, 43 (1986), 1065-1072에서 영역한 것을 본문에 인용함.
21. Berker, Berker and Smith, 'Translation', pp. 1066-1067.
22. 같은 책, p. 1067.
23. S. Finger and D. Roe, 'Does Gustave Dax deserve to be forgotten? The temporal lobe theory and other contributions of an overlooked figure in the history of language and cerebral dominance', *Brain and Language*, 69 (1999), pp. 16-30.
24. P. Eling, 'Broca on the relation between handedness and cerebral speech dominance', *Brain and Language,* 22 (1984), pp. 158-159. 아울러 L. J. Harris, 'Broca on cerebral control for speech in right-handers and left-handers: a note on translation and some further comments', *Brain and Language*, 45 (1993), pp. 108-120도 참조.
25. K. Conrad, 'Über aphasische Sprachstörungen bei hirnverletzten Linkshändern', *Der Nervenarzt*, 20 (1949), pp. 148-154.
26. D. Ferrier, *The Functions of the Brain* (London, 1876), p. 126.
27. C. Wernicke, *Der aphasische Symptomen-Komplex* (Breslau, 1874).
28. 라벨을 치료하던 신경과 의사는 이 사례에 집중한 글을 발표했다. T. Alajouanine, 'Aphasia and artistic realization', *Brain*, 71 (1948), pp. 229-241.
29. P. Broca, 'Sur la capacité des crânes parisiens des diverses époques', *Bulletin de la Société de l'Anthropologie*, 3 (1862), pp. 102-116.
30. S. J. Gould, *The Mismeasure of Man* (New York, 1981), p. 85.
31. E. Schmidt, *Anthropologische Methoden* (Leipzig, 1888).
32. Harrington, *Medicine*, pp. 70-104.
33. J. M. Hecht, *The End of the Soul: Scientific Modernity, Atheism and Anthropology in France* (New York, 2003), p. 5.

34. Schiller, *Broca*, p. 291.

05 라이덴 병에서 나온 불꽃: 잭슨 간질

1. J. H. Jackson, 'Evolution and dissolution of the nervous system', *The Lancet*, I (1884), pp. 649-652 (649).
2. 지금까지 잭슨의 전기는 다음의 책 단 한 편만 출간되었다. M. Critchley and E. Critchley, *John Hughlings Jackson: Father of English Neurology* (Oxford, 1998). K. Kolle (ed.), *Grosse Nervenarzte* (Stuttgart, 1956), vol. I, pp. 135-144에 실린 G. Holmes, 'John Hughlings Jackson (1835-1911)'도 참조.
3. J. H. Jackson, *Selected Writings of John Hughlings Jackson*, 2 vols. 〔J. Taylor (ed.), London, 1931-1932〕에서는 그중 엄선한 짧은 글들을 볼 수 있다. 1부는 간질에, 2부는 실어증과 '신경계의 진화 및 해체'에 초점을 맞추고 있다.
4. Critchley and Critchley, *John Hughlings Jackson*, p. 48에서 인용.
5. G. Savage, 'Dr John Hughlings Jackson on mental disorders', *Journal of Mental Science*, 63 (1917), p. 316.
6. O. Temkin, *The Falling Sickness: a History of Epilepsy from the Greeks to the Beginnings of Modern Neurology* (Baltimore/London, 1971).
7. E. H. Reynolds, 'Todd, Hughlings Jackson, and the electrical basis of epilepsy', *The Lancet*, 358 (2001), pp. 575-577.
8. L.-F. Bravais, *Recherches sur les symptômes et le traîtement de l'épilepsie hémiplégique* (Paris, 1827).
9. D. Ferrier, *The Functions of the Brain* (London, 1876).
10. R. E. Hogan and K. Kaiboriboon, '"The dreamy state": John Hughlings Jackson's ideas of epilepsy and consciousness', *American Journal of Psychiatry*, 160 (2003), pp. 1740-1747.
11. J. H. Jackson, 'On a particular variety of epilepsy (intellectual aura); one case with symptoms of organic brain disease', *Brain*, II (1888), pp. 179-207. 이 논문에는 사례 5로 등장하는 Z에 관한 상세한 설명이 담겨 있다. N. Kapur (ed.), *Injured Brains of Medical Minds* (Oxford, 1997)에서는 이것이 의사 출신 환자들에 관한 일련의 신경학적 설명의 일부를 차지한다.

12. D. C. Taylor and S. M. March, 'Hughlings Jackson's Dr. Z: the paradigm of temporal lobe epilepsy revealed', *Journal of Neurology, Neurosurgery, and Psychiatry*, 43 (1980), pp. 758-767.
13. Quaerens, 'A prognostic and therapeutic indication in epilepsy', *The Practitioner*, 3 (1870), pp. 284-285. Kapur, *Injured Brains*에서는 p. 360에 등장.
14. 데자뷔에 관한 학설을 둘러싼 토론에 대해서는 D. Draaisma, *Why life Speeds Up as You Get Older* (Cambridge, 2004) 12장 참조.
15. Jackson, 'Particular variety'; Kapur, *Injured Brains*, p. 357 참조. "평소보다 나쁘지 않았다"는 발언에 관해서는 아서 마이어스가 케임브리지 대학 테니스 팀에 있었다는 점에 주목해야 할 것이다.
16. 측두엽 간질 환자들 사이에서 자살률은 극도로 높았다. Taylor and March, 'Hughlings Jackson's Dr Z', p. 759.
17. 추도 기사는 Taylor and Marsh, 'Hughlings Jackson's Dr Z', pp. 760-761에 실려 있다.
18. J. H. Jackson and W. S. Colman, 'Case of epilepsy with tasting movements and "dreamy state": very small patch of softening in the left uncinate gyrus', *Brain*, 21 (1898), 580-590. Kapur, *Injured Brains,* pp. 361-366에 실렸다.
19. Jackson and Colman, 'Case of epilepsy', p. 585.
20. F. Clifford Rose (ed.), *A Short History of Neurology: the British Contribution 1660-1910* (Oxford, 1999), pp. 151-164에 실린 G. York, 'Hughlings Jackson's evolutionary neurophysiology'.
21. P. Fenwick, 'The nature and management of aggression in epilepsy', *Journal of Neuropsychiatry*, 1 (1989), pp. 418-424.
22. 언어 장애에 관한 잭슨의 견해를 자세히 살펴보려면 Critchley and Critchley, *John Hughlings Jackson*, 12-14장. 또는 H. Head, 'Hughlings Jackson on aphasia and kidred affections of speech', *Brain*, 38 (1915), pp. 1-27 참조.
23. F. Clifford Rose and W. F. Bynum (eds.), *Historical Aspects of the Neurosciences* (New York, 1982), pp. 99-102에 실린 R. J. Joynt, 'The great confrontation: the meeting between Broca and Jackson in 1868'.
24. Jackson, *Selected Writings*, p. 124.
25. 같은 책, p. 131.

26. F. Bateman, *On Aphasia* (London, 1890), pp. 201-202에서 인용.
27. H. Spencer, *Principles of Psychology* (London, 1855).
28. Jackson, 'Evolution and dissolution', p. 651.
29. R. Smith, *Inhibition: History and Meaning in the Science of Mind and Brain* (London, 1992).
30. Hogan and Kaiboriboon, 'Dreamy State', p. 1745.
31. I. Rosenfield, *The Invention of Memory: a New View of the Brain* (New York, 1988).
32. P. Richer, *Études cliniques sur l'hystéro-epilepsie ou grande hystérie* (Paris, 1881).
33. J.-M. Charcot, *Leçons du Mardi à la Salpêtrière*, 2nd edn (Paris, 1892), 1부, p. 12. Critchley and Critchley, *John Hughlings Jackson*, p. 65에서 인용.
34. Critchley and Critchley, *John Hughlings Jackson*. p. 64.
35. 같은 책, p. 188.

06 시베리아 브랜디: 코르사코프 증후군

1. K. Kolle (ed.), *Grosse Nervenarzte* (Stuttgart, 1963), vol. III, pp. 86-94의 A. W. Snjeshnewski, 'Sergei Sergejewitsch Korsakow (1854-1900)'. 또는 W. Haymaker (ed.), *The Founders of Neurology* (Springfield, 1970), pp. 311-314의 S. Katzenelbogen, 'Sergei Sergeivich Korsakoff (1854-1900)'.
2. S. Korsakoff, 'Étude médico-psychologique sur une forme des maladies de la mémoire', *Revue philosophique*, 28 (1889), pp. 501-530.
3. S. Korsakoff, 'Über eine besondere Form psychischer Störung, combinirt mit mutipler Neuritis', *Archiv für Psychiatrie und Nervenkrankheiten*, 21 (1890), 669-704; S. Korsakoff, 'Eine psychische Störung, combinirt mit multipler Neuritis (Psychosis polyneuritica seu Cerebropathia psychica toxaemica)', *Allgemeine Zeitschrift für Psychiatrie und psychisch-gerichtliche Medicin*, 46 (1890), pp. 475-485; S. Korsakoff, 'Erinnerungstäuschungen (Pseudoreminiscensen) bei polyneuritischer Psychose', *Allgemeine Zeitschrift für Psychiatrie*, 47 (1891), pp. 390-410. 1890년에 나온 두 번째 독일어 논문의 영역본으로는 1955년 출간된 M. Victor and P. I. Yakovlev, 'S. S. Korsakoff's psychic disorder in conjunction with peripheral neuritis:

a translation of Korsakoff's original article with brief comments on the author and his contribution to clinical medicine', *Neurology*, 5 (1955), pp. 394-406가 있음.

4. Th. Ribot, *Les maladies de la mémoire* (Paris, 1881).
5. Korsakoff, 'Étude', p. 503.
6. 같은 책.
7. 같은 책, p. 509.
8. 같은 책.
9. Victor and Yakovlev의 영역본 'Korsakoff's psychic disorder', p. 397에서 인용.
10. Korsakoff, 'Psychische Störung', p. 483.
11. Korsakoff, 'Erinnerungstäuschungen', pp. 395-399.
12. 같은 책, pp. 396-397.
13. 같은 책, pp. 405-406.
14. F. Jolly, 'Über die psychischen Störungen bei Polyneuritis', *Charité Annalen*, 22 (1897), pp. 579-612.
15. Jolly, 'Psychischen Störungen', p. 595.
16. B. A. Blansjaar, *Alcoholic Korsakoff's Syndrome* (Leiden, diss.. 1992), p. 1.
17. F. J. van Leent, 'Über Beri Beri', *Allgemeine Wiener Medizinische Zeitung*, 24 (1879), p. 446.
18. H. E. de Wardener and B. Lennox, 'Cerebral beriberi (Wernicke's encephalopathy): review of 52 cases in a Singapore Po W hospital', *The Lancet*, 1 (1947), pp. 11-17.
19. A. S. Truswell, 'Australian experience with the Wernicke-Korsakoff Syndrome', *Addiction*, 95 (2000) 6, pp. 829-832.
20. 이 후보들은 M. D. Kopelman의 조사 논문 'The Korsakoff syndrome', *British Journal of Psychiatry*, 166 (1995), pp. 154-173에서 언급되어 있다. 독일 혹은 프랑스 저자들은 차례차례 다른 이들을 후보로 내세운다.
21. R. Lawson, 'On the symptomatology of alcoholic disorders', *Brain*, 1 (1878), pp. 182-194.
22. Lawson, 'Symptomatology', p. 183.
23. 육류는 실제로 비교적 다량의 비타민 B1을 함유한다.
24. C. Wernicke, *Lehrbuch der Gehirnkrankheiten für Ärtze und Studierende* (Kassel,

1881).
25. L. C. Heap et ai., 'Individual susceptibility to Wernicke-Korsakoff syndrome and alcoholism-induced cognitive deficit: impaired thiamine utilization found in alcoholics and alcohol abusers', *Psychiatric Genetics*, 12 (2002), pp. 217-224.
26. É. Claparède, 'Expériences sur la mémoire dans un cas de psychose de Korsakoff', *Revue Médicale de la Suisse Romande*, 27 (1907), pp. 301-303. 클라파레드의 논문은 영역본으로 출간되었다. S. Nicolas, 'Experiments on implicit memory in a Korsakoff patient by Claparede (1907)', *Cognitive Neuropsychology,* 13 (1996) 8, pp. 1193-1199.
27. I. Candel, M. Jelicic, H. Merckelbach and A. Wester, 'Korsakoff patients' memories of September II, 2001', *Journal of Nervous and Mental Disease*, 191 (2003) 4, pp. 262-265.

07 꺼져, 멍청아!: 질 드 라 투렛 증후군

1. G. Gilles de la Tourette, *Traité clinique et therapeutique de l'hystérie d'après l'enseignement de la Salpêtrière*, 3 vols. (Paris, 1891-1895).
2. 전기적 정보는 A. J. Lees, 'Georges Gilles de la Tourette: the man and his times', *Revue Neurologique*, 142 (1986), 808-816에서 찾을 수 있다. F. C. Rose and W. F. Bynum (eds.), *Historical Aspects of the Neurosciences* (New York, 1982), pp. 397-415의 P. Guilly, 'Gilles de la Tourette'도 참조.
3. Lees, 'Gilles de la Tourette', p. 813. 공격 묘사는 이 논문에서 가져왔다.
4. Guilly, 'Gilles de la Tourette', p. 400에서 인용.
5. H. Stevens, 'Gilles de la Tourette and his syndrome by serendipity', *American Journal of Psychiatry*, 128 (1971) 4, pp. 489-492.
6. G. Gilles de la Tourette, 'Considérations sur la médicine vibratoire: ses applications et technique', *Nouvelle Iconographie de la Salpêtrière*, 5 (1892), pp. 265-275.
7. Lees, 'Gilles de la Tourette', p. 810에서 인용.
8. G. M. Beard, 'Experiments with the "jumpers" or "jumping" Frenchmen of Maine', *Journal of Nervous and Mental Disease*, 7 (1880), pp. 478-490.
9. G. Gilles de la Tourette, 'Étude sur une affection nerveuse caractèrisée par

de l'incoordination motrice accompagnée d'echolalie et de coprolalie (jumping, latah, myriachit)', *Archives de Neurologie*, 9 (1885), pp. 19-42, 158-200. 이 논문은 대부분 A. J. Friedhoff and T. N. Chase (eds.), *Gilles de la Tourette Syndrome* (New York, 1982), pp 1-16에 실린 C. G. Goetz and H. L. Klawans, 'Gilles de la Tourette on Tourette syndrome'에 영문으로 번역되어 있다. 본문의 인용 부분은 이 영역본에서 가져왔다.

10. J. M. G. Itard, 'Mémoire sur quelques fonctions involontaires des appreils de la locomotion, de la préhension et de la voix', *Archives Générales de Médicine*, 8 (1825), pp. 385-407. 투렛이 이 사례를 사용한 것에 관해서는 H. I. Kushner, 'Medical fictions: the case of the cursing marquise and the (re)construction of Gilles de la Tourette's syndrome', *Bulletin of the History of Medicine*, 69 (1995), pp. 224-254도 참조.
11. Itard, 'Mémoire', p. 704. 본문의 내용은 Goetz and Klawans, 'Gilles de la Tourette', p. 3의 영역본에서 인용.
12. Itard, 'Mémoire', p. 704. Goetz and Klawans, 'Gilles de la Tourette', p. 3의 영역본에서 인용.
13. Itard, 'Mémoire', p. 704. Goetz and Klawans, 'Gilles de la Tourette', p. 3의 영역본에서 인용.
14. Gilles de la Tourette, 'Étude'. p. 711.
15. 같은 책, p. 708.
16. Goetz and Klawans, 'Gilles de la Tourette', p. 4의 영역본에서 인용.
17. 같은 책, p. 12.
18. 같은 책, p. 13.
19. 같은 책, pp. 14-15.
20. Th. Ribot, *Les maladies de la volonté* (Paris, 1883).
21. H. Meige and E. Feindel, *Les tics et leur traitement* (Paris, 1902).
22. 같은 책, p. 5.
23. 같은 책, p. 7.
24. 같은 책, p. 11.
25. 같은 책, p. 26.
26. 같은 책, p. 25.

27. 같은 책, p. 29.

28. A. de Swaan, R. van Gelderen and V. Kense (eds.), *Sociologie van de psychotherapie II: Het spreekuur als opgave* (Utrecht, 1979), pp. 17-24의 A. de Swaan, 'Professionalisering en protoprofessionalisering'.

29. Meige and Feindel, *Tics*, p. 45.

30. H. I. Kushner, *A Cursing Brain? The Histories of Tourette Syndrome* (Cambridge MA, 1999).

31. Goetz and Klawans, 'Gilles de la Tourette', p. 10.

32. 대단히 방대한 전공 논문으로 A. K. Shapiro, E. S. Shapiro, J. G. Young and T. E. Feinberg (eds.), *Gilles de la Tourette Syndrome* (2nd edn, New York, 1978)이 있다. M. M. Robertson의 조사 논문 'Tourette syndrome, associated conditions and the complexities of treatment', Brain, 123 (2000), pp. 425-462도 참조.

33. 욕설증은 15퍼센트가량의 투렛 환자들에게서 나타난다.

34. S. Ferenczi, 'Psycho-analytical observations on tics', *International Journal of Psycho-Analysis*, 2 (1921), pp. 1-30.

35. Kushner, *Cursing Brain*, p. 75에서 인용.

36. J. N. Seignot, 'Un cas de maladie des tics de Gilles de la Tourette guéri par le R. 1625', *Annales Médico-Psychologiques*, 119 (1961), pp. 578-579.

37. A. K. Shapiro and E. S. Shapiro, 'Treatment of Gilles de la Tourette's syndrome with haloperidol', *British Journal of Psychiatry*, 114 (1968), pp. 345-350.

38. 투렛 증후군 협회의 역사와 샤피로의 활약에 대해서는 *Kushner, Cursing Brain*, pp. 165-193의 'The triumph of the organic narrative' 참조.

39. Shapiro and Shapiro, 'Treatment of Gilles de la Tourette syndrome'.

40. Kushner, *Cursing Brain*, p. 179.

41. 미국 국립보건원의 최신 집계에 따르면, 10만 명의 미국인이 투렛 증후군을 앓고 있다. TSA는 이 수치조차도 과소평가한 것으로 여긴다.

42. O. Sacks, *The Man who Mistook his Wife for a Hat* (London, 1985). 또한 O. Sacks, 'Tourette's syndrome and creativity: exploiting the ticcy witticisms and witty ticcicisms', *British Medical Journal*, 305 (1992), pp. 1515-1516도 참조.

43. O. Sacks, *An Anthropologist on Mars* (New York, 1995).

44. S. C. Mueller, G. J. Jackson, R. Dalla, S. Datsopoulos and C. P. Hollis, 'Enhanced

cognitive control in young people with Tourette's syndrome', *Current Biology*, 16 (2006) 6, pp. 570-573.

45. Guilly, 'Gilles de la Tourette', p. 410에서 인용.
46. G. Gilles de la Tourette, 'La maladie des tics convulsifs', *La Semaine Médicale*, 19 (1899), pp. 153-156.

08 매듭들의 미로: 알츠하이머병

1. K. Maurer and U. Maurer, *Alzheimer. Das Leben eines Arztes und die Karriere einer Krankheit* (Munich, 1998). 이 책 첫 장은 알츠하이머가 의무 차트에 기록한 내용을 많이 인용하고 있다.
2. 파일과 사진에 관해서는 K. Maurer, S. Volk and H. Gerbaldo, 'Auguste D. and Alzheimerr's disease', *The Lancet*, 349 (1997), pp. 1546-1549 참조.
3. K. Kolle (ed.), *Grosse Nervenärzte* (Stuttgart, 1959), vol. II, pp. 30-38에 실린 J.-E. Meyer, 'Alois Alzheimer (1864-1915)'. 알츠하이머의 삶과 알츠하이머병에 관한 정보를 합쳐놓은 전기로는 M. Jürgs, *Alzheimer. Spurensuche im Niemandsland* (Munich, 1999) 참조.
4. Kolle (ed.), *Grosse Nervenärzte*, vol. I, pp. 126-134에 실린 E. Grünthal, 'Bernhard von Gudden'.
5. B. von Gudden, 'Über ein neues Microtom', *Archiv für Psychiatrie*, 5 (1875), pp. 229-231.
6. Jürgs, *Alzheimer*, p. 95에서 인용.
7. F. Nissl, 'Zum Andenken A. Alzheimers', *Allgemeine Zeitschrift für Psychiatrie*, 73 (1917), pp. 96-107 (107).
8. G. Nissen and F. Badura (ed.), *Schriftenreihe der Deutschen Gesellschaft für Geschichte der Nervenheilkunde* (Würzburg, 2001), pp. 67-79에 실린 B. Holdorff, 'Friedrich Heinrich Lewy (1885-1950)-Initiator der Erforschung der Parkinson-Krankheit'.
9. A. Alzheimer, *Histologische Studien zur Differentialdiagnose der progressven Paralyse* (Jena, 1904).
10. Maurer and Maurer, *Alzheimer*, p. 152.

11. 같은 책.

12. 같은 책, p. 156.

13. A. Alzheimer, 'Über eine eigenartige Erkrankung der Hirnrinde', *Allgemeine Zeitschrift für Psychiatrie*, 64 (1907), pp. 146-148.

14. Alzheimer, 'Erkrankung', p. 146.

15. Maurer and Maurer, *Alzheimer*, p. 211.

16. 1909년까지는 이런 설명이 나오지 않는다. F. Nissl and A. Alzheimer (eds.), *Histologische und histopathologische Arbeiten*, 3 (1909), pp. 297-351에 실린 G. Perusini, 'Über klinisch und histologisch eigenartige psychische Erkrankungen des späteren Lebensalters'.

17. Perusini, 'Klinisch', p. 297.

18. 파이글의 병에 관한 상세한 사항은 A. Alzheimer, 'Über eigenartige Krankheitsfälle des späteren Alters', *Zeitschrift für die gesamte Neurologie und Psychiatrie*, 4 (1911), pp. 356-384에 나온다.

19. Alzheimer, 'Krankheitsfälle', pp. 360-361.

20. 같은 책, pp. 360-362.

21. Kurt Kolle은 뛰어난 전기적 묘사에 능한 저자이다. Kolle (ed.), *Grosse Nervenärtze*, vol. 1, pp. 175-186에 실린 Kurt Kolle, 'Emil Kraepelin (1856-1926)' 참조.

22. Maurer and Maurer, *Alzheimer*, p. 167.

23. E. Kraepelin, 'Das Seniele Irresein' in *Psychiatrie, ein Lehrbuch für Studierende und Ärtze* (8th edn, Leipzig, 1910), vol. II, pp. 594-630.

24. Kraepelin, 'Seniele', pp. 625-626.

25. Alzheimer, 'Krankheitsfälle', p. 383.

26. 같은 책, p. 384.

27. M. M. Weber, 'Aloys Alzheimer, a coworker of Emil Kraepelin' in *Journal of Psychiatric Research*, 31 (1997) 6, pp. 635-643.

28. O. Fischer, 'Miliare Nekrosen mit drusigen Wucherungen der Neurofibrillen, eine regelmässige Veranderung der Hirnrinde bei seniler Demenz', *Monatschrift für Psychiatrie und Neurologie,* 22 (1907), pp. 361-372.

29. E. Kraepelin, 'Lebensschicksale deutscher Forscher (Alzheimer, Brodmann, Nissl)', *Münchener Medizinische Wochenschriftt*, 67 (1920), pp. 75-78 (76).

30. Kraepelin, 'Lebensschicksale', p. 76.

31. E. Kraepelin, *Lebenserinnerungen* (Berlin, 1983), p. 172.

32. A. Alzheimer, *Krieg und Nerven* (Breslau, 1915). Maurer and Maurer, *Alzheimer*, p. 257에서 인용.

33. Maurer and Maurer, *Alzheimer*, p. 256.

34. 같은 책.

35. Nissl, 'Zum Andenken', p. 107.

36. M. B. Graeber et al., 'Rediscovery of the case described by Alois Alzheimer in 1911: historical, histological and molecular genetic analysis', *Neurogenetics*, 1 (1997), pp. 73-80.

37. H.-J. Möller and M. B. Graeber, 'The case described by Alois Alzheimer in 1911: historical and conceptual perspectives based on the clinical record and neurohistological sections', *European Archive of Psychiatry and Clinical Neuroscience*, 248 (1998), pp. 111-122.

38. M. B. Gaeber et al., 'Histopathology and APOE genotype of the first Alzheimer disease patient, Auguste D.', *Neurogenetics*, 1 (1998), pp. 223-228.

39. Möller and Graeber, 'Case', p. 111.

40. G. Macchi, C. Brahe and M. Pomponi, 'Alois Alzheimer and Gaetano Perusini: should man divide what fate united?', *European Journal of Neurology*, 4 (1997), pp. 210-213.

41. Kraepelin, 'Seniele', p. 630.

42. A. D. Roses, 'The Alzheimerr diseases', *Current Opinion in Biology*, 6 (1996), pp. 644-650.

09 신경학의 메르카토르: 브로드만 영역

1. L. Cartwright, *Screening the Body: Tracing Medicine's Visual Culture* (Minneapolis, 1995).

2. A. Vesalius, *De humani corporis fabrica* (Basel, 1543).

3. B. Eustachius, *Tabulae anatomicae* (Rome, 1714).

4. F. J. Gall and J. C. Spurzheim, *Anatomie et physiologie du système nerveux* (Paris,

1810-1819).

5. M. Stuart, *Herinneringen uit de lessen van Frans Joseph Gall, Med. Doctor te Weenen, over de Hersenen, als onderscheiden en bepaalde werktuigen van den geest* (Amsterdam, 1806), p. xi.
6. J. E. Doornik, *Voorlezingen over F. J. Gall's herssen-schedelleer in Felix Meritis and Doctrina et Amicitia, Winter 1805-1806* (Amsterdam, 1806), p. 4.
7. Doornik, *Voorlezingen*, p. 4.
8. 《한눈에 보는 남성》과 《한눈에 보는 여성》에 대해서는 www.nlm.nih.gov/research/visible 참조.
9. 영상 기법 용어에서 지도의 비유는 사진의 비유와 일정 부분 합쳐져왔다. 가끔씩 지도에 '해상도'라는 것이 있다는 얘기를 들을 정도다.
10. www.korbinian-brodmann.de에는 브로드만에 관한 약력과 사진, 지도 일러스트레이션, 브로드만이 쓴 자신의 삶과 일에 관한 간단한 글이 있다. 오스카어 포크트가 쓴 추도 기사 'Korbinian Brodmann', *Journal für Psychologie und Neurologie,* 24 (1919), i-x도 참조.
11. K. Brodmann, *Vergleichende Lokalisationslehre der Grosshirnrinde in ihren Prinzipien dargestellt auf Grund des Zellenbaues* (Leipzig, 1909). 1994년에 L. J. Garey, *Brodmann's 'Localisation in the Cerebral Cortex'* (London, 1994) 영역본이 나왔다.
12. K. Brodmann, 'Zwei neue Apparate zur Paraffinserientechnik', *Jounal für Psychologie und Neurologie*, 2 (1903), pp. 206-210.
13. O. Vogt, 'Das Pantomikrotom des Neurobiologischen Laboratoriums', *Journal für Psychologie und Neurologie*, 6 (1905), pp. 121-125
14. Brodmann, *Localisation*, p. 227에서 인용.
15. *Lokalisationslehre*에서 브로드만은 연구의 결론만을 발표했다. 완벽한 설명은 보고서 중 하나에 나온다. K. Brodmann, 'Beiträge zur histologischen Lokalisation der Grosshirnrinde. Fünfte Mitteilung', *Journal für Psychologie und Neurologie*, 6 (1906), pp. 275-400 (295-309).
16. Brodmann, *Localisation*, p. 63.
17. C. U. Ariëns Kappers, 'Besprechung', *Zeitschrift für Psychologie und Physiologie der Sinnesorgane*, 58 (1911), pp. 277-294 (294).

18. Brodmann, *Localisation*, p. 63.
19. M. Lynch and S. Woolgar (ed.), *Representation in Scientific Practice* (Cambridge MA, 1990), pp. 19-68, 35에 실린 B. Latour, 'Drawing things together'.
20. A. Beaulieu, *The Space Inside the Skull* (Amsterdam, diss., 2000).
21. J. Talairach and P. Tournoux, *Co-planar Stereotaxic Atlas of the Human Brain* (Stuttgart, 1988).
22. K. Zilles and N. Palomero-Gallagher, 'Cyto-, myelo-, and receptor architectonics of the human parietal cortex', *NeuroImage*, 14 (2001), S8-S20.
23. A. Abbot, 'Neuroscience: a new atlas of the brain', *Nature*, 424 (2003), pp. 249-250.
24. Abbot, 'Neuroscience', p 249.
25. Vogt, 'Korbinian Brodmann', p. viii.
26. I. Klatzo, *Cécile and Oskar Vogt: the Visionaries of Modern Neuroscience* (Vienna/New York, 2002).
27. D. G. Gorman and J. Unützer, 'Brodmann's "missing" numbers', *Neurology*, 43 (1993), pp. 226-227. 중판 요청을 받은 논문은 M. Fix, 'Brodmann's numbers', *Neurology*, 44 (1994), 1984-5 (1985)였다.

10 광기의 총본산: 클레랑보 증후군

1. G. de Clérambault, *L'Érotomanie* (Paris, 2002), pp. 42-64에 실린 G. de Clérambault and A. Brousseau, 'Coeixtence de deux délires: Persécution et Érotomanie (présentation de malade)'.
2. Clérambault, *Érotomanie*, pp. 54-55.
3. 클레랑보 전집은 Presses Universitaires de France 출판사에 의해 *Œuvre psychiatrique* (Paris, 1942)라는 제목으로 출간되었다. 색정증에 초점을 맞춘 연구는 별도의 출간물로도 나왔다. 주 1 참조.
4. G. de Clérambault, 'Érotomanie pure, Érotomanie associée. Présentation de malade'. *Érotomanie*, pp. 79-118.
5. G. de Clérambault, 'Érotomanie pure persistant depuis trente-sept années', *Érotomanie*, pp. 176-187.

6. 두 권의 전기가 클레랑보에게 헌정되었다. Elisabeth Renard, *Le Docteur Gaëtan de Clérambault, sa vie et son oeuvre (1872-1934)* (Paris, 1942)는 다소 칭송 일색이다. 이 책은 정신의학자 Serge Tisseron의 서문을 추가해 1992년 재출간되었다. 좀더 사실에 입각한 비평적 저술은 Alain Rubens, *Le maître des insensés. Gaëtan Gatian de Clérambault (1872-1934)* (Paris, 1998)이다. 클레랑보의 동료 중 한 명이 전기적인 회고록을 발행한 것도 있다. G. Heuyer, 'G. G. de Clérambault', *l'Encéphale*, 39 (1950), pp. 413-439.
7. Renard, *Clérambault*, p. 62.
8. 'Passion érotique des étoffes chez la femme', *Œuvre psychiatrique*, pp. 682-715, 715-720.
9. 같은 책, p. 694.
10. 같은 책, p. 690.
11. 1990년 봄에 이 수집품 중 일부를 파리의 퐁피두 센터에서 전시했다. 전시 제목은 Gaëtan Gatian de Clérambault, psychiatre et photographe였다.
12. G. E. Berrios and N. Kennedy, 'Erotomania: a conceptual history', *History of Psychiatry,* 13 (2002), pp. 381-400.
13. M. Brüne, 'De Clérambault's syndrome (erotomania) in an evolutionary perspective', *Evolution and Human Behavior*, 22 (2001), pp. 409-415.
14. S. F. Signer and J. L. Cumminngs, 'De Clérambault's syndrome in organic affective disorder', *British Journal of Psychiatry*, 151 (1987), pp. 404-407.
15. Brüne, 'De Clérambault's syndrome', p. 410.
16. American Psychiatric Association, *Diagnostic and Statistical Manual of Mental Disorders* (4th edn, Washington, 1994).
17. R. L. Spitzer et al. (eds.), *DSM-IV Casebook* (Washington, 1994).
18. P. Ellis and G. Mellsop, 'De Clérambault's syndrome: a nosological entity?', *British Journal of Psychiatry*, 146 (1985), pp. 90-93.
19. N. Kennedy, M. McDonough, B. Kelly and G. E. Berrios, 'Erotomania revisited: clinical course and treatment', *Comprehensive Psychiatry*, 43 (2002) 1, pp. 1-6.
20. 그 글은 그의 사후에 *Œuvre psychiatrique*에 실렸고, 이후 G. de Clérambault, *Souvenirs d'un médecin opéré de la cataracte* (Paris, 1992)라는 제목의 책으로 발간되었다.

21. A. K. Greene, 'Ignacio Barraqur (1884-1965) and the Barraquer family of ophthalmologists', *Canadian Journal of Ophthalmology*, 36 (2001), pp. 5-6.
22. 바라쿠에르 가문은 여전히 안과학 제일선에서 활동 중이다. 바라쿠에르의 아들 호세 이그나시오 바라쿠에르(José-Ignacio Barraquer)는 콜롬비아의 보고타에서 지금도 세계적으로 유명한 안과 병원을 설립했고, 1949년에는 최초로 레이저광을 사용해 각막의 극도로 얇은 막을 긁어내는 기술을 개발함으로써 굴절력을 변화시켜 환자들에게 더 이상 안경이 필요치 않도록 했다. 그의 아들들 역시 4세대 안과 의사로서 아버지의 병원에서 활발히 일하고 있다.
23. Clérambault, *Souvenirs*, p. 39.
24. 같은 책, p. 49.
25. Renard, *Clérambault,* p. 74.
26. 같은 책, p. 77.
27. Yvon Marciano가 감독한 〈Le cri de la soie〉(1996)는 클레랑보의 삶에 대략적으로 기초한 영화이다.
28. 클레랑보가 실제로 중고품 가게에서 그 그림을 구입했다는 사실이 나중에 알려졌다.
29. Rubens, *Maître*, p. 281.
30. 같은 책.

11 도플갱어와 차 한잔: 카프그라 증후군

1. J. Capgras and J. Reboul-Lachaux, 'L'illusion des "sosies" dans un délire systématisé chronique', *Bulletin de la Societé de Médecine Mentale*, II (1923), pp. 6-16. 이 논문은 H. D. Ellis, J. Wshitley and J.-P. Luauté, 'Delusional misidentification: the three original papers on the Capgras, Frégoli and intermetamorphosis delusions', *History of Psychiatry,* 5 (1994), pp. 117-146에 영역본으로 실렸다.
2. Capgras and Reboul-Lachaux, 'Illusion', p. 122.
3. 같은 책, p. 125.
4. 같은 책, p. 127.
5. 같은 책, p. 128.
6. 같은 책, p. 130.
7. J.-P. Luauté, 'Joseph Capgras and his syndrome', *Bibliotheca Psychiatrica*, 164

(1986), pp. 9-21.
8. J. Capgras and P. Sérieux, Les folies raisonnantes. *Le délire d'interprétation* (Paris, 1909).
9. J. Capgras and P. Carrette, 'Ilusion des sosies et complexe d'Œdipe', *Annales Médico Psychologiques*, 82 (1924), pp. 48-68. J. Capgras, P. Lucchini and P. Schiff, 'Du sentiment d'étrangeté à l'illusion des sosies', *Bulletin de la Société de Médecine Mentale*, 12 (1924), pp. 210-217.
10. J. Levy-Valensi, 'L'illution des sosies', *Gazette des Hôpitaux*, 55 (1929), pp. 1001-1003.
11. K. L. Kahlbaum, 'Die Sinnesdelirien', *Allgemeine Zeitschrift für Psychiatrie und psychisch-gerichtliche Medizin*, 23 (1866), pp. 56-78.
12. C. Beers, *A Mind that Found Itself: an Autobiography* (New York, 1910).
13. Beers, *Mind*, p. 25.
14. 같은 책.
15. J. R. Murray, 'A case of Capgras syndrome in the male', *Journal of Mental Science*, 82 (1936), pp. 63-66.
16. 카프그라와 르불 라쇼의 문헌에서 수집한 95명의 카프그라 환자 분석을 보면 72퍼센트의 사례가 여성이었다. F. de Jonghe and O. Markx, 'Het verschijnsel van Capgras. Over l'illusion des sosies', *Tijdschrift voor Psychiatrie*, 21 (1979), pp. 600-614 참조. 영어권 문헌, 특히 1970년에 초점을 맞춘 129명의 사례 중 한 쪽 성에 치우친 비율은 단지 57퍼센트였다. R. J. Berson, 'Capgras' syndrome', *American Journal of Psychiatry*, 140 (1983), pp. 969-979 참조.
17. P. Courbon and G. Fail, 'L'illusion de Frégoli', *Bulletin de la Société de Médecine Mentale,* 15 (1927), pp. 121-124.
18. P. Courbon and J. Tusques, 'Illusion d'intermétamorphose et de charme', *Annales Médico-Psychologiques*, 90 (1932), pp. 401-405.
19. 프레골리와 변형에 관한 최초의 논문들은 . Ellis, Wshitley and Luauté, 'Delusional misidentification'에도 영역본으로 실렸다.
20. Berson, 'Capgras' syndrome'.
21. G. Blount, 'Dangerousness of patients with Capgras syndrome', *Nebraska Medical Journal*, 71 (1986), p. 207.

22. K. W. de Pauw and T. K. Szulecka, 'Dangerous delusions and he misidentification syndromes', *British Journal of Psychiatry*, 152 (1988), pp. 91-96.
23. K. W. de Pauw, 'Psychodynamic approaches to the Capgras delusion: a critical historical review', *Psychopathology*, 27 (1994), pp. 154-160.
24. 예를 들어 R. Kiriakos and J. Ananth, 'Review of 13 cases of Capgras syndrome', *American Journal of Psychiatry*, 137 (1980), pp. 1605-1607 참조.
25. D. Bourget and L. Whitehurst, 'Capgras syndrome: a review of the neurophysiological correlates and presenting clinical features in cases involving physical violence', *Canadian Journal of Psychiatry*, 49 (2004), pp. 719-725.
26. D. G. Harwood, W. W. Barker, R. L. Ownby and R. Duara, 'Prevalence and correlates of Capgras syndrome in Alzheimer's disease', *International Journal of Geriatric Psychiatry*, 14 (1999), pp. 415-420.
27. A. B. Joseph, 'Focal central nervous system abnormalities in patients with misidentification syndromes', *Bibliotheca Psychiatrica,* 164 (1986), pp. 68-79.
28. O. Sacks, *The Man who Mistook his Wife for a Hat* (London, 1985).
29. R. M. Bauer, 'Autonomic recognition of names and faces: a neuropsychological application of the guilty knowledge test', *Neuropsychologica*, 22 (1984), pp. 457-469.
30. H. D. Ellis and A. Young, 'Accounting for delusional misidentifications', *British Journal of Psychiatry*, 157 (1990), pp. 239-248. 이 학설에 대한 상세하고 시각적인 설명을 보고 싶다면, H. D. Ellis and M. B. Lewis, 'Capgras delusion: a window on face recognition', *Trends in Cognitive Sciences*, 5 (2001) 4, pp. 149-156 참조.
31. H. D. Ellis, 'The role of the right hemisphere in the Capgras delusion', *Psychopathology*, 27 (1994), pp. 177-185. N. M. Edelstyn and F. Oyebode, 'A review of the phenomenology and cognitive neuropsychological origins of the Capgas syndrome', *International Journal of Geriatric Psychiatry*, 14 (1999), pp. 48-59도 참조.
32. P. Dalgalarrondo, G. Fujisawa and C. E. M. Banzato, 'Capgras syndrome and blindness: against the prosopagnosia hypothesis', *Canadian Journal of Psychiatry*, 47 (2002) 4, pp. 387-388.
33. T. Dietl, A. Herr, H. Brunner and E. Friess, 'Capgras syndrome: out of sight,

out of mind?', *Acta Psychiatrica Scandinavia*, 108 (2003), pp. 460-463.

12 어린 교수들: 아스페르거 증후군

1. R. L. Spitzer et al. (eds.), *DSM-IV Casebook* (Washington, 1994)
2. M. Haddon, *The Curious Incident of the Dog in the Night-time* (New York, 2003)
3. L. Kanner, 'Autistic disturbances of affective contact', *Nervous Child*, 2 (1943), pp. 217-250.
4. 상세한 비교를 위해서는 U. Frith (ed.), *Autism and Asperger Syndrome* (Cambridge, 1991), pp. 93-121의 L. Wing, 'The relationship between Asperger's syndrome and Kanner's autism' 참조.
5. L. Wing, 'Asperger's syndrome: a clinical account', *Psychological Medicine*, II (1981), pp. 115-129.
6. 간략한 전기적 요약을 원한다면 J. Lutz, 'Hans Asperger und Leo Kanner zum Gedenken', *Acta paedopsychiatrica*, 47 (1981), pp. 179-183 참조. 더욱 긴 설명을 위해서는 U. Frith, *Autism*, pp. 1-36에 나오는 'Asperger and his Syndrome' 참조.
7. H. Asperger, 'Die autistischen Psychopathen im Kinesalter', *Archiv für Psychiatrie und Nervenkrankheiten*, 117 (1944), pp. 76-136. 이 논문의 요약본은 Frith, *Autism*, pp. 37-92 참조.
8. Uta Frith (ed.), *Autism and Asperger Syndrome* (Cambridge, 1991), pp. 37-92, 39에서 프리스가 번역한 H. Asperger, 'Autistic psychopathy in childhood' 영역본 인용.
9. Asperger, 'Autistic psychopathy', p. 40.
10. 같은 책, p. 41.
11. 같은 책, p. 42.
12. 같은 책, p. 45.
13. 같은 책.
14. 같은 책, p. 47.
15. 같은 책, p. 49.
16. 같은 책, p. 54.

17. 같은 책, p. 68.

18. 같은 책, pp. 68-69.

19. 같은 책, p. 79.

20. 같은 책, p. 58.

21. 같은 책, p. 84.

22. 같은 책, p. 87.

23. 같은 책, p. 88.

24. 같은 책, pp. 89-90.

25. 빈에 있는 '암 슈피겔그룬트(Am Spiegelgrund)' 병원에서는 800명에 달하는 정신적·신체적 장애아들이 나치의 실험 결과 사망했다.

26. V. D. Sanua, 'Leo Kanner (1894-1981): the man and the scientist', *Child Psychiatry and Human Development*, 21 (1990) pp. 1, 3-23. 또한 K.-J. Neumärker, 'Leo Kanner: his years in Berlin, 1906-1924: the roots of autistic disorder', *History of Psychiatry*, 14 (2003) 2, pp. 205-218도 참조.

27. L. Kanner, *Child Psychiatry* (London, 1935).

28. H. Asperger, 'Bild und soziale Wertigkeit der autistischen Psychopathen' in *Proceedings of the Second International Congress on Orthopedagogics 18-22 July 1949* (Amsterdam, 1950), pp. 257-269.

29. A. A. van Krevelen, 'Early infantile autism and autistic psychopathy', *Journal of Autism and Childhood Schizophrenia*, 1 (1971), pp. 82-86.

30. J. A. Meyer and N. J. Mindshew, 'An update on neurocognitive profiles in Asperger Syndrome and High-Functioning Autism', *Focus on Autism and Other Developmental Disabilities*, 17 (2002) 3, pp. 152-161. 또한 B. S. Myles and R. L. Simpson, 'Asperger syndrome: an overview of characteristics', *Focus on Autism and Other Developmental Disabilities*, 17 (2002) 3, pp. 132-138도 참조.

31. B. Bettelheim, *The Empty Fortress: Infantile Autism and the Birth of the Self* (New York, 1967), p. 125.

32. 같은 책, p. 67.

33. E. Dolnick, *Madness on the Couch: Blaming the Victim in the Heyday of Psychoanalysis,* (New York, 1999).

34. M. J. Nash, 'The Geek Syndrome', *Time*, 5 June 2002, pp. 50-51

35. S. Baron-Cohen, A. M. Leslie and U. Frith, 'Does the autistic child have a "theory of mind"', *Cognition*, 21 (1985), pp. 37-46.

36. S. Baron-Cohen, 'Are autistic children "behaviorists"? An examination of their mental-physical and appearance-reality distinctions', *Journal of Autism and Developmental Disorders*, 19 (1989) 4, pp. 579-600.

37. J.N. Miller and S. Ozonoff, 'Did Asprger's cases have Asperger disorder? A research note', *Journal of Child Psychology annd Psychiatry*, 38 (1997) 2, pp. 247-251.

38. 이 유형의 분석에 관해서는 M. Fizgerald, *Autism and Creativity: is there a Link between Autism in Men and Exceptional Ability?* (Hove/New York, 2004) 참조.

39. O. Sacks, 'Henry Cavenish: an early case of Asperger's syndrome?', *Neurology*, 57 (2001), p. 1347.

40. Haddon, *Curious Incident*, p. 116.

41. P. Howlin, S. Baron-Cohen and J. Hadwin, *Teachig Children with Autism to Mind-read: a Practical Guide* (Chichester, 1999), pp. 253-254.

13 과학이라는 카르단의 고리

1. C. G. Goetz, M. Bonduelle and T. Gelfand, *Charcot: Constructing Neurology* (New York, 1995).

2. H. Meige, 'Charcot artiste', *Nouvelle iconographie de la Salpêtrière*, II (1898), pp. 489-516. 1902년 앙리 메주는 펭델과 함께 오늘날 투렛 증후군으로 알려진 것에 관한 논문을 발표했다.

3. 강베타는 그해 말에 사망했다. 그는 자신의 뇌를 설립한 지 얼마 안 된 상호부검협회에 기증했다.

4. '클레랑보 증후군'이란 시조명은 위원회가 수여한 반면, 신경학의 '브로드만 영역' 선정은 단일한 인물을 수여자로 지정하는 것을 정당화하기에는 지나치게 산발적이었다.

5. L. Wing, 'Reflections on opening Pandora's Box', *Journal of Autism and Developmental Disorders*, 35 (2005) 2, pp. 197-203.

6. G. E. Ssucharewa, 'Die schizoiden Psychopathien im Kindesalter', *Monatsschrift*

für Psychiatrie und Neurologie, 60 (1926), pp. 235-261.

7. Ssucharewa, 'Schizoiden Psychopathien', p. 256.
8. T. F. Gieryn (ed.), *Science and Social Structure: a Festschrift for Robert K. Merton* (New York, 1980), pp. 147-157에 실린 S. M. Stigler, 'Stigler's law of eponymy'.
9. Stigler, 'Stigler's law', p. 147.
10. S. Wolff, *Loners: the Life Path of Unusual Children* (London, 1995). 1996년 울프는 수차레바 논문의 영역본 'The first account of the syndrome Asperger described?', *European Child and Adolescent Psyhiatry*, 5 (1996), pp. 119-132를 발표했다. 제목의 물음표는 역사의식을 드러낸다.
11. F. J. Meijman and F. Meulenberg (eds.), *Medische publiekscommunicatie. Een panorama* (Houten, 2002), pp. 288-316, 290에 실린 F. Meulenberg and A. Odewald, 'Wat wil het geval...? Gevalsbeschrijvingen in medische wetenschap en journalistiek'.
12. A. R. Luria, *The Man with a Shattered World* (Cambridge, 1987)에서 색스가 쓴 서문 참조.
13. Meulenberg and Oderwald, 'Wat wil het geval...?', p. 291.
14. Meige, 'Charcot artiste', p. 491.
15. Goetz, Bonduelle and Gelfand, *Charcot*, p. 90.
16. A. Harrington, *Medicine, Mind, and the Double Brain: a Study in Nineteenth-Century Thought* (Princeton NJ, 1987), p. 92.
17. S. J. Gould, *The Mismeasure of Man* (New York, 1981), p. 85.
18. R. W. Sperry, 'Cerebral organization and behavior', *Science*, 133 (1961), pp. 1747-1757.
19. 편측화(lateralization)에 관한 방법론과 결과물의 뛰어난 개관으로는 S. P. Springer and G. Deutsch, *Left Brain, Right Brain* (New York, 1993)이 있다.
20. S. E. Henschen, 'On the function of the right hemisphere of the brain in relation to the left in speech, music and calculation', *Brain*, 49 (1926), pp. 110-123.
21. S. Della Sala (ed.), *Mind Myths: Exploring Popular Assumptions about the Mind and Brain* (Chichester, 1999), pp. 25-41에 실린 M. C. Corballis, 'Are we in our right minds?'.
22. J. Bogen, 'The other side of the brain I: dysgraphia and dyscopia following

cerebral commissurotomy', *Bulletin of the Los Angeles Neurological Societies*, 34 (1969) 2, pp. 73-105. 이어지는 두 논문은 3부와 4부로 발간되었다.
23. J. E. Bogen, R. De Zure, W. D. Tenhouten and J. F. Marsh, 'The other side of the brain IV: the A/P ratio', *Bulletin of the Los Angeles Neurological Societies*, 37 (1972) 2, pp. 49-61.
24. Bogen et al., 'Other side IV', p. 50.
25. J. A. Zook and J. H. Dwyer, 'Cultural differences in hemisphericity: a critique', *Bulletin of the Los Angeles Neurological Societies*, 41 (1976) 3, pp. 87-90.
26. L. Rogers, W. Ten Houten, C. D. Kaplan and M. Gardiner, 'Hemispheric specialization of language; an EEG study of bilingual Hopi Indian children', *International Journal of Neuroscience*, 8 (1977), pp. 1-6.
27. R. D. Chrisjohn and M. Peters, 'The right-brained Indian: fact or fiction?', *Journal of American Indian Education*, 13 (1986), pp. 62-71.
28. 그 연구의 대부분은 심리학자 러시턴이 수행한 것이다. '인종들'에 관한 견해에 대해 미심쩍은 평판이 있었음에도 불구하고 그는 가장 저명한 전문 학술지에 손이 닿았다. 이런 이론의 형성을 대표하는 글로는 J. P. Rushton and C. Davision Ankney, 'Brain size and cognitive ability: correlations with age, sex, social class, and race', *Psychonomic Bulletin and Review*, 3 (1996), pp. 21-36 참조.
29. L. Lieberman, 'How "caucasoids" got such big crania and why they shrank', *Current Anthropology,* 42 (2001), pp. 69-96.
30. J. Marks, *Human Biodiversity* (New York, 1995), p. 271.

찾아보기